*George Patton, soldado en dos guerras mundiales*

FERNANDO DEL CASTILLO DURÁN

# *George Patton, soldado en dos guerras mundiales*

SEKOTIA

**SEKOTIA**
www.sekotia.com
@sekotia



Primera edición: abril de 2025



Sekotia • Colección Biblioteca de Historia
Editor: Humberto Pérez Tomé Román
Maquetación: Miguel Andréu

info@almuzaralibros.com
Parque Logístico de Córdoba. Ctra. Palma del Río, km 4
C/8, Nave L2, nº 3. 14005 - Córdoba

Imprime: Romanyà Valls
ISBN: 978-84-19979-82-7
Depósito legal: CO-333-2025
Hecho e impreso en España - *Made and printed in Spain*

Cuando no estoy atacando, me pongo nervioso.
Carta de Patton a su esposa.

En la guerra, la única defensa posible es la ofensiva, y la eficiencia de esa ofensiva depende de las almas guerreras de aquéllos que la dirigen.
George Patton
*La guerra como la conocí.*

Y estudian cómo expresar estas cosas en la jerga militar adecuada, que embellecen con juramentos de moda.
William Shakespeare
*Henry V,* Acto 3º, escena 6ª

Alcibíades sabía muy bien a lo que se exponía cuando decidió irse a Esparta.
Jacqueline de Romilly
*Alcibíades*

Pero Patton no era un simple soldado de Dios. Se parecía más a los personajes militares inquietantemente complejos de Shakespeare, a figuras como Julio César, Otelo y Tito Andrónico, todos capitanes inspirados de quienes la civilización misma depende en tiempos de guerra, pero a quienes la civilización no puede soportar en tiempos de paz. Lo mismo que ocurrió con los capitanes de Shakespeare, sucedió con Patton. La civilización en paz no podía tolerarlo y él no podía vivir en paz en una civilización pacífica.
Alan Axelrod
*Patton*

# *Índice*

# INTRODUCCIÓN

Escribir la biografía del general George S. Patton Jr., ochenta años después de su muerte y del final de la II Guerra Mundial, sigue siendo recorrer un campo minado en el que, sorprendentemente, todo está abierto y todo es accesible, salvo el colofón, por supuesto. No obstante, en apariencia y, con poco que se arañe, asoman innumerables informaciones que pueden juzgarse como verdaderos filones, pero sin duda están envenenados, y más pronto o más tarde dejan ver un ángulo impreciso, una esquina insolvente o un detalle sospechoso.

Sin embargo, y a pesar de semejante estado de cosas, así era el personaje, contradictorio, paradójico y extravagante, y ahí radica su originalidad, ser difícilmente asumible por la historia, la crítica o la prensa, como ocurrió durante buena parte de su vida, situación que se repite también en los escritos posteriores o, más tarde, en el cine.

Pese a ello, un biógrafo no debe descuidar el pavoroso dictamen del príncipe de Talleyrand, obispo que fue ministro con Napoleón y embajador en Londres con Luis Felipe de Orleans: «no hay nada que sea tan fácilmente establecido como los hechos».

Pero, ¿de qué hechos se trata? ¿Pueden éstos ser desfigurados hasta el punto de que acaben concordando en una especie de cosmogonía en la que los actos coincidan con las ideas? Lo irracional, pensamos, es sostener que las obras humanas descienden de un mundo ideal que, de ese modo, permite y da lugar a extravagantes contrasentidos consintiendo, sin asomo de agravio, su desnaturalización, o sea, la falsificación.

¿Qué hechos deben ser atendidos? ¿Circunstancias privadas o asuntos cuyo desarrollo implique consecuencias generales? Incluso, ¿dónde está el deslinde entre la personalidad y el temperamento, ese caudal que se presenta profundo y continuo? Y, ¿dónde empieza a verse el perfil colectivo? ¿Quizás cuando las cosas atañen a muchos y prefiguran y hasta autorizan el trabajo biográfico?

Volviendo a Talleyrand, y como también escribió: «los hombres son como las estatuas, hay que verlos en su lugar, esto es, actuando en contexto». Al fin y al cabo, somos hijos de nuestros actos, como dijo el hidalgo de la Mancha.

Todo es historia, desde luego y, en consecuencia y por esa razón, la historia queda vacía, escindida entre realidad privada y acontecimiento público, y puede que hasta incluso la historia que escribimos o leemos no sea más que la respuesta que buscamos a nuestras interrogaciones. Precisamente por eso, la vida y actuación del general Patton sobrepasa la cautela que cualquier investigador debe mostrar hacia el tema de su estudio, evitando la sobrexposición y la recarga y, en consecuencia, regulando la dimensión, porque una biografía jamás es una memoria detallada de cada uno de los días de un individuo, asunto imposible y probablemente siniestro. Como quería Virginia Wolf, una biografía describe un carácter, un comportamiento y unas circunstancias, pero no una vida.

De ese modo, lo que ha venido en llamarse desde hace un tiempo «giro biográfico», es decir, la atención académica en torno al contexto que presenta al sujeto estudiado —y contexto y circunstancias que muchas veces evidencian su aparición y hasta sus mismos actos, y no como forjador de hechos sino como producto resultante de esos mismos hechos—, tiene en Patton un expediente extraordinario: salvo algunas cartas a su esposa, durante su estancia en la Europa en guerra, la vida de George S. Patton renuncia a presentar pormenores particulares porque se centra en actividades estrictamente militares, desdeñando peripecias divergentes, si consideramos sus declaraciones a la prensa y en otros foros como integradas dentro de su labor castrense, claro está.

Solo hay un asunto que acaso pudiera considerarse de la más precisa intimidad y aproximadamente fuera del ámbito militar, la afición a escribir versos. El general elaboró durante toda su existencia una serie de composiciones versificadas —por otra parte, de insegura valía— que revelan, desde luego, una dudosa inspiración pero que, al mismo tiempo, muestran una inquietud persistente, fruto de la experiencia en los campos de batalla.

El hombre que mandaba ejércitos, que hacía converger en escasas horas las vanguardias de sus blindados en puntos muy distantes, que perforaba los flancos del enemigo, que dirigía bombardeos mientras ordenaba avances insospechados hacia diferentes objetivos, también dejaba por escrito, a su modo y manera, versos irregulares que, en definitiva, eran legítimos testimonios de una mirada auténtica, profana si se quiere, pero al mismo tiempo cargada de resonancias a la divinidad.

Y ese es otro de los ejes que no debe pasarse por alto: la relación entre el general Patton, que era protestante episcopal, y Dios, al que dirige preces y súplicas, y al que solicita cambios de tiempo para poder avanzar en pos del antagonista. Patton es un guerrero de un dios que le responde y que actúa, que muda el clima y que lo escucha, doliente, entre las ruinas de los templos que el general visita durante su vertiginoso avance por Francia[1].

Por otra parte, el contexto de la guerra europea forjó e hizo surgir la figura del general Patton, desde luego. Sin tales circunstancias, y lo explicamos con detenimiento más adelante, su paso por la vida hubiera sido el anodino transcurrir de un oficial norteamericano quizá en alguna guarnición de la frontera sur, pero poco más. Ese fue uno de sus temores, de tal modo que cuando estalló la guerra —ambas guerras, pero fundamentalmente la segunda conflagración

1 Según Max Hastings en *Armagedón: la derrota de Alemania, 1944-1945,* Crítica, Barcelona, 2016, unos 800 kilómetros en veinticinco días, pág. 115.

mundial—, Patton ya era un *viejo*, si se nos permite decirlo así, de cincuenta y cinco años, es decir, estaba cerca de pasar a la reserva.

¿Puede pensarse, siguiendo ese modelo de razonamiento, que la II Guerra Mundial ofició a modo de construcción de la personalidad más agresiva y profesional del general? Eso creemos, y donde hemos escrito construcción valga también indicar que, del hecho privado, Patton pasó al suceso público: de sus éxitos en México —que ciertamente tuvieron trascendencia mediática—, de su escasa intervención en las batallas de Francia durante la primera contienda o de su estancia en Hawái, saltó a las portadas de las revistas y periódicos a partir de la llegada a África, Sicilia y después a Francia, a veces en calidad de héroe, otras como villano, presentando siempre perfiles narcisistas y rebeldes dentro de una capacidad y una competencia fuera de cualquier duda.

Con todo, la existencia de Patton es un relato vigoroso, pleno de éxitos militares y de imprudencias políticas. Patton fue un soberbio general, el mejor entre los aliados occidentales, que supo adaptarse a la guerra mecanizada y a las batallas de movimientos, aprovechándolas en su favor, y cuya potencia en el liderazgo de las tropas resultó innegable, siendo un elemento determinante para la caída militar del III Reich en el oeste europeo.

Pero fue también un general controvertido, capaz de atraer sobre sí mismo tanto el elogio como la voracidad de la prensa, tanto el aplauso del público como la reprobación, y donde la presencia de amigos y conocidos en los estamentos políticos y militares supuso en muchos casos simplemente su continuidad. En efecto, la permanente amenaza de su comportamiento produjo que innumerables veces lo salvaran de la destitución sus excelentes contactos en las altas esferas, sobre todo Henry L. Stimson, secretario de Guerra, y los generales George Marshall y Dwight Eisenhower, amigos ambos, compañeros de armas y, el segundo, posteriormente, presidente de los Estados Unidos.

Junto a esto hay que añadir, por supuesto, la indiscutible destreza de Patton como comandante del VII Ejército en África y en Sicilia y, a continuación, como jefe del III en Francia, que se le encomendó casi para evitar el despecho de un hombre al que se tenía, a pesar de todo, como actor imprescindible para la victoria en los frentes occidentales en aquella Europa aplastada por el nazismo.

La locución «a pesar de todo» no es baladí. En efecto, el carácter y las diversas manifestaciones del general Patton a lo largo de su vida y, sobre todo, en los momentos de mayor relevancia durante la guerra, presentan a un individuo provisto de unas particularidades muy llamativas.

En primer lugar, estamos ante una fuerte personalidad cuyos actos y palabras —de las que hay cientos de referencias— no dejaban impasible a nadie: se trataba de un sujeto que en todo momento buscaba ser visto y ser notado, aspecto que compatibilizaba con un narcisismo que le trajo frecuentes problemas personales, resultando dañino para sus propios intereses y también para los de otras personas de su alrededor, no digamos de cara a la prensa, siempre afanada en destacar pormenores específicos y detalles agrios del general. Indudablemente, durante la vida de Patton la prensa se convirtió en una especie de espejo deformado que podía pasar del idilio más enaltecido, como veremos, a la crítica más feroz en pocas horas. Cortejos y censuras que el general se encargaba de alimentar con extenuante pasión, seguramente convencido de que tales atributos le proporcionaban la notoriedad que su vanidad le solicitaba.

Y es cierto, con tenacidad y perseverancia, Patton manifestó un imponente sentido de su valía, de su especial jerarquía y de su destreza, y lo hacía sin tapujos y sin encubrimientos, ante propios y extraños, ya fueran los periodistas, los soldados bajo su mando o, en algunos momentos, ante diferentes personas en circunstancias de privacidad.

Al fin y al cabo, desde siempre el general tuvo clara su capacidad de éxito, como habrá ocasión de comprobar ante el que iba a ser su suegro, un acrisolado multimillonario que lo miraba con ojos incrédulos mientras escuchaba el entonado relato de un simple teniente recién graduado en West Point.

Si por algún motivo no se acercaba al laurel, Patton prefería la destrucción, no la vergüenza de verse constreñido a lo que consideraba un fracaso: jamás transigió con la derrota. Su propia capacidad de admirarse, su jactancia, se percibía incluso en las actitudes que perfeccionaba cuando sabía que iba a ser retratado, afinando el gesto épico y rayando a veces en el histrionismo.

Patton careció en muchas ocasiones de empatía y, como consecuencia, la arrogancia era una de las peculiaridades de su comportamiento, ya que necesitaba imperiosamente ser admirado y sentirse necesario. Hablaba con la prensa, hacía discursos, lanzaba arengas y estaba presente en decenas de reuniones con otros militares y muchos políticos, pero siempre buscaba destacar, decir la palabra definitiva o sorprender al auditorio con expresiones inesperadas, de ahí que recurriera a los tacos y a las invectivas, a las amenazas y a los insultos contra el resto de los aliados, fuera la marina británica o el ejército soviético. Y cuando lo hacía, ni siquiera arrugaba un músculo, no se abochornaba y no sentía la menor turbación. Era, muy probablemente, la satisfacción del presuntuoso que, tras sacudir al público, disfrutaba con el asombro que había despertado.

Ello no quita para que no gastara también una campechana simpatía con los auditorios, siempre desde el ángulo del hombre superior. No le importaba que lo criticaran mientras fuera en tono irónico, le gustaba la broma, y gozaba que los soldados bajo su mando le dijeran «viejo sangre y agallas[2]» (*old blood and guts*), incluso fue capaz de dar pie a una chistosa anécdota al cruzar el Rin, permitiendo una fotografía capciosa que daba la sensación de estar orinando desde los pontones en el momento en que sus tropas atravesaban el río, de alguna manera para demostrar a los alemanes de forma clara y contundente que hacía lo que quería y, de paso, poniendo en evidencia al resto de los aliados: George Patton y sus soldados no iban a nece-

---

2 La traducción es, desde luego, amable y comedida, como muy a menudo ocurre con los dichos de Patton —no censurados, pero sí filtrados—, aunque seguramente la frase significaba algo como viejo sangre y cojones. Lo de viejo, por supuesto, no admite lectura metafórica, el resto queda a juicio del lector. Tal aserto apareció en la prensa en el verano de 1942.

sitar el portentoso despliegue que Montgomery organizó dos días después.

Por otra parte, tal y como adelantamos en la nota al pie, el Patton que nos lega la prensa y sus investigadores viene profundamente contaminado por las traducciones, que buscan una versión parafrástica, disimulada incluso, hasta oculta y fingida de sus palabras. Patton no era así, sereno, prudente e, incluso, templadamente ponderado. En absoluto, ése no fue su comportamiento ni ésas fueron sus expresiones. Decíamos antes no censurado, pero sí filtrado, y es cierto, salvo en las alocuciones oídas en directo, que lógicamente recogen las palabras exactas del general, Patton siempre fue «refinado» por la prensa e incluso por los historiadores posteriores y, a continuación, por el cine, que presentó a un militar brusco, pero no grosero, adulterando al personaje y convirtiéndolo en un tipo duro, aunque escrupuloso.

Valga un ejemplo entre muchos. En el inicio de la operación *Husky*, Eisenhower convocó a los generales que se disponían a invadir Sicilia, explicándoles los pormenores según los planes del almirante Hewitt y del mariscal Montgomery. Al enterarse que era desviado de la entrada en Palermo, Patton prorrumpió en invectivas mayores acerca de la disciplina respecto de la cadena de mando. El énfasis queda para la imaginación del lector, que lo tendrá que conjeturar, pero las palabras literales, tal y como las transcribe Rick Atkinson en *El día de la batalla*[3] fueron tacos y reniegos de la peor especie. En el libro de Atkinson no hay cortapisas ni restricciones y Patton aparece con el esplendor del caudillo soez, obsceno, mucho más que grosero, que profiere tales expresiones ante el más alto generalato, del que, por supuesto, formaba parte.

Aquí, sin embargo, conviene una precisión: jamás George Patton pronunció una blasfemia, a saber, una expresión ofensiva contra

---

3 Seguramente las páginas de Atkinson —*Trilogía de la liberación,* Crítica, Barcelona, 2004— forman parte de las grandes obras acerca de la II Guerra Mundial. Guardan, no obstante, un tono novelesco que acaso disminuya su utilidad para según qué propósitos.

Dios. Quien posiblemente no dejó nada fuera del perímetro de sus imprecaciones, nunca agravió a Dios, y se impone aclararlo porque los biógrafos han pasado por alto este detalle. Las maldiciones de Patton, sus invectivas e improperios tenían siempre un sentido profano, en absoluto religioso, tal como veremos al final de este trabajo.

Con todo, si tal comportamiento se producía en un consejo de generales, se puede pensar qué haría y qué diría delante de los soldados o dirigiendo un ataque encaramado en la torreta de un *Sherman*. Naturalmente no es momento de ponerse sentimental y creer que los demás jefes, oficiales, sargentos y soldados tuvieran una conducta verbal impecable, y menos en circunstancias comprometidas, pero la diferencia está en el uso que Patton hizo del lenguaje soez. Era una especie de rebeldía y una manera de alardear de vigor sin atenerse a normas, una marca de autoridad, de potencia y de fuerza: aquello que habitualmente aparecía como tabú quedaba trasgredido por la energía del sujeto que hablaba. Era un soldado que siempre estaba en combate, a veces incluso contra las pautas sociales, por eso puede pensarse que quizá en el Patton grosero no hubo obscenidad, sino pura exhibición. Un continuo alarde de carácter, una prueba de brío y bravura.

Asimismo, véase que en el tiempo que estuvo en campaña, Patton no cambió su indumentaria, era un general de caballería —caballería blindada, desde luego—, pero seguía usando botas de montar y dos revólveres, un *Colt 45 SAA* o *Peacemaker*[4] y un *Smith & Wesson 357*, eso sí, siguiendo la normativa militar estadounidense de 1860, sancionada definitivamente en las *Army regulations* de 1898.

¿Por qué lo hacía? ¿Qué había detrás de aquella solemne figura de guerrero terrible y enormemente solvente que utilizaba armas obsoletas frente a los carros alemanes? Muy sencillo: las cámaras de

4 Corre una anécdota al respecto que puede ser sintomática. En algún momento, un reportero le preguntó si el *Colt* que llevaba tenía las cachas de nácar. El general, templado como siempre, le contestó: *Hijo. solo los chulos de Nueva Orleans llevan un arma con cachas de nácar. Estas son de marfil.* La respuesta en inglés fue: *...only a New Orleans Pimp would carry a gun with Mother of Pearl grips.*

la prensa y los ojos de los soldados, que le devolvían la imagen que se había formado de sí mismo y que, naturalmente, quería proyectar ante el público. Y un público al que le iban a impactar no solo los revólveres, sino también las estrellas: llama la atención que el Patton que se presenta con cuatro estrellas de cinco puntas, *four-star rank*, el grado más alto que alcanzó el 14 de abril de 1945, general del ejército de los Estados Unidos, no ostenta cuatro estrellas, como sería preceptivo, sino que se exhibe con cuatro estrellas en el casco, cuatro en cada lado del cuello de la camisa y cuatro a cada costado de los hombros, sobre la guerrera. Es decir, veinte estrellas, más los galones en las mangas. Ese es Patton, general de veinte estrellas. Solo MacArthur, del que tendremos ocasión de hablar, con cinco estrellas, pudo parecérsele.

* * *

Por otra parte, hay una cuestión que quizás convenga tratar: la relación que al parecer mantuvo con su sobrina Jane Gordon. ¿Se trataba de una vulgar murmuración? ¿Hubo algo realmente importante? Los investigadores suelen alternar, cuando no apear la cuestión, con referencias disuasorias, sin embargo, hay algún detalle que acaso debamos considerar.

Jane era hija de una hermana de Beatrice, la esposa de Patton. Y al parecer andaba enamorada de un oficial norteamericano casado que al final regresó a Estados Unidos con su familia, razón por la que la sobrina, consternada, trasladó sus imposibles afectos a su tío, bastante mayor que ella, pues era de la misma edad que la hija menor del general, Ruth Ellen.

Las dos primas mantenían una relación fraterna, visitándose en periodos vacacionales y oficiando Jane como madrina en las bodas de las dos hijas de Patton, Beatrice, que se casó con el general de brigada John K. Waters, y Ruth Ellen, desposada en 1940 con el general de división James Totten.

En cierta ocasión, en Hawái, hacia 1936, y según cuenta Carlo D'Este[5], Patton y su sobrina Jane parece que tuvieron un devaneo que alertó a Beatrice y puso en jaque al matrimonio que, no obstante, se salvó para otros casi diez años.

A mediados de 1945, y en tanto la guerra ya había acabado, Jean Gordon volvió a Europa —situación que inquietó, tantos años después, a Beatrice Patton— en calidad de contingente de la sección L de la *American Red Cross Clubmobile Service*, grupo de enfermeras que atendía a los soldados norteamericanos en Europa y cuyo principal cometido era acrecentar la moral de los combatientes.

El general, según Ruth Ellen, siempre trató a Jane con amor filial, excluyendo cualquier escarceo sospechoso. Sin embargo, hay algún testimonio que pone en su boca unas jactanciosas palabras acerca de la virilidad, ya menguante, pues se trataba de un hombre de sesenta años. Comentarios de ese tipo pudieron ser habituales, como en el caso de Eisenhower, que mantuvo una más que conocida relación sentimental con su secretaria.

Tras el fallecimiento de Patton, Beatrice, según D'Este, emplazó a su cuñado y a Jane en un hotel de Boston para afrontar ciertas especulaciones poco decorosas, y al parecer, y siempre son comentarios secundarios, nunca testimonios tangibles, la viuda denigró a la sobrina, con lo que la reunión acabó muy mal.

Pasadas las navidades de aquel año, el 8 de enero de 1946, Jane se suicidó en Manhattan abriendo la espita de gas de la cocina, acrecentando las sospechas. Alrededor suyo, al parecer, había fotografías del general.

El asunto debe quedar así, sin sentencia y sin pronunciamiento ni resolución. ¿Se trató de un asunto de suspicacias y aprensiones provocados por una viuda que acababa de enterrar a su marido y que llevaron la desgracia a la sobrina? ¿Fue el castigo de Beatrice a una sobrina desleal?

* * *

5 Carlo D'Este, *Patton: A Genius for War*, Harpercollins. Nueva York, 1995, pág. 807.

Aquí, sin embargo, cambiando de asunto y ya sin más dilación, debe aclararse una particularidad interesante y, en gran medida, desencadenante de muchas teorías. Desde el principio, algunos biógrafos afirman que Patton padecía dislexia. D'Este[6], que sigue diez años después a Martin Blumenson[7], arranca su obra con ese dato, que considera crucial. Avala su posición con el examen que se supone hizo de los textos hológrafos del general, entre ellos *War as I knew it*[8], el diario de guerra que Patton escribió en el frente de Europa hasta días antes del accidente que le costó la vida y que, a pesar de las censuras y supresiones que sufrió posteriormente, contiene elementos relevantes.

D'Este podría haber añadido en favor de su tesis las dificultades que Patton tuvo en West Point para aprobar las matemáticas, elemento importante para un diagnóstico de dislexia, dado que la discalculia es ingrediente habitual en ese dictamen. Otros autores en trabajos más recientes[9] inciden en el tema y añaden un posible trastorno de déficit de atención (TDA). Sin querer andar más allá de lo posible, nos parecen análisis precipitados, pues los síntomas que todos ellos revelan no dan la imagen del disléxico, y sí la de un sujeto osado, resuelto y, en ocasiones, imprudente. Pero poco más.

La dislexia, tal como se entiende modernamente, es un síndrome que revela deficiencias neuropsicológicas, un trastorno de aprendizaje asociado a la lectura y al cálculo, pero también a la memoria y a la percepción auditiva y visual. Sin embargo, atendiendo a lo dicho y meticulosamente examinados por nosotros bastantes documentos manuscritos de Patton en versiones digitalizadas, no se advierte ninguna de las incorrecciones habituales que determinan tal sintomatología. Aparecen, eso sí, al principio rasgos infantiles y, des-

6 Carlo D'Este, *opus cit.*

7 Martin Blumenson, *Patton: The man behind the legend*, William Morrow & Co, Nueva York, 1985.

8 George Patton, *War as I knew it*, Houghton Mifflin Company, 1975. Edición en español, *La guerra como la conocí*, Platea, Málaga, 2016.

9 Glen Jeansonne, Frank C. Haney y David Luhrssen, *George S. Patton: A Life Shaped by Dyslexia*, Warfare History Network, Virginia, USA, 2021-2020.

pués, trazos propios de una persona que escribe continuamente y que estira la caligrafía intentando aprovechar al máximo el recorrido de la pluma, con líneas largas inclinadas a la derecha, zonas aéreas ocupadas y fajas sin marcas destacables.

En fin, para certificar lo que antecede, y conscientes de la trascendencia que pudiera tener, nos remitimos a varios textos familiares y oficiales manuscritos y enviados por Patton a lo largo de su vida[10], y a los que hemos tenido perfecto acceso: carta desde el Virginia Military Institute a la tía Nannie hacia 1902, carta desde West Point dirigida al padre de noviembre de 1906, carta a la madre desde West Point datada en 1909, carta desde Ford Riley a su madre fechada en 1916, también a la larga nota que escribió al pie de una factura el 1 de octubre de 1917 y que corresponde a diferentes materiales librados al ejército norteamericano en Europa por las autoridades francesas, y que Patton contesta en calidad de capitán de Caballería, también a la hoja del diario de Patton correspondiente al miércoles, 1 de enero de 1919, varias cartas escritas en enero del 45 desde Luxemburgo y, por fin, y a modo de corroboración, una carta privada manuscrita de noviembre de ese año.

Pues bien, la supuesta dislexia sirve a los citados para explicar el carácter del general Patton, toda la pose y toda la imagen, incluso su procacidad, y hasta le confiere, siempre según los autores mencionados, un sentimiento de inferioridad que, a través de una actitud severa e intransigente, intenta superar.

Está de sobra insistir que para nada participa este libro de tal opinión. Reiteramos, cuando a finales de 1945 surge el Patton más airado y hasta el más lenguaraz, con acusaciones contra la URSS y con propuestas inverosímiles, D'Este escribe que se trata ya de un personaje enloquecido, siendo la dislexia un ingrediente perturbador más, al que añade las heridas en la cabeza sufridas por diversas caídas durante una vida de jinete y las consecuencias de un accidente automovilístico en Hawái. Obviamente, pensamos que es

10 *George S. Patton Papers,* A Finding Aid to the Collection in the Library of Congress. Manuscript Division, Library of Congress. Washington, D.C., 1998.

afirmación que no se sostiene, pues poco tiene que ver la dislexia con tales circunstancias.

* * *

Con todo, el éxito acompañó al general Patton, de eso no hay duda. ¿Acaso porque luchó en África y en Sicilia contra un enemigo en retirada o porque después, en Francia, los alemanes también estaban en retroceso? Esa incógnita será siempre un misterio y se hundirá sin solución en el piélago de lo enigmático.

Sin embargo, el oscuro final del general no choca contra su megalomanía —Patton no murió ahogado, como Narciso—, hallando la muerte de forma también harto vulgar: un accidente automovilístico en un paso a nivel en la Alemania ocupada donde un camión militar estadounidense efectuó una maniobra absurda, causando un choque que le produjo lesiones muy serias. Según algunos autores que ya citaremos, hubo, además, un disparo. Y puede que hasta un envenenamiento.

Dicho lo anterior, podría pensarse que una vez la guerra estuvo ganada, su deceso fue providencial, excesivamente providencial, a lo mejor. Desenlace incógnito, extraño y oportuno para una vida que dejaba muchos arcanos, muchas sombras y que, de ese modo, hacía que la memoria de Patton quedara purificada, a lo mejor sin la mancha de pasos oscuros y, principalmente, sin la amenaza de un hombre que hubiera podido dificultar en alguna medida los tiempos de posguerra.

En definitiva, Patton, al igual que Montgomery y MacArthur, veía a los soviéticos como la auténtica amenaza que iba a ensombrecer el futuro. ¿Estaba, de alguna manera, vaticinando la Guerra Fría? ¿Era sensato, como alguna vez dijo, enrolar las divisiones alemanas vencidas, darles la vuelta y empezar un combate a muerte contra los rusos en el momento en que éstos tenían mayor fuerza?

En la actualidad, el general George Patton se ha convertido en mito, esto es, símbolo y causa indiscutible para unos y sueño controvertido para otros. El lector, que va a encontrar suficientes materiales para elevar un juicio, sabrá discernir.

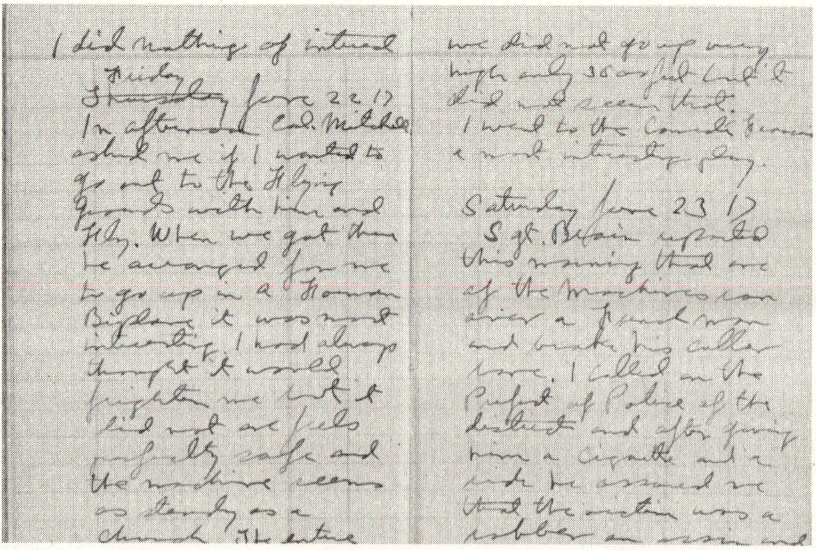

I did nothing of interest
~~Thursday~~ Friday June 22 17
In afternoon Col. Mitchell
asked me if I wanted to
go out to the Flying
grounds with him and
Fly. When we got there
he arranged for me
to go up in a Farman
Biplane it was most
interesting. I had always
thought it would
frighten me but it
did not one feels
perfectly safe and
the machine seems
as steady as a
church. The entire

we did not go up very
high only 300 feet but it
did not seem that.
I went to the Comedie Francaise
a most interesting play.

Saturday June 23 17
Sgt. Brain reported
this morning that one
of the machines ran
over a French man
and broke his collar
bone. I called on the
Prefect of Police of the
district and after giving
him a cigarette and a
smile he assured me
that the victim was a
robber an assassin and

George S. Patton Papers: Diaries, 1910-1945; Original; 1914, 1916, and 1917. Mss. 35634, box 1, series: Diaries, 1910-1945.

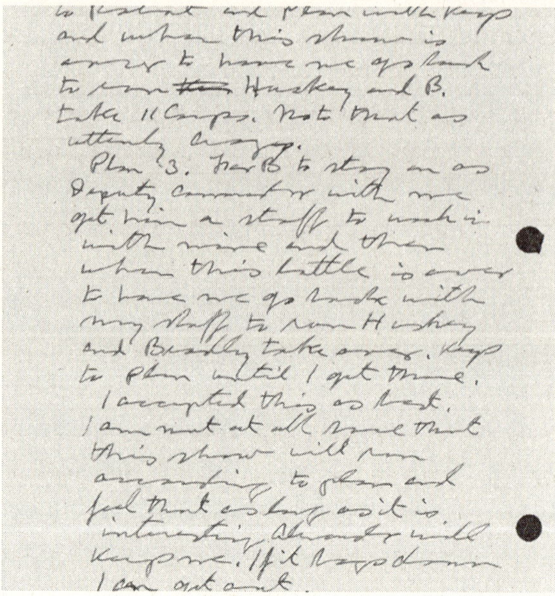

to [illegible] and plan with Keyes
and when this show is
over to have me go back
to run ~~the~~ Husky and B.
take II Corps. Not that as
utterly crazy.
Plan 3. For B to stay on as
Deputy Commander with me
get him a staff to work in
with mine and then
when this battle is over
to have me go back with
my staff to run Husky
and Bradley take over. Keyes
to plan until I get there.
I accepted this as best.
I am not at all sure that
this show will run
according to plan and
feel that as long as it is
interesting, Alexander will
keep me. If it bogs down
I can get out.

George S. Patton Papers: Diaries, 1910-1945; Original; 1943, Mar. 5-May 21.

# ANTEPASADOS, ESTUDIOS Y PRIMEROS DESTINOS

Transcurrido un siglo y pico desde que Robert Patton dejara Escocia, nació el 11 de noviembre de 1885, en San Gabriel, California, George Smith Patton, en cuyo nombre figuró el júnior debido a la concomitancia con el patronímico paterno.

De progenie vinculada al ejército y a la alta política, sus antepasados fueron oficiales que lucharon en la guerra contra Inglaterra, llegando alguno a gobernador de Virginia. Su abuelo, George Smith Patton, mandó la 22.ª de Infantería de Virginia, cayendo en la tercera batalla de Winchester, también conocida como Opequon, por el río que separaba a ambos contendientes. Un tío llamado Waller Tazevell Patton sucumbió, junto con miles de soldados más, en la carga que el general George Pickett ordenó lanzar frontalmente, el último día de la batalla de Gettysburg, contra los cañones y los fusiles de la Unión.

Por parte materna, el abuelo, Benjamín Davis Wilson, era un hacendado californiano de notable influencia que llegó a ser alcalde de Los Ángeles.

El padre de Patton, graduado en el Virginia Military Institute, fue abogado y fiscal del distrito del condado de Los Ángeles, interesándose posteriormente por asuntos políticos y ascendiendo en el partido demócrata.

Todo ello debe hacernos pensar que el pequeño George no iba a estar al albur de las circunstancias y que su futuro profesional tampoco dependería de la accidentalidad de los escenarios.

Conviene decir que, en los primeros años, el futuro general se educó en casa, quedando al cuidado de una tía soltera, Annie Wilson, *Nannie,* que al parecer proyectó sus desvelos en el joven. Tal decisión era habitual en aquel entonces entre las familias ricas del sur de los Estados Unidos. La tía Nannie pasaba las horas leyendo al sobrino en voz alta, dado que el muchacho todavía no había aprendido las primeras letras. Estas lecturas, que incluían desde clásicos a obras de la literatura anglosajona y la Biblia, fueron de enorme trascendencia para la formación del pequeño, pues construyeron un marco mental donde lo trascendente, lo heroico y lo bélico encajaban perfectamente.

El niño, en tales circunstancias, gastaba el tiempo entre caballos y lecturas, en las que también participaba el padre, aficionado a Homero, cuyas disquisiciones acerca de los pormenores del enfrentamiento entre Aquiles y Héctor, el domador de caballos, el asalto a las murallas de Troya de los negros mirmidones —soldados creados de hormigas por Zeus— o de las sutilezas de Ulises también afianzaron el carácter del muchacho.

En 1897, con apenas once años, George Patton fue colegial en el Stephen Clark's School for Boys, una escuela privada de Pasadena (California) y, a pesar de sus aparentes problemas con la ortografía[11], ya desde ese momento ansiaba ingresar como cadete en West Point, la mejor, más antigua y más acreditada academia militar de Estados Unidos.

---

11 Aquí radica un indicio que algunos biógrafos caracterizan enormemente, como hemos dicho, pudiendo tratarse de simple disgrafía, es decir, trazo indefinido o escasa asunción del código ortográfico debido a diversas causas y no necesariamente dislexia. Con todo, en la documentación examinada de la época, repetimos, no se observa indeterminación ni disortografía.

Pero mientras no recibiera la acreditación que le franqueara el paso, su padre, a pesar de haber obtenido la admisión en Princeton, lo hizo ingresar en el Virginia Military Institute, situado en el valle de Shenandoah, cerca de la ciudad de Lexington y con la Universidad de Washington muy próxima.

Esa elección paterna, en la que seguro influyó su propia graduación años atrás, se debió a la necesidad de ganar tiempo y apoyos hasta que el hijo consiguiera iniciarse en West Point, pero también pudo haber cierto elemento político. El Instituto Militar de Virginia había sido uno de los principales centros de formación de oficiales sudistas, cuyo edificio fue destruido por la artillería de la Unión el 12 de junio de 1864, reabriendo un año después. Pese a que las diferencias de la guerra civil ya estaban más que olvidadas, la admisión en el instituto virginiano era segura, principalmente debida a aquellos ancestros que se batieron bajo la bandera del aspa y las estrellas.

Sin embargo, la recepción en West Point era asunto más complejo. Requería la recomendación de un senador, dado que la ley de admisión otorgaba a cada miembro del Congreso el derecho de enviar un cadete de su distrito. Por eso, en 1902, George Patton padre mandó un escrito a Thomas R. Bard, senador republicano del sur de California, requiriéndole para que tuviera en cuenta la candidatura de su hijo. A esto hay que añadir la especial vinculación del senador con las actividades del ejército, ostentando cargos importantes en el programa deportivo de las Fuerzas Armadas. Tras aquella carta preliminar hubo otras más, insistiendo el padre en la demanda inicial. Finalmente, a primeros de marzo de 1904, Bard envió un mensaje a los Patton aceptando la petición. Seis años después de haber entrado en el Virginia Military Institute, en la primavera, George Patton Jr. se trasladó a West Point.

Pero, ¿qué significaba estudiar a principios del siglo XX en West Point? Se trataba de la academia militar más prestigiosa de EEUU y una de las mejores del mundo donde, junto a las disciplinas castrenses, se impartían saberes y conocimientos generalistas. Destinada a la formación de los oficiales norteamericanos, había sido fundada por Thomas Jefferson en 1802 en lo que fue una antigua fortaleza.

Ocupaba unos setenta kilómetros cuadrados y estaba situada en el valle del río Hudson, a casi 100 kilómetros al norte de Nueva York, con un entorno nórdico y un clima crudo. La disciplina y el rigor, imprescindibles en los cadetes, se ponían de manifiesto desde los primeros momentos, facultando unas exigentes pruebas físicas para el acceso y con deberes marciales desde el instante de la aceptación.

En aquella época, la academia de West Point estaba dirigida por los jefes de la generación que habían vivido la guerra contra España de 1898 y la de Filipinas de 1901, consecuencia de la anterior, pero con infames recuerdos para los norteamericanos: todavía resonaban las disposiciones del general Jacob H. Smith mandando fusilar a niños de diez años, ultrajante consigna que llenó la portada del *New York Journal* el 5 de mayo de 1902, tras confirmarse en consejo de guerra. Después, el 17 de julio de aquel año, el *New York Times* también incidió en el tema, creando en la opinión pública un colosal malestar que acabó con la destitución de Smith, el general que había dado la orden de liquidar a los isleños porque, según su parecer, eran «criminales que nacieron diez años antes de que tomáramos Filipinas»[12].

Uno de los puntos a destacar en West Point era la enseñanza de las matemáticas[13] según el método del general Thayer, vigente durante más de un siglo. De hecho, las matemáticas ocupaban el centro de la jornada lectiva, tres horas continuas, las más productivas, junto a derecho, ética, táctica e idiomas. Los cadetes debían demostrar en pizarra y ante toda la clase una proposición que les hacía el instructor, que posteriormente preguntaba en profundidad acerca del razonamiento, calificando con notas desde 3 (el máximo, es decir, completo) a 0, fallo. Cada lunes se exponían públicamente las evaluaciones. Además, había exámenes generales dos veces al

12 Entre los críticos de aquella masacre figuró Mark Twain, autor de *Las aventuras de Tom Sawyer* y, posteriormente, *Las aventuras de Huckleberry Finn*, el padre de la literatura norteamericana según William Faulkner, que cargó sin contemplaciones contra semejante disparate.

13 Robert Keep, *The System of Instruction at West Point: Can it be Employed in our Colleges*, The New Englander, XXVIII (CVI), 1869, pp. 4-18.

año. Por otra parte, la asignatura estaba dividida en varios temas esenciales: logaritmos, geometría analítica, trigonometría plana o esférica, cónica, topografía y descriptiva. Todo ello iba dirigido a que los cadetes y futuros oficiales fueran duchos en el asalto y cañoneo de fortalezas mediante métodos aritméticos y a través de la triangulación del espacio, esto es, empleo de artillería, cañones, morteros y determinación de la caída de proyectiles. El estudio del álgebra y del cálculo diferencial se hacía a través de los manuales de los generales Charles Smith y Edgar Bass, que habían sustituido al del general de artillería Albert Church.

Otro asunto interesante era el estudio de la historia militar[14], y no tanto desde el tópico punto de vista de la historia como maestra para el futuro, con la implícita creencia del retorno de los hechos pasados, sino como proveedora de elementos inteligentes capaces de albergar nuevos enfoques, y en el caso que nos ocupa, véanse los cambios que se iban a producir una vez estallara la I Guerra Mundial, al fin y al cabo, las enseñanzas de Carl von Clausewitz y otros ya no iban a ser pertinentes más allá del plano meramente teórico.

Entre las cuestiones que cualquier cadete debía solventar de inmediato en West Point era la obligación de optar por un arma. Dado el estatus familiar y la personalidad del cadete, parece que la elección no fue difícil para George Patton, prefiriendo la caballería, donde, además de su experiencia con los equinos desde la infancia, podía creer, como era su deseo, que tal opción le permitiría participar mucho más de la intensidad de los combates, desechando de ese modo la infantería, la artillería o el arma de ingenieros, para la que en nada le ayudaba su preparación matemática. De hecho, en West Point, Patton tuvo que repetir un curso por la baja calificación obtenida en esa asignatura.

---

14 María del Pilar Ryan y John W. Hall, *La enseñanza de la historia militar en la academia militar de Estados Unidos*, en *La enseñanza de la historia militar en las fuerzas armadas*, Ministerio de Defensa, Madrid, 2007.

Seguramente por deferencia hacia el senador y también, qué duda cabe, por su especial interés y condiciones, Patton se distinguió en varias actividades deportivas, alcanzando los máximos honores y graduándose el 11 de junio de 1909 en el puesto cuarenta y seis entre más de cien cadetes.

Un año más tarde, en mayo, George Patton contrajo matrimonio con Beatrice Banning Ayer, hija de un empresario de Boston, Frederick Ayer, dueño de la American Woolen Company, magna empresa de manufacturas textiles[15] que, además, mantenía junto a su hermano negocios farmacéuticos. De aquel matrimonio nacieron tres hijos, el último, George Patton IV, también optó por seguir carrera militar.

* * *

Beatrice Banning Ayer[16] creció en una familia con todos los privilegios que un padre multimillonario podía ofrecer. Dedicada durante su infancia y adolescencia a los caballos, Beatrice llegó a ser una perfecta amazona, además de ahondar en las complacencias de la música. A punto de entrar en la juventud, presentaba perfiles, tanto por su belleza como por sus talentos, que desde luego llamaban la atención en la buena sociedad de Boston, con lo que su padre estaba ansioso por ver al joven que la hija, una chica enérgica y segura de sí misma, iba a escoger. Pero aquí las cosas se torcieron, Beatrice conocía a un muchacho llamado George Smith Patton desde su niñez y, al parecer, siempre bromeaba con la idea de casarse con él.

15 Sin que pueda establecerse ninguna relación con la trayectoria de George Patton en las fuerzas armadas estadounidenses, la American Woolen Company, cuya actividad y ventas había descendido en torno a 1925 debido a la llegada de nuevas tecnologías, durante la primera, como después en la segunda guerra mundial, volvió a crecer considerablemente por la demanda de mantas de lana y demás efectos para la indumentaria de las tropas, siendo uno de los mayores contratistas de productos no militares vinculados con el ejército.

16 Ruth Ellen Patton Totten, *The Button Box: A Daughter's Loving Memoir of Mrs. George S. Patton*, University of Missouri Press, 2005.

Cuando este entró en West Point, tal posibilidad tomó cuerpo, de tal modo que el segundo teniente recién graduado —que equivaldría en el sistema de grados español a alférez— se presentó en cierta ocasión en la casa señorial de los Ayer a caballo y, en vez de detenerse frente a la terraza, donde estaba la familia reunida, subió montado las escaleras, descabalgó y se postró ante la joven. Tal escena produjo el efecto deseado, pues Beatrice quedó definitivamente fascinada por el oficial.

El padre, al que el chico no disgustaba, esperaba para su hija un partido mucho más interesante, un industrial o el hijo de algún rico propietario, pero Beatrice ya había escogido. Tal como hemos dicho, George Patton también procedía de una familia acomodada, desde luego, pero distaba mucho de la prosperidad de los Ayer. Sin embargo, la perspectiva de casarse con un oficial sin posición alguna, al menos en aquel momento, suponía una vida de privaciones en los diferentes destinos al que el marido fuera enviado, para lo que la hija no estaba preparada, y menos a la sombra de un militar californiano cuya valía todavía se tenía que determinar.

Por tales motivos, Frederick Ayer se decidió a intervenir, tratando con George para disuadirlo de lo que entendía iba a ser una locura. Seguramente no sin una mezcla de escepticismo, temple y resignación, escuchó las razones que el segundo teniente le expuso acerca de su empleo. Patton no dudaba que llegaría a ser un talentoso comandante cuya carrera militar le haría ascender y estar presente en las guerras del futuro.

Pensamientos y especulaciones, nada más. En definitiva, asuntos vanos para los oídos de un hombre que se ganaba la vida con fábricas textiles y empresas farmacéuticas. Todo aquello de las guerras y los héroes le sonaba a grandezas de un tipo absurdo que pretendía casarse con su hija, a la que había criado entre algodones desde la primera infancia. Por ello empezó por inducirlo para que renunciara al ejército y se incorporara en cualquiera de sus industrias, así tendría un futuro prometedor y mucho menos azaroso. Pero Patton se negó en redondo, quería a Beatrice e iba a seguir su carrera militar.

Dado que la conversación con el novio no dio frutos, Ayer optó por utilizar parecida estrategia con Beatrice, pero cuando vio que también se negaba a reconsiderar la decisión, sencillamente prohibió el matrimonio. Bajo ningún concepto y en ninguna circunstancia, fueron sus palabras.

A partir de ese momento, la hija dejó de hablarle, se sumió en un silencio profundo y se instaló en su alcoba, donde inició una huelga de hambre que puso al padre contra las cuerdas, y cuyo resultado fue, a los pocos días y contra su parecer, el consentimiento de la unión. De ese modo, el jueves 26 de mayo de 1910, Beatrice y George se casaron en la iglesia episcopal de Saint John, en Beverly Farms, cerca de Boston.

* * *

Tras el pertinente viaje de luna de miel a Europa, y una vez en activo y disponible, Patton recién casado fue destinado a Fort Sheridan y, poco después, a Fort Myer. Hacía pocos años que Fort Sheridan, en las proximidades de Chicago y a orillas del lago Michigan, había entrado en la historia militar moderna: treinta indios *lakota*, supervivientes de la batalla de *Wounded Knee*, ocurrida el 29 de diciembre de 1890, fueron concentrados allí al amparo del ejército y bajo el mando del general Nelson Miles.

De la estancia en Ford Sheridan, donde Patton estuvo integrado en el 15.º Regimiento de Caballería, queda un recuerdo notable que demuestra su fuerza de convicción. En cierta ocasión, el segundo teniente estaba dando una instrucción a los soldados y su caballo, en una sacudida nerviosa, lo tiró al suelo. Inmediatamente, se levantó, se sacudió el polvo y montó otra vez, pero el caballo, contumaz, lo volvió a tirar. Magullado y sangrando en abundancia, Patton consiguió retomar el caballo, acabar la explicación, asistir a un acto posterior y, únicamente cuando todo acabó, accedió en ser llevado al botiquín para limpiar y curar las heridas. Tales actitudes empezaban a demostrar un carácter que nunca lo iba a abandonar: el rigor en el cumplimiento de los deberes, la disciplina de hierro y el comportamiento meticuloso.

Posteriormente, como decíamos, el siguiente destino de George Patton fue Fort Myer, Arlington, en las proximidades de Washington, que también había tenido una importancia decisiva en la guerra civil norteamericana. Sin embargo, Fort Myer era un lugar mucho más avanzado, donde algunas novedades tecnológicas habían llegado y se desarrollaban con regularidad, como las primeras escuadrillas aéreas, compuestas por biplanos *Wright modelo A*, destinados a observación, y sistemas de radio, pues se habían instalado varias antenas para mantener comunicación con buques de la armada.

Patton, como oficial de caballería y dada su afición por la equitación, rápidamente entró a formar parte de la *Society Circus*, un selecto grupo de jinetes que entrenaba de forma y manera frecuente y que participaba en vistosos desfiles, paradas, marchas nocturnas, evoluciones de los escuadrones, incluso en exhibiciones con armamento histórico y vestimenta del siglo anterior. Un ceremonial que seguramente haría las delicias del joven matrimonio.

En aquella época, y como resultado de sus éxitos deportivos, el segundo teniente fue designado para participar en los Juegos Olímpicos de Suecia de 1912 como representante del ejército en las pruebas de pentalón. Patton, que era un atleta completo, campeón en West Point de tiro con revólver, esgrima, natación y atletismo, empezó una serie de ejercicios que lo llevaron a competir aquel verano en Estocolmo, quedando en quinto lugar y siendo el mejor deportista extranjero[17], asunto que le dio un prestigio formidable y el reconocimiento por parte de Thomas R. Bard, el senador republicano que lo había recomendado para West Point.

En este punto cabe una anécdota de cierta enjundia, Patton no obtuvo más puntuación porque el jurado apreció que había tirado

17 Robert D. Thompson, *U.S. Army Olympic Equestrian Competitions 1912-1948*, Schiffer Publishing Ltd., Pennsylvania, 2008. Un buen estudio acerca de la relación entre las fuerzas armadas estadounidenses y el deporte olímpico se halla en Whitfield B. East, *A Historical Review and Analysis of Army Physical Readiness Training*, Combat Studies Institute Press, US Army Combined Arms Center, Fort Leavenworth, Kansas, 2013.

con un revólver *Smith & Wesson* del 38 en vez del 22, como era prescriptivo, además aparecían menos impactos sobre el blanco que los disparos realizados, dado que algunos proyectiles pasaron por el mismo orificio.

En tales circunstancias y aprovechando sus éxitos, George Patton inició una firme amistad con el secretario de Guerra Henry L. Stimson, influyente político, también del partido republicano, con el presidente William Howard Taft y posteriormente con Herbert Hoover. La amistad con Stimson supondrá, muchos años después, una de esas benéficas relaciones que salven a Patton de la destitución fulminante, sobre todo si junto a la palabra de Stimson está la de Dwight Eisenhower.

Después de Estocolmo, una vez cerrados los juegos olímpicos y antes de volver a los EEUU, Patton acudió a la Escuela de Caballería de Saumur, el *Cadre Noir*[18] —cuerpo de jinetes militares—, al sudoeste de París, donde aprendió el manejo de la espada de mano de Charles Cléry, *le beau sabreur*, instructor de esgrima que había sido representante francés en los juegos de verano de 1900. Cléry era tenido como el mejor esgrimista de su época, ostentaba el título de *maître d'armes*, la más alta consideración.

Posteriormente, de la afición de Patton por el arte de la esgrima dará cuenta la invención de una espada de combate que desde 1913 fue operativa en el ejército estadounidense y de la consiguiente remodelación de las doctrinas al respecto. En definitiva, estaba siguiendo las enseñanzas de Cléry, que detestaba el sable porque hería poco, prefiriendo la espada, capaz no de cercenar sino de tocar puntos vitales del enemigo.

Tan sonoro éxito hizo que George Patton fuera el primer oficial norteamericano que portó un título similar al de Cléry, pues desarrolló y amplió lo aprendido como instructor en Fort Riley[19].

---

18 Se llama así por el uniforme que usan los caballistas cuando montan los Selle franceses: quepis negro con visera y remate dorado, casaca negra con botones también dorados y galones en hombreras y bocamangas del mismo color.

19 Posteriormente famoso porque allí se detectaron los primeros casos de *gripe*

De hecho, aquella invención sigue vigente, existiendo en el ejército estadounidense una espada denominada *Patton* cuyo origen fue creación del joven atleta que había triunfado en 1912. Se trata de un arma de 105 centímetros y poco más de un kilo, hoja de acero recta con acanaladura que no llega a la punta, doble filo —a modo de prevención—, cazoleta ancha, sin detalles, excelente para el combate a caballo, y con pomo de resina con las caras rectas. En 1913, la empresa Springfield Armory produjo casi cuarenta mil piezas, que fueron conocidas cómo *Modelo 1913.*

Un año después de la creación de la espada, el teniente Patton añadió un manual de uso, *Saber exercise*[20], para entrenamiento de jinetes y tropas desmontadas —al modo de los antiguos dragones—, obteniendo también un éxito considerable. Con alrededor de setenta páginas, fue publicado por la Oficina del jefe de Personal de Washington, en el Departamento de Guerra, el libro muestra con profusión de dibujos los movimientos descritos.

Era, en definitiva, el colofón a una tarea que marcaba al menos dos asuntos: en primer lugar, la influencia francesa en el uso de la esgrima en caballería, la estocada por delante del corte, por ello la espada recta, cuyo origen táctico se remontaba a Napoleón; y dos, y quizá más determinante, la vigorosa posición de Patton en aquellos momentos a favor de la caballería.

Posteriormente, todavía volvería a publicar varios artículos marcando tales opiniones, *The form and use of the saber* (1913), *A defense of the saber*[21], donde consideraba esta arma como un medio de acción rápida, y *The present saber: its form and the use for which it was designed* de 1917. Sin embargo, la experiencia de la I Guerra Mundial lo iba a llevar, como a tantos otros, al desencanto más devastador: las ame-

---

*española* en marzo de 1918.

20 *Saber exercise*, War Department, Office of the Chief of Staff, Government printing office, document nº. 463, Washington, 1914. La obra apareció sin mención del autor. Es notorio, por otra parte, que tanto Patton como los productores de la *Springfield Armory* persistieran en denominar sable a la que era una espada en toda regla.

21 *A defense of the saber*, Cavalry Journal, julio de 1916.

tralladoras alemanas barrieron sin miramientos los escuadrones y proscribieron definitivamente la caballería de sangre, remplazándola por otro tipo de arma, los blindados.

Asunto clave: a pesar de sus dudas y fluctuaciones, Patton, que siempre usó botas de montar, se adaptó a tales requisitos, demostrando una capacidad de trasformación extraordinaria, asunto que no le resultó fácil y que requirió, como veremos, largas fases de convivencia donde, al menos en lo teórico, los carros y los caballos participaron al unísono en las batallas. Por fin, el que iba ser mucho tiempo después comandante del III Ejército norteamericano en Europa, supo renunciar a los équidos, por más que siempre le quedaron vestigios de aquella querencia, como veremos en el capítulo dedicado a la Escuela Española de Equitación de Viena y los lipizzanos.

Tras un tiempo en Fort Riley, George Patton fue destinado a Filipinas, motivo por el que de inmediato viajó a Washington para cambiar de asignación, dado que tal circunstancia lo alejaba de los centros de decisión y lo relegaba a un puesto apartado y seguramente sin relieve. Resulta sorprendente que años después, una vez la II Guerra Mundial hubo terminado en Europa y los ejércitos alemanes habían capitulado, Patton solicitara asignación en Asia, junto al general MacArthur, demanda que, juiciosamente, en absoluto fue atendida. Veremos los motivos más adelante.

En la capital, tras entrevistarse con amigos y conocidos más o menos importantes, Patton pudo modificar el destino, siendo enviado al 8.º de Caballería de Fort Bliss en Texas, un lugar muy de su gusto y donde esperaba poder demostrar lo que realmente era, un soldado. Al fin y al cabo, desde hacía unos años, la frontera sur de los Estados Unidos estaba agitada por los acontecimientos de México y Patton pudo intuir que si en algún sitio podía haber conflictos era allí, asunto que le daría posibilidades de promoción y ascenso y, principalmente, le garantizaba una situación militar muy diferente a la que se vivía en los regimientos del interior, tranquilidad, maniobras esporádicas y poca o ninguna acción. Y Patton, por su carácter, convicciones y edad, necesitaba verse a sí mismo en situación de combate. Amaba la acción y detestaba quedarse en el cuerpo de guardia viendo pasar las horas o sentado en la sala de banderas fumando un cigarro tras otro y esperando el relevo.

En medio de todo aquello, fue escogido para participar en los Juegos de la VI Olimpiada, que debían celebrarse en Berlín en 1916, pero la I Guerra Mundial desbarató aquellos planes.

La tía Nannie con el joven Patton.

Patton hacia 1909, cadete en West Point.

El matrimonio Patton, Beatrice y George, fotografiados el día de su boda.
https://es.findagrave.com/memorial/6576234/beatrice-patton

Patton en Saumur, *circa* 1912.

Uno de los combates de esgrima en los Juegos Olímpicos de 1912 en Estocolmo. Patton a la derecha.

# MÉXICO

Desde la caída del general Porfirio Díaz y el inicio de la revolución de México en 1910, los sucesivos gobiernos, enmarcados en una vorágine de episodios que conducían a la deposición de unos y al encumbramiento de otros, hizo que los territorios fronterizos del sur de los Estados Unidos se vieran constantemente convulsionados.

Incluso más, la aparición de dirigentes como Pancho Villa catapultó la intervención norteamericana, como había ocurrido no hacía tanto en Santo Domingo y Nicaragua, y en la costa atlántica mexicana, en Veracruz, donde un suceso menor, «el incidente de Tampico», dio lugar en abril de 1914 a la ocupación norteamericana de la aduana en previsión de que un mercante alemán, el *Ypiranga*, descargara millones de cartuchos para las fuerzas de Huerta en su lucha contra Carranza. Un detalle singular es que en esa ocasión destacó cierto capitán norteamericano llamado Douglas MacArthur.

En aquella frontera sur, sin embargo, la amenaza era todavía más apremiante por el hecho de compartir límites, volviendo vulnerables los lindes internacionales. Desde ese momento, justo el mismo año un proyecto de intervención empezó a tomar cuerpo entre los líderes gubernamentales de Washington.

En esos días apareció un artículo firmado por el periodista demócrata William Randolph Hearst[22] en el *New York Journal-American*, seguramente el periódico más influyente de la prensa estadounidense, en el que enfatizaba acerca de la posibilidad de promover a Villa a la presidencia de México tras la caída del general Huerta, cuya trayectoria estaba marcada desde el principio por el asesinado a sangre fría del presidente Francisco Madero.

Hearst idealizaba a Villa, en cuyo carácter veía virtudes extraordinarias, asegurando que, además, tenía el apoyo popular. El periodista y magnate norteamericano dejaba bien claro que prefería a Villa como dictador y que, si su propuesta era aceptada, y dirigía el artículo al presidente Wilson, pronosticaba la paz en México. Por supuesto, Hearst obviaba muchas cosas, por ejemplo la biografía de Pancho Villa, dado que no era ningún recién llegado a la escena política.

Por motivos que parecen sencillos de entender, el presidente Wilson y un grupo de países latinoamericanos[23] optaron, tras numerosas comunicaciones y desvelos, por apoyar a Carranza, con lo que el semblante supuestamente amable de Villa se destapó, generando un monstruo mucho mayor del que había sido, atacando, matando y creando una situación de auténtica intimidación contra las poblaciones tanto de México como de los territorios de Estados Unidos próximos a la frontera de río Bravo.

El talante idealizado por Hearst quedó oscurecido por los hechos y el propio periodista calló ante un error de tan considerables consecuencias, apoyando desde ese momento la intervención norteamericana contra Pancho Villa[24]. Hearst no olvidó el traspiés y, años des-

---

22 Hearst fue el principal instigador de la culpabilidad española en el hundimiento del acorazado *Maine* y, en consecuencia, el promotor de la injerencia estadounidense contra España en Cuba, Puerto Rico, etc., además del causante indirecto de la actuación en el canal de Panamá.

23 Fue el grupo ABC, esto es, compuesto por mandatarios de Argentina, Brasil y Chile, entre otros.

24 Hearst volvió a errar cuando abogó sin menoscabo por Alemania en la I Guerra Mundial, hasta que la entrada en el conflicto de Estados Unidos en sentido contrario condujo a que tuviera que volver a callar. Orson Welles trató al personaje

pués, y a modo de compensación por los deslices anteriores, ofreció una considerable suma por la cabeza del llamado *Centauro del Norte*, obteniéndola finalmente por 5000 dólares, cuando éste fue asesinado y decapitado el 20 de julio de 1923.

Pero, ¿quién era Pancho Villa? Un bandolero de Zacatecas llamado José Doroteo Arango que suplantó al jefe de la partida en la que andaba encuadrado y usurpó su nombre a la muerte de éste, sustituyéndolo a partir de entonces. Con el nombre del otro, utilizando el hipocorístico Pancho y al mando de la cuadrilla, siguió cometiendo asesinatos, robos, allanamientos y violaciones. La llegada de la revolución en 1910 hizo que se supiera adaptar a la nueva situación y ascendiera en la escala de los insurrectos, atendiendo a que al menos en tres ocasiones abandonó a compañeros e iguales en medio de la batalla, aunque tales hechos fueron debidamente borrados y las consecuencias descuidadas, dando impunidad a sus crímenes el torbellino de la revolución.

Maderista en su momento, capaz de prometer al presidente Francisco Madero que cambiaría de modo de vida, furibundo antimaderista después, huertista luego, diestro en implorar perdón al general Victoriano Huerta abrazado a sus rodillas el 4 de junio de 1912, antihuertista posteriormente y carrancista más tarde, cuando la revolución constitucionalista que estalló dentro de la revolución llevó al general Venustiano Carranza a encabezar un movimiento armado.

En ese momento, Pancho Villa dirigió sus fuerzas contra Huerta en Ojinaga y fue promovido a general el 12 de junio de 1914 y a jefe de la División del Norte para, en un plazo de escasos meses, enfrentarse a Carranza y a Zapata, combatirlos con denuedo y estallar tras la designación del presidente Wilson, atacando con saña y ardor territorio norteamericano y, por Decreto[25] del presidente Carranza

---

en la famosa película de 1941, *Ciudadano Kane.*

25 Decreto de 14 de enero de 1916 del Gobierno Constitucionalista de la República de México firmado en Querétaro por el presidente Carranza. Celia Herrera, *Francisco Villa ante la historia*, Costa Amic Editores, S.A., México, D.F., 1939, 5ª edición,

de 14 de enero de 1916, ser depuesto, declarado fuera de la ley con el título de cabecilla reaccionario y retirado del grado de general. Además, la resolución carrancista añadía un tercer artículo en el que se comunicaba que cualquier ciudadano de la república mexicana estaba en su derecho de detenerlo y ejecutarlo sin dilación ni juicio, con solo levantar un acta donde constara identidad, fecha y lugar de fusilamiento.

Unos días antes del citado Decreto, y seguramente causa directa de su promulgación, Villa y sus huestes detuvieron y asaltaron un tren en Santa Isabel, Chihuahua. Ese 11 de enero hallaron entre el pasaje a dieciséis trabajadores de la American Smelting and Refining Company[26], a los que robaron todas las pertenencias, exterminándolos inmediatamente.

* * *

Por entonces el general John J. Pershing era comandante en Fort Bliss, a escasa distancia de El Paso. El telégrafo le informó que Villa se hallaba cerca de la frontera y que seguramente las fuerzas de Carranza, esto es, el ejército constitucional mexicano, no podría contener los pillajes del todavía en aquel momento general Villa. Como los comunicados al respecto empezaron a ser incesantes, Pershing decretó el estado de alarma en el destacamento, pero poco más.

Al mando del 8.º de Caballería el general Pershing había enviudado recientemente, perdiendo a su mujer y a tres hijas en un incendio. Dos años después de aquella desgracia, Pershing estaba acompañado por Nita, la hermana mayor de un teniente recién graduado en West Point llamado George Patton, asignado al mismo regimiento, que obviamente dio lugar a una profunda amistad.

1989.

26 La American Smelting and Refining Company, que utilizaba el acrónimo ASARCO, era una compañía minera norteamericana radicada en El Paso.

Asustado el presidente Carranza de las posibles consecuencias que los actos del incorregible general pudieran acarrear, promulgó el Decreto que acabamos de citar, con lo que daba una salida más o menos airosa a las derivaciones diplomáticas resultantes con su vecino del norte. Ya no sería un elemento del ejército, sino un forajido quien enviste, roba y mata ciudadanos norteamericanos, un proscrito al que el Gobierno de la República mexicana había depuesto y un rebelde al que había decidido eliminar por cualquier medio. Pero, cumpliendo la expectativa y sin faltar a lo que se preveía, en la madrugada del 4 de marzo, Villa atacó Columbus (Nuevo México, EEUU), ciento treinta kilómetros al oeste y ligeramente al norte de la raya fronteriza.

A pesar de lo rebuscado, incluso de lo insólito que tal circunstancia pudiera entrañar, es oportuno apreciar que Villa mantuvo, a través de terceras personas, relaciones con la embajada alemana. Precisamente por aquellas fechas, inicios de la I Guerra Mundial, los alemanes buscaban la no intervención de Estados Unidos, ¿qué mejor, para mantener tal objetivo, que alentar una guerra con México?

De ese modo, los alemanes, habiendo ofrecido ayuda a Villa en armas y pertrechos, también pudieron proponer auxiliarlo para reconquistar los territorios que estaban bajo administración norteamericana desde la guerra con EEUU de 1848 y tras la firma del Tratado de Guadalupe Hidalgo[27], momento en que se apropiaron de casi la mitad del territorio de México. Una vez ganada la guerra en Europa, el Alto Mando alemán se comprometía a mandar soldados veteranos para apoyar a Villa principalmente en Nuevo México, Arizona y Texas.

27 El Tratado de Guadalupe Hidalgo, así denominado por el lugar donde se rubricó, consistió básicamente en la rectificación de la frontera sur de EEUU, que quedó en el río Bravo, adquiriendo desde aquel momento los territorios de Texas, California, Nuevo México, Arizona, Colorado, Nevada y Utah, junto a partes de los actuales estados de Kansas, Wyoming y Oklahoma. Antes de 1848, aquellos territorios se denominaban Nueva Vizcaya, Nuevo México, Texas, Sonora y Californias, pasando desde 1845 a Alta California y Baja California, para la península.

Ese pudo haber sido motivo suficiente como para que Pancho Villa entrara en territorio estadounidense y arrasara la ciudad de Columbus, atacando Camp Furlong, cuartel del ejército que era sede del 13.º Regimiento de Caballería de los Estados Unidos, mandado por el coronel Slocum. Tras esa posibilidad, cobra sentido la incursión del asaltante mexicano que, efectivamente, provocó la intervención norteamericana.

Pero la historia de la relación entre Villa y los alemanes no acaba aquí. De hecho, el contacto con los germanos fue Félix Sommerfeld, aventurero alemán que consiguió ser representante personal de Villa en EE. UU., siempre bajo protección de la embajada alemana.

Sommerfeld, que traficaba con armas para alimentar la División del Norte —un contingente de veinte brigadas bajo las órdenes de Villa compuesto por soldados no regulares procedentes de poblados y caseríos del norte del país—, también estuvo dedicado desde antiguo a actividades de inteligencia, pues había conducido más o menos subrepticiamente los servicios secretos mexicanos en tiempos de Madero. En cierto momento, Sommerfeld conoció al médico personal de Villa, un austríaco llamado Lyman B. Rauschbaum. Ambos propusieron la cuestión al Centauro, que ya había obtenido el visto bueno de Berlín[28].

Poco después, el plan se deshizo porque Sommerfeld fue detenido[29] en EE. UU. acusado de contrabando de armas, no obstante, a primeros de marzo de 1916 Villa atacó territorio norteamericano tal como habían previsto, provocando de inmediato la intervención, aún a cuenta del desagrado del presidente Carranza al saber que tropas extranjeras operaban en espacio mexicano.

Tal asunto está a día de hoy suficientemente acreditado desde la publicación del libro de Barbara W. Tuchman, *El telegrama*

28 Michael C. Meyer, *Villa, Sommerfeld, Columbus y los alemanes*, El Colegio de México, Historia Mexicana, vol. 28, No. 4, abril-junio, 1979, pp. 546-566.

29 Félix Sommerfeld cumplió doce años de condena, diluyéndose después y cerrando de ese modo cualquier posibilidad de indagación.

*Zimmermann*[30], excepcional investigación donde se presenta un pormenorizado examen del asunto, así como de las pretensiones germanas de abrir un frente de guerra entre mexicanos y estadounidenses y de hacer cambiar de bando a Japón (asunto en el que se vio involucrado el káiser) que, al menos y según el proyecto alemán, atacaría junto a los mexicanos territorio de EE.UU., instalando bases navales en algún punto de la costa oeste centroamericana, poniendo en grave compromiso el canal de Panamá y desdibujando la influencia estadounidense en la zona. Por otra parte, fomentar una guerra entre mexicanos y japoneses contra los norteamericanos podía ser de extrema importancia para Berlín, pues suponía seccionar el suministro que obligatoriamente los estadounidenses hacían por vía marítima en dirección a los aliados en Europa, cercenando la posibilidad de que, en algún momento, pudieran transportar un ejército destinado a los campos de batalla europeos.

Por si fuera poco, y el objetivo no se cumplía plenamente, los alemanes creían que una guerra en la frontera sur norteamericana les daría el lapso de tiempo suficiente como para poder armar flotas de submarinos capaces de poner en jaque cualquier navegación atlántica y negar de ese modo la participación americana, como prometió el almirante Von Holtzendorff ante el káiser.

Otro vector que aconsejaba al Alto Mando germano fomentar la discordia en México era que este país aportaba la cuarta parte del petróleo mundial, con lo que un posicionamiento contra los EE. UU. podía suponer un corte drástico en la producción y, atendiendo a que la marina británica dependía en su totalidad del petróleo mexicano, el éxito en tal asunto dejaría en dique seco uno de los elementos de guerra fundamentales y obligaría al Reino Unido a demandar el armisticio casi sin condiciones.

* * *

30 Barbara W. Tuchman, *El telegrama Zimmermann*, RBA, Barcelona, 2010.

Pero volvamos a Columbus, el ataque nocturno produjo el incendio y la devastación de la ciudad, donde los villistas robaron mulas, caballos, pertrechos y ametralladoras, dando un saldo de ocho soldados norteamericanos muertos y diez civiles. Hay que destacar que el asalto les salió caro, pues las *Hotchkiss M1909* de origen francés, manejadas por la tropa estadounidense, barrieron sus líneas, provocándoles casi ochenta muertos.

A partir de ese momento, el presidente Wilson ordenó la inmediata persecución de Villa, en previsión de mayores estragos y ante la notoria reclamación que se desató en la prensa. Aquella acción se denominó *Expedición Punitiva*[31] y estuvo dirigida por el general John J. Pershing, cuya trayectoria era impecable, pues había combatido en los últimos estallidos de las guerras indias, en Filipinas en el 98 y había sido enviado como observador en la guerra rusojaponesa de 1904. A Pershing se le conocía como *Black Jack*, pues había puesto en pie un regimiento de caballería compuesto exclusivamente por soldados negros que consiguieron expulsar hasta territorio canadiense a los últimos guerreros *cri*.

En el momento del asalto villista, Pershing estaba en El Paso, pero, además de su aptitud militar, al general se le reconocía una marcada capacidad diplomática, aspecto muy importante dadas las ambiguas relaciones entre estadounidenses y mexicanos y, qué duda cabe, la abierta incomodidad de Carranza al tener que permitir que tropas extranjeras entraran en su territorio para perseguir a un exgeneral también mexicano.

Una vez Pershing fue designado al mando de la empresa, llamó al teniente George Patton como ayudante. Algo menos de siete mil hombres salieron en dos columnas integradas por infantería, caballería, ingenieros y un primer escuadrón aéreo compuesto por ocho aviones *Curtiss JN-3s*, que fueron sustituyéndose a medida que iban presentando problemas de navegación. Además, las tropas se movían en camiones *Dodge* por lugares donde muchas veces los

31 Mitchel Yockelson, *Las fuerzas armadas de los Estados Unidos y la Expedición Punitiva mexicana*, National Archives, Washington, vol. 29, núm. 3 y 4, 1997.

ingenieros tenían que construir caminos para posibilitar el paso de los vehículos.

Es cierto que se adentraron notablemente en México, unos setecientos kilómetros, pero desde el principio ya se vio que dar con las huestes de Villa en una región perfectamente conocida por el jefe rebelde era poco menos que imposible. Eran zonas desérticas con ranchos desperdigados en llanadas donde el avance de los soldados era visible desde kilómetros, quebradas y gargantas perfectamente aptas para emboscadas y agua en pozos solo conocidos por los villistas. Tales circunstancias hicieron que la expedición se convirtiera en una interminable cadena de obstáculos difícil de superar, pese a la ayuda de la aviación, primeriza y de escasa valía táctica.

A pesar de todo, Pershing se estableció en Colonia Dublán, pero desde Columbus tenían que llegar los suministros, ya que Carranza no permitió el uso de la red ferroviaria para el desplazamiento de las tropas norteamericanas.

Dadas las dificultades del territorio y la improbabilidad de hallar a Villa, desde un principio la *Expedición Punitiva* se convirtió en una auténtica pesadilla, además, la aviación poco podía hacer, si acaso alertar de algún movimiento de personas a las que no se podía identificar en territorio desconocido. Únicamente hubo una batalla contra un grupo de villistas por parte de una escuadrilla aérea, que fue repelida a tiros de fusil y revólver. Villa y sus hombres, lógicamente, optaron por adentrarse cada vez más hacia el sur, lo que convertía en imposible el avance y la localización.

El 13 de abril un destacamento mexicano atacó a los estadounidenses, asunto que se volvió a repetir el 21 de junio. En aquel momento, el general Obregón, jefe militar de Carranza, negoció la retirada de los norteamericanos en vista de los conflictos que se veían venir. Tal asunto produjo un repliegue de fuerzas hacia la frontera, donde los estadounidenses se estacionaron en previsión de posteriores asaltos.

La *Expedición Punitiva* acabó sin mayores resultados, salvo el haber demostrado que el poderío norteamericano podía verse disminuido cuando el enemigo conocía el terreno y lo usaba como arma. Posteriormente, la zozobra continuó en México, pues el 10 de abril de 1919 Zapata cayó a manos de agentes de Carranza, siendo asesinado. Villa, como ya se ha dicho, después de una temporada en la que optó por el sosiego, tuvo su final en una celada que elementos mexicanos y probablemente estadounidenses le tendieron unos años después, el 20 de julio de 1923.

El punto quizá romántico de la estancia de Patton en México acaso fue lo que ocurrió a finales de setiembre de 1916, cuando una linterna alimentada por gasolina le explotó en el rostro, quemándolo y dejándolo casi ciego. Una vez recuperado, escribió a Beatrice las siguientes palabras:

> I love you with all my heart and would have hated worst to have been blinded because I could not have seen you[32].

Por otra parte, lo más destacable de la Expedición Punitiva fue precisamente la actuación de Patton que, marginal y anecdótica, supuso en gran medida su encumbramiento, pues la prensa norteamericana se encargó de difundirla como un notable éxito de aquella lamentable y deslucida empresa.

En efecto, el 14 de mayo de 1917, el teniente George Patton salió a bordo de tres camiones *Dodge* y quince soldados a caballo con la misión de buscar aprovisionamientos para las tropas, encargo que era confiado a distintos oficiales cada cierto tiempo. Llegando a una estancia llamada San Miguelito, fue recibido a tiros por una partida de villistas en la que figuraba el capitán Julio Cárdenas, un hombre significativo en la organización de Pacho Villa. Los norteamericanos abrieron fuego y derribaron el caballo de Cárdenas, al que mataron a tiros, junto a varios más. Patton disparó su *Colt 45* varias veces, quedándose sin balas, con lo que tuvo que recargar hasta concluir el enfrentamiento. De ahí que desde entonces usara dos revólveres y cambiara el *45* por un *Colt SAA* (*Simple Action Army*, denomi-

---

32 Te amo con todo mi corazón y hubiera odiado quedarme ciego porque no habría podido verte más. Traducción del autor.

nado *Peacemaker,* Pacificador, también del 45). Después, siguiendo una tradición no tan antigua, establecida por los mitificados *cowboys,* hizo una muesca en las cachas de su arma, ató los cadáveres en el capó de los camiones, recogió las espuelas de Cárdenas y las llevó al campamento para presentar todo al general Pershing.

El suceso fue recogido por los rotativos norteamericanos y amplificado hasta presentar al teniente Patton como el adalid de la reparación, como el hombre que había conseguido lo imposible, importaba poco si se trataba de Villa o de uno de sus caudillos, el asunto era que los norteamericanos, por mano de un oficial desconocido hasta entonces, habían alcanzado la victoria.

Semejante tesis fue corregida poco después, ya que aquel mismo mes, y ante la escasez de resultados, el general Pershing ordenó el repliegue de la expedición a México y su regreso a los fuertes fronterizos de los EE. UU.

Poco más se puede decir de la *Expedición Punitiva,* salvo que un teniente anónimo llamado George Smith Patton había conseguido uno de sus objetivos, destacar, hacerse visible y responder de aquella forma a las iniciales incertidumbres de su suegro. Los planes que frente a míster Frederick Ayer había presentado con tanta rotundidad antes de la boda no eran locuras de un cretino, y ahora se empezaban a ver confirmadas. La vida militar podía traer fama, consideración y autoridad —al fin y al cabo, dinero ya tenía, y ese no era su proyecto—, y un tipo de prestigio que no se podía encontrar en el camino de un fabricante textil o de un farmacéutico. Era, qué duda cabe, la respuesta inmaterial de un yerno a las ofertas y las exigencias de un suegro en cuyas ambiciones jamás había figurado el honor ni la valentía. Si quisiéramos ahondar más, diríamos que era el cumplimiento de un espíritu sureño frente al ideario de un carácter del norte.

General J. J. Pershing. Library of Congress.

Pancho Villa. Library of Congress

Columbus (Nuevo México, EE. UU.) después de haber sido atacado por Villa la madrugada del 4 de marzo de 1916. WKP.

# LA GRAN GUERRA

Cuando todavía humeaban las ruinas de las ciudades francesas y belgas, el entonces coronel John Frederick Charles Fuller, cuya trayectoria política fue cuando menos errática[33], publicó en Nueva York un agudo análisis del comportamiento de los carros de combate en la Gran Guerra. En efecto, en 1920, Fuller, en la que habría de ser una de sus grandes obras históricas, dedicaba unas pocas líneas, no precisamente muy encomiásticas, al comportamiento en campaña

33 Fuller se afilió en 1934 a la *British Union of Fascists*, BUF, una vez dejó el ejército. En 1937, y después de varias visitas a la España en guerra, publicó un panfleto de veinte páginas titulado *The conquest of red Spain*, Burns, Oates & Washbourne, Londres. Texto convenientemente olvidado por los tratadistas e historiadores que ponderan a Fuller, claro está. En abril de 1939, Fuller protagonizó uno de los episodios más sórdidos de su vida, pues se entrevistó en Berlín con Hitler, al que visitó en su quincuagésimo cumpleaños, asistiendo a la ceremonia y al desfile consiguiente. Mientras los *Panzer* transitaban por la avenida Unter den Linden y pasaban ante la tribuna presidencial, Hitler se dirigió al general y le preguntó qué le parecían las criaturas (*sic*). Fuller, seguramente asombrado de ver que su dictamen acerca de los blindados se había hecho realidad, pero en Alemania, contestó con un simple: *Excelencia, han crecido tanto que ya no los reconozco.* Véase Fernando Calvo González-Regueral, *Las cuatro vidas de J. F. C. Fuller, un heterodoxo en el ejército de su Majestad Británica*, Revista de Historia Militar, n. 114, 2013, pág. 199.

del Batallón de Tanques Ligeros norteamericano, escribiendo erróneamente el nombre del coronel George Patton y dando *Patten*[34].

En aquel libro, Fuller, el teórico occidental más importante que trató muy tempranamente acerca de la guerra blindada, echaba una ojeada al desarrollo de la contienda, aquella *no-guerra,* a decir de muchos, véase la opinión de Hans von Seeckt y de tantos otros. La guerra siempre había sido un ejercicio de movimientos donde la pericia de los mandos y el valor de los soldados resolvían las circunstancias pero, en la Gran Guerra, las máquinas (principalmente, las ametralladoras y la artillería) hicieron que la caballería desapareciera de los frentes y que la infantería se agazapara en zanjas, lista para asaltar las posiciones del enemigo a una señal y dispuesta —cómo no decirlo— para dejarse matar por artilugios cuya cadencia de fuego hacía prácticamente imposible cualquier avance.

Ante semejante tesitura, Fuller había mandado el primer asalto de trescientos carros de la historia, los *Mark IV,* contra las líneas alemanas el 17 de noviembre de 1917. Aunque la victoria fue clara, la infantería británica no supo o no quiso aprovechar el terreno conquistado —unos nueve kilómetros de profundidad— y los alemanes contratacaron a los pocos días, dejando la ofensiva británica simplemente en la captura de algunos miles de prisioneros.

La experiencia sirvió al coronel Fuller —muy lejos en ese momento de andamiajes románticos— para considerar que los carros de combate eran las máquinas perfectas para enfrentarse a las ametralladoras, si bien debían mejorar tecnológicamente de forma y manera relevante, sobre todo en velocidad y en capacidad de fuego. Posteriormente, cuando los cañones alemanes empezaran a saber disparar sobre los puntos flacos del carro, se percató de la importancia del diseño y del blindaje. Así surgieron los glacis inclinados, idóneos para repeler el impacto de un proyectil gracias al ángulo que presentaba el frontal en el instante de la percusión.

---

34 John F. C. Fuller, *Tanks in the Great War, 1914-1918*, E. P. Dutton, New York, 1920, pág. 60.

Tales opiniones son las que vertió en su libro, por más que el Estado Mayor británico jamás lo analizó con la necesaria seriedad, permaneciendo fiel a la vieja tradición de la infantería de conscripción y a la caballería de sangre. En gran medida, la observancia de esa herencia entre los oficiales venía porque amaban los caballos y odiaban sustituirlos por máquinas grasientas, ruidosas y humeantes cuya efectividad, salvo en contadísimas ocasiones, era todavía más que discutible. Incluso el uso militar de los aviones no era tenido como algo esencial, recibiendo bastantes desprecios. Con todo, seguramente había muchos intereses en semejante opción y los generales no estaban dispuestos a renunciar a su preeminencia ponderando una nueva arma que, sin duda, los alejaba de su mundo y los colocaba en posiciones incómodas.

* * *

Tras un intenso trabajo de mediación y preservación de la paz mundial, una vez la guerra ya se había desatado en Europa, y después del ataque, el 7 de mayo de 1915, de un torpedo procedente del pequeño submarino alemán clase *U-20* de rango oceánico[35] al navío norteamericano *RMS Lusitania*, de 30.796 toneladas, frente a las costas occidentales de Irlanda —que provocó la muerte de mil quinientas personas, más de un centenar de nacionalidad estadounidense—, se supo, a través de un telegrama captado por los servicios secretos norteamericanos, que el ministro de exteriores alemán, Arthur Zimmermann[36], ofrecía a México, es decir, a Pancho Villa, la posibilidad de ayuda militar y financiera si entraba en guerra contra EE. UU., además de auxilio militar para la recuperación de muchos territorios en ese momento bajo administración norteamericana[37].

---

35 El *U 20* cargaba cuatro torpedos y medía seis metros de eslora, desplazando menos de 1000 toneladas. La orden de disparar el torpedo fue dada por el capitán de corbeta Walter Schweiger. El *Lusitania* se hundió en veinte minutos.

36 Ya hemos indicado bibliografía al respecto.

37 Este era un viejo asunto que había planeado a principios de la Gran Guerra, como se ha dicho.

La propuesta germana, como ya se ha señalado, equivalía a cortar los flujos económicos a Gran Bretaña y, lo que todavía era más importante, rompía la afluencia de petróleo mexicano a la marina, con lo que la intención de conseguir que México se alineara con las potencias centrales era un asunto de suma importancia, buscando el más que probable colapso de los barcos británicos frente a los submarinos alemanes.

Todos estos elementos se unieron para que EE. UU., echando abajo dos años y medio de neutralidad armada, por boca de su presidente Woodrow Wilson, declarara de inmediato la guerra a la Alemania imperial el 6 de abril de 1917.

Fue una difícil decisión para Wilson, presidente demócrata en cuya trayectoria destacan algunos hechos fundamentales, como haber reconocido el voto a las mujeres, la prohibición del trabajo infantil y también el decreto de la jornada de ocho horas. Sus conocidos catorce puntos para preservar la paz mundial fueron posiblemente el elemento que lo llevó al Nobel de la Paz, una vez acabada la guerra, por su esfuerzo en favor de la Sociedad de Naciones y por su participación en el Tratado de Versalles. Sin embargo, y aunque resulte sorprendente, EE. UU. no firmó la ratificación de aquel pacto, en principio por una cuestión de balanzas políticas, pues el Senado estadounidense estaba dividido entre demócratas, como el propio Wilson, y republicanos, la mayoría, y pese al empeño del presidente en aceptar un medio por el que se implantara la paz en Europa e incluso con la sospecha general de que iba a ser momentánea.

Por razones de prestigio en conflictos exteriores, el general Pershing fue designado para comandar la *American Expeditionary Force* (*AEF*), y el capitán George Patton, cuyo guía y mentor era el general, al que lo unía una buena amistad y la íntima relación que mantenía con su hermana, a finales de la primavera de 1917 lo siguió a Europa como miembro de su Estado Mayor, al lado de una cincuentena de oficiales y un puñado de funcionarios del Departamento de Guerra, junto con una escasa división[38].

En aquellos momentos, verano de 1917, y a pesar de las circunstancias, el ejército norteamericano era una pequeña fuerza de apenas doscientos mil hombres cuyas obligaciones habían estado tanto en guardar la frontera con México como atender algunos compromisos en lugares adyacentes. En consecuencia, no tenían experiencia en combate a gran escala, pero rápidamente el Congreso aprobó el servicio militar obligatorio en mayo de 1917[39], con lo que, en poco tiempo, y con la ayuda de oficiales franceses, pudo poner en pie dos millones de combatientes.

La amenaza podía parecer de escasa importancia para Alemania, dada la ninguna preparación de los reclutas, pero detrás estaba la inmensa industria norteamericana, capaz de inundar los frentes con cientos de toneladas de materiales de guerra. Aparecía, además, el considerable efecto moral creado en los soldados europeos que, de pronto, veían a la gran potencia mundial apuntar sus armas contra la Triple Alianza. De hecho, el celo en el desembarco del contingente estadounidense fue extraordinario, pues en los meses siguientes descendieron de los buques casi trescientos mil hombres.

Hay que advertir que también Italia envió dos divisiones a pelear junto a los franceses, incluso durante la amenaza austriaca en los Alpes, y que el ejército francés disponía en aquel momento de una considerable cantidad de útiles militares en sus arsenales, desde aviación y artillería hasta granadas de gas tóxico y casi mil vehículos ligeros de asalto.

* * *

38 Hay que decir que en mayo del año siguiente, ya había en Europa un millón de soldados norteamericanos, que pronto se convirtieron en dos millones, cuya logística dependía del general Dawes, conocido banquero de Chicago ahora reconvertido en militar. Dawes debió ubicar en Francia desde lugares de recepción, abastecimientos, cocinas, ropas, repuestos, elementos sanitarios, etc. Otra cuestión era el armamento, tarea que le correspondía a Pershing en correspondencia con el generalato francés y británico.

39 Selective Draft Act of mai 18, 1917.

El general Pershing y sus soldados embarcaron en Nueva York, el 28 de mayo de 1917, en el vapor de bandera británica *HMS Baltic*, un crucero que hacía la ruta hasta Liverpool, donde llegaron diez días después. Cuando, finalmente, el 13 de junio el ferrocarril los dejó en París, los norteamericanos pronto pudieron ver los zarpazos de la guerra: los trenes procedentes de los frentes del este arribaban atestados de muertos y heridos. Las batallas no eran quimeras lejanas, propias de las salas de banderas o de las topografías de los generales, sino una brutal realidad cuyos efectos se constataban con la facilidad que daba mirar los andenes, el trabajo de los camilleros y el recorrido de los asistentes de la sanidad militar.

El primer asiento de aquella todavía reducida *AEF* fue el cuartel de Chaumont sur Haute Marne, al sureste de París. Sin embargo, la actividad de Patton como ayudante de campo en el cuartel general era prácticamente nula, a pesar de algunas visitas del comandante británico, sir Douglas Haig, mariscal de campo desde 1917, comandante de la *British Expedicionary Force* (*BEF*), y hombre cuyo carácter no solía ser precisamente amable, pegado a la obtusa idea de que las ametralladoras nunca podrían batir a la caballería y, al mismo tiempo, partidario de los ataques masivos de la infantería a través de terreno descubierto frente a las bocas de la artillería alemana, penosos puntos de vista que, sin embargo, no invalidaban la devoción que Pershing le profesaba.

En semejante ambiente y en aquellos momentos, el capitán George Patton debió sentir una profunda decepción. No había llegado a Europa en plena guerra mundial para atender los recados de su mentor, por muy amigo que fuera, y menos para distraerse con las pesquisas burocráticas que interponían los franceses, a pesar de que el mariscal Foch junto con Pétain buscaban el modo de dotar de cierta autonomía a Pershing y sus hombres, con todo y que su falta de experiencia les provocaba serios escrúpulos.

La propuesta inicial de mezclar unidades para que los inexpertos reclutas norteamericanos aprendieran en el fuego real fue desestimada por Pershing a instancia del presidente Wilson, dado que no permitió el mando francés sobre unidades estadounidenses por más que, tras muchas discusiones, acabó autorizando la dirección conjunta. O sea, oficiales franceses y norteamericanos mandando tropas norteamericanas. Una situación que, saltando los problemas de la lengua, dejaba las cosas en posiciones intermedias, apaciguaba suspicacias y facilitaba la participación en combate de los neófitos soldados de la *AEF*, después de un año de parada y de ver cómo la guerra seguía su curso.

La primera entrada en combate de los norteamericanos el 28 de mayo de 1918 en Cantigny, al sureste de Amiens, se saldó con diez mil muertos. Grave contingencia que, sin embargo, tuvo tres consecuencias: era la primera vez que los estadounidenses peleaban en suelo europeo, aunque no contra una potencia europea, pues recuérdese la guerra contra los británicos, contra los revolucionarios franceses en 1789 y contra los españoles en 1898. Y segunda y tercera: afianzó la creencia entre los aliados que los norteamericanos pronto iban a saber combatir en pie de igualdad con los demás ejércitos y, por otra parte, y enormemente más importante, demostró a los alemanes que, desde ese instante, no podían ganar la guerra.

Aquel día de finales de mayo, desde poco antes del amanecer, casi cuatrocientas piezas, instaladas en diferentes baterías estadounidenses (principalmente de origen francés, cañones de *75* y *155 GPF*, capaces de lanzar proyectiles de 43 kilos) machacaron el frente alemán creando una densa barrera de humo y, cuando por fin se empezó a ver, la 1.ª División de Infantería de la *AEF* emergió de las trincheras y avanzó hacia Cantigny, donde tomaron el pueblo y desalojaron al XVIII Ejército alemán[40], a cuyo mando figuraba el general Oskar von Hutier[41], personaje concluyente en los acontecimientos posteriores pues, tras el armisticio, regresó a Alemania en

40 Después de aquella batalla, el XVIII alemán venció a los franceses en Noyon, en el noreste, el 9 de junio.

41 El general Oskar von Hutier demostró ser un estratega de consideración, pues diseñó técnicas de combate consistentes en la infiltración de tropas de choque en la retaguardia enemiga destinadas a la demolición de los cuarteles generales y al ataque de las posiciones de artillería enemigas, respondiendo de ese modo al estatismo de la guerra de trincheras.

olor de multitudes sosteniendo que el ejército imperial no había sido vencido, sino apuñalado por la espalda en razón de oscuros intereses —la famosa *Dolchstosslegende*—, idea que cundió y que sostuvo el mismo Ludendorff, y que posteriormente sería uno de los acicates y señuelos propagandísticos que llevaron al nazismo al poder.

Sobre las 7 de la mañana, los franceses apoyaron el flanco estadounidense con carros *Schneider CA-1,* y la infantería bisoña se pudo batir contra los restos germanos que todavía permanecían en la periferia. Posteriormente, un pelotón de ingenieros franceses acabó con la resistencia utilizando lanzallamas *Schilt.* Semejante actuación convenció al mariscal Foch de que se podía confiar en los norteamericanos.

El 26 de julio, toda vez que Ludendorff había cancelado las órdenes para una ofensiva final, dada la incuestionable supremacía aliada y la constante sangría de soldados del ejército imperial, Foch ordenó el ataque definitivo a las líneas alemanas. Los estadounidenses, que ya tenían sobre el terreno cuarenta y dos divisiones, más o menos entrenadas y fogueadas, se situaron al sur de la ofensiva, aproximadamente en la raya del bosque de Argonne. Se trataba de cortar las líneas que sostenían a los alemanes más al norte, por eso la intervención adquirió una importancia estratégica de primer orden.

* * *

Pero retrocedamos unos meses para entender un asunto crucial. Ante la perspectiva de la nueva arma que aparentemente revolucionaba la guerra, los carros, Patton no mostró ningún interés, incluso más, viendo la escasa maniobrabilidad de las máquinas y su exigua velocidad, dictaminó con acritud que no servían para nada. En efecto, quien había de entrar no muchos años después en Messina encaramado en un *Sherman* y el mismo que iba a comandar el III Ejército estadounidense en Europa, diagnosticó entonces, con la brusquedad que le era propia, que los carros de combate eran máquinas inútiles.

Sin embargo, pese a las dudas y a la aristocrática intransigencia del mariscal Haig, en aquellos días del verano de 1918 ya había conversaciones y trabajos avanzados que intentaban buscar una manera convenientemente integrada entre franceses e ingleses para utilizar aquellos vehículos. Todavía no había ocurrido el ataque capitaneado por Fuller, con lo que las pesquisas rondaban acerca de la utilidad de los lentos artefactos. Los británicos insistían en los *Mark* y los franceses en el desarrollo de carros más ligeros, como los que salían de las factorías Renault.

Tales debates interesaron a los miembros de la *AEF* y el general Pershing, no obstante permanecer alineado en los posicionamientos del Estado Mayor británico, no eludió el compromiso, designando una agrupación al mando del general Leroy Eltinge. Rápidamente, este se dirigió a Patton para hacerle una propuesta formal vinculante, con todo y conocer perfectamente sus opiniones.

Tras la que suponemos una muy didáctica conversación con Eltinge, al que conocía porque también había estado en México combatiendo a Villa en la Expedición Punitiva y que, además, era un gran aficionado a los caballos, el 3 de octubre, George Patton requirió unirse al Servicio de Tanques alegando su experiencia como oficial de caballería, su pericia e interés en asuntos mecánicos y su conocimiento del francés. Naturalmente, excepto el primer motivo, desde luego indiscutible, el resto no era más que una manera de presentar méritos, pues tan solo había liderado un ataque en México con dos camiones y varios soldados, y su francés, aprendido en la escuela y continuado en West Point, era bastante funcional.

Con todo, no tuvo remilgos al afirmar que seguramente era el único norteamericano que había realizado una acción con vehículos motorizados, cosa que en rigor era verdad, pero que nada tenía que ver con el uso de carros de combate.

Obviamente, su solicitud fue atendida y el 10 de noviembre consiguió el nombramiento para incorporarse a una escuela de tanques ligeros. Era, de alguna manera, la forma en que Patton se iba a separar de la tutoría de Pershing, echando a volar por rumbos muy diferentes.

Casi de inmediato, Patton recibió orden de visitar el centro de entrenamiento de Chamlieu y la fábrica de carros sita en Bilancourt, donde aportó algunas sugerencias que fueron aceptadas: cambios en el depósito de combustible para evitar escapes debido a proyectiles perforantes, incorporación de una ametralladora de 37 mm y de una plancha de acero que debía separar a los tripulantes del entorno donde estaba situado el motor.

Allí fue donde Patton condujo por vez primera un carro, asegurando posteriormente que era fácil de manejar. Se trataba de un *Renault FT 17*, una máquina que, a diferencia de las británicas, ya guardaba la estampa de lo que en el futuro serían los tanques. El modelo francés iba atendido por dos tripulantes, el comandante y un conductor, y no había otro medio de comunicación entre ambos que los golpes que el primero diera en la cabeza o en los hombros del segundo, sentado en un escalón inferior, dado que el estrépito que producían el motor y las orugas impedía cualquier aviso verbal.

Una vez confirmado en sus actitudes y con una experiencia que se pensó suficiente, el ya teniente coronel Patton fue nombrado coronel[42] en un meteórico ascenso a través del escalafón, dadas las necesidades del servicio. Sin tiempo que perder, al día siguiente aparecieron dos hojas de roble doradas sobre las hombreras de su uniforme, haciendo gala de la promoción y menospreciando los disparos de los francotiradores alemanes, que siempre buscaban las insignias de los oficiales.

De esta manera y bajo el mando del general Samuel D. Rockenbach, se le ordenó que pusiera en marcha una escuela de carros en Bourges, en el centro de Francia, ciertamente lejos del frente, pues se trataba de entrenamiento y preparación. Patton, siguiendo la pauta que ya había establecido en otras ocasiones, exigió una disciplina espartana mientras realizaba con doscientos hombres ejercicios de maniobra, señales, interpretación, lectura de materiales topográficos y mecánica, asunto de suma importancia.

En aquellos momentos, por otra parte, los norteamericanos no disponían de carros y ni siquiera de uniformes que identificaran a

42 Los grados en campaña siempre eran temporales, sin consolidación una vez concluida la movilización, retornando a escalafones anteriores.

los carristas, menos todavía de instrucciones operativas ni de elementos precursores que pudieran ayudarlos a levantar la escuela.

A pesar de todo, y seguramente por esa falta de doctrina y de elementos, tanto Rockenbach como Patton viajaron a Inglaterra a principios de marzo. Se trataba de inspeccionar las fábricas de carros e ir asimilando las características de las máquinas. Sin embargo, en esos días, Patton se las ingenió para conocer a John F.C. Fuller, cuyas vicisitudes y experiencias en Cambray pronto fueron adoptadas por el bisoño coronel. De aquella entrevista, y de la actuación posterior del grupo de carros de la *AEF*, parte la mención con la que iniciamos este capítulo.

Posteriormente, el general Rockenbach hizo una visita a la escuela de Bourges, donde escuchó el discurso de Patton a los soldados:

> La falta de disciplina en la guerra significa muerte o derrota, que es peor que la muerte... El premio de esta guerra es el mayor de todos los premios: la libertad. Es solo por la disciplina que todos los esfuerzos, todo el patriotismo, no habrá sido en vano. Sin ella, el heroísmo es inútil. Moriréis por nada. Con disciplina, seréis irresistibles.

El Estado Mayor francés, por mediación del mariscal Foch, cedió a los norteamericanos los primeros diez carros Renault, cuyas tres unidades iniciales tuvieron que ser conducidas por Patton desde la estación del tren hasta los terrenos destinados a los trabajos de la escuela, ya que nadie sabía operar con ellos. Después, a principios del otoño, las transferencias francesas fueron llegado con profusión y al menos dos batallones ya podían maniobrar y ejercitarse en condiciones más o menos reales.

El plan de Rockenbach era constituir una fuerza de dos mil carros ligeros Renault y doscientos pesados *Mark VI* pero, tras muchos cambios, algunos debido a la incapacidad de la industria norteamericana para fabricar a tiempo los modelos franceses, el contingente quedó reducido a algo menos de mil vehículos distribuidos en ocho batallones pesados y veintiún ligeros, de los que realmente fueron utilizados únicamente cuatro.

En noviembre, Patton organizó el 1.^er^ Batallón de Tanques Ligeros, cuyo mando iba a ostentar y, casi de inmediato, formó un segundo. Las numeraciones eran las siguientes: el primer batallón fue denominado 344.º y el segundo 345.º, y el 29 de agosto, la *AEF* recibió orden de marcha. Unos cuatrocientos mil soldados americanos debían prepararse para entrar en combate en el sector de Saint-Mihiel, bastante más al norte y cerca de la frontera con Bélgica y Luxemburgo.

El pueblecito de Saint-Mihiel estaba situado sobre un saliente dominado por los alemanes desde principios de la guerra, y era importante porque sujetarlo despejaría la zona de Metz y su fortaleza, eliminando la posibilidad de que la retaguardia aliada se viera atacada desde el sur. Sin embargo, a última hora, hubo un cambio de plan, pues el mariscal Haig, junto con Foch, creyeron que el verdadero objetivo era chocar contra la línea Hindenburg, pero para ello debía ser liberado el ferrocarril que cruzaba Saint-Mihiel y llevaba a Verdún. Una vez realizada la operación, la *AEF* tenía que virar al norte y posicionarse hasta llegar al río Mosa y a los bosques de Argonne. En esta ofensiva también iba a participar el IV Ejército francés y el IV británico, así como contingentes belgas, organizados en sucesivas oleadas y en días diferentes.

El 12 de setiembre, casi medio millón de soldados norteamericanos transitaron sobre lo que horas antes había sido un hermoso paisaje centroeuropeo, ahora convertido en un yerto panorama acribillado por los más de tres millones de granadas lanzadas por la artillería. En la vanguardia, con un ruido infernal a pesar de su pequeño tamaño, cincuenta oficiales y casi mil soldados irrumpieron con los *FT*, embarrados y en medio de un fortísimo aguacero.

Sobre las nueve de la mañana, el coronel George Patton, que previamente había hecho una visita personal a la zona gateando hasta casi tocar las trincheras alemanas, empezaba a impacientarse. A pesar de las órdenes recibidas, que lo instaban a permanecer atento al teléfono y en comunicación con Rockenbach, no pudo resistir la excitación y, dejando a su ayudante a cargo del puesto de mando, se dirigió a pie al combate para ver personalmente lo que acontecía.

En el camino pudo observar algunas unidades detenidas en el barro, pero entendió que la gran masa estaba más adelante, con lo que siguió avanzando. En aquel recorrido, Patton cruzó las posiciones que ocupaba la 42.ª División de Infantería Arcoíris[43], perteneciente a la Guardia Nacional de los Estados Unidos, y se encontró con su comandante, el general Douglas MacArthur, al que conocía de West Point.

Existen numerosos rumores acerca de tal coincidencia, pero seguramente ni las circunstancias ni el momento invitaban a la charla y al diálogo. Sin embargo, ambos tuvieron tiempo para fumar y conversar unos minutos. Fue un asunto meramente accidental, pero que pudo haber tenido fatales consecuencias si en aquel momento los alemanes llegan a acertar con una granada[44]. De aquel encuentro, que MacArthur trató en sus memorias[45] de forma tangencial, simplemente llamando a Patton *old friend*, y el propio George Patton escribió después a su esposa un comentario al menos generoso:

> Yo era el único hombre en la línea del frente, excepto el general MacArthur, que nunca esquivó un proyectil.

Posteriormente, Patton continuó su camino, hallando a varios soldados norteamericanos reticentes a cruzar un puente que al parecer estaba minado. El coronel se encolerizó y los obligó a pasar detrás de él. Después encontró el primer carro en funcionamiento, al que se subió, aunque pronto fue atacado, con lo que saltó y se metió en el cráter abierto por un obús. La tripulación no se percató y dejó al coronel a merced del fuego de las ametralladoras. Salió como pudo, y viendo las trazadoras perforar la niebla, corrió en zig-

43 La 42.ª Arcoíris, *Rainbow*, estuvo integrada por miembros de la Guardia Nacional procedentes de veintiséis estados diferentes, de ahí el nombre. Los soldados lucían un vistoso parche en el hombro con un arcoíris.

44 Carlo D'Este, *opus cit.*, aprovecha para asegurar que, si hubiera estallado un proyectil en aquel lugar y en ese instante, la historia de la Segunda Guerra Mundial en Europa y en el Pacífico habría cambiado de modo y manera irremisibles.

45 Douglas MacArthur, *Reminiscences: General of the Army*, McGraw Hill, New York, 1964.

zag hasta topar con tropas estadounidenses de infantería, que organizó para atacar la guarnición enemiga. Entre tanto, comió unas galletas que localizó en la bolsa de un soldado alemán caído. Al día siguiente, y ya con los dos batallones de carros, los norteamericanos rompieron la defensa en Joinville y capturaron miles de prisioneros.

En aquella primera batalla es probable que Patton buscara, además de la excitación del combate, mandar una palmaria señal a sus hombres asumiendo personalmente el comando de un carro. Sus palabras durante las sesiones de entrenamiento no habían sido retóricas, ni su estilo lo era en absoluto: encabezó el asalto y lo haría muchas veces, a pesar de las recriminaciones de Rockenbach, que llegó a amenazarlo con un consejo de guerra por haber abandonado su puesto en retaguardia.

Obviamente, la opinión de otros mandos fue justo la contraria, ensalzando el valor de un coronel que no se quedaba detrás de la acción sino, muy al contrario, la conducía.

Y es que los vínculos entre Rockenbach y Patton siempre fueron malos: al parecer, el general era un hombre equitativo y bastante paciente, lo contrario del joven Patton, que derrochaba pasión, y más si se trataba de cuestiones militares. Tan opuestos caracteres iban a chocar, como así fue. Al final, Patton escribió unas líneas en las que menospreciaba al general, acusándolo de mostrar un talante negativo ante cualquier propuesta.

Patton siempre hizo lo que le pareció mejor, abandonando la retaguardia —como rezaba el cuerpo de la acusación— y buscando los carros en la batalla, lo que ocurrió es que tuvo la buena suerte de llegar en el momento oportuno y dirigir una acción exitosa.

Ahora bien, la estrella que protegía a Patton es asunto que no hay que olvidar, pues siempre —salvo al final, claro— estuvo favorecido por un extraño arquetipo de oportunidad que lo alejaba del percance, aunque en ocasiones lo tocara de refilón. No le sucedió lo mismo que a Iván Cherniakovski, comandante de carros soviético, el *general T 34*, que fue abatido por las esquirlas de una granada en Mehlsack, cerca de Könisberg, el 18 de febrero de 1945, después de haber combatido en Kursk y en la ofensiva *Bragation*, por no citar a tantos otros, valgan dos ejemplos clásicos, el mariscal Turenne o el duque de Berwick, siglos atrás.

* * *

Consiguientemente, después de Saint-Mihiel, Patton, que había sido tan reticente al empleo de los carros, corrigió sus ideas, viendo de inmediato la capacidad de las nuevas máquinas para liderar un ataque sin formar únicamente apoyo de la infantería, una vez se fueran perfeccionando y adquirieran mayor velocidad y potencia ofensiva. Era, para Patton, la confirmación de lo oído en la entrevista con Fuller y de lo leído en algunos tratadistas, pocos[46], y era, desde luego, el inicio de otro tipo de guerra, un combate que llevaría a los alemanes durante la II Guerra Mundial a invadir Bélgica, Holanda, Francia, Checoslovaquia, Polonia y Rusia con ejércitos compuestos básicamente por blindados apoyados por aviación e infantería, y rompiendo definitivamente con la guerra de desgaste, propia del periodo de trincheras.

Seguramente, en aquellos momentos, Patton había descubierto por sí mismo la *Blitzkrieg* o, al menos, una versión básica de una innovadora táctica en la que los frentes fijos, las casamatas y las defensas estáticas iban a ser sorteadas y atacadas desde los flancos, ya que las líneas de batalla se habían perdido, dando lugar a un escenario completamente diferente. A partir de ese momento, la caballería mecanizada y las operaciones de fuerzas combinadas se impondrían, a pesar de que, a la altura de 1918, y mientras el coronel Patton dirigía el ataque a base de precarias señales destinadas a los comandantes de los demás carros, todavía faltaba mucho camino por recorrer.

El interés que la acción de Saint-Mihiel le suscitó tuvo como resultado posterior que escribiera varios ensayos[47] en los que pon-

---

46 Además de Fuller y Liddell Hard, esos pocos tratadistas pudieran resumirse, por el lado occidental, en De Gaulle y Von Seeckt, y por el oriental, en Tujachevski, Isserson y Triandafillov.

47 George S. Patton, *Military essays and articles*, The George S. Patton, Jr. Historical

deraba y desarrollaba la intervención de los carros en el combate. En ellos explicaba el funcionamiento de las máquinas y la ordenación de los batallones, junto a las tácticas derivadas y los modelos de instrucción y adiestramiento. El carro era la máquina perfecta para enfrentarse a las ametralladoras y con la eficacia suficiente para atravesar las alambradas. Con una mayor velocidad, iba a provocar la ruptura del frente penetrando en la profundidad del enemigo, logrando su hundimiento y la victoria resultante. Hacía mención, además, de algo que le había oído decir a Fuller: los carros debían utilizarse en masa y no como unidades desperdigadas entre la infantería.

Tales pensamientos, en consecuencia, anticipaban alguna de las ideas sustanciales de la teoría que años después iba a ser puesta en marcha por la *Blitzkrieg*, desarrollada en Alemania por Hans von Seeckt, en Francia por De Gaulle y en la URSS por Tujachevski: los carros como bloque combatiente y no como soporte de la infantería, junto al uso masivo de la aviación.

* * *

A finales de setiembre de 1918, y tras cuatro años de conflagración, se estaban dando los últimos compases de la guerra, aunque en aquellos momentos ni el alto el fuego ni ninguna señal se percibiera en los campos de batalla. Mientras tanto, el 27 de aquel mes, franceses y británicos asaltaron la línea Hindenburg disparando cerca de un millón de proyectiles en un día. Semejante superioridad acabó por convencer al mariscal germano, que optó por presentarse ante el káiser para asegurarle que lo más sensato era buscar un armisticio lo más pronto posible.

Al día siguiente, y una vez el saliente de Saint-Mihiel estaba consolidado, el 28, tras haber trasferido tropas en condiciones climáticas desastrosas a otro sector más al sur, cerca de Verdún, Patton

Society, San Diego, California, 2002.

dirigió sus carros en la acción llevada a cabo en la zona, cuyo territorio había sido encomendado a la *AEF* con escasa antelación.

Diez divisiones norteamericanas entraron en combate en un primer momento, en tanto que la reserva quedaba conformada por otras ocho, por más que los alemanes presentaron un frente de dieciocho divisiones veteranas agazapadas en multitud de fortificaciones, zonas con caballos de frisia y sectores intermedios minados.

Todavía en la oscuridad del amanecer, la artillería aliada machacó las posiciones germanas y, antes de que llegara la luz, los carros iniciaron el avance. Los pequeños *FT* debían apoyar las divisiones del I.er Cuerpo, pero pronto se vio que el ensamblaje era imposible con un terreno embarrado, con niebla, lluvia y ríos crecidos que atravesaban el campo.

Como había ocurrido en Saint-Mihiel, Patton siguió las huellas de los carros recorriendo la carretera entre Reims y Metz, al noroeste de Verdún, haciendo caso omiso de lo dicho y repetido por Rockenbach. No tardó en encontrar a los *FT*, aproximadamente a la altura de Cheppy, que en ese momento estaban siendo atacados por la artillería alemana, recibiendo fuego cerrado de ametralladora. Ordenó a sus hombres que hicieran cuerpo a tierra y esperó a que las descargas amainaran. Estaban rodeados por una densa bruma que impedía saber hacia dónde ir, habiendo perdido el frente y quedando a merced de las *MG 08*. Únicamente la presencia de Patton consiguió devolver en cierto modo la calma a las tropas y restablecer la vanguardia.

Los carros avanzaron un corto trecho, pero se estancaron frente a una honda trinchera. Patton ordenó que en cuanto se silenciara el frente demolieran los taludes para dejar pasar a los carros, sin embargo, el fuego alemán era constante, así que se tuvo que emplear a fondo para que los soldados cumplieran el objetivo. En los intervalos, los soldados cavaban, incluso el coronel tomó una pala y estuvo moviendo barro.

Inmediatamente después se lanzó junto con unos pocos hacia los alemanes, pero el fuego de las ametralladoras era sostenido y los soldados caían por todas partes. Según sus notas, pensó que era el momento de que otro Patton dejara este mundo, con lo que avanzó ciegamente hacia lo que era con certeza una muerte segura. En ese punto y mientras daba órdenes, recibió un impacto en el muslo que le perforó el glúteo. Inmovilizado en el lodo, buscó la manera de dejarse caer en el boquete de un obús. Lo acompañaba un soldado que pudo vendarle precariamente la herida. Entre tanto, pasaron varias horas hasta que los camilleros consiguieron llegar al lugar y atender al coronel.

Posteriormente, Patton ordenó a los sanitarios que lo trasladaran al acantonamiento de la 35.ª División para entregar el informe. Después, fue ingresado de urgencia en el Hospital Militar 11.º y trasladado a la mesa de operaciones con apremio. Necesitó una rápida cirugía que le amputó una parte importante de la nalga. Allí permaneció durante por varias semanas, justo las últimas. El general Pershing dio por concluida la ofensiva el 30 de setiembre, a pesar de que se reactivó unos días después, mientras los alemanes mantenían los combates y los norteamericanos avanzaban más de treinta kilómetros en su profundidad, pero el armisticio llegó el 11 de noviembre, con lo que las operaciones acabaron en ese momento. Los soldados fueron retrocediendo hasta sus acuartelamientos, dado que la I Guerra Mundial no supuso para Alemania merma territorial en aquel frente.

Mientras estaba recuperándose, Patton fue ascendido a coronel y recibió la Medalla y la Cruz de Servicio Distinguido. Además, la prensa estadounidense[48] publicó sus gestas poniéndolo por las nubes, asunto no menor, porque lo encumbró como el héroe norteamericano de la Gran Guerra.

Tal tratamiento tuvo sin duda otras consecuencias: el coronel herido y convaleciente fue presentado como el auténtico paladín estadounidense, un héroe que no se conocía desde los tiempos de la guerra de Independencia o la guerra civil cuyo recorrido empe-

48 Alexander G. Lovelace, *The Image of a General: The Wartime Relationship between General George S. Patton Jr. and the American Media.* Journalism History, vol. 40, n. º 2, 2014, págs. 108-120.

zaba en México y se alargaba hasta los frentes franceses, con gestas y acciones que asombraban a los lectores, un oficial que dirigía a los soldados en pleno combate desoyendo las órdenes de permanecer en retaguardia, que subía a un tanque y que saltaba al verse atacado y herido, permaneciendo horas en el barro, rescatado por fin y, pese a un percance de consideración, que ordenaba en primer lugar entregar su informe, operado después con mal pronóstico y posteriormente recuperado para volver a Nueva York laureado, dejándose ver y siendo recibido entre los soldados con el apoteósico clamor de las multitudes.

Podría decirse que aquella portentosa recepción neoyorquina cauterizó el consejo de guerra que sin la menor duda Patton habría merecido, al fin y al cabo, dos desacatos como los suyos, en plena campaña, eran imperdonables, pero el Estado Mayor hizo la vista gorda y, por supuesto, ni Pershing ni Rockenbach iban a cuestionar a la opinión pública enfrentando un asunto que, a la luz de la victoria, parecía irrisorio, por muy grave que en realidad hubiera sido.

El 1 de marzo, el coronel George Patton embarcó con sus soldados en el transatlántico francés *SS Patria*, que alcanzaba los quince nudos, llegando a Nueva York el 17. En el puerto, abarrotado por la multitud y con decenas de periodistas que querían entrevistar al héroe, se produjo un torbellino que a punto estuvo de acabar en desastre. Entre el gentío, únicamente el vespertino *New York Evening Mail* pudo recoger unas cortas declaraciones:

> El tanque es la respuesta natural a la ametralladora y, en lo que respecta a la guerra, permanecerán, igual que los aviones[49].

El público quería una figura heroica, un elemento tangible, y George S. Patton daba la talla, era el hombre elegido. Sin embargo, obsérvese que, en medio de la excitación, no se exhibió contando relatos insólitos o rememorando actos de combate, cosa que

49 John Mikolsevek, *Patton in WWI*, Warfare History Network, 17 de junio de 2016.

hubiera sido perfectamente posible, simplemente dio una respuesta profesional.

Y, en efecto, aquella contestación marcaba una trayectoria: para el héroe, glorificado hasta convertirse en leyenda por el enaltecimiento de la prensa, el mundo y sus lances quedaban atrás. Patton estaba construyendo la imagen del tipo duro que ama, y al mismo tiempo, rechaza la fama. No era una figura de Hollywood, por más que su fotografía abriera las portadas de las revistas.

Aquel desdeño de la gloria, aquel aparente desaire a la exaltación, guardaba un fondo muy notorio, sabía que le esperaba un consejo de guerra precisamente por los mismos motivos que la prensa y el público sublimaban, quizá por eso su comportamiento no fue en absoluto histriónico, sino justo lo contrario, idóneo y preciso, muy lejos de lo que años más tarde iba a suceder.

Después, entre los miles de soldados que desfilaron por la Quinta Avenida, con Pershing en cabeza montando una yegua canela, saludando y cabrioleando sobre el asfalto, la gente buscaba afanosamente a Patton, que marchaba discretamente detrás del general.

Tal proceder y semejante bienvenida tuvieron sus efectos. Interpelados por los periódicos, hubo comentarios favorables de otros oficiales que lo habían conocido: siempre se mantuvo en primera línea, alentó a los soldados y aguantó una grave herida no sin antes entregar su despacho a la comandancia, permaneció frente a las balas del enemigo muchas horas y jamás desfalleció, afirmaban, sin conocer que justamente aquello había supuesto un desacato inadmisible.

De ese modo y en poco tiempo, la figura de Patton se hizo formidable, arriesgado hasta el extremo, valeroso y capaz de resistir una lesión importante con ánimo esforzado, y lo que no era menor, con un gesto y un rostro apropiados: la imagen del guerrero formidable que, de vez en cuando, sonríe ligeramente y concede unas palabras, el resto era imaginación.

Todo ello fue creando una leyenda, esto es, un relato donde lo de menos eran los hechos. Atrás quedaban las ciento veinte mil bajas estadounidenses que había tenido la *AEF.* Los Estados Unidos saboreaban de pronto un líder militar de primer orden, un hombre fuerte, apto para compararse con los grandes generales de otras naciones y de otros tiempos, y en seguida surgieron los nombres de Lee, Grant o Sherman.

Patton en 1918 retratado junto a un carro Renault. National Archives and Records Administration

# TIEMPO DE ENTREGUERRAS

Firmada la rendición incondicional de la Alemania guillermina en el Salón de los Espejos del palacio de Versalles, las naciones vencedoras y sus Estados Mayores entraron en un momento de reflujo militar. No habían recibido orden de mantener la paz a través de la ocupación militar, dado que la derrota y el desmantelamiento de la monarquía de origen prusiano era un hecho irrebatible y Alemania se encaminaba a grandes pasos a un régimen republicano que, al menos aparentemente, borraría las anteriores ansias expansivas. Semejante situación dio lugar a que el espíritu de la victoria y las apetencias de paz entumecieran los resortes de buena parte del ejército aliado y, de esa forma, se perdiera la posibilidad de extraer valiosas advertencias de la inmediata contienda.

Tal estado de cosas hizo que se desaprovecharan saberes y conocimientos que, de otra manera, hubieran sido clave para tratar de evitar la guerra que, en palabras de muchos de los firmantes del Tratado de Versalles, se veía venir. En efecto, el mismísimo mariscal Ferdinand Foch, alto representante aliado, predijo que se trataba de una pausa válida para los próximos veinte años, pero poco más. Y con exactitud más que impecable, la guerra estalló en 1939.

Pero vayamos por partes. La Gran Guerra había sido una experiencia pavorosa y en cierta medida apocalíptica para las naciones beligerantes. Millones de jóvenes soldados perecieron masacrados en zanjas, entre el barro, los gases y las ratas. Después, cientos de miles de mutilados vagarían desde entonces por las viejas calles de la Europa de la *Belle Èpoque*, aquel tiempo anterior a la guerra en el que era posible asistir a un brillante espectáculo en algún cabaret de la avenida Montparnasse con la radiante luz ambarina reflejándose en las burbujas del champagne o ver pasear por la *Kaerntnerstrasse* de Viena a Stefan Zweig en amena conversación con Alma Mahler, por entonces, en compañía de Oskar Kokoschka.

Todos aquellos lisiados, y los cientos de miles de fallecidos, no iban a ser suficientes como para que Gran Bretaña, Alemania, Bélgica, Italia, Turquía, Francia o Estados Unidos entendieran que jamás debía volver a producirse una guerra como aquella. Y la expresión utilizada quiere ser exacta: «como aquella».

Por supuesto que todo el mundo sabía que la guerra no tardaría en estallar, veinte años había pronosticado el mariscal Foch, pero también los grandes visionarios de la guerra blindada, Fuller y Liddell Hart. Veinte años: ese fue el tiempo que despreciaron los ejércitos aliados, y justo el que aprovecharon alemanes y rusos para levantar, clandestinamente los primeros[50], un ejército infinitamente más potente cuyo objetivo iba a ser resarcirse de la *Dolchstosslegende*, la puñalada trasera, según la expresión, ya comentada, utilizada por el general Von Hutier y asumida por los nacionalsocialistas, que había precipitado al II Reich a la derrota de 1918.

Por supuesto, jamás una guerra como aquella, o sea, una miserable guerra donde los soldados sucumbían a millares por ganar unos metros, donde la inmovilidad era la clave del combate, donde se podía morir envenenado por el gas o mordido por las ratas, y donde las ametralladoras pulverizaban un batallón tras otro a medida que sonaba el silbato del sargento para correr locamente en dirección a las trincheras enemigas, eso sí, con la bayoneta calada en espera de un enemigo invisible.

---

50 Véase mi libro *La invención de Vulcano*, ed. Rialp, Madrid, 2020, en el que doy cuenta pormenorizada de esa tesitura.

Pero la cláusula «jamás una guerra como aquella» en absoluto implicaba un mensaje pacifista o un mecanismo capaz de hacer imposibles las guerras del futuro. La guerra es una institución social de inmemorial vigencia —seguramente, la más atroz— y buscar la paz es uno de los más loables esfuerzos que la conducta humana puede registrar, pero sin desatender a que tal impulso no ha de ser unilateral. La guerra no pude desampararse, desestimarse o relegarse. Debe ser evitada, desde luego, pero no desde la desnudez, porque esa es la antesala de la rendición y la sumisión.

El éxtasis de la victoria y no la visión de los heridos, la fantástica ceremonia que supuso la derrota de Alemania, la destrucción del imperio austrohúngaro y el avance de Grecia sobre las ruinas del califato otomano, con sus implicaciones en el norte de África, hizo que los ejércitos, que los Estados Mayores y sus generales, se afianzaran en antiguos modelos, en gran medida periclitados, y se consolidara el propósito de no acometer en absoluto nuevos patrones, cuyas primeras manifestaciones ya se habían visto. Después de la victoria en una guerra como aquella, antesala de las tempestades de acero, como acertó a titular Ernst Jünger, ¿cómo plantearse la aparentemente estrafalaria idea de cambiar el ejército?

Pues bien, ese fue en gran medida el motivo de la paralización de los aliados. Incluso más, el ataque masivo con trescientos ochenta blindados llevado a cabo el 20 de noviembre de 1917 por Fuller en Cambray, que desembocó en una encomiable victoria, por más que no tuvo continuidad, dada la reacción alemana y la débil respuesta británica, tampoco fue atendido y ni mucho menos considerado como la primera batalla moderna, quedándose en mera anécdota a ojos de un generalato obsesionado con las batallas frontales, la caballería y el uso de la artillería. A este respecto, sorprende saber que quienes sí supieron ver y evaluar las consecuencias de la ruptura en el frente alemán con aquella nueva máquina fueron un joven oficial de estirpe prusiana llamado Heinz Guderian y un capitán berlinés de nombre Erick von Manstein que había combatido en Verdún.
Sin embargo, poco después, los británicos desmantelaron sus formaciones de carros, igual que los franceses y los norteamericanos,

integrándolas en regimientos de infantería. En efecto, el cuerpo de carros estadounidense pasó de veinte mil hombres a finales de la guerra a poco más de dos mil un año después, terminando además por agregarse a la infantería y habiendo sido eliminada de sus planes cualquier tipo de experimentación, cancelando de paso la mayoría de los proyectos industriales.

Obviamente, en la medida en que los *FT* iban siendo apartados, las máquinas fueron quedando anticuadas, siendo superadas por los modelos de la siguiente generación. El problema era que esa producción posterior, suprimidos en gran medida los propósitos industriales, sencillamente no existía.

La reacción anticarrista, generalizada entre los aliados, fue respondida en sentido inverso por alemanes y soviéticos, cuyos Estados Mayores desarrollaron clandestina y conjuntamente la más mortífera y completa maquinaria de guerra jamás vista, mientras buena parte de su industria se transformaba en una gigantesca producción militar situada en territorios inaccesibles al control aliado.

En gran medida, el éxito de los alemanes en los primeros años de la II Guerra Mundial fue debido a aquella evolución que, junto a la técnica, desarrolló la doctrina necesaria para hacerla efectiva y que, sorprendentemente, estaba descrita y hasta cierto punto probada por autores británicos. En realidad, cuando británicos y estadounidenses, y también franceses, se percataron de la competencia de los carros germanos sobre el terreno, ya los tenían atravesando las Ardenas. Posiblemente la única potencia, y potencia hasta cierto punto, que también desarrolló regimientos de carros fue Polonia, aquella Polonia posterior a Piłsudski que se enfrentó durante unos días a los ejércitos *panzer* de la Wehrmacht.

En consecuencia, se podría decir que los alemanes llevaban veinte años de ventaja sobre los aliados cuando se inició la segunda conflagración mundial, de ahí su éxito inicial, y que británicos y norteamericanos tuvieron que coaligarse y poner en funcionamiento su inmenso poderío tecnológico, industrial y logístico para conseguir contraponer una fuerza capaz de detener y por fin vencer la ofensiva germana en 1945.

Pero conviene ver, volviendo a lo ocurrido en la posguerra, un detalle clarificador: el extraño éxito editorial de la obra del general Fuller, *Operations between Mechanized Forces*[51] de 1932, de la que se vendieron quinientos ejemplares en Gran Bretaña, mientras que en Alemania fueron treinta mil y otros varios miles en la URSS.

En el libro de Fuller se explicaban los elementos básicos de lo que pronto iba a constituir la enorme revolución militar que supuso la *Blitzkreig* y, en el lado soviético, la *Batalla Profunda*. De hecho, aquel libro suponía un detallado desarrollo de lo que sería la guerra futura pero, desde fechas casi inmediatas al armisticio, Fuller ya venía insistiendo en el tema, recordemos el *Plan 1919* en el que diagnosticaba que una fuerza de cinco mil carros podría romper las defensas enemigas definitivamente, sosteniendo desde ese momento que los blindados conquistan y la infantería defiende, justo al contrario del lema francés en el que se daba preponderancia a la artillería y a la infantería.

El no haber atendido a tiempo la teoría de Fuller llevó a los futuros aliados a una parálisis estratégica que se vio inmediatamente superada por las fuerzas del III Reich, cuyos ejércitos de tanques, escuadrillas de aviones de bombardeo en picado y saltos de paracaidistas en zonas de la retaguardia consiguieron la aniquilación de los frentes belgas, franceses, británicos y polacos en un tiempo récord.

Piénsese, de igual manera, que mientras esto ocurría, y hablamos de mayo de 1940, todavía los británicos discutían acerca de las peculiaridades materiales de los carros ligeros y pesados y de su utilización como apoyo de la infantería. El problema, por tanto, no radicaba en las máquinas, sino en gran medida en el modo de proceder con ellas, esto es, en el pensamiento estratégico[52].

51 Traducido como *Operaciones con fuerzas mecanizadas*, la edición española de 1933 fue debida al comandante de infantería Secundino Serrano.

52 Léase al respecto el extraordinario artículo antes citado, casi un ensayo, de Fernando Calvo González-Regueral, *Las cuatro vidas de J. F. C. Fuller, un heterodoxo en el ejército de su majestad Británica*.

Una vez la paz fue efectiva y la Comisión Aliada para el Control Militar velaba por el cumplimiento de los puntos firmados en Versalles —asunto que en la práctica jamás pasó de mera formalidad, con visitas de oficiales a las maniobras de la Reichswehr, donde su jefe, el general Hans von Seeckt, los engañaba sin pudor y sin mesura—, los contingentes militares debían ser reducidos.
En efecto, tal y como hemos explicado en *La invención de Vulcano* (ya citado), el general Seeckt —el general esfinge, tal como se le conocía, pues gastaba aspecto de rotundo militar prusiano, con monóculo y rostro pétreo— tuvo una actuación inaudita, confundiendo y desorientando a la Comisión de Control con tanques simulados montados sobre bicicletas y globos que aparentaban ser aviones, fingiendo de ese modo obedecer las directrices emanadas de Versalles mientras, por otro lado, enviaba decenas de oficiales a la URSS para desarrollar, junto al Ejército Rojo, las máquinas de guerra que habían de protagonizar la II Guerra Mundial.

Tales dobleces y semejantes trucos nunca fueron detectados por los comisionados aliados, que remitían a sus Estados Mayores atentos dictámenes acerca de la voluntad germana de no rearmarse y de permanecer en los cien mil soldados, sin carros, marina o aviación, tal como prescribía Versalles.

En aquellos momentos, como venimos diciendo, el contingente asignado al Cuerpo de Tanques norteamericano pasó a ciento cincuenta y cuatro oficiales y dos mil quinientos soldados, siendo transferido por las mismas fechas, 1920, a la Infantería, según reza la orden emanada del Congreso en la Ley de Defensa Nacional[53].

---

53 *National Defense Act.* En este documento se insta a que el *American Tanks Corps* pase a depender de la jefatura de Infantería. En 1927, sin embargo, la Secretaría de Guerra planteó la posibilidad de revisar los protocolos creando una *Experimental Mechanized Force* para el estudio de los carros y su desarrollo en futuros combates. pero los efectos de la Depresión del año 29, el *Martes Negro* y el *crac* bursátil, obligaron a contener gastos y a dejar en poco o en nada semejantes planes. En 1931, el general Douglas MacArthur, como jefe del Estado Mayor, ordenó revisar tales trabajos y activarlos lo más rápido posible, creando dos años más tarde un Regimiento Mecanizado de Caballería. A partir de ese momento, surgió la necesidad de establecer una doctrina táctica para el uso de las máquinas. Fue el

* * *

Ante tamaña obstinación, Patton hizo un giro insólito. Afligido por las circunstancias no le cupo otra opción que volverse a la caballería. Pese a todo lo que había vivido y escrito aseguró que la combinación entre caballería de sangre y caballería motorizada podía resultar una fusión correcta.

Justamente en julio de 1921 escribió *Comments on Cavalry Tanks*[54], quizá el texto donde mejor refleja la agrupación y mutua colaboración entre carros y caballos. Es interesante porque argumenta enfáticamente en favor de la agregación, arguyendo que los tanques son en grado sumo dependientes de la logística, y descuelga un párrafo

---

mayor general (dos estrellas) Adna R. Chaffee Jr. quien se empeñó en el desarrollo, aunque, pese a todo, los éxitos no llegaron hasta 1940, cuando en las maniobras practicadas en Luisiana —véase que ya comenzada la II Guerra Mundial y con los *panzer* avanzando por Europa— se pudieron constatar las directrices y los pronósticos anticipados por Chaffee desde muy atrás. Para más datos acerca de la evolución de las fuerzas blindadas norteamericanas, conviene leer el trabajo de Timothy K. Nenninger, *The development of American Armor, 1917-1940*, University of Wisconsin, 1968.

A partir de 1940 y a pesar de que los carros habían sido transferidos a las divisiones de infantería, el ejército norteamericano continuó perfeccionando únicamente dos modelos, el *M1* y el *M2*. Eran vehículos ligeros, de menos de veinte toneladas, en los que se combinaba un cañón de 37 mm y varias ametralladoras, con un blindaje ligeramente mejorado y capaz de desarrollar unos 60 km/h. Jamás entraron en servicio porque la imagen de los *panzer* en Francia hizo cambiar de golpe las ideas del generalato estadounidense.

Por eso, desde 1941, las fábricas americanas produjeron decenas de miles de unidades. De ahí surgieron los *M3 Stuart* y los *M3 Lee*, cuya única ventaja era el cañón de 75 mm, y que se movieron con especial lentitud en manos británicas durante la campaña del norte de África. Estos modelos serían sustituidos por el *M4 Sherman*, un vehículo de 1940 fabricado a gran escala, que iba a montar el cañón de 75 mm con una tripulación de cinco miembros. El *Sherman* tenía múltiples aplicaciones: combate, minas, lanzallamas, movimientos anfibios y cohetes. Extremadamente vulnerable a los proyectiles alemanes y muy ruidoso, era sin embargo digno de confianza y, sobre todo, era lo mejor que tenían los norteamericanos, con lo que se convirtió en la punta de lanza de las campañas de África, Sicilia, Italia y Francia, siendo el carro que entró en Alemania y, del mismo modo, el blindado que luchó en Asia contra los japoneses.

54 *Comments on Cavalry Tanks* forma parte del volumen *Military Essays and Articles* que Charles M. Province publicó (2002) en San Diego, California, a expensas de The George S. Patton, Jr. Historical Society, pág. 33 y ss.

donde indica que ni en el presente ni en el futuro prevé tanques solos operando en circunstancias de terreno desfavorable, poniendo como ejemplo las montañas de México, los arrozales filipinos, los bosques de Canadá o las llanuras arenosas de Texas. Posteriormente, y en párrafo seguido, escribe acerca de la imposibilidad de ver aviones adscritos a la caballería pilotados por robustos soldados.

Leído el artículo muchos años después, produce cierta melancolía pensar que la Segunda Guerra Mundial se desarrolló precisamente en parajes similares a los referidos: los desiertos del norte de África o los bosques de la Europa central, por no traer los combates en las islas próximas a Japón o, mucho más adelante, las selvas de Corea y, más allá todavía, en Vietnam.

Con todo, y atendiendo a que la tecnología de los años 20 no permitía vislumbrar lo que vendría después, por más que Liddell Hard o Fuller sí lo anticiparan, es más que probable que ni el mismo Patton estuviera de acuerdo con sus propias opiniones, pero en aquel contexto de reajuste militar, no le cabía otra opción que adaptarse u olvidarse del ejército.

Sin embargo, en junio de 1920, Patton fue propuesto con grado de capitán[55] para servir en Fort Myer, aunque pronto ascendió a comandante del 3.$^{er}$ Regimiento de Caballería. Un tiempo después realizó un curso de Estado Mayor en Fort Leavensworth, visitando asiduamente la escuela de Caballería de Kansas y, tras un tiempo en Boston, fue destinado a Hawái.

El principal cometido de las fuerzas norteamericanas era prevenir una más que posible acción japonesa, dado que, desde el tratado Naval de Washington de 1922 entre Reino Unido, Estados Unidos, Italia y Francia, Japón se había adherido como fuerza muy a considerar, quedando en pie de igualdad con las potencias vencedoras en

55 Recuérdese que los grados obtenidos en campaña eran provisionales y no se consolidaban una vez concluida la guerra, volviendo a los escalafones anteriores. Eran, de alguna forma, un medio administrativo destinado a poder mandar grandes formaciones, pero sin continuación posterior.

la distribución de asignaciones para la construcción de acorazados, cruceros y portaviones.

A ello hay que añadir las notables discrepancias entre el alto mando nipón y el ministro Kato Tomosaburo, partidario de llegar a un *status quo* con respecto al poderío norteamericano, pero sin sobrepasarlo, idea que se oponía al pensamiento más militarista de la armada japonesa, cuya imagen del tratado de 1922 recogía, como mínimo, una amarga prohibición y una intolerable coacción.

¿Cuál era el motivo del descontento japonés? La expresa restricción hecha a Japón de no sobrepasar el tonelaje de buques de guerra, que autorizada hasta las 315.000 toneladas, mientras que EE. UU. podía llegar a las 525.000. Tal contravención supuso una evidente deshonra para la marina, que permaneció dentro de los límites marcados por Washington hasta 1936, iniciando desde ese momento un periodo de grandes construcciones que llevó, a la altura de 1940, a poseer una de las flotas de guerra más grandes del mundo, empezando por reconvertir algunos cruceros en portaviones, como ocurrió con el *Akagi*, que ya en abril de 1925 fue botado con un nuevo utillaje, dado que la limitación contenía una excepción concediendo 80.000 toneladas adicionales a los portaviones. Sin embargo, la botadura del *Yamato* en 1941 supuso que un solo buque desplazara más de 70.000 toneladas.

Precisamente por eso, disponer de fuerzas bien preparadas y entrenadas en Hawái, al fin y al cabo, un archipiélago a medio camino entre el oeste de los Estados Unidos y las costas del Pacífico norte, era una obligación y un reto que no se podía declinar. De ahí la premura de realizar maniobras, de las que hablaremos a continuación, y de ejercitar a las tropas y a sus oficiales con determinación.

# HAWÁI

Patton llegó a Hawái en marzo de 1925. Tuvo suerte, pues, tras la disgregación del ejército norteamericano en pequeñas unidades después de la guerra, pudo haber sido enviado a Panamá o a las Filipinas. No eran destinos capaces de subyugar a un oficial de Estado Mayor que había combatido en Francia, desde luego, pero nada más finalizar el conflicto en Europa se veía muy lejana cualquier otra contienda, si bien, Hawái, como las Filipinas, eran serios candidatos para una eventual coyuntura beligerante con los japoneses.

El Hawái al que llegaron Patton y su cónyuge tenía dos vertientes, la militar, a la que estaba dedicado el marido, y la social, a la que se consagraba la joven esposa. El hecho de estar casado le obligaba a corresponder a los requerimientos de la sociedad hawaiana con alguna desenvoltura, jugando al polo, por ejemplo, asunto que entraba en sus intereses más particulares, y a llevar una vida externa a la guarnición, incluyendo paseos y estancias en los hoteles de Waikiki, que atendían a los ricos turistas americanos. Por otra parte, Beatrice era aficionada a la arqueología y dedicó algún tiempo a escribir un libro en francés titulado *Legendes Hawaiiennes*

(Paris, 1932) y también la novela *Blood of the Shark: A Romance of Early Hawaii* (Honolulu, 1936)[56].

Obviamente, cuando George Patton se presentó en el cuartel le precedía la fama y, dado que al mes siguiente se iban a realizar unas maniobras entre fuerzas de tierra y navales, inmediatamente se propuso participar. Obtuvo, como no podía ser menos, excelentes encomios de su superior, el teniente coronel J. B. Murphy, que más tarde se integraría como general de brigada en la 100.ª División de Infantería, combatiendo al mando de una sección de artillería en Europa.

Patton había sido destinado al *G 1* y al *G 2,* personal e inteligencia, pero a la vista de los resultados, en noviembre fue escogido para el *G 3,* esto es, operaciones o, lo que es igual, mando de tropa. No obstante, pronto se granjeó críticas adversas, pues escribió informes criticando el manejo de la 22.ª Brigada, acusando a los oficiales de no conducir la vanguardia con el arrojo suficiente. Aquellos comentarios le causaron serios inconvenientes, dado que un comandante no podía, según el protocolo militar, hacer tales cosas, y menos dirigir el informe al general de la División y firmarlo sin atender, temerariamente, a la escala de mando. Además, en un rasgo que iba a ser habitual, disertó acerca de su parecer con otros oficiales, creando un notable ambiente de hostilidad. No contento con ello, divulgó opiniones contrarias a las órdenes del Departamento de Guerra, donde se indicaba que, a la vista de aviación enemiga, las tropas debían dispersarse, buscando la defensa pasiva.

Patton, deplorando lo prescrito, ofreció un programa de respuesta que no tuvo éxito, motivo por el que aseguró en un informe posterior que el error había estado en los oficiales al mando, incapaces de entender el verdadero alcance de su propuesta.

Tal asunto hizo que el comandante de la División, general William R. Smith, reasignara a Patton de nuevo al *G 2,* dado que sus opiniones eran excesivamente francas (*was too positive in his thinking*

56 Nancy J. Morris, *Beatrice Patton's Hawai'i,* The Hawaiian Journal of History, vol. 39, 2005.

*and too outspoken / demasiado positivo en su pensamiento y demasiado franco*[57]) y, por tanto, lesivas para la tropa y para los jefes y oficiales.

Naturalmente, se trataba de una degradación en toda regla, pero sabedor de que no estaba en el frente francés, ni con el general Pershing ni con Rockenbach, se limitó a obedecer y a consignar en su diario la mala experiencia. Y es que Patton era un militar muy competente pero extremadamente agresivo, no le gustaba en absoluto sentir cómo el tiempo pasaba y su vida iba quedando reducida a trabajos de oficina o a las tareas propias de cuartel, con la diaria instrucción establecida desde siempre y a la espera de acontecimientos.

En medio de tales circunstancias, Patton dedicó mucho tiempo al estudio, aprovechando las ocasiones que surgían para dar charlas y extender lentamente sus ideas. En aquellos días de 1927 dictó dos conferencias. La primera, titulada *Why Men Fight,* versaba acerca de la falta de liderazgo en el ejército norteamericano y relacionaba el hecho con la circunstancia de que en los EE. UU. no hubiera una clase militar acrisolada, como sí ocurría en los países europeos. Coincidía que su familia era realmente una estirpe de militares, si bien no muy destacados, motivo por el que sus palabras dejaban percibir cierto color clasista, asunto con el que, desde luego, obtuvo pocas adhesiones. En la segunda charla, titulada *Tanks Past and Future,* hacía una positiva evaluación de su participación en el frente francés comandando los carros estadounidenses, aunque entrelazaba el discurso con alusiones al empleo de esa arma junto a la Infantería, pese a que posteriormente, aseguraba, debían desplegarse en solitario buscando el punto de ruptura.

Pasado algún tiempo, Patton solicitó una prórroga para continuar en Hawái, pero le fue denegada —cosa más que previsible, dado su historial de conflictos en la guarnición—, con lo que en mayo de 1928 fue destinado al cuartel general de Caballería en Washington.

Díaz años después, en torno a 1935, Patton regresaría a Hawái, donde una vez más fue corregido por el comandante, general Hugh

57 Cole C. Kingseed, *Patton's Hawaiian Ordeal: Even a Legend Can Learn from His Mistakes,* Association of the Unitet States Army, monday, april 20, 2015.

Drum, por su falta de «tacto», seguramente en relación con cierto acontecimiento deportivo. Esa falta de tacto, quizá esa incapacidad para la mesura y una cierta imposibilidad de mostrarse discreto, iba a ser la marca de Patton durante el resto de la vida. Y a lo mejor tales defectos también pueden explicar los aciertos posteriores como comandante del III Ejército estadounidense en Europa.

En aquella segunda estancia en Hawái hubo un hecho singular que dejamos para un poco después, porque en medio de tales acontecimientos, y como decimos, Patton fue destinado a Washington.

# UNA VIDA EN ESPERA

Las particularidades de la vida que el futuro general Patton llevó en Washington fueron pocas, salvo el practicar su muy desarrollada facultad para contactar con personas influyentes y seguir algún curso en el *Army War College*. Se trataba de un hombre rico, sobre todo gracias a la fortuna de su mujer, y le gustaba ostentar. Sin embargo, sus sueños de obtener gloria cada vez estaban más alejados, principalmente porque los años pasaban y se hacía mayor. En aquellos días se dio de lleno a la escritura, pergeñando cortos artículos que versaban acerca de la guerra mundial y el uso que de los tanques se había hecho. Tales trabajos tenían pronta consecuencia, pues eran publicados por el prestigioso *Cavalry Journal*[58], obteniendo una rápida difusión.

No obstante, el julio de 1932, todavía como comandante y siguiendo órdenes del presidente Hoover, que delegó el problema en el general MacArthur, jefe del Estado Mayor, Patton intervino en la disolución de las manifestaciones de veteranos de guerra en Washington. Se trataba de casi veinte mil exsoldados que, acuciados por la Gran Depresión, se reunieron con esposas e hijos deman-

58 Hoy en día, el periódico de las fuerzas blindadas norteamericanas se denomina *Cavalry & Armor Journal.*

dando el *Bonus Army*, o sea, el pago anticipado de emolumentos por servicios de guerra aprobado por el Congreso en 1924 y que estaba previsto se iría devengando hasta 1945. Al parecer, no faltaron elementos izquierdistas entre los manifestantes, motivo quizá por el que se optó por una intervención contundente.

En la revuelta, los congregados fueron expulsados de las proximidades del Capitolio, donde habían plantado un campamento. Hubo un fallecido y multitud de heridos. Los modos adoptados para la disolución de aquellos manifestantes supusieron un golpe político muy serio para Herbert Hoover, que perdió las elecciones, siendo sustituido por Roosevelt.

Patton, que valoraría aquel servicio como el más desagradable de su vida —lo que es mucho decir, habida cuenta del currículo—, mandaba varios escuadrones del III Regimiento y cinco carros *M1917*, tanques ligeros de diseño parecido a los *Renault FT* franceses. Convergiendo con los batallones de infantería del general Miles, cerca de la Casa Blanca y provistos de caretas y sables, lanzaron granadas de gas y sostuvieron varias cargas. Al anochecer, desmantelaron el campamento. A primeras horas de la mañana, la mayor parte de los integrantes del tumulto se había marchado.

El relevo encabezado por Roosevelt trajo un punto de concordia, sobre todo a través de su consorte, Eleanor, pues, como dijo algún manifestante, Hoover mandó al ejército y Roosevelt a su esposa. El congreso aprobó, en 1936, la Adjusted Compensation Payment Act, autorizando el pago inmediato de dos mil millones de dólares en bonos a los veteranos de la Primera Guerra Mundial.

* * *

Quizás a consecuencia de aquellos sucesos, Patton fue nuevamente destinado a Hawái, como ya hemos dicho. En la segunda residencia en el Pacífico, además de las sabidas reprimendas por parte de la comandancia, tuvo una intervención sorprendente: ordenó bombardear un volcán.

En efecto, el cráter del Manna Loa, a casi 4000 metros de altura, estalló el 21 de diciembre de 1935, precedido por terremotos considerables que ya anticipaban la erupción. Nubes de gases y fragmentos llegaron hasta 90 kilómetros de altura y las coladas de lava formaron un fluido negro que amenazaba las carreteras circundantes, acercándose al río que daba aguas a Hilo, un pueblo habitado por veinte mil personas situado junto al mar. Al ritmo que la lava descendía, unos 2 kilómetros por día, pronto afectaría núcleos urbanos.

Thomas Jaggar, director del Observatorio de Volcanes de Hawái, pidió la intervención del ejército. Su idea era desviar el curso de la lava para tratar de apartarla hacia un lugar en el que no causara daños[59]. Tal propuesta fue apoyada calurosamente por el ya teniente coronel Patton, al que se le encomendó la organización de aquella operación.

El día 27 de diciembre, una escuadrilla de biplanos lanzó dieciséis bombas de 300 kilos sobre los ríos de magma que fluían por las laderas del volcán. Las explosiones liberaron la presión de los gases acumulados, rebajando el empuje hidrostático, con lo que la lava se detuvo en los primeros días de enero. Con posterioridad, Jaggar dijo en el *New York Times* que la intervención había supuesto un éxito extraordinario. Otro más para Patton, por más que discutible visto desde hoy, que se convertía en artífice de un combate inhabitual, las máquinas de guerra contra los designios de la naturaleza.

* * *

Tras aquellos días en Hawái, y aunque pudiera parecer un contrasentido, su vida mejoró en Ford Myer, donde fue destinado una vez más en 1938. Allí recibió el ascenso a coronel y, poco después, a jefe de Estado Mayor, con lo que fue seleccionando personas de su confianza ante la inminencia de la guerra que se veía venir en Europa, dadas las exaltadas manifestaciones de Hitler y la disposición que tomaban las cosas.

---

59 Años después, Thomas Augustus Jaggar publicó un libro de memorias titulado *My Experiments with Volcanoes*, Hawaiian Volcano Research Association, Honolulú. 1956.

En esos momentos sucedió un hecho casual que, sin embargo, cambiaría ostensiblemente su vida.

El general George Marshall, jefe de Estado Mayor de la Defensa, directamente nombrado por Roosevelt para el cargo y que en el futuro iba a ser quien diseñara la estrategia norteamericana en Europa, designando al general Eisenhower como comandante supremo, residió unos días en la casa que los Patton ocupaban hasta que su vivienda estuvo arreglada. Tal circunstancia fraguó, naturalmente, una amistad grande, surgiendo entre ambos hombres una corriente de simpatía que iba a tardar mucho en cortarse. Marshall fue una de esas ayudas, una más, que Patton siempre necesitó para mantenerse en su puesto. La otra, ya lo hemos dicho, era Eisenhower.

Advertidos por la inminencia de la situación, los norteamericanos iniciaron una serie de maniobras para tratar de equiparar sus fuerzas blindadas a lo que se estaba viendo en los campos de batalla de Europa, por eso en julio de 1940 el coronel Adna R. Chaffee, que había luchado en la Gran Guerra, perteneciente al arma de Caballería y que desde hacía muchos años insistía en la necesaria adaptación a las nuevas armas, siendo considerado el creador de la doctrina americana de combate, fue ascendido a general de la recién constituida fuerza blindada, una vez desgajada de las unidades de infantería.

Por otra parte, aquel año fue el segundo[60] en la historia de EE. UU. que se llamó a filas a la población masculina, imponiéndose la conscripción desde aquel momento. Detalle que no ha de pasar desapercibido: de alguna manera, el Gobierno estadounidense se estaba percatando de lo que acontecía a su alrededor.

Chaffee inmediatamente convocó a Patton para se hiciera cargo de una de las brigadas de la 2.ª División Blindada. Al respecto, cabe decir que los carros que iba a mandar únicamente incorporaban una ametralladora. Por otra parte, el nombramiento se debió a que el general Chaffee guardaba buen recuerdo de Patton, pues ambos

60 Recuérdese que la primera ley de conscripción se promulgó el 18 de mayo de 1917.

habían estado en *Saint Mihiel* y en la ofensiva llevada a cabo por los efectivos de la *AEF* en la zona de Meuse-Argonne.

En octubre de 1941, el coronel Patton fue ascendido a general de brigada, mandando desde ese momento una división y recibiendo la admiración de los lectores de *Life*, que vieron su retrato publicado en portada. No iba a ser ni mucho menos la única vez, pero por fin el héroe del frente francés, al que las multitudes habían homenajeado en los muelles neoyorquinos, volvía a ser encumbrado por la prensa.

Seguramente, para el estadounidense común que compraba la revista en un quiosco de la Quinta Avenida o en algún pueblecito de Kansas o Alabama, aquella imagen del general de brigada George Smith Patton se asimilaba a la de las rutilantes estrellas de Hollywood, ya fueran Rita Hayworth, Marlene Dietrich, Greta Garbo, Humphrey Bogart o Gary Grant, pero presentando una mezcla de glamour y milicia que posiblemente hacía las delicias del público.

En la portada, el general aparecía con la pose que después se haría antológica: casco de tanquista con dos estrellas y en la torreta de un carro, el gesto de guerrero terrible que mira la distancia sin atender al mundo circundante y donde no faltan las cachas del revólver en el lado izquierdo. La efigie categórica de un héroe del *far west* y una proyección que George Cukor hubiera firmado con anticipación con aquello de *A Star Is Born*, pero esta vez con Patton en el papel de Judy Garland.

* * *

Con la llegada de Chaffee, el ejército americano se dispuso, ya lo anticipábamos, a realizar maniobras, a veces en zonas de gran extensión. Las del año 1941 fueron un éxito para el nuevo general, que llamó la atención de sus superiores por la forma de conducir las tropas. En las del año siguiente, en Luisiana, volvió a repetirse el éxito, y más todavía, pues entre los generales que observaban las evoluciones estaba George Marshall, proclive, naturalmente, a ver en Patton al hombre necesario para dirigir un ejército en plena cimentación.

El 7 de diciembre de 1941, la Armada Imperial japonesa, algo pasadas las siete de la mañana, sin previo aviso ni mucho menos declaración de guerra, dejó caer el infierno sobre la base norteamericana de Pearl Harbor, sita en la isla de Oahu, archipiélago de Hawái, a más de 6000 kilómetros de las costas niponas. Exactamente lo que Patton necesitaba, una guerra.

Aquello explica que *Life* dedicara la portada de diciembre al general MacArthur, jefe militar del Pacífico, lugar que se había convertido en esos momentos en el foco principal de la preocupación norteamericana.

Pero hubo más porque, cuatro días después, la Alemania vencedora en Europa declaró la guerra a EE. UU. En menos de una semana, los americanos tenían una guerra en dos frentes o, dicho de otra manera, dos guerras simultáneas[61] en frentes muy lejanos, porque ambos conflictos ni repercutieron del mismo modo ni fueron tratados de manera semejante. Tal contexto obligaba a desdoblar las líneas de transporte de tropas y de logística, y a acelerar cualquier tipo de aprovisionamiento necesario para el mantenimiento de millones de soldados a miles de kilómetros de sus fronteras.

En tales circunstancias, el ejército norteamericano pasó de algo menos de cuatrocientos mil hombres en 1939 a doce millones en 1945. Esos números, con todo lo que implicaba en cuanto a directrices, armamento y logística, fueron posibles por la capacidad del general Marshall de poner en pie un gigante descomunal en un tiempo escaso, partiendo de un embrión realmente minúsculo, capacitándolo para enfrentarse a las tropas del III Reich y al ejército japonés al mismo tiempo.

George Marshall[62] convirtió una pequeña fuerza en un coloso cuya razón consistía en vencer al enemigo, en Asia o en Europa, por

61 La ventaja que pudieron mantener los aliados fue la continua desconexión entre japoneses y alemanes, unos por razones raciales, a pesar de los intentos de Himmler en asignar cierta arianidad a los nipones, y otros porque se ciñeron a la guerra en Asia, desdeñando la ayuda a los germanos incluso en Stalingrado, momento que hubiera podido cambiar las circunstancias.

62 Joao Fábio Bertonha, *Patton o herói polémico da segunda guerra*, Contexto, Sao

el poder de fuego y la movilidad de las tropas, supremacía enormemente superior en máquinas y equipos que debía verse apuntalada por el espíritu combativo de los soldados. Y, precisamente entonces y en ese momento, Marshall necesitaba con absoluta prioridad a hombres como Patton, decididos y capaces de infundir en las tropas el brío necesario para enfrentar los compromisos que se avizoraban.

A ese impulso de las Fuerzas Armadas, encarnado en Marshall, hay que añadir la colaboración que de inmediato prestó la industria norteamericana, erigiendo inmensos complejos manufactureros de cariz militar tras abrirse extraordinarios mercados para sus productos a través de sustanciosos contratos. La producción estadounidense se volcó desde el primer momento en fabricar materiales para la guerra, entre los que se podía contar desde munición a atuendos de combate, suministros alimenticios o utillaje sanitario, más un largo etcétera que no solo abarcaba inversión en elementos directamente relacionados con la acción, sino con todo aquello que fuera necesario para trasladar, mantener y presentar a los ejércitos en perfectas condiciones en frentes muy distintos y alejados. Hasta la *Walt Disney Company* se implicó con la política bélica gubernamental buscando el perfil ideológico necesario para presentar sus películas en los cines[63].

Además, hay que incorporar la asistencia que también procuraron las repúblicas vecinas, lo que se dio en llamar cooperación interamericana[64] durante la guerra dado que, desde 1942, y con la excepción de Argentina y Chile, que tardaron varios años más, todas las naciones del continente habían roto con el Eje.

En consecuencia y sin perder tiempo, a través de la influencia de Marshall, el ya general Patton fue destinado en 1942 al cen-

---

Paulo, 2011, pág. 99.

63 Beatrice Nieto Navia, *La propaganda Disney en la Segunda Guerra Mundial. Un análisis desde el orientalismo y la conceptualización de Jun Tosaka*, Asiadémica, núm. 13, marzo de 2019.

64 Javier Alcalde Cardoza, *La cooperación interamericana durante la Segunda Guerra Mundial y la integración económica continental*, Pontificia Universidad Católica del Perú, Agenda Internacional, Vol. 4, núm. 8, 1997, págs. 63-73.

tro de entrenamiento (*Desert Training Center*) de Camp Young, en Riverside, en el extremo sur del desierto de California, dado que se preveían combates en regiones con climatología similar, como así fue.

Patton conocía bien el territorio, primero por ser oriundo de California y, segundo, porque hacía doce años había participado en unas maniobras en el desierto de Mojave. Con la vista puesta en tales condiciones, dado que tenía suficientes indicios para entender que iba a ser destinado a enfrentarse al Afrikakorps, la primera medida que tomó fue señalar varias zonas que consideró apropiadas para maniobrar a gran escala. De esa forma, ordenó levantar campamentos, aeródromos, hospitales y depósitos para la logística. Su propósito era que la utilización fuera por divisiones, de tal modo que cada una pudiera maniobrar de manera individual y, tan solo al final del periodo de entrenamiento, se integraran en un ejercicio conjunto. Finalmente, el territorio de preparación tuvo algo menos de 600 kilómetros de ancho por 400 de largo[65], lo que equivalía a 240.000 kilómetros cuadrados. El *Desert Training Center* cambió de nombre por *California-Arizona Maneuver Area* (CAMA) en 1942, siendo disuelto el 30 de abril de 1944.

En junio de aquel año, Eisenhower fue promovido a teniente-general e inmediatamente enviado a Londres para asumir el cargo de comandante general en Europa. La consecuencia fue que Patton llegó en agosto con el objetivo de preparar las operaciones anfibias que finalmente confluirían en los desembarcos de las costas marroquíes.

Ya por entonces, un Patton más que presuntuoso, que por fin veía lograda su ansiada guerra, empezó a hacer declaraciones contra el enemigo, sus pertenencias o sus mujeres que, desde luego, dejaban estupefactos a los auditorios. Eran, muchas veces, comentarios

65 Dan Archibald, Adam Smith, Sunny Adams y Manroop Chawla, *Military, Training Lands Historic Context Training. Village, Mock Sites, and Large Scale Operations Areas Military*, Construction Engineering Research Laboratory (CERL). U.S. Army Engineer Research and Development Center, marzo, 2010, págs. 177 y ss.

soeces, bravuconadas y desatinos contrarios a lo que cabía esperar de un general. Pero ese iba a ser a partir de entonces el sello que lo distinguiría y que lo diferenciaba del resto de autoridades militares estadounidenses, junto a una indiscutible valía como estratega que lo elevaría a la primera plaza, desde luego.

El Patton que renegaba y que lo hacía conscientemente, que llenaba de improperios al enemigo y que exhibía con garbo semejante estilo, aseguraba que no se podía regir un ejército sin ser fogoso en las arengas, es decir, según su modo de concebir las alocuciones, mostrándose cercano a los soldados que iban a sacrificar sus vidas. Su modo de revelar cercanía era justamente aquella, exorcizando formulismos, discursos protocolarios y rutinarios y espoleando a la tropa sin la solemnidad de la disertación educativa o políticamente plausible, sino a base de elementos que apelaban al temple de los que iban a combatir. Según Patton, sobraban las ternuras cuando se trataba de instigar a un ejército que al día siguiente cumpliría su objetivo, o sea, luchar a muerte contra el enemigo. Poco antes, aquel general jactancioso y petulante, había acudido a ver al presidente de los Estados Unidos para prometerle que

> dejaría las playas ya fuera como conquistador o como cadáver[66].

Tan enfáticos términos guardaban elementos clásicos que después el general Patton integraba en las alocuciones a los soldados. Velados avisos y frases sentenciosas que seguramente recogía de sus lecturas. No es necesario, en este punto, volver al manoseado tema de la reencarnación como asunto que marcó a Patton. El general, ni en la vigilia de su partida a Europa ni durante la guerra, jamás pensó que fuera la reaparición de Alejandro el Macedonio, de Aníbal, de Escipión el Africano, de Guillermo el Conquistador o de un soldado napoleónico, simplemente empleó cuando le vino en gana términos y citas porque disponía de un importante bagaje de lecturas clásicas

66 Ladislas Farago, *Patton: Ordeal and Triumph*, opus cit., pág. 195. Las palabras exactas fueron: *Leave the beaches either a conqueror or a corpse.*

desde su infancia, de Homero a Plutarco, de Clausewitz a Jomini o De Gaulle. El resto no pasa, entendemos, de puro gesto. Daremos cuenta oportunamente de ello, pero valga al menos resaltar el eco espartano de aquella expresión pronunciada en el despacho Oval de la Casa Blanca.

Con todo, Patton, durante su visita a Washington, también fue a pedir la bendición y besar la mano del viejo general Pershing al Walter Reed Medical Center, donde estaba ingresado por problemas cardíacos. Al parecer, la conversación se desarrolló amistosamente. Pershing, que conocía el carácter vehemente de Patton, dejó una frase que siempre se repite:

> Estoy feliz de que te envíen al frente de inmediato. Me gustan los generales tan audaces que son peligrosos[67].

Después se abrazaron y Pershing cerró con un

> Adiós George, Dios os bendiga, os guarde y os dé la victoria.

El 23 de octubre, el general Patton y sus tropas subieron, en el puerto virginiano de Hampton Roads, a bordo del crucero *USS Augusta.*

---

67 Farago, *idem cit.* Las palabras que pronunció Pershing fueron: *I like generals so bold they are dangerous.*

# OPERACIÓN *ANTORCHA*

La presencia italiana en Libia databa de la guerra de 1911 contra los otomanos. En efecto, el resquebrajamiento del Imperio turco, con las consecuencias que se derivaron, liberación de gran parte de territorios balcánicos y, tras su alineamiento con las potencias centrales en la I Guerra Mundial, la derrota del sultanato, trajo la aparición de los Jóvenes Turcos encabezados por Mustafá Kemal, que en octubre de 1923 proclamó la República de Turquía.

En 1940, la 10.ª Armata del Regio Esercito combatía a los británicos radicados en Egipto, cuyas fuerzas, el XIII Cuerpo, dominaba prácticamente todo el norte de África. Vistas las circunstancias, Mussolini reclamó ayuda y apoyo a Hitler, en aquel momento en la cima de su poder, y este no dudó, considerando las ventajas que podía obtener de vencer al imperio británico en un teatro secundario.

El resultado de la demanda italiana fue la constitución de un grupo de combate denominado Deutsches Afrikakorps. Habiendo descartado a Manstein, Hitler entregó el mando al teniente general Rommel, que había combatido en la Gran Guerra a los *bersaglieri* en Caporetto durante la duodécima batalla de Isonzo y, después, en 1940, había mandado la 7.ª División *Panzer* en Polonia, luchando posteriormente contra franceses y británicos en Arrás.

En febrero de 1941, Rommel llegó a Trípoli acompañado de la 15.ª y la 21.ª División *Panzer*, y de la 10.ª de la Luftwaffe, que formarían el grupo ya citado. Rommel tenía asumido un nuevo concepto de guerra que había desarrollado en la reciente ofensiva en Francia y, a pesar de que no figuraba entre la aristocracia prusiana y ni siquiera formaba parte del Estado Mayor germano, cuyo jefe era Franz Halder, fue elegido por delante de Erich von Manstein, uno de los grandes comandantes de la batalla de Francia, porque Hitler pretendía reservarlo para la guerra contra los rusos, asunto al que concedía mucha más trascendencia.

Pero la asignación del Afrikakorps a Erwin Rommel fue, vistas las consecuencias posteriores y el final que tuvo, un error de considerables proporciones por parte de Hitler, asesorado por el OKW, *Oberkommando* de la Wehrmacht. Rommel, que seguramente nunca participó de veleidades nazis, era hijo de un maestro de Heidenheim, en Baden-Wüttemberg, al norte de Baviera, y por supuesto tampoco estaba integrado en la selecta casta militar prusiana, cuyos miembros ostentaban los principales mandos de la Wehrmacht.

Una vez transcurrida la Gran Guerra, Rommel sostuvo un sonoro altercado con Schirach cuando instruía en asuntos militares a las *Hitler Jugend* o cuando, ya general de división, mandaba el *Führer Begleit Bataillon*[68], incluso mientras dirigía la 7.ª Panzer en Francia, desatendiendo los problemas derivados de la logística y del avituallamiento y quedándose a merced de las circunstancias. De hecho, Rommel era un militar en el que destacaban enormes dotes de espontaneidad y de acometividad, pero con escaso talento para cuestiones de abastecimiento, y ese iba a ser el punto flaco de sus acciones, y más en África, donde las líneas de aprovisionamiento no existían o debían ser atendidas por medios como la aviación o la marina. Por tales impulsos mantuvo muchas veces sus fuerzas en funcionamiento con materiales incautados al enemigo, carburante, tanques, vehículos y provisiones, pero sin líneas de suministro bien

68 La guardia personal de Hitler.

constituidas, motivo por el que, puede pensarse, desde el principio sus maniobras estaban condenadas al fracaso.

Realmente la actitud de Rommel en África contradecía abiertamente la política militar alemana, cuya pretensión era apoyar las fuerzas fascistas italianas asegurando los frentes, pero sin avances o muy ocasionales y en contadas coyunturas, sabedores de las dificultades de mantener una ofensiva en aquellas condiciones y más atendiendo a que coincidió con el inicio de la operación Barbarroja.

Rommel se manejó por envites, llevando a cabo una guerra a su medida y según sus conocimientos, pero muy lejos de las directrices del OKW, que no tuvo el coraje suficiente para detener a un general triunfante en plena campaña victoriosa contra los británicos, a pesar de las quejas de Franz Halder y, posteriormente, de Kurt Zeitzler, su sucesor.

La personalidad de Rommel y su arrollador empuje —tras el que se escondía un mediocre estratega persuadido de vencer al enemigo y, según algún relato, de enlazar posteriormente con el ejército de Vichy en África y con el español en la Península, convirtiendo el Mediterráneo en un lago alemán— ocasionó la llegada de Montgomery al desierto y sirvió de anzuelo para el desembarco norteamericano en Marruecos y Argelia.

Quizá el principal espejismo de Rommel, además de lo expuesto, era conquistar el canal de Suez y expulsar a los británicos de Egipto. Por eso, instigado por sus escalonados repliegues y, sobre todo, por la calidad de las tropas estacionadas en puntos clave, indios, neozelandeses y australianos, lanzó sus siempre menguadas fuerzas sin suficiente meditación. Incluso cuando creyó que los navíos británicos estaban evacuando a los soldados, según información errónea de su servicio de inteligencia —muy primitivo, desde luego—, ocurría justo lo contrario, llegaban tropas frescas a Tobruk con un verdadero arsenal capaz de ponerlo en jaque. Eran fuerzas que iban a desplegarse en el frente griego pero que, por orden de Churchill, se desviaban puntualmente a Egipto. Se trataba de la 9.ª australiana que entre el 11 de abril y los primeros días de mayo sostuvieron las posiciones y desgastaron indefectiblemente a Rommel. Una semana después, los británicos hicieron llegar a Tobruk centenares de carros y más de cincuenta *Hurricane Mk II* convenientemente adaptados al desierto, tanto en la coloración del fuselaje, dotándolos de filtros para el polvo en carlinga y motor, como en armamento, constituido por cuatro cañones de 20 mm y anclaje externo para bombas de hasta 230 kg.

Pese a ello, Rommel persistió en sus proyectos durante dos años, llegando por fin al colapso de sus posibilidades en mayo de 1943.

* * *

Anteriormente, en setiembre de 1940, fuerzas italianas al mando del mariscal Graziani habían lanzado una severa ofensiva para expulsar a los británicos de Egipto, pero se vieron sorprendidos por el contrataque enemigo que, dos meses más tarde, barrió al X Ejército e hizo numerosos prisioneros, cayendo posteriormente Tobruk tras el ataque de la infantería australiana. A continuación, los italianos fueron atropellados por los acorazados británicos *Crusader III*, mucho más modernos y más capaces de maniobrar en el desierto que los *M13/40*, carros medios de escasa potencia de fuego e insuficiente blindaje. De hecho, la estrategia que seguían los blindados británicos era obstruir por el sur al enemigo y dejar que la infantería los persiguiera desde el litoral, de tal modo que el cierre del X de Graziani[69] se produjo el 7 de febrero de 1941 en una pinza a la altura de Bengasi.

Así las cosas, el OKW ordenó la operación *Sonnenblume*, que consistía en rescatar los restos del X italiano y hacer retroceder a los británicos en el norte de África. Desde ese momento, los sucesos adquirieron un cariz opuesto, pues el Afrikakorps era un ejército diferente y, sobre todo, su comandante, Rommel —cuya actuación en África queda explicada más arriba— estaba imbuido en las

69 Graziani siguió siendo fiel al Duce, incluso en Saló, pero fue fulminantemente destituido por Mussolini, que envió a Gariboldi, con escaso éxito, mandando después a Mario Roatta, combatiente en el *Corpo di Truppe Volontarie* en la guerra de España.

modernas tácticas de combate con blindados, incluso más, conocía las posibilidades de la maniobra de armas combinadas en la guerra mecanizada y, a pesar de sus evidentes defectos logísticos, tal como hemos dicho, era uno de los más fervientes seguidores de las doctrinas de la *Blitzkrieg* expuestas por Hans von Seeckt, Fuller y Liddell-Hard, y desarrolladas posteriormente por Guderian, Manstein, etc. Su tendón de Aquiles estaba, y estuvo siempre, en la perentoria llegada desde Alemania de suministros para el sostenimiento de sus fuerzas: carburante y repuestos. Problemas que se fueron agudizando y que, al final, provocaron el reclamo desde Berlín y, al fin y al cabo, la destitución y el retiro en un sanatorio, participando posteriormente en *Walkiria,* siendo exhortado a suicidarse para evitar el consejo de guerra y el ahorcamiento.

Pero, en abril de aquel año, Rommel atacó Tobruk, posición británica en la costa libia, muy próxima a la actual frontera con Egipto. La envestida alemana hizo que Churchill sustituyera en julio al general Wavell, hasta ese momento vencedor en África, por el general Auchinleck. Con todo, es cierto que las tropas australianas sostuvieron el sitio hasta que lograron refuerzos, consiguiendo hacer retroceder a Rommel hacia el este.

Allí comenzaron a aparecer sus primeros problemas graves de abastecimiento, pues si bien los británicos tenían fácil la llegada, con el Mediterráneo surcado por sus buques y con apoyo desde Malta, los alemanes necesitaban del sostén de la Luftwaffe para los suyos y la colaboración de mercantes italianos que se arriesgaban a ser hundidos por destructores aliados, lo que constituía un problema de primer orden, dada la distancia, la autoridad de la artillería antiaérea británica y la capacidad de los cañones de sus barcos.

La consecuencia fue que los alemanes retrocedieron hasta Ajdabiya, al noroeste, por detrás de Bengasi y ya en el golfo de Sidra. Auchinleck decidió perseguirlos a través de la Cirenaica, pero a principios de enero de 1942, los alemanes recibieron un enorme contingente de avituallamientos, incluyendo carros de combate, en el puerto de Trípoli, a unos 700 kilómetros al este.

Rommel, que no tenía otra opción, consiguió hacerse con el envío e iniciar una contraofensiva que provocó la retirada de los británicos hasta más allá de Tobruk. Seguramente, a pesar de saber que las posibilidades de seguir recibiendo suministros eran cada vez más difíciles, y más todavía con *Barbarroja* en pleno auge, incluso con la oposición de Franz Halder y de buena parte de los generales adscritos al estamento, todavía le fue remitido otro envío. Pero los británicos volvieron a tomar Tobruk en mayo, en lo que se llamó la batalla de Gazala, aunque Rommel lanzó una vez más sus fuerzas, ahora consolidadas y unidas a tres cuerpos italianos, incluida la famosa 132.ª División blindada *Ariete* al mando del general Stefanis, consiguiendo desbordar a los británicos el 21 de junio y haciéndolos desandar hasta El Alamein, casi 600 kilómetros al este, y logrando un inmenso botín en material de guerra.

En ese momento y a pesar de las reticencias de Halder, Rommel ascendió a mariscal y el general Auchinleck, comandante del 8.º británico, fue inmediatamente sustituido por el teniente general Neil Ritchie. Sin embargo, Rommel, envalentonado por la victoria y seguramente sabiendo que sus horas de éxito estaban próximas a acabar, impulsó el 1 de julio una ofensiva contra El Alamein que quedó varada, sin vencedores ni vencidos, siendo consecuencia de que apareciera en agosto el que iba a ser su letal antagonista, el general Montgomery. De hecho, la llegada de Bernard Montgomery fue hasta cierto punto casual porque el designado había sido el general William Gott, pero cazas *Messerschmitt Bf 109* derribaron su avión sobre la vertical de El Cairo el 7 de agosto.

Prácticamente dos meses después de la primera ofensiva, Rommel cañoneó el sur de El Alamein y dio inicio a la segunda acometida, estrellándose estrepitosamente contra las tropas británicas, habiendo malgastado sus pertrechos y quedando muy tocado. Además, por esas mismas fechas, bombarderos británicos hundieron un mercante italiano que navegada desde el este de Grecia hacia Egipto con suministros para el Afrikakorps y, en esos mismos días, torpederos aliados desbarataron un destructor enemigo[70] frente a Cabo Spartivento.

Viendo la contingencia, Rommel subió a un avión para conferenciar con Hitler y Mussolini. Creía que su mera presencia haría cambiar las posiciones de ambos dictadores, pero el resultado fue muy distinto: lo enviaron a descansar una temporada a una clínica, se suponía que para recuperarse del agotamiento sufrido en África. Entre tanto, el mando del Afrikakorps pasó a manos del general Stumme, dando comienzo la segunda batalla de El Alamein, en la que perdió la vida el 24 de octubre, motivo por el que Rommel fue requerido apresuradamente desde Berlín, asumiendo otra vez la jefatura del frente.

Aunque es poco probable que los aliados supieran algo acerca de las circunstancias personales de Rommel, se sabía que había abandonado provisionalmente el mando del ejército alemán en África, asunto guardado como absoluto secreto por la prensa germana, pero fue entonces cuando se desató la operación *Antorcha.*

Ni los refuerzos ni los suministros llegaron al Afrikakorps, y el asalto británico fue un éxito notable, suponiendo la segunda batalla de El Alamein un valioso triunfo a favor del flamante general Montgomery. En aquellos momentos, Rommel ya sabía que había perdido toda posibilidad de vencer a los aliados, más todavía cuando en julio los norteamericanos desembarcaron en las costas de Marruecos y Argelia.

* * *

La decisión de intervenir en África fue propuesta por Churchill en la entrevista que mantuvo a finales de diciembre de 1941 en la Casa Blanca con los norteamericanos. Era, con toda probabilidad, la primera vez que británicos y estadounidenses trataban acerca de iniciativas militares conjuntas. De ambos lados hubo propuestas más o menos vistosas, por ejemplo, el general Marshal introdujo la posi-

70 *The New York Times,* 30 de setiembre de 1942, noticia fechada en El Cairo.

bilidad de invadir Europa, pero Roosevelt prefirió una operación de menor entidad y donde, se suponía, podía haber menos resistencia. Además, a primeros de aquel mismo mes, el día 7, los japoneses habían bombardeado Pearl Harbor, con lo que la decisión de proseguir la guerra en dos frentes era dictamen comprometido y altamente complejo.

La referencia a una menor resistencia debe entenderse. Las colonias francesas habían quedado desde junio de 1940, y a través del armisticio firmado en Compiègne[71], bajo administración de Vichy y, por tanto, en manos del mariscal Philippe Pétain, uno de los grandes comandantes del ejército francés durante la Gran Guerra. Se trataba, en definitiva, de tropas de escasa calidad, sin el necesario fogueo y con una instrucción seguramente también débil. Eran, en consecuencia, el blanco perfecto para un ejército como el americano, igualmente carente de experiencia, y si a ello se añade la ausencia, por más que puntual, de Rommel, la partida reunía altas probabilidades de salir bien.

Por su parte, Pétain, nacido en 1856, gastaba ideas anticuadas y una propensión innata a la organización defensiva del ejército. Como embajador en la España de Burgos, había mantenido excelentes relaciones con el general Franco, aun antes de cerrarse la guerra de España. Luego, en el verano de 1940, fue propuesto para ejercer la máxima autoridad del Estado en el gobierno de Vichy. El territorio europeo francés había sido partido en dos mitades, la Francia ocupada, al norte, y la Francia colaboracionista, al sur, esto es, el régimen de Vichy. Respondiendo a esa alternativa, los alemanes accedieron a que la defensa de las colonias en Marruecos y Argelia también quedara en manos francesas.

Con todo, conviene decir que, salvo Ceuta, Melilla, Tánger y el territorio del Sáhara español, una inmensa zona que hoy es Nigeria,

71 La larga historia del vagón de Compiègne queda explicada en *La invención de Vulcano*, opus cit., texto al que me remito para no volver a relatar algo que, sin bien rebosa emotividad, es una anécdota más acerca de la suspicacia alemana por los símbolos.

Gabón y Ghana, todo el espacio que corría desde la costa mediterránea hasta los límites del antiguo Congo y la Angola portuguesa, limitando al este con Libia y Sudán, y añadiendo la isla de Madagascar, estaba bajo jurisdicción militar de Vichy. Era, como se entenderá, una defensa imposible. Además, según las averiguaciones que manejaban los órganos de información de los diferentes ejércitos aliados —ciertamente, sin grandes medidas de seguridad—, la lealtad al gobierno proalemán no reposaba ni mucho menos en garantía alguna. Tanto era así que el 11 de noviembre, tres días después del desembarco aliado en África, la Wehrmacht entró en el territorio europeo asignado a Vichy, consumando la invasión de Francia.

Visto el panorama, británicos y norteamericanos habían señalado el viernes 31 de julio como fecha apropiada para la invasión, pero se pospuso para evitar lo más duro del verano africano, escogiendo el 8 de noviembre del 42, término que coincidía con el Putsch de Múnich, por más que parece poco probable que tal coyuntura fuera buscada adrede.

El nombre que recibió la operación fue *Torch* (Antorcha) y se debió, como en la mayoría de los casos, a circunstancias anecdóticas junto a cierto grado de ambición que despertó la propuesta, al menos sobre la mesa de los planificadores. Se barajaron otros nombres, por ejemplo, *Gymnast*, denominación inicial que pronto se desestimó.

El objetivo era abrir otro frente en Europa para descargar el esfuerzo que los rusos estaban haciendo en el este, soportando de forma aislada la presión de los ejércitos *panzer*. Sin embargo, establecer una línea de combate en el norte, tal como en algún momento propuso Churchill (operación *Mazo*), era demasiado arriesgado y suponía, sin duda, el sacrificio de miles de soldados. Además, en semejante tesitura corría un enorme peligro la credibilidad de las fuerzas armadas aliadas: un error o una retirada masiva, como ya había ocurrido en Dunkerque en el verano de 1940, era impensable.

* * *

La operación *Antorcha* fue el inicio de la intervención norteamericana en la II Guerra Mundial y estaba destinada a servir de apoyo a las fuerzas británicas que combatían al Eje en el norte de África, desde Egipto hasta Casablanca, si bien en la fachada atlántica de la zona marroquí la defensa de las tropas francesas fieles a Vichy, como hemos dicho, podía ser de escasa estimación, dada su más que difusa lealtad. Por otra parte, la intención de intervenir en el noroeste del continente africano llevaba a otro empeño: atacar simultáneamente a los italo-germanos desde dos posiciones, el este y el oeste, con la intención de superarlos en una latitud próxima al desierto, pero sin adentrarse en los inacabables arenales saharianos.

El cuartel general de operaciones, bajo mando del general Mark Clark, estaba situado en Gibraltar, dado que de ese modo las comunicaciones podían ser más efectivas. Gibraltar había supuesto, desde la anexión del Reino Unido a principios del siglo XVIII en las negociaciones de Utrecht y tras la guerra de sucesión a la corona española, un punto de apoyo de transcendental alcance para el afianzamiento del poderío naval británico y el sustento de sus rutas comerciales. Sede de la *Force H* a las órdenes del vicealmirante Somerville, cuyo propósito era mantener abierto el canal para el tránsito de buques aliados con destino a los diferentes puertos del Mediterráneo, al mismo tiempo que la salida al Atlántico, fue objeto de numerosos bombardeos por parte de las tropas de Vichy y de la *Regia Aeronautica*. En el verano del 42, la 274.ª *Squadriglia di Bombardamento a Grande Raggio* hostigó Gibraltar con aparatos *Piaggio P108* y, después, en el verano de 1944, hubo varias incursiones de bombarderos *SM 79*[72] que llegaban desde Cerdeña y descargaban sobre la flota allí amarrada.

No obstante, los británicos habían excavado largas galerías dentro del Peñón, llegando a construir una auténtica ciudad subterránea donde había toda clase de instalaciones, desde fortines hasta oficinas y hospitales. En uno de aquellos laberínticos lugares se hallaba el despacho del general Eisenhower, que ostentaba el mando conjunto de *Antorcha* bajo toneladas de roca caliza.

72 *Savoia-Marchetti SM 79*, trimotor bombardero provisto de cinco ametralladoras y dos torpedos.

* * *

Dadas las especiales circunstancias geográficas, en todo momento planeó sobre las mentes de los responsables aliados la actitud española, que se mantenía neutral, ya que, si baterías antiaéreas hubieran abierto fuego desde suelo peninsular, jamás los aviones de la RAF habrían podido alcanzar la costa africana, dando un giro infinitamente negativo a la invasión. Incluso más, cuando los aparatos norteamericanos[73], procedentes de Washington, y los de la RAF, que volaban desde Londres, se dirigieron en 1943 a Casablanca[74] para entrevistarse[75] posteriormente a la invasión (conferencia cuyo nombre en código fue *Símbolo*[76]), decidir la entrada en Sicilia y la rendición incondicional de las fuerzas del Eje, tanto Churchill como De Gaulle tuvieron que cruzar suelo ibérico, y lo hicieron sin ser molestados en absoluto.

Hubo un elemento clave que facilitó el proceder del ejército español en aquel 1942: la completa incapacidad de los miembros del Eje y de su servicio de inteligencia militar, la Abwehr, para vislumbrar elementos que pudieran indicar lo que se les venía encima y, en consecuencia, no presionaron al general Franco. De hecho, para nada alertaron al dictador español acerca de *Antorcha*, además, Gibraltar era una preocupación histórica y poco más.

---

73 Roosevelt voló en un *Boeing 314-A* requisado a la *Pan American Airways*. Llevaba el nombre de *Dixie Clipper*.

74 Patton ya había convertido Casablanca en aquellos momentos en lugar de entrada de miles de soldados y pertrechos para combatir al Afrikakorps.

75 A esta reunión fueron también invitados Stalin y Chiang Kai Shek, pero el primero descartó presentarse por estar inserto en aquellos momentos en la batalla de Stalingrado, y el segundo por razones también militares. Sin embargo, ambos fueron debidamente informados de las determinaciones adoptadas.

76 En Casablanca también se aprobó la directiva de bombardeo estratégico que debía regir desde ese momento para neutralizar la industria alemana. *Memorando CCS 166 /1 / D* por los Estados Mayores conjuntos de 21 de enero de 1943, la que iba a ser conocida en código como operación *Pointblank*. Acerca de este asunto puede leerse el texto de William R. Emerson, *Operation Pointblank: A Tale of Bombers and Fighters*, USAFA Harmon Memorial Lecture, 1962.

Es cierto que, en determinadas ocasiones, siguiendo el camino marcado por Hitler, Franco hacía alusiones nada veladas a Gibraltar, incluso con soflamas de color ciertamente agresivo, pero se trataba sin duda de estar a la altura de la audiencia, falangistas muy motivados y miembros del ejército. Salvo Muñoz Grandes, todo el estamento percibía que Franco jamás iba a autorizar nada que pudiera provocar a Churchill, pues sabía que un proyectil que se acercara al bombardero que transportaba al Primer Ministro o un presumible asalto a la Roca le costaría muchas vidas y supondría el fin de su régimen. Hubo, desde luego, algún intento de sabotaje en Gibraltar, pero siempre a cargo de agentes infiltrados que actuaban a través de la Abwehr y nunca en nombre de España ni de ningún estamento vinculado al ejército español, que guardaba claramente la distancia y se mantenía de perfil.

Sin embargo, y dado que tales concepciones estaban lejos de ser creíbles para la comandancia americana, sí hubo inquietud por la inacción española. El general Marshall se mantuvo durante tiempo en el convencimiento de que en algún momento la Marina de Franco (la Marina o las guarniciones de Ceuta, Melilla, Tánger —ocupado en junio del 40—, Baleares o Canarias, capitanías en ocasiones en manos de generales proclives al Eje) iba a atacar por la retaguardia a los aliados, dejándolos entre dos fuegos y rompiendo la neutralidad, incluso con el distanciamiento y con la indiferencia de Franco ante el destino de Hitler y Mussolini. Pero nada de eso ocurrió[77], salvo

77 Luis Serrano Valls contó en *Del Llano Amarillo a Puigcerdá* (Punto Rojo Libros, Sevilla, 2019, véase especialmente el capítulo 7, *La captura de tropas norteamericanas en las cercanías de Tahuima (8/11/1942, y la posterior visita del general Mark Clark al Protectorado de Marruecos*, pág. 385) la vicisitud que vivió su padre, el teniente general Alberto Serrano Montaner, cuanto estaba destinado a Ceuta en calidad de coronel y jefe del Tercio Gran Capitán de la Legión. Al amanecer del día 8 de noviembre de 1942 le fue comunicado telefónicamente que habían aterrizado en Zeluán, a escasa distancia de Melilla, varios aviones norteamericanos *Douglas C-47* con noventa paracaidistas bajo mando de un capitán. Serrano inmediatamente envió una bandera de la Legión para que rodeara aquellas tropas con la orden de que únicamente abrieran fuego si éstas atacaban o recibían refuerzos. Tras las consabidas negociaciones, los estadounidenses se rindieron a los legionarios. Pronto se entendió que se trataba de un error y que los paracaidistas habían sido

el resguardo de la dictadura franquista y el apretón de manos con Eisenhower en 1959 en Torrejón de Ardoz[78].

Con todo, fueron notables las diferencias que aparecieron durante la II Guerra Mundial en el generalato que entonces ocupaba el poder en España: pese a la postura abiertamente favorable al Eje de Yagüe, García Valiño y Muñoz Grandes, otros generales como Beigbeder, Gómez-Jordana, Blas Pérez, Asensio, Kindelán, Solchaga, Saliquet, Aranda y Vigón, junto a los monárquicos Varela, Orgaz, Ponte y Barrón, manifestaron a primeros de abril de 1942 su postura claramente favorable a los aliados. Además, el almirante Wilhem Canaris —ahorcado por un destacamento de la SS en abril del 45 en virtud de su participación en Walkiria—, que podía comunicarse en perfecto español[79] con Franco, le aconsejó repetidamente que no interviniera al lado de Hitler, recomendación que siguió a rajatabla.

La neutralidad española rubricó la dictadura, consiguiendo que sobreviviera muchos años. Pero aquel fue, quizás, uno de

---

soltados en una zona del protectorado español entendiendo que era Orán, de jurisdicción francesa, y que aquellos saltos respondían a los prolegómenos de la operación Antorcha. Al día siguiente, la embajada española recibió notificación del inicio de la ofensiva aliada en la costa atlántica y mediterránea africana, en cuyos planes no estaba en ningún momento el ataque a puntos de soberanía española. En virtud de la neutralidad esgrimida por España, los paracaidistas pasaron de prisioneros a residentes, conviviendo con los legionarios en sus acuartelamientos. El general Luis Orgaz, comisario general de Marruecos, mantuvo reuniones con el general Clark a fin de evitar errores de movimiento de tropas en las fronteras, incluso el 4 de enero de 1943 pudo verse con Patton. Dos meses después, Clark, junto a Orgaz, visitó las guarniciones españolas en Melilla y saludó al coronel Serrano, al que felicitó por su exquisito trato, invitándolo a visitar EE. UU.

El 8 de junio de 2023 apareció en *El Debate* un excelente artículo escrito por Alberto Ayuso García denominado *Cuando la Legión española apresó a una unidad de paracaidistas norteamericanos* donde, salvo el título de la obra, ya que no es *De Llano Amarillo a Puigcerdá* (como seguramente debería ser, pues Llano amarillo es un topónimo que refleja la floración primaveral del lugar) sino *Del Llano amarillo…* se recoge pormenorizadamente el incidente narrado por Serrano Valls.

78 Miguel Alonso Baquer, *Franco y sus generales*, Taurus, Madrid, 2005, pág. 88.

79 Además de sus estudios iniciales, Canaris vivió bastante tiempo en Chile y luego en Madrid como asesor de contrainteligencia, donde fraguó el conocimiento de la lengua.

los momentos más críticos. Exactamente el que marcó la no beligerancia y la negativa a secundar los planes de Hitler. El hecho de que por aquellas fechas los voluntarios de la División Azul (250.ª *Infanterie-División* de la Wehrmacht) estuvieran en los lagos Ilmen y Ladoga luchando contra el Ejército Rojo no deja de ser más que una anécdota de las muchas que sucedieron en aquel tiempo, hasta que las autoridades españolas ascendieron a teniente general a Muñoz Grandes y, en consecuencia, ordenaron su sustitución por Esteban Infantes, regresando el grueso de los voluntarios —los que pudieron, claro—, a partir de octubre del 43.

* * *

*Antorcha* consistió en varias acciones divididas en otras operaciones menores, pues se trataba de coordinar la intervención de la marina, la fuerza aérea, la infantería y los blindados en puntos simultáneos a lo largo de la costa atlántica, de Marruecos hasta Orán, en Argelia. Evidentemente se esperaba un muy diferente grado de resistencia en las tropas de Vichy, desde la entrega discrecional a los aliados a la defensa acérrima en algunos puntos.

Como sucede en las grandes acciones militares, y esta iba a ser la más extraordinaria operación anfibia de todos los tiempos[80], los servicios secretos británicos y norteamericanos, antes del 8 de noviembre, ya habían contactado, guardando las debidas precauciones, con el general francés Charles Mast[81], jefe de Estado Mayor del XIX Cuerpo del ejército de Vichy y comandante de Argel que, si bien hizo una serie de propuestas inasumibles para los aliados —el cam-

80 Superada únicamente por el desembarco de Normandía del 6 de junio del 44.

81 Charles Mast, que había sido encarcelado dos veces por los alemanes, siendo salvado del último encierro gracias a la intervención del agregado militar japonés en Vichy, tomó el mando de la división que luchó en Casablanca en 1942, siendo al año siguiente destinado a misiones en Egipto y Siria. Una vez en Francia, fue director del Institut des hautes études de défense nationale y miembro del Consejo Superior de Guerra, obteniendo en 1947 la Legión de Honor. Siempre permaneció muy cercano al ideario político de De Gaulle.

bio de dirección de las operaciones para el general Henri Giraud—, garantizó que no habría resistencia por parte francesa.

Giraud, a su vez, manifestó opiniones que tampoco gustaron a los aliados, como que no iba a consentir que fuerzas francesas estuvieran bajo mando de oficiales británicos. Tales declaraciones en momentos tan especiales hicieron que los allí reunidos tuvieran que notificar una seria advertencia al general francés que, asimismo, no se abstuvo de expresar públicamente sus diferencias con De Gaulle, incluso encarnó durante mucho tiempo la alternativa como líder de la Francia libre. Por fin, tras algunas discusiones más o menos fastidiosas, tuvo que claudicar ante Eisenhower y someterse a la decisión aliada.

Los tres puntos de desembarco de *Antorcha* presentaron características distintas, si bien estuvo invariablemente presente la absoluta superioridad militar de los aliados frente a un enemigo al que se suponía entregado o con escasa voluntad defensiva.

El nombre que recibieron las diferentes puntas de ataque hacía referencia a la posición geográfica que debían conquistar. Así, la *Center Task Force* recibió orden de hacerse fuerte en Orán y su aeródromo, a la *Easter Task Force* le correspondió Argel y alrededores y a la *Wester Task Force*, Casablanca y el aeródromo de Port-Lyautey.

La *Center Task Force* debía tomar el puerto de Orán, pero las baterías de Vichy resistieron la embestida anglo norteamericana y muchos barcos fueron tocados, hasta que entró en escena el acorazado *Resolution*, que cañoneó sin piedad las posiciones francesas. Tres submarinos galos que intentaron repeler el ataque también resultaron hundidos por destructores británicos.

Al día siguiente, el 9, algunos barcos franceses optaron por enfrentarse a la colosal acometida aliada, pero los cañones de los cruceros impidieron tal empresa. Hacia el mediodía del 10, el vicealmirante Rioult ordenó hundir las naves a las tripulaciones que habían regresado y a las que permanecían en sus inmediaciones. Todos obedecieron, salvo alguno que pudo escapar a mar abierto y dirigirse, cruzando el Mediterráneo, a Toulon. Posteriormente, el desembarco estuvo a cargo del general de Infantería Lloyd

R. Fredendall, que tenía bajo su mando el Regimiento 509.º de Infantería Aerotransportada (paracaidistas), la 1.ª División Blindada y también la 1.ª de Infantería.

La *Easter Task Force*, mandada por el general Charles W. Ryder, no encontró resistencia porque las fuerzas de tierra estaban en su gran mayoría con el general Mast. La Marina, sin embargo, advertida de la maquinación para entregar el territorio sin luchar, abrió fuego desde las baterías instaladas en diferentes puntos de la costa y mandó sus barcos, zarpando incluso varios submarinos que rápidamente fueron neutralizados por los bombarderos.

Dos destructores de la Marina Real británica que transportaban tropas consiguieron superar la cadena de entrada en el puerto y navegar por la rada, pero fueron cañoneados desde la costa y tuvieron que retirarse, en algún caso para hundirse al día siguiente. Aun así, un pequeño grupo de infantes de Marina llegó al puerto y se hizo fuerte, respondiendo con fuego de ametralladora. En ese tiempo, la aviación aliada machacó con contundencia las baterías enemigas hasta el punto de que, hacia las cinco de la tarde, llegó la claudicación y la petición de negociaciones por parte francesa.

Patton mandaría la *Western Task Force*. El objetivo era el puerto de Casablanca y el aeródromo próximo, debiendo establecer rápidamente comunicaciones con las fuerzas destinadas a la invasión de Orán. Bajo sus órdenes estaban la 2.ª Blindada y las divisiones 3.ª y 9.ª de Infantería. Serían transportados por buques británicos y, una vez frente a la costa, debían avanzar hasta tomar la ciudad, protegidos por el II Ejército del Aire también británico y por los cañones de las naves.

El asalto de las fuerzas mandadas por Patton fue realmente exitoso, dada la escasa entidad de la defensa por parte del Eje. De hecho, uno de sus subordinados, el general Anderson, avanzó prácticamente 25 kilómetros hacia el norte, en dirección a Fedala, sin apenas oposición.

Desde aquel momento, es decir, en el instante en que Patton estuvo al frente de un contingente importante, tres divisiones, es interesante ver cómo van apareciendo algunos rasgos de su carácter[82] que posteriormente se afianzarán de manera notable. En la arenga que dirigió a sus hombres el 14 de octubre, encaramado a la tribuna y ante las tropas en formación, les dijo:

> Si no tenéis éxito (en la batalla), no os quiero ver vivos[83].

En tales comentarios resuenan palabras gloriosas, desde luego, y tratándose de Patton, parecen eco del tópico de las mujeres espartanas que, como veremos en detalle, volverá a utilizar seis meses más tarde, frente al Afrikakorps, y que ya había esgrimido en Washington, cuando se despidió de Roosevelt[84]. Pero ahora, digamos al menos, se está perfilando otro Patton: junto al general que gasta un lenguaje bronco, exaltado y ofensivo va surgiendo el militar que usa de vez en cuando aforismos o sentencias extraídas de la literatura clásica. Obviamente, se trata de elementos sencillos, alusiones fáciles de comprender, no enrevesamientos complejos o anfibológicos, que estarían fuera de sus pretensiones, meras expresiones destinadas a encauzar el sentimiento de la tropa.

También son relevantes otras palabras del general, ahora sin la menor sombra de erudición grecolatina, que en esos momentos se hallaba en absoluta plenitud de facultades, como sucederá en los siguientes tres años. Según cuenta Atkinson, Patton amenazó a sus tropas con liquidarlos personalmente si cometían alguna tropelía con las mujeres marroquíes o si, heridos en combate, les era amputada una mano o un trozo de la nariz y se daban la vuelta, pidiendo asistencia de los enfermeros, en tal caso, enfatizaba:

---

82 Rick Atkinson, *opus cit. sed repetere, An Army at Dawn. The war in North Africa, 1942-1943*, St. Martin's Press, New York, 2002, pág. 36. Para la edición española, *et repetitur, Trilogía de la liberación*, Crítica, Barcelona, 2004.

83 Atkinson, *ibidem*, pág. 55.

84 El repertorio épico de Patton no es ni mucho menos formidable, aunque tampoco insignificante. Tales alusiones, como explicaremos, pasan desapercibidas para la crítica biográfica, dejando al general como un simple *miles gloriosus aut quaerens gloriam*, y perdiendo de ese modo un elemento clave de su carácter.

> (...) si os veo, será el último recorrido que hagáis, debéis avanzar, pase lo que pase.

Después, y sin mayores remordimientos, intimó y denigró a la Marina británica, que los había de transportar a las costas africanas.

Ese también era Patton, concluye Atkinson, un general en cuyas intervenciones terciaba los tacos y las maldiciones, que usaba un ramplón lenguaje cuartelero, igual que cualquier soldado, que trataba a los hombres bajo su mando con la impertinencia y la vulgaridad propias de un sargento chusquero, y que despertaba, por ese mismo motivo, pasiones y recelos, exactamente en la línea que pretendía: respeto, admiración, obediencia y temor, las cuatro claves del jefe militar indiscutible e incondicional.

Con el público, los soldados, solo atentos al significado denotativo, allí estaba el Patton más prosaico junto al Patton que terciaba de vez en cuando citas extraídas de sus lecturas, y que, muy probablemente, eran escuchadas sin comprender ni el origen ni la auténtica intención.

Esa mezcla, lo chusco y lo erudito, lo superficial y lo culto, daban al general californiano un prurito distinto, de bárbaro instruido, de ferocidad pero también de civilización, una imagen que se esmeraba en potenciar y que conseguía reforzar en cualquier ocasión.

Por otra parte, el general se presentó en aquella ocasión con el atuendo que desde los tiempos de México iba a ser su atavío ordinario, y con el que se entrevistó con Montgomery unos meses después en Sicilia: camisa caqui con pantalones anchos y botas de montar con tres hebillas, casco de acero y dos revólveres, el *Colt* con cachas de marfil y el *Smith & Wesson 357*, más la fusta en la mano.

Pero, veamos qué tuvieron delante Patton y sus soldados. Las tropas francesas eran numerosas, 60.000 hombres, con once submarinos, cruceros, destructores y aviones de combate, entre cazas y bombarderos. En consecuencia, Patton desdeñó, por tanto y desde el primer momento, la batalla frontal, dado el desgaste que tal procedimiento podía conllevar, con lo que decidió atacar en diferentes puntos de la costa, rodear al enemigo y hacerlo retroceder hacia

Casablanca, atendiendo a que tomar el aeropuerto —Port Lyautey, en la zona de Kenitra[85]— era un asunto básico en la estrategia diseñada, pues suponía establecer un lugar de reaprovisionamiento de las fuerzas aliadas en el norte de África, evitando que pudieran llegar refuerzos exteriores para los franceses.

Es oportuno recordar[86] que los soldados de Patton habían sido entrenados en condiciones similares a las halladas en Marruecos, pues en 1942 el regimiento fue adiestrado en Riverside, tal y como dijimos más arriba, en escenarios desérticos muy próximos a los que ahora debía enfrentar. En aquellas circunstancias, las exigencias de Patton en la instrucción rayaban lo imposible, pero la aclimatación de los hombres era clave para tener éxito en la misión y para, desde luego, salvar sus vidas. Las órdenes de Patton eran sencillas:

> Han de ser capaces de correr una milla en diez minutos con la mochila llena, además del fusil[87].

En los ejercicios, con casi sesenta años, el general acompañaba a sus hombres como uno más, dando, como siempre, ejemplo de abnegación y de sacrificio.

Finalmente, Patton y sus soldados fueron embarcados en el crucero pesado *Augusta,* buque insignia dotado de dieciséis cañones bajo mando del almirante Henry K. Hewitt.

Durante aquella singladura, el general dedicó muchas horas a la lectura del Corán, entendiendo que su objetivo era un país de religión musulmana. El comentario recogido en su diario es tan escueto —*un buen libro e interesante*— que produce cuando menos sorpresa en un hombre capaz de intercalar citas de autores clásicos en sus discursos.

---

85 Desde donde despegarían poco después los *Douglas C-47 Dakota* para soltar a los paracaidistas sobre suelo europeo y en operaciones en el Pacífico, ya que el 12 de noviembre se libró la batalla de Guadalcanal.

86 Jessica Marie Timmerman, *Command and Initiative in North Africa: Patton vs. Fredendall, and the battle of Kasserine pass,* East Carolina University, 2016, pág. 53.

87 *Ibidem,* pág. 112.

También se dedicó a aleccionar a su agrupación acerca de las características del enemigo al que debían combatir:

> Los franceses no son nazis ni japos, si se rinden, tratadlos con respeto porque pueden ser futuros aliados.

En efecto, buena parte del contingente bajo mando de Vicky pasó posteriormente a engrosar las filas aliadas, empezando por el generalato, con lo que la exhortación en aquellos momentos era más que pertinente.

El viaje duró dos semanas y, pese a que el *Augusta* se cruzó con un submarino alemán que lo torpedeó sin consecuencias, a la entrada del puerto de Casablanca se enfrentó con el acorazado de 35.000 toneladas *Jean Bart,* provisto de setenta y cinco cañones, lo que obligó a Hewitt a retirar la nave. En previsión de más problemas, el *Jean Bart* fue atacado simultáneamente y dejado fuera de combate por bombarderos *Douglas SBD Dauntless*[88] que arrojaban bombas de 1000 kilos y que fueron lanzados desde el portaviones *USS Ranger.*

La fuerza aliada en el desembarco de Casablanca era impresionante, desde luego, entre portaviones, cruceros pesados, acorazados y buques de transporte, y lo mismo puede afirmarse de las tropas desplegadas en las demás incursiones.

Una vez el *Jean Bart* se hubo alejado, el *Augusta* mandó un mensaje en francés, a través de los altavoces instalados en el buque, garantizando que los americanos no buscaban la destrucción de las fuerzas francesas, sino su rendición. Sin embargo, tal aviso no pudo ser oído por los defensores ni por la población, ya que se hizo en medio del estrépito de los cañones.

Desde el punto de vista de Patton, por fin iba a conseguir su anhelado propósito, vivir una batalla. Ciertamente, el general, que ya no era ningún niño, no había conseguido combatir más que unas pocas horas en Saint Mihiel, durante la I Guerra Mundial, además

---

88 Eran idénticos a los aparatos que por aquellas fechas participaban en Midway y Guadalcanal y posteriormente en Filipinas.

de la anécdota de México. Era su momento más deseado y el ansia de gloria se le debía marcar en el rostro, no obstante, tampoco en aquel lugar consiguió lo que apetecía: la defensa francesa resultó débil, muy débil. Tanto fue así que, si el desembarco se produjo sobre las siete de la mañana, la petición de conversaciones para tratar acerca de la capitulación le llegó a través de un coronel a las 14:00 horas.

Efectivamente, el ministro residente, general Charles Noguès[89], y el almirante jefe, François Darlan, que había ordenado el alto el fuego el día 11, pidieron inmediatamente tratar con los norteamericanos, llegando a la rendición incondicional a primeras horas de la tarde.

A partir de ese momento, aparece otra arista en el carácter del general Patton: el mismo que había instruido con arengas de tintes espartanos a los soldados en la cubierta del *Augusta*, es ahora el vencedor y manifiesta una magnanimidad sin cortapisas, es diplomático, es caballeroso, amistoso e indulgente. Y, en un impulso genial, propio de negociador sagaz, invita a los dos mandatarios de Vichy a celebrar la victoria con champagne, argumentando que tal acto sella la amistad entre Francia y Estados Unidos contra el enemigo común, los nazis.

Poco después, como Residente general representante de EE. UU. en Marruecos, Patton asiste a diversas ceremonias diplomáticas, visita al sultán (al que trata de majestad) y al gran visir, a quienes también advierte contra los alemanes. Mientras tanto, preside una parada militar junto al general Noguès en la que la caballería marroquí con uniforme blanco le rinde honores. Luego asiste al funeral por las escasas víctimas, francesas y norteamericanas, caídas en el desembarco. En todo momento consuma sus dotes diplomáticas

---

89 Las posteriores vicisitudes del general Noguès son considerables, pues fue condenado en rebeldía —estaba exiliado en Portugal— a veinte años de trabajos forzados, no volviendo a Francia hasta 1954, donde sufrió otro proceso, siendo puesto en libertad. Sin embargo, regresó a Portugal, pero pronto fue llamado por el Gobierno francés para que intercediera, gracias a sus muchos contactos, en la reinstauración del sultán de Marruecos, Mohamed V. Finalmente se instaló en Francia. Falleció en París en 1971.

repitiendo tenazmente las ventajas de la afinidad entre franceses y estadounidenses.

Posteriormente, en enero de 1943, se celebró en Casablanca, tal como ya hemos dicho, la conferencia que reunió a los líderes políticos y militares aliados. En ese momento, Eisenhower decidió encomendar a Patton la preparación de la invasión de Sicilia (operación *Husky*), enviando al general Fredendall, sustituto del general Clark, que iba a desempeñar el cargo de lugarteniente del propio Eisenhower, a luchar contra el Afrikakorps y los italianos.

* * *

Fredendall partió hacia el este al mando del II Ejército con el objetivo de combatir a los alemanes y enlazar con Montgomery, cuyas fuerzas se hallaban en Egipto. Fue, quizás, una de las peores decisiones del general Eisenhower, pese a que después de la toma de Orán, el *Memphis Press-Scimitar* había proclamado a Lloyd R. Fredendall como héroe americano[90] por excelencia. Casualmente, Fredendall era oriundo de Memphis y también conviene decir que en Memphis estaba radicado el cuartel general del 2.º Ejército, con lo que no sería extraño ver en semejante afirmación cierto afán apasionado.

Por aquellos días, Patton había reclamado el mando del VII Ejército estadounidense para enlazar a través de Túnez con el VIII de Montgomery, pretendiendo aplastar entre ambos al Afrikakorps, pero Eisenhower se negó: sus planes estaban puestos en Sicilia y para ello necesitaba al general. De hecho, *Husky* iba a suponer el primer desembarco en Europa —por más que insular, desde luego— de un contingente norteamericano y Eisenhower procuraba que nada distrajera a Patton de una preparación detallada y concienzuda.

Sin embargo, emplazar al frente de las tropas estadounidenses para luchar contra Erwin Rommel y Hans-Jürgen von Arnim al

90 Jessica Marie Timmerman, *opus cit.*, pág. 65. Véase al respecto el libro del comandante Bell I. Wiley y del capitán William P. Govan, *History of the second army*, Army Ground Forces Studies, Washington, 1946.

general Fredendall, con escasa experiencia en combate, poco más que el desembarco de Orán, fue, a todas luces, un error que iba a traer consecuencias trágicas.

Mientras las tropas de Zhukov ya habían iniciado la ofensiva desde mediados de noviembre en Stalingrado, el 11 de enero del 43 se reunieron en Constantina, al este de Argelia y sobre la costa, los generales Eisenhower, como máximo responsable de las operaciones aliadas en el norte de África, Fredendall, comandante en jefe, junto con el general británico Kenneth Anderson y Alphonse Juin, futuro mariscal de Francia y anterior jefe de las fuerzas de Vichy. El plan de batalla estaba claro y era sencillo, encontrar a Rommel, romper sus comunicaciones con Túnez, rodearlo y destruirlo. Simple, fácil y aparentemente posible.

Las fuerzas al mando de Fredendall eran la 1.ª División Blindada norteamericana, dirigida por el general Orlando Wark, el XXVI Cuerpo de combate de los Estados Unidos, al mando del coronel Stark, la 1.ª Brigada de Paracaidistas británica, conducida por el general Flavell y la División francesa *Constantine*, regida por el general Welvert. Los suministros debían llegar desde Malta al puerto de Sfax. El esquema de la operación fue trazado por Fredendall y aprobado por Eisenhower[91] prácticamente sin variaciones, pues la información que se tenía del comportamiento enemigo indicaba que se hallaba en circunstancias muy poco propicias.

Por aquellos días se desarrollaba la segunda batalla de El Alamein y el Afrikakorps era perseguido por el VIII británico a través de la Cirenaica, convergiendo en la línea Mareth, una serie de casamatas, búnkeres y fortificaciones que alcanzaba los 40 kilómetros cerrando la costa hasta el golfo de Gabes y la isla de Djerba y apoyándose en las montañas de Matmata. Los franceses la habían construido antes de la guerra para prevenir un ataque italiano desde Libia. Era, como la mayoría de defensas fijas[92] de la época, una reliquia de guerras

---

91 George F. Howe, *Northwest Africa: Seizing the Initiative in the West*, Center of Military History, United Stales Army, Washington, 1993, pág. 352.

92 Acaso las más conocidas sean la línea Maginot, que años atrás había sabido

pasadas obsoleta para la guerra dinámica. En efecto, presentar un flanco fijo al enemigo e inmovilizarse tras un parapeto, por muy acorazado que estuviese, cuando en el ataque convergían blindados y aviación en operaciones con bombas perforantes de 6000 kilos, no suponía otra cosa que aceptar el descalabro y el desastre.

Sobre la línea Mareth estaba la 1.ª División Acorazada norteamericana, cuyo apelativo era *Big Red One,* integrada en el contingente al mando de Fredendall, pero en diciembre llegó a Túnez el general Arnim con el V Ejército *panzer* para reforzar las líneas alemanas.

En aquel momento, los aliados se movieron hacia Bizerta con la intención de capturar Túnez, aunque las condiciones climáticas impidieron el avance, con lo que parecía sensato esperar a un cambio de tiempo, y ese fue el veredicto de Eisenhower. Entre tanto, Fredendall estableció su cuerpo de mando cerca de Tebessa, en un lugar que se denominó *Speedy Valley.* Terreno inhóspito, a muchos kilómetros del frente, al suroeste de Túnez y muy lejos de la costa, donde ordenó construir túneles y ubicar un complejo artillero de envergadura, para lo que gastó miles de toneladas de hormigón, empleando cientos de horas de trabajo seguramente inútil de los ingenieros del ejército, que ya habían tenido que construir pistas para los blindados, apartando rocas, haciendo rampas, moviendo tierra salitrosa y prensando arena entre las dunas.

Sin embargo, y mientras esto ocurría, alemanes e italianos avanzaban hacia el puerto de Trípoli, justo en dirección opuesta, a pesar de que Montgomery se hallaba ya a menos de 100 kilómetros, donde

---

atravesar Rommel sin contemplaciones, o la Sigfrido, la respuesta germana, aunque con elementos esenciales diferentes. Al respecto de éstas, ya sentenció Patton, con su habitual gallardía: *Las fortificaciones fijas son monumentos a la estupidez humana.* Y llevaba razón, pues la reformada y aparentemente invencible línea Sigfrido o *Westwall,* en alemán, no resistió más allá de unas horas la embestida estadounidense. En efecto, en la noche del 1 de octubre de 1944, los cañones norteamericanos bombardearon Aachen (Aquisgrán) y, al amanecer, el 1.er Ejército al mando del general Courtney Hodges, que había estado con Patton en México, la rompió, arrollando a los defensores, a pesar del esfuerzo de las divisiones *panzer.* Respecto a la Muralla del Atlántico, la supuesta gran baza germana, cabrá explicarla más adelante.

podrían recibir refuerzos y suministros a través de naves italianas que consiguieran sortear a la marina británica. A todo esto hay que añadir que Rommel, que ya presentaba síntomas de enfermedad, optó, no obstante, por no entregar el mando y mantenerlo hasta que las cosas pudieran cambiar, con lo que decidió atacar en el este de Túnez. Así pues, Arnim lanzó la 21.ª División contra los contingentes franceses apostados en Faïd, obedeciendo las indicaciones de Rommel. Las tropas francesas no resistieron, con lo que las fuerzas del Eje se situaron en el centro de las montañas tunecinas, provocando una situación incierta para los norteamericanos.

Lógicamente, en ese momento arreciaron las críticas de Eisenhower a Fredendall, dado que había malgastado el tiempo y una enorme cantidad de materiales para una defensa infructuosa, a la vez que había sido incapaz de apoyar a sus compañeros ante la avalancha germana.

La reacción aliada fue también predecible, iniciar una contraofensiva en febrero, pero la visita de Eisenhower por aquellos días al campamento de Fredendall lo dejó estupefacto. La inoperancia era patente: en todo aquel tiempo, el general de Memphis había mandado a los ingenieros construir defensas faraónicas, búnkeres y casamatas, horadando incluso un túnel para albergar el cuartel general bajo un cerro. Por otra parte, el contingente estaba peligrosamente separado, ocupando posiciones débiles y sin apenas contacto. De hecho, parece que Fredendall estaba convencido de la necesidad de abandonar a toda prisa *Speedy Valley* y hasta había dado órdenes para preparar las voladuras.

Mientras se desarrollaban estos hechos, los alemanes proyectaban el segundo ataque, que se hizo realidad con dos ejércitos *panzer* el 14 de febrero. A ellos se unió el despliegue de los *Stuka, Junkers Ju 87,* que destruyeron cientos de carros, consiguiendo apartar dos batallones de Infantería estadounidense que se rindieron, dado que no pudieron seguir al resto en su huida. Sorprendentemente, y contra la opinión de Rommel[93], los alemanes no persiguieron en su fuga a los aliados, cuya pretensión era golpear de noche, antes de que las unidades norteamericanas y francesas se pudieran guarecer en Sbeitla, en el corazón de Túnez.

Reorganizadas las fuerzas de Fredendall, éste propuso un ataque al día siguiente a la posición de Sidi Bouzid, unos 40 kilómetros al sureste, en pleno desierto. Los soldados aliados se movieron con lentitud, permitiendo el ataque de la Luftwaffe y el cañoneo de los *panzers* en sus costados y, a pesar del repliegue, tampoco fueron perseguidos hasta la noche del 16.

Tres días después, el 19, los aliados, con Fredendall siempre al mando, se lanzaron a otra batalla, intentando entonces atravesar las montañas por el único lugar accesible: el paso de Kasserine, una estrecha y zigzagueante línea aproximadamente llana que se abre en una zona desigual, plagada de brechas y de imposible circulación para infantería y vehículos.

Los alemanes consiguieron arruinar la intentona, haciendo que los norteamericanos y sus aliados retrocedieran hacia Tebessa, donde Fredendall había hecho construir sus fortines subterráneos. Si bien la intención de Rommel era arrollarlos sin miramientos, semejante acción también suponía alejarse aventureramente de la costa y de las líneas de suministro, con el inconveniente de la presencia de Montgomery, cada momento más cerca, y con la nada absurda idea de cerrar las playas, dejando a los alemanes en una especie de isla en el desierto carente de cualquier contacto que les permitiera maniobrar.

Sin embargo, la batalla del paso de Kasserine se acabó el 24 de febrero de 1943 y supuso una rotunda victoria del Afrikakorps, quizá la última, porque los soldados de Montgomery no cejaban en su empeño y apretaban desde el este. En Kasserine, los aliados habían perdido diez mil hombres y casi doscientos vehículos, entre

93 Tal es la aseveración que dio Liddell Hart en *The Rommel Papers*, Harcourt, Brace and Company, New York, 1953, pág. 398.

carros y semiorugas, por el contrario, los alemanes dejaron treinta *panzers* y dos mil soldados.

Muchas de aquellas máquinas americanas, *Stuart* en su mayoría, algunos *Sherman* y vehículos de transporte *M9*, una vez reparados, fueron a parar a manos germanas, toda vez que el combustible siempre fue elemento del que Rommel careció. Los tanques americanos tenían baja consideración, pues el cañón de 88 mm de los *Panzer VI* (*Tiger I*, con casi cien granadas) lograba carbonizar los *Sherman* al primer impacto, de hecho, los soldados estadounidenses, en un alarde de negro humor, dieron en llamarlos *Ronson*, pues se incendiaban como los encendedores que usaban para prender los cigarrillos.

Ahora bien, a pesar de tan heterogéneo refuerzo en manos alemanas, de poco les iba a servir, ya que las fuerzas de Montgomery que se acercaban a Mareth no eran ni mucho menos una simple agrupación de soldados, sino la 2.ª División neozelandesa, compuesta por casi treinta mil efectivos, la 8.ª Brigada blindada, la *Force L* (cuyo apelativo se debía al apellido de su comandante, el general Leclerc), con tres mil soldados senegaleses, el regimiento *King's Dragoon* con vehículos blindados de apoyo a la Infantería y el Escuadrón Sagrado griego, provisto de ametralladoras. A ello se añadían ciento veinte carros y algunos cañones antitanque. Era, pues, una fuerza muy considerable, capaz de hacer frente al Afrikakorps.

Vistas las cosas, Eisenhower, rompiendo planes y previsiones, no tuvo más remedio que relevar de inmediato a Fredendall, dando el mando del 2.º Ejército al general Patton en circunstancias especialmente difíciles, pues, como hemos dicho, Rommel tenía en ese momento contra las cuerdas a los estadounidenses.

Aquel cambio distorsionaba considerablemente la preparación de *Husky*, con la relevancia que sin duda tendría, y desmontaba en gran medida la estrategia aliada, pero las condiciones obligaban: si salía bien, los norteamericanos habrían preservado la reputación, salvando sus fuerzas y ganando un considerable prestigio. Con Fredendall al frente, y Eisenhower lo tenía muy claro, todo lo más se podrían rescatar algunas unidades, pero la arrolladora potencia alemana iba a desbaratar a su ejército al alejarse de Montgomery. No era, por tanto, una cuestión que ni mucho menos se pudiera postergar. Eisenhower necesitaba un general radicalmente diferente, un soldado agresivo que en poco tiempo cambiara el devenir de los acontecimientos, y lo tenía: George S. Patton, sin duda.

* * *

La llegada de Patton al 2.º, general en ese momento de tres estrellas[94], mudó radicalmente las cosas. Con su habitual exigencia para la disciplina, ordenó que los soldados cambiaran la indumentaria, se asearan y afeitaran, rompiendo con las anteriores costumbres, más o menos desmañadas. De tales requerimientos no estaban exentos oficiales ni suboficiales, a los que ordenó limpiar las armas y adecuar los vehículos.

También reapareció el Patton grosero y áspero, capaz de demostrar su desprecio hacia el general de división Terry Allen[95], al que acusó de cobardía por haber cavado unas trincheras en el desierto para defenderse de la aviación alemana. Allen vestía un gabán de las fuerzas aéreas y Patton, al verlo pertrechado como para combatir en Rusia, por más que estaban en el desierto tunecino a finales de febrero, no dudó y orinó en el abrigo, y una vez acabó, le espetó:

> ¡Ahora ya puedes ponértelo!

De todos modos, el general Allen, llamado el *Terrible Allen,* por más que ajeno a doctrinas o teorías militares, fue un comandante muy combativo que demostró extrema habilidad cuando mandó, en 1944, la 104.ª de Infantería, *Timberwolves* (*lobos del bosque*), luchando en cabeza del 1.er Ejército en el frente de Bélgica. El 25 de abril

94 Teniente general.

95 Joao Fábio Bertonha, *opus cit,* pág. 112. Hirshson, Stanley P., *General Patton: A Soldiers's Life,* Harper Collins Perennial, New York, 2002, pág. 316. Gerald Astor, *Terrible Terry Allen: Combat General of World War II - The Life of an American Soldier,* Presidio Press / Penguin Random House, Toronto, Canadá, 2003.

de 1945, Allen y sus hombres contactaron por vez primera con el Ejército Rojo en Pretzsch. Su lema era expresivo:

> Nothing in hell must stop the Timberwolves[96].

El objetivo de Patton fue desde el primer momento avanzar hacia la línea Mareth para enlazar con Montgomery, con lo que debía forzar a los alemanes que se hallaban en los dos extremos, norte y sur.

Sin embargo, tal y como siempre había hecho, Rommel era capaz de movilizar sus fuerzas y acometer justo cuando los demás podían verlo vencido, por eso optó por concentrarse en la costa y atacar el 6 de marzo al 8.º británico en Medenine con tres divisiones *panzer* (la 10.ª, 15.ª y 21.ª) y bombarderos *JG-27*, frente al golfo de Boughrara y a 40 kilómetros al sur de la línea Mareth. Ese fue un grave error, pues los estadounidenses, gracias a las nuevas directrices adoptadas por Patton, de inmediato se lanzaron por Kasserine hacia el punto de reunión alemán y, casi al mismo tiempo y aprovechando la oscuridad de la noche, seiscientos setenta y cinco cazabombarderos aliados descargaron toneladas de bombas sobre las unidades del Afrikakorps, despreciando el fuego de los antiaéreos alemanes.

A bordo de un *Junker 52*, el 9 de mayo el mariscal Rommel fue evacuado del frente. Quizá con la intención de buscar materiales con los que pudiera proveer sus fuerzas para continuar los combates, hizo escala en Roma y se reunió con el Duce, que le remarcó que Túnez debía ser reconquistado y conservado a cualquier precio. Tales expresiones de brío y arrojo podían formularse a cientos de kilómetros de los restos humeantes del Afrikakorps, pero difícilmente ante el que hasta hacía unas horas había sido su comandante, por eso Rommel se entretuvo poco con el líder fascista y voló a Berlín, donde se entrevistó con Hitler, quien para su sorpresa le ordenó quedarse en situación de reserva.

El mando del Afrikakorps pasó entonces y definitivamente a Jürgen von Arnim, que veía abalanzarse a las fuerzas de Patton por

96 Nota del autor: *Nada en el infierno puede detener a los Timberwolves.*

el oeste y a los británicos por el este. Todavía en ese momento contaba con dos divisiones *panzer*, tres divisiones de Infantería alemana y otras tres italianas —los restos de la Armata del Regio Esercito— al mando del mariscal Giovanni Messe[97].

* * *

Antes de aquella batalla y dado que imaginaba iba a ser decisiva, Patton reunió a sus soldados y les despachó una arenga en cuyo centro clavó una frase memorable:

> Si no volvemos victoriosos, no volveremos vivos.

Posteriormente, rezó. Semejante soflama, y en los labios del general Patton, llamó la atención a Omar Bradley, que fue quien la recogió. Carlo D'Este le dio cobijo en su biografía, admirado por las ocurrencias de un hombre que parecía no resistir parangón alguno con cualquier otro líder militar conocido. Sin embargo, cabe la presunción de que ni uno ni otro supieran a qué se estaba refiriendo George Patton y, como lo prometido es deuda, vamos a explicar el origen de tales expresiones.

Desde su niñez, el que después iba a ser general, había sentido fascinación por la literatura clásica militar. Esas lecturas fueron imprimiendo un carácter muy particular. De ahí que de vez en cuando hiciera afirmaciones acerca de la rencarnación, baladronadas que tanto humo levantaban en boca de según qué comentaristas, y que no eran más que resonancias de lecturas acumuladas en un hombre que cultivaba con esmero lecciones de Homero, César, Suetonio y otros autores.

En la madurez y a lo largo de toda su vida, conservó aquellos recuerdos y los amplió, siendo solícito lector tanto de griegos como de latinos. Evocando tales lecturas, aprovechaba arengas y discursos

97 De estos hechos, el mariscal Messe, que después tuvo un largo recorrido político, escribió un libro excelente titulado *La mia armata in Tunisia. Come finì la guerra in Africa*, Rizzoli, Milán, 1946.

y encajaba elocuentes enunciados, peroratas altisonantes, incluso alegatos de la más rancia condición literaria, epigramas y pensamientos que consideraba de altura, todos extraídos de autores que estaban a mucha distancia, a muchísima distancia de lo que esperaba un soldado de 1942, pero que guardaban resonancias heroicas, reverberaciones épicas y destellos de epopeya.

Tal y como hemos dicho más arriba, días antes de la llegada de las tropas a África, Patton usó casi idénticas palabras, que coincidían con las pronunciadas ante Roosevelt en Washington. La sentencia que comentamos, en definitiva, es un eco del tópico extendido por Plutarco acerca de las mujeres espartanas en la despedida de sus hijos y maridos cuando éstos iban al combate:

> Si no vuelves con tu escudo, vuelve sobre tu escudo[98].

Aquellas madres y esposas se referían, desde luego, a que sus familiares regresaran como vencedores o como cadáveres, exhortándolos para que lucharan hasta el fin de sus fuerzas sin hacer concesión al cansancio, la cobardía, la deserción o la traición. Como madres desempeñaban un papel notable en la transferencia de la convicción militarista de su época, poniendo los hijos al servicio del estado espartano por encima de su amor filial y entendiendo que la valentía, el arrojo y la victoria de sus retoños era parte incuestionable de su labor instructiva, que encontraba en el fomento del arrojo y la combatividad el medio de perpetuar la sociedad. Las madres, en aquel espacio y atendiendo a tales fines, funcionaban como proveedoras de soldados y no como simples matronas al servicio de sus cónyuges. Siempre siguiendo a Plutarco, las mujeres de Esparta eran el cimiento y la argamasa sobre la que se pudo levantar un ejér-

98 La cita se halla en el libro III de los *Moralia* (habitualmente traducido como *Obras morales y de costumbres*) de Plutarco, *Λακαινών αποφθέγματα - Lacaenarum apophthegmata, Dichos de las mujeres espartanas*, que corresponde a una recopilación hecha en el siglo XIII de diversas obras dispersas de Plutarco. Por lo que respecta al libro que leyó Patton, quizás se trataba de la edición de F. C. Babbitt, *Plutarch's Moralia*, Londres, 1931.

cito invencible durante mucho tiempo, al menos hasta la batalla de Tebas, a finales del siglo IV antes de Cristo.

Patton, que conocía bien a Plutarco, descargó el adagio dejando helados a los sorprendidos oyentes, cuyo discernimiento para nada incluía a un griego naturalizado romano del siglo I que había escrito *Las vidas paralelas*, ni a los lacedemonios, ni a Epaminondas, ni a Licurgo, ni a Leónidas y sus hombres frente a los persas en las Termópilas.

La conclusión es que, de vez en cuando, y en situaciones que le parecían especialmente significativas —la vigilia de una batalla, por ejemplo—, Patton dejaba alguna máxima con color sentencioso y regusto clásico, a la manera de una brizna de estudiada erudición, y sí, Bradley, aunque en ocasiones era otro el receptor, lo anotaba puntualmente como admirado testigo.

D'Este, que leyó las memorias del general Omar Bradley, repitió y reiteró las citas en su biografía y tampoco dejó de asombrarse. Da la impresión de que ninguno supiera el origen de las sentenciosas palabras de Patton, a pesar de que D'Este asevera tener conocimiento de sus lecturas, entre las que incluye a Plutarco.

Ahora bien, mírese desde otro punto de vista: el mejor general estadounidense en el frente occidental lee a los griegos, escribe versos —de escasísima valía, como veremos más adelante— y mantiene una relación epistolar con su esposa Beatrice que, hoy en día, permite reconstruir aproximadamente sus pensamientos. Por otra parte, anota con fruición cuantas impresiones va recibiendo en el dietario que posteriormente publicó su viuda con el título *War as I knew it*, tal como ya hemos dicho. Se trata, desde luego, de una ecuación cerrada. Patton es un soldado polivalente que deja ver muchos ángulos, una verdadera pieza mayor para la taxonomía biográfica y puede que hasta un perfecto instrumento para la digresión.

* * *

Al atardecer del 16 de marzo, cruzando los campos minados, Patton atacó al enemigo sobre la posición de El Guettar, al norte, y cuatro días después, el 8.º de Montgomery golpeó de frente la línea Mareth, intentando rodear a los italianos, por más que estos no cedieron. El día 22, la 164.ª División alemana dejó la línea Mareth para acercarse a la 21.ª *panzer* y cerrar el paso a los neozelandeses en Tegaba, pero unos días después Montgomery reforzó su eficacia con grupos acorazados que llegaron desde Egipto. Messe escribió en sus notas:

> Siamo impotenti di fronte agli stormi alleati che oscurano il sole[99].

Al día siguiente, el 23, el *Big Red One* chocó con la 10.ª División *panzer* en El Guettar, consiguiendo la primera victoria norteamericana de la guerra de África. La euforia de Patton fue indescriptible, ordenando de inmediato perseguir al enemigo con la *Benson Force*, una unidad mandada por el coronel Clarence Benson, devoto de Patton que había servido bajo sus órdenes en 1918. Este oficial será quien dos semanas después, el 7 de abril, contacte con los británicos.

El día 29, los italianos se acercaron a Sfax, en la costa, pero Patton arremetió con todas sus fuerzas. En los primeros días de abril, las fuerzas italogermanas iniciaron un repliegue hacia el norte que, a pesar de algunos intentos de aproximarse a los británicos, fueron rechazados hasta Djebel Mansour, habiendo perdido la mitad de sus efectivos.

Aprovechando la sorpresa, en la noche del 6, la artillería de Montgomery desató la batalla de Akarit, quizás la más corta de la campaña, pero seguramente la más violenta, según confesión del propio Montgomery. Nada más duró unas horas, pero las tropas italianas retrocedieron más de 200 kilómetros hasta Enfidha (Dar el Bey, en árabe), en la costa norte de Túnez.

Al día siguiente, 7 de abril, el coronel Clarence Benson contactó con el 8.º y saludó al general Montgomery en nombre de Patton. Mientras esto ocurría, Hitler intentaba consolar a Mussolini en Salzburgo, asegurándole la pronta victoria del Eje en Túnez.

---

99 *Estamos impotentes frente a las bandadas aliadas que oscurecen el sol.* Traducción del autor. Messe, *opus cit.*, pág. 211.

Hasta el 22, Montgomery y sus tropas repelieron pequeñas escaramuzas de elementos italianos aislados, pero ese día se lanzaron al ataque con dos puntas, una al mando del general Anderson y otra bajo órdenes del general Omar Bradley, mientras el 9.º británico ganaba terreno por la planicie. El 1 de mayo los alemanes se replegaron hacia Mateur, 70 kilómetros al noroeste de la capital, buscando establecer otra línea defensiva. Pero el 7 los norteamericanos ya estaban en Bizerta, en la costa. Las tropas del Eje carecían prácticamente de municiones y estaban en muy malas condiciones, sin refuerzos ni carburante.

En la mañana del 9, el general Gustav von Vaerst envió a Arnim la siguiente comunicación:

> Nuestros blindados y nuestra artillería han sido destruidos; sin municiones ni combustible; lucharemos hasta el final[100].

Hasta que, el 12 de mayo de aquel 1943, ocurrió la derrota definitiva, y ciento cincuenta mil alemanes cayeron en poder de los aliados, que los transportaron en su mayoría a campos de prisioneros militares en Texas. Los cien mil hombres de Messe fueron llevados a Rodesia, siendo liberados tres años después. Esa misma mañana, Rommel había sido evacuado.

Respecto de las cifras de caídos, heridos y prisioneros hay profundas divergencias. Arnim, por ejemplo, daba cien mil para los alemanes y doscientos mil para los italianos. De todos modos, por lo general y a pesar del esfuerzo realizado, es frecuente olvidar el contingente italiano, y no digamos sus acciones en aquellos combates.

Sin embargo, el 15 de abril el general Patton ya había sido depuesto en el mando del II Cuerpo norteamericano por sus invectivas tanto contra Montgomery como contra Eisenhower. Patton no se podía contener y le daba lo mismo que delante tuviera la prensa u

---

100 Cable del general Vaerst, último comandante del 5.º Ejército *panzer* en África. Howe, *opus cit.,* pág. 663.

oficiales que de inmediato iban a trasladar sus comentarios, cuanto más, si eran del cariz que solían ser.

No se trataba de murmuraciones, sino de palabras gruesas y, como siempre, de pésimo jaez. Repetidas y, salvando las inconveniencias, Patton vino a decir que Eisenhower obedecía a Montgomery[101] y que cuando este le proponía algo, el general estadounidense se limitaba a contestar *sí, señor.*

Obviamente, la impertinencia, más el rango de expresión utilizado, eran intolerables, con lo que Eisenhower optó por apartarlo del mando. Este asunto fue causa de que la victoria sobre el Afrikakorps se adjudicara desde entonces y sin paralelo alguno a Montgomery, cuyo triunfo en la segunda batalla de El Alamein fue convenientemente magnificado, a pesar de la indiscutible reciprocidad en la pugna llevada a cabo por Patton y sus hombres en Túnez.

A partir de entonces, buena parte de los autores que narran las vicisitudes del Afrikakorps presentan a Montgomery y Rommel en una especie de pugilato en el que uno corre tras el otro y viceversa, sorteando las dunas de los desiertos egipcios, libios y tunecinos. Tal imagen, por más que reiterada, es una lamentable impostura y una burda simplificación cuyo origen se halla en la oportunísima destitución de Patton, que catapultó a Montgomery a la fama en África dejando a las fuerzas americanas en la periferia del protagonismo, por no decir a la sombra de los hechos.

Por supuesto que tal circunstancia enfureció profundamente a George Patton, pero delante tenía otro desafío, Sicilia, y allí iba a proyectar su desquite, aunque sin renunciar por ello y de ningún modo a sus mordaces críticas y a sus habituales insolencias.

---

101 Por otra parte, y sin querer ahondar en la trifulca, conviene decir que el carácter del general Bernard Montgomery ha sido motivo de varios estudios posteriores. De hecho, Michael Fitzgerald, profesor en psiquiatría infantil en el *Trinity College* de Dublín, publicó a principios del año 2000 un estudio cuyo título ya da una pista interesante: *¿Did field marshal Bernard Montgomery (Montgomery of Alamein) have asperger's syndrome?*, Indian Journal of Psychiatry, n.º 42, págs.73-76. La conclusión de Fitzgerald es palmaria: *Asperger's disorder in DSM-IV (APA.1994) and therefore he meets the criteria for Asperger's disorder*, pág. 75.

USS Augusta. U.S. Navy photo

El general norteamericano George Patton al lado de un tanque medio M2 en Túnez, 1942. . National Archives, Washington, D.C.

# OPERACIÓN *HUSKY*

Propuesta y diseñada en la conferencia de Casablanca, la invasión de Sicilia era el paso natural después del cierre de la guerra en el norte de África y la rendición de los restos del Afrikakorps y del contingente italiano, aunque en las mentes de los jefes aliados estaba, naturalmente, el asalto al continente, cuyo punto de entrada se pensaba que podría ser el canal de la Mancha.

Sin embargo, las posibilidades de abrir con éxito un frente europeo era, en ese momento, una contingencia remota, dada la potencia de las unidades alemanas radicadas en Francia. Cabe recordar en este punto el fracaso del ataque a Dieppe (Normandía) el 19 de agosto del 42, del que esperamos dar cuenta en otro lugar.

Por su parte, las exigencias soviéticas de chocar con los alemanes en el oeste obligándolos a trasladar fuerzas a esa zona, desplazándolas del frente ruso y aligerando la presión en un escenario que era a todas luces insostenible, hacía que los aliados se sintieran extraordinariamente apremiados. Tanto era así que, pasados dos meses desde el 12 de mayo, es decir, desde la capitulación germano-italiana en África, desembarcaban en Sicilia.

La operación *Husky* estaba al mando del general Eisenhower, tras cuyo arbitrio se situaba Harold Alexander, general británico de larga experiencia militar, pues había luchado contra los bolcheviques en Letonia durante la guerra civil rusa, en la Gran Guerra en

Francia, encuadrado en la British Expeditionary Force, posteriormente organizó el escape de Dunkerque en 1940 y, en marzo del 42, dirigió la retirada de Birmania, donde hizo frente a la avalancha japonesa, además había sido comandante en jefe de las fuerzas aliadas en África.

Como ocurriría después con *Overlord,* la invasión de Sicilia estuvo precedida por una operación de decepción de considerable calado. Se trataba de hacer creer a las fuerzas del Eje y, principalmente a Hitler, que los aliados pretendían atacar Grecia y abrir un frente en los Balcanes —como en principio era el plan británico— o, en su defecto, un desembarco en la isla de Cerdeña. Pero, llevar a cabo una artimaña como aquella[102] no podía quedar en manos de la improvisación y requería de alguien con la capacidad suficiente como para hacer creíble un montaje que suponía salvar centenares de vidas, por eso la inteligencia militar británica destacó a Ewen Montagu, oficial de contrainteligencia naval del *MI 5*[103].

Este concibió la llamada operación *Mincemeat* (picadillo o carne picada) en la que creó una identidad falsa con el cadáver de un supuesto oficial británico[104] hallado el 30 de abril por un pescador en Punta Umbría, Huelva. Supuestamente el cuerpo correspondía al comandante William Martin y llevaba un maletín sujeto con una cadena. Antes de comunicarlo a la embajada británica, agentes españoles examinaron la documentación e informaron a los alemanes: allí aparecían con detalle los planes del desembarco en Grecia.

Como consecuencia de aquella información, el 12 de mayo, Hitler ordenó a sus generales preparar la defensa de Grecia, por más que nunca desdeñó la posibilidad del ataque a Sicilia, simplemente por razones de posicionamiento geográfico. El desembarco

---

102 En el caso de *Overlord,* Patton fue el cebo que el general Eisenhower, jefe máximo de las tropas aliadas, dispuso para que los alemanes tomaran como real una supuesta invasión por Calais, como veremos más adelante.

103 En aquel equipo participaba Ian Fleming, el futuro creador de *James Bond.*

104 Ben Macintyre, *El hombre que nunca existió,* Crítica, Barcelona, 2016. Francisco A. Marín, en su libro *Engaños de guerra* (Inédita, Barcelona, 2004), da una versión impecable de esta estratagema aliada.

en Grecia hacía temer a los alemanes que, tras largos combates, por supuesto, los aliados podrían enlazar con los partisanos de Tito en Yugoslavia, lo que habría supuesto un frente al sur de Austria de gravísimas consecuencias para el Reich.

Hay que añadir que *Ultra* confirmó rápidamente que Hitler había caído en la trampa, enviando dos divisiones *panzer* al Peloponeso justo en el momento más crucial de la ofensiva soviética en Kursk y, eso sí, mientras la Luftwaffe continuaba bombardeando Malta y su base submarina, atendiendo a que era uno de los principales centros de aprovisionamiento de los ejércitos aliados para cualquiera de las operaciones que se pudieran llevar a cabo. La Valeta y Malta en general sufrieron de tres a cuatro incursiones diarias y la caída de 20.000 toneladas de bombas en 1942.

Pero, antes de pisar la primera playa siciliana, los soldados aliados tuvieron que eliminar las guarniciones sitas en las islas adyacentes, dado que no podían admitir que su retaguardia quedara bloqueada por pequeños núcleos resistentes. Pantelleria y Lampedusa, muy próximas a la costa tunecina y al sur de Malta, estaban aprovisionadas con estaciones de radar y cañones antiaéreos. En la primera, tras intensos bombardeos, el almirante Pavesi y sus once mil soldados se rindieron el día 11 de junio y, dos días después, capituló la guarnición de Lampedusa, dejando seis mil soldados prisioneros. Caídos los destacamentos insulares, podía empezar la operación *Husky*.

El 10 de julio del 43, más de tres mil naves aliadas transportaron al sur de Sicilia ocho divisiones, cerca de ciento sesenta mil soldados, seiscientos carros, catorce mil vehículos de transporte, prácticamente dos mil cañones y el VIII británico a las órdenes de Montgomery, más la 1.ª División paracaidista, cuyo éxito fue efímero, pues rápidamente fueron suprimidos por los italianos, junto al grueso del VII Ejército de los Estados Unidos al mando de George Patton, repuesto nuevamente. Fue, hasta el momento, la mayor acción anfibia y aerotransportada jamás habida en suelo europeo. Tras los primeros momentos, buena parte de aquel contingente se hizo fuerte en las cabezas de playa.

En efecto, casi ochocientos buques de la *Royal Navy* dejaron en la arena al VIII de Montgomery, al tiempo que seiscientos barcos, a través de mil lanchas, ponían en pie el VII norteamericano.

El general Patton desembarcó en el noroeste, en Gela, y Montgomery al sur, cerca de Siracusa. El plan era recorrer la isla limpiándola de enemigos de sur a norte, empujándolos hacia Messina, en el extremo y muy cerca ya de la costa continental, pero la propuesta aliada estaba pésimamente diseñada, ya que la defensa italogermana disponía de un contingente extraordinario, casi trescientos mil hombres al mando del general Alfredo Guzzoni, bajo cuyas órdenes figuraba el mariscal Kesselring, que siempre había mantenido serias diferencias con Rommel respecto de la guerra en África, de hecho, cuando los aliados asaltaron Sicilia, la Luftwaffe y la Luftflotte, que seguían consignas de Richthofen, eran casi inexistentes, dado que sus dotaciones se habían desvanecido en las operaciones de apoyo a Rommel.

En Sicilia las fuerzas del Eje estaban compuestas por el XIV Cuerpo *Panzer*, que fusionaba cuatro divisiones alemanas junto al XII y XVI Cuerpos italianos, en los que figuraban nueve divisiones más dos brigadas de costa, a las que se unían guarniciones destacadas en algunos otros lugares en labores de vigilancia. Ante semejante ofensiva y si no lograban detener a los aliados, todo hacía prever que los defensores optarían por la retirada justo en la dirección que les quedaba libre, convergiendo en el punto más cercano a Calabria y buscando una huida escalonada, salvando hombres y pertrechos.

Eisenhower y Alexander idearon de aquel modo la operación porque pensaron que un desembarco cerca del estrecho de Messina, capaz de impedir la salida a las tropas del Eje, se habría pagado muy caro, habida cuenta de la potencia desplegada poco después. Además, para una acción de esas características, hubiera sido necesario un notable ablandamiento con bombardeos prolongados que, sin la menor duda, las baterías antiaéreas italianas y alemanas podrían haber contestado haciendo una grave mella en la caza anglonorteamericana, por más que se contaba que en todo momento la marina de guerra apoyaría desde el mar el avance aliado.

Como confirmación de nuestra evaluación, valga decir que el plan que se llevó a cabo, la apertura del frente siciliano, no desplazó ni una sola división alemana de Rusia, tan solo acudió de refuerzo un contingente de paracaidistas germanos desde Roma. Si la ofensiva se hubiera planteado al revés, de norte a sur, y salvando la posible respuesta continental, que debería haber sido acallada por la aviación y la marina, Guzzoni, Kesselring y sus hombres se hubieran replegado hacia el centro de la isla, siendo arrollados en conjunto y sin salida posible. De otra forma, que es lo que al final ocurrió, los defensores al evadirse formaron los contingentes que se sostuvieron durante largo tiempo en Nápoles y después en la línea Gustav y, obviamente, la batalla de Montecassino, con toda seguridad, no hubiera transcurrido como finalmente aconteció.

* * *

En la oscuridad del 10 de julio, las barcazas de desembarco, después de desprenderse de los navíos de la Royal Navy que las habían soltado, empezaron a navegar hacia las playas sicilianas. Ante lo que se avecinaba, las baterías italianas abrieron un cañoneo sistemático tratando de hundirlas, mientras los *Stuka* hostigaban a los destructores aliados y estos respondían con fuego antiaéreo y contra las casamatas costeras de la artillería enemiga. El análisis aéreo italogermano sabía que la invasión se iba a producir, dado que habían visto los convoyes de buques procedentes de la costa tunecina y tenían constancia de la caída de Lampedusa y Pantelleria. La duda estaba, como siempre, en el lugar elegido.

Los primeros pasos en la arena de los americanos guiados por Patton no fueron ventajosos hasta que el cañoneo desde el mar se impuso y los soldados avanzaron en dirección a Gela, siempre contando que el contingente italiano contratacó con anticuados carros ligeros *Fiat L5/21* —aproximadamente, la versión italiana del *Renault FT*—, seguramente en su última batalla, debiendo abandonarlos al cabo de poco tiempo. Nada tenía que ver la potencia de fuego de 1942 con la de 1914.

En aquel asalto, la intervención de los destructores fue determinante pues, en gran medida, pulverizó a los defensores. Vistas las cosas, Guzzoni ordenó el contrataque a Kesselring, que movilizó dos divisiones *panzer* y tres italianas, una de ellas blindada, queriendo cubrir el perímetro del desembarco americano. No es cierto, como tantas veces se asegura, que los soldados italianos mostraran escaso espíritu de combate, a pesar de estar equipados únicamente con ametralladoras y fusiles y, como hemos dicho, con tanques obsoletos provenientes de la guerra en Abisinia de 1930. Por otra parte, la División *Hermann Göring* y la 15.ª blindada, junto con paracaidistas experimentados (unos cien mil hombres en total) ofrecieron una resistencia considerable.

Dos días más tarde, y mientras los norteamericanos se habían asentado en Gela y sus batallones caían bajo la metralla de la infantería alemana, la acción de la Royal Navy fue otra vez concluyente, batiendo a los *panzer* y provocando la retirada italogermana, que se replegó hacia el norte.

Montgomery, por su parte, encontró menor resistencia del lado italiano, pudiendo avanzar hacia su objetivo y dejando detrás numerosos prisioneros. Hubo errores notables, como el ametrallamiento desde barcos de la Royal Navy de aviones aliados que transportaban paracaidistas, equívoco debido sin duda a la mala comunicación entre Túnez, lugar del despegue, y la costa siciliana, punto de salto.

El día 12 se produjo un hecho sorprendente. En el diario de Alfred Mahncke[105], general de la Luftwaffe, aparece la desolación al observar desde el aire que la fortaleza de Augusta-Siracusa, perfectamente guarnecida y preparada para repeler un ataque desde el mar o pudiendo contestar con autoridad a los *Spitfire*, había capitulado sin disparar un solo cañonazo. Frente a la amenaza aliada, claudicó por orden del almirante Leonardi, que prefirió volar las bate-

105 Las memorias del general Alfred Mahncke fueron publicadas póstumamente con el título *For Kaiser and Hitler*, Tattered Flag, Haverford, Pennsylvania, 2011.

rías y los antiaéreos, quemar los depósitos de combustible y ordenar a sus soldados, italianos y alemanes, que se alejaran vestidos con ropas civiles. Seis baterías costeras de 152, 254 y 381 mm, diecisiete grupos antiaéreos de 76 y 102 mm y cañones de 149 y 190 mm se habían esfumado en manos de los *Camisas Negras* mientras marchaban en ordenada columna hacia Catania ante la estupefacción de Mahncke, que los veía desde su bimotor.

Ese mismo día, los destructores de la Royal Navy entraron en el puerto de Augusta, aunque todavía el propio Leonardi se las ingenió para disparar un único cañonazo contra el primer navío que apareció en la dársena, pero la pronta evolución del desembarco hizo que el almirante cayera en manos británicas, quedando el puerto y la mayor instalación defensiva de Sicilia a merced de los aliados.

Acaecidos los sucesos arriba descritos, el general Guzzoni envió a la División *panzer Hermann Göring* y a la *Napoli*, también blindada, junto a la 4.ª, de infantería de montaña Livorno, para que establecieran un perímetro en torno a la ciudad de Catania, pues ese parecía ser el objetivo del 8.º británico, pero en aquel momento, la aviación aliada ya estaba bombardeando el estrecho de Mesina de modo preventivo, impidiendo el traslado de contingentes enemigos. Mahncke da para aquellas fechas la cifra de trescientos veinte *Stuka* perdidos, lo que ponía todavía más en entredicho la respuesta aérea del Eje.

El día 16, y siempre según el diario de Mahncke, la *Hermann Göring* se tenía que retirar buscando la profundidad del terreno al no poder soportar los bombardeos de la Marina británica. Ese mismo día, la Luftwaffe atacó barcos aliados obteniendo un éxito considerable, pues al menos cuarenta fueron tocados durante la noche, entre los que se contaban dos destructores. Y ese día también se produjo un cambio de mando en las tropas alemanas, pues el general Hube llegó a Sicilia, tomando el mando poco después.

Uno de los graves problemas que las fuerzas del Eje tenían en Sicilia era la intermitente desafección de las tropas italianas, hartas de guerra y cada día más cansadas de unas órdenes, procedentes de Roma y del Duce, que los conminaba a proseguir la guerra —en el caso de Sicilia, una absurda resistencia— y unir su futuro indefinidamente al devenir del Reich. Pero, así como algunos generales alemanes tardaron mucho tiempo en tomar conciencia y actuar para eliminar al dictador —con consecuencias dramáticas, como se sabe—, en Italia existía un rey, teóricamente por encima de Mussolini, que lo destituyó de manera fulminante, emplazando al general Badoglio en su lugar y cambiando el rumbo de la política y de la guerra.

De todo ello se hace intérprete el general Mahncke, que va viendo los vaivenes italianos y las infundadas promesas de defender Sicilia a todo trance, a pesar de la situación cada vez más apremiante. Tanto es así que el día 16 da cuenta de la orden de movilización en Alemania de los varones desde los quince años, junto a la evidente incapacidad de la Luftwaffe y la fuerza aérea italiana para evitar los bombardeos aliados sobre Roma, por más que después Kesselring la declaró ciudad abierta, precisamente para soslayar esas incursiones.

Por otra parte, aquellos días, mediados de julio, las fuerzas de Montgomery se vieron frenadas en el este, debiendo flanquear el Etna. En aquel momento, el general británico esperaba simplemente que los americanos sostuvieran sus posiciones mientras la maniobra de envolvimiento se desarrollaba y alcanzaba sus objetivos. Incluso obtuvo alguna ventaja del mando supremo al permitírsele utilizar ciertas rutas asignadas[106] en principio al VII, lo que causó la indignación estadounidense y acrecentó la particular contienda que mantenía con Patton. De esa forma, las tropas americanas quedaban varadas a la espera del avance británico, motivo por el que el 17 de julio Patton voló a Túnez en un *B-25* para conferenciar con el general Alexander: quería que lo dejaran combatir.

Por aquellos días, 20 y 21, Mahncke escribió en su diario que el Duce seguía insistiendo en la defensa a ultranza de Sicilia, y que su consejo áulico se quejaba del comportamiento alemán, dado que carecía de mando sobre los soldados germanos. Aunque el general alemán es muy escueto en sus apreciaciones, se adivina que un pro-

106 La carretera 124 en dirección a Messina.

fundo cambio va a suceder. En efecto, los clamores del Gran Consejo Fascista no pasaban de plañidera evasiva ante lo evidente.

Paralelamente, y tal como sucederá tiempo después en las Ardenas, Patton ideó un plan de ataque consistente en lanzar sobre Palermo al general Keyes y simultáneamente a Bradley en dirección norte. La velocidad de Keyes fue tal que el 22 de julio, la división al mando del general Truscott, tras recorrer 160 kilómetros en tres días, entraba en Palermo, mientras los soldados del general Bradley se asentaban a menos de treinta kilómetros al este.

Tras semejante victoria, el día 25, un Patton muy satisfecho voló a Siracusa para entrevistarse con Alexander y Montgomery. Fue seguramente allí donde el flemático Alexander le recordó que tenía órdenes suyas de no entrar en Palermo, ante lo que George Patton, también tranquilo, aunque agudo, preguntó si, en ese caso, «debía devolvérselo a los alemanes»[107].

Lo que había ocurrido se debió a un simple fallo en las comunicaciones, con mucha probabilidad Patton no las entendió o la línea telefónica estaba obstruida. Sin embargo, también cabe pensar que no las quiso oír o no las quiso entender. El caso es que la toma de Palermo supuso un acicate inmenso para las tropas estadounidenses y, por supuesto, para el público americano que seguía la prensa con desvelo, pues la noticia, que se trató con espectacular despliegue, incendió los titulares, quedando consignada como la gran hazaña americana liderada por su emblemático general, Patton.

Al parecer, durante la conferencia en Siracusa, Montgomery se mostró adusto y hosco, sabedor de lo que estaba ocurriendo. Corre la anécdota que en aquella ocasión el general británico tuvo el gesto de regalar a Patton un mechero barato. Unos días después, el 28 de agosto, Montgomery visitó a Patton en Palermo y fue allí donde George Patton mostró sus dotes de anfitrión, mandando una suntuosa escolta al aeropuerto para que lo recogiera y ofreciéndole una banda de música que ejecutó en su honor varias melodías mien-

107 No iba a ser la única vez que Patton diera una contestación similar, como se verá.

tras era recibido con ceremonia principesca en el palacio real de los Normandos, levantado en el siglo XII.

El palacio de los Normandos en Palermo es el más emblemático de la ciudad, donde se mezcla el gusto árabe, la reciedumbre arquitectónica normanda y la restauración española, resultando un soberbio edificio de tres cuerpos integrados en el que alterna el gótico con el estilo renacentista, y en cuyo patio conviven arcos de recuerdo plateresco con mosaicos de mármol, dando paso a la capilla Palatina, una joya del arte islámico decorado con figuras e inscripciones cúficas y figuras cristianas, como el perfecto pantocrátor rodeado de serafines alados sobre fondo de oro.

Vistas las circunstancias y ante tan exaltado agasajo, Montgomery accedió a los requerimientos estratégicos de Patton, rompiendo de ese modo la proverbial aversión entre ambos. Fue a partir de aquel momento cuando las tropas norteamericanas iniciaron su particular carrera hacia Messina, conteniendo, considerablemente tarde, eso sí, los planes germanos.

* * *

Durante varias semanas, los alemanes clavaron a Montgomery en las faldas del Etna, que se interponía con su mole humeante en el camino de Messina, hasta que este dividió sus fuerzas en dos puntas: la primera, con refuerzos de tropas de montaña, ascendió hacia el enemigo, fuertemente atrincherado, mientras la otra giraba flanqueando la carretera que rayaba la costa y donde los soldados podían divisar los buques de la Royal Navy.

En ese momento, los alemanes tenían dos objetivos, detener el avance de Montgomery y, en la medida que podían desprenderse de unidades atrincheradas, ir acercándolas a Messina para transportarlas al continente y abandonar el frente. No se trataba de una operación sencilla, pero socorridos por la noche y tras lanzar miles de andanadas contra la caza aliada que bombardeaba sin tasa sus posiciones, iniciaron las maniobras de evacuación.

Una vez en Palermo, el VII de Patton debía envolver la isla por el norte mientras el VIII de Montgomery seguía presionando a los alemanes en torno al Etna, de tal forma que ambos ejércitos confluyeran en Messina antes de que los soldados de Kesselring y Hube pudieran huir.

Por otra parte, la caída de Palermo en manos de los aliados trajo dos elementos bien distintos. En primer lugar, para el general Patton fue un éxito que venía buscando desde mucho tiempo atrás, dejando en segundo término a los británicos y doblegando a Montgomery. Y, en segundo lugar, y mucho más importante, la destitución de Benito Mussolini al frente del Gobierno fascista italiano.

En efecto, el 25 de julio, tal y como venía vaticinando el diario del general Mahncke, el rey Vittorio Emanuele III, penúltimo[108] miembro reinante de la casa de Saboya, nombró al mariscal Pietro Badoglio como sustituto del Duce, que de inmediato inició conversaciones secretas para una paz por separado, a espaldas de los alemanes, disolviendo a renglón seguido el partido fascista. La llamada de Ribbentrop, ministro de Exteriores del Reich, exponiéndole la necesidad de que Italia siguiera vinculada al Eje tuvo la virtud de dejar clara una cosa: las sospechas alemanas eran ciertas, una vez se produjo la caída de Mussolini, Italia pasó al lado de los aliados.

Incluso más, la reunión que ese mismo día mantuvo Badoglio con Kesselring, en la que le garantizó la continuidad de la lucha de las fuerzas italianas contra los aliados, fue tomada por el OKW y por las autoridades nazis en la *Guarida del Lobo*[109] como lo que realmente era, una argucia destinada a ganar tiempo. Y así fue, ya que el armisticio se anunció por radio el 8 de setiembre, aunque ya el 26 de julio, el mando supremo de la Wehrmacht había dado orden a Kesselring para elaborar un plan de evacuación de Sicilia, si bien, vistas las cosas, ocultando la noticia a los italianos.

108 Su hijo, Humberto II, reinó un mes escaso, ya que un plebiscito derogó definitivamente la monarquía italiana el 2 de junio de 1946. Murió en el exilio, después de haber vivido varios años en Portugal y Suiza.

109 *Wolfsschanze*, una serie de más de setenta búnkeres levantados en 1941 en Rastenburg, actual Polonia, con la intención de que Hitler estuviera cerca del frente ruso.

De ese modo, y atendiendo a la evidente dificultad de hacer cruzar el estrecho de Messina a un inmenso contingente, con carros de combate y demás pertrechos, Kesselring acordó con el general Hans Hube los preparativos para la fuga, y este, a su vez, pasó las disposiciones al comandante del estrecho, Ernst-Günther Baade, y al jefe de tráfico marítimo, Liebenstein.

Ambos organizaron un operativo formidable, atendiendo a que las líneas con la costa calabresa eran en ese momento desastrosas. Establecieron, por tanto, un sistema consistente en doce puntos de salida con otros doce puntos de arribo, capaz de disponer de un transbordador con doce camiones repletos de soldados y máquinas dispuesto a zarpar cada treinta minutos. Por su parte, Baade —que había combatido en el Afrikakorps y que lo haría después en Montecassino, muriendo más tarde ametrallado por un *Spitfire* cerca de Hamburgo— instauró un perfecto mecanismo operacional destinado a la defensa naval y antiaérea, ya que los barcos eran objetivo muy vulnerable, con unos cuatrocientos cañones, entre pesados y ligeros, a cada lado de la costa[110].

Desde el punto de vista de Baade y Liebenstein, con la aprobación de Kesselring, siempre y cuando los soldados alemanes hicieran una retirada ordenada, la evacuación podía funcionar. A partir del 10 de julio, empezaron a moverse los transbordadores, que desplazaban las fuerzas que se consideró no primordiales para el mantenimiento del operativo. Sin embargo, aquí surgió un problema inesperado: la ligereza que Patton imprimía a sus hombres en el camino hacia Palermo impedía que los alemanes pudieran seguir la evacuación con tranquilidad y, en consecuencia, buena parte de los pertrechos tuvo que ser abandonada.

Patton estaba empezando a forjar una reputación novedosa. Además de la notoriedad obtenida en Túnez, hasta cierto punto presumible una vez Rommel había dejado el escenario de los com-

110 Barton V. Barnhart, *Great Escape: An Analysis of Allied Actions Leading to the Axis Evacuation of Sicily in World War II*, University of Missouri-Rolla, Rolla, Missouri, 1988.

bates, y con Montgomery prácticamente detenido en el Etna, los norteamericanos no solo entraban en Palermo, sino que arreciaban hacia Messina marcando una resolución en el avance que los alemanes tan solo habían visto en su propio ejército, percibiéndolo no como un general que movía con destreza sus unidades, sino como un estratega de movimientos rápidos e inesperados que sabía usar la velocidad con una soltura inusual —recordemos los escasos veinticinco días del verano de 1944 que el III Ejército gastaría posteriormente en cruzar Francia—, en cierta medida, semejante a lo que años atrás habían hecho las divisiones *panzer.* Aquellos movimientos audaces y sorprendentes lo estaban convirtiendo en una leyenda entre los soldados del Reich.

En efecto, entre el 4 y el 6 de agosto, los alemanes estaban soportado el enorme empuje de los aliados, ya que las unidades de Patton se movían desde Palermo hacia Messina con pasmosa ligereza. De esa forma, iniciaron las últimas fases del repliegue, pero la aviación aliada ya estaba en condiciones de atacar los puntos de embarque y destruir el operativo de Liebenstein, no obstante, la caza angloamericana solo podía bombardear al anochecer y al amanecer, entre dos luces, dado que los antiaéreos dispuestos por Baade hacían blanco sin cortapisas en los aeroplanos de noche o a pleno día.

De hecho, a partir del 8 de agosto, el general Hube, que había perdido el brazo izquierdo en 1914, sustituyó al general Senger en el mando táctico de las fuerzas alemanas en Sicilia y aprovechó el sistema defensivo de seis líneas que ya había diseñado Senger. Separando la zona del Etna de Messina, los alemanes formaron líneas cada vez más próximas que iban siendo abandonadas a medida que avanzaban los aliados, a razón de diez mil soldados cada vez. De esta forma, miles de hombres se pudieron retirar con orden en dirección al extremo de la isla.

Paradójicamente, en tanto Patton celebraba su éxito y era acogido por las multitudes palermitanas que lo veían saludar con gesto de satisfacción bajo el casco de acero, soberbio héroe glorificado en la torreta de un *Sherman,* las tropas de Montgomery continuaban varadas frente a los alemanes, no pudiendo avanzar más allá de unos pocos metros que, mientras las detenían, iban consiguiendo pasar unidades en dirección a Reggio di Calabria, logrando rescatar dos terceras partes de los soldados (sesenta mil hombres), más una cuota considerable del equipo de guerra (unos diez mil carros de combate), logrando alcanzar la Italia continental.

Una previa conclusión se impone, si Patton hubiera cerrado el paso a los alemanes en vez de entrar en Palermo, posiblemente estos no hubieran podido desarrollar los planes de evacuación y miles de soldados del Eje habría quedado embolsados en Sicilia, acabando por capitular, quizá tras una defensa numantina. Pero la gloria de haber adelantado a los británicos era para Patton mucho más decisiva que cazar junto a ellos un elevado contingente enemigo. Aventajar a Montgomery revestía en su carácter una prioridad a la que no podía renunciar, incluso desbordando las órdenes del comandante en jefe Harold Alexander y, en consecuencia, exponiéndose a una seria instrucción jurídico-militar. El afán de eclipsar a su *enemigo* británico, aunque fuera por un momento, y campear como el héroe que se soñaba, elevaba su mando a la altura de su presunción y, contra eso, Patton no podía luchar.

Por si fuera poco, la revista *Newsweek*[111] había presentado, en la portada del 26 de julio, una extraordinaria fotografía de George Patton con guerrera, casco, gafas de tanquista y prismáticos ante un *Sherman* —siempre supo gestualizar y más ante una cámara fotográfica—, con el rostro contraído a modo del formidable guerrero cuya arrogante imagen se identificaba perfectamente con el espíritu del general.

Era el tipo de propaganda que buscaba y a la que no iba a decepcionar, y desde luego se trataba de la culminación de la grandeza de un héroe americano cuyo público retrato irradiaba entrega, fiereza y optimismo. El magno retrato de un *star system* de camino a la mitificación y, también, la imagen idealizada de un personaje que se presentaba con un atuendo característico y las poses más peculia-

111 *Newsweek*, 26 de julio de 1943.

res, cuya presencia en los medios empezó a requerir declaraciones y entrevistas, a las que siempre atendió, eso sí, trazando un discurso paralelo a aquella efigie poderosa. Pero era una estampa que pronto se iba a truncar.

* * *

Tras el desembarco ordenado por Montgomery en los alrededores de Messina, los alemanes abandonaron el Etna, pero a las diez de la mañana del 16 de agosto, la 3.ª División del VII Ejército norteamericano, a las órdenes de Truscott, ya entraba en la ciudad, motivo por el que Patton telegrafió inmediatamente a Eisenhower y a Alexander, comunicándoles el evento.

El día 17, una columna de vehículos militares encabezada por un Patton alborozado desfilaba por las calles recibiendo el agradecimiento de la muchedumbre. Media hora después se cruzó con los blindados británicos de la 4.ª Brigada. El comandante Currie saltó de su carro para saludar al general Patton mientras, sonriente, le decía:

> General, it was a jolly good race. I congratulate you[112].

La liberación de Messina supuso la demostración palpable y sin cortapisas de que los norteamericanos eran tropas de primera categoría, añadiendo un ingrediente que en aquellos momentos guardaba un valor extraordinario: el tipo de guerra que hacían poco tenía que ver con la de los británicos, mucho más tradicional y en alguna medida obsoleta, quizá por la cautela de su comandante, sobre el que siempre pesó la traumática retirada de Dunkerque en mayo del 40.

Ahora bien, George Patton se erigía como un nuevo prototipo de comandante que utilizaba las fuerzas blindadas con una maestría próxima a la empleada por los alemanes en sus mejores momentos, dejando atrás la mala experiencia de Kasserine en Túnez y seña-

---

112 *General, ha sido una carrera muy buena, lo felicito.* Traducción del autor.

lando que, desde entonces, la guerra de movimientos era el auténtico modelo de combate.

A la velocidad, aquella vieja demanda que provenía de la I Guerra Mundial y por la que habían abogado tantos tratadistas, se unían ahora otros elementos, como el uso de la aviación, tanto en funciones tácticas como de observación, la capacidad de flanquear al enemigo atacándolo en la retaguardia y, por supuesto, la visión estratégica del comandante, capaz de priorizar unos objetivos relegando otros para momentos posteriores. Y a ello debía unirse, qué duda cabe, la motivación de los soldados, suboficiales y oficiales para llevar a cabo las directrices procedentes del mando.

En la madrugada del 16 de agosto, las tropas alemanas habían llegado a Calabria. El último en dejar Sicilia fue el 4.º batallón del 3.er Regimiento *Fallschirmjäger*, que mandaba el *oberstleutnant* Ludwig Heilmann, un grupo de élite constituido por veteranos paracaidistas que anteriormente se habían batido contra los soviéticos.

El desastre de Túnez no se volvió a repetir y, del mismo modo, aquel día, siguiendo las instrucciones del almirante Pietro Barone y del brigadier Bonacci, también fueron evacuados a territorio continental casi sesenta mil soldados italianos, junto a algunos cañones.

Finalmente, el 17, después de un mes largo de combates, el Eje dejaba ciento sesenta mil soldados muertos —de tales guarismos la mayoría correspondían a combatientes italianos, quizá ciento treinta mil—, y los aliados otros treinta mil, entre caídos, heridos y desaparecidos. Por supuesto que estas cifras son menores si se comparan con los sucesos que acaecían en el este, pues mientras en Sicilia se hablaba de centenar y medio de miles de bajas, en el frente ruso los alemanes perdían por esas mismas fechas cerca de dos millones y medio de hombres.

* * *

Pero todavía tenían que suceder hechos sorprendentes en aquella Italia extremadamente convulsa. El 12 de setiembre, un comando alemán a las órdenes del entonces capitán Skorzeny[113] consiguió liberar a Mussolini del hotel de montaña *Campo Imperatore* en el Gran Sasso, cerca de Aquila, en los Apeninos, donde permanecía en calidad de prisionero, y trasladarlo, vía Roma y después Viena, ante Hitler, que lo alentó por la pérdida de su Gobierno, persuadiéndolo de que no todo había fracasado.

Siguiendo de lejos la fórmula empleada en Francia, Hitler dividió el territorio italiano en dos mitades, la que estaba ocupada por los ejércitos alemanes, que se convirtió en *Reppublica Sociale,* más conocida como *Reppublica di Salò,* frente a la zona que seguía siendo reino de Italia, en manos de los aliados.

Mussolini, entusiasmado por la generosidad de su camarada germano, volvió a levantar banderín de enganche y llamó de inmediato a las armas, alcanzando la adhesión del contingente fascista. Una parte de lo que quedaba del ejército italiano, y que se movilizó con Mussolini, fue restaurado e integrado en las fuerzas alemanas, por ejemplo, el *Esercito Nazionale Repubblicano,* bajo mando del gene-

---

113 En las memorias de Otto Skorzeny, *Vive peligrosamente* (Círculo de Lectores, Barcelona, 1971, pág. 145), aparece la conversación que mantuvo Hitler con el capitán de las Waffen. En un momento, Hitler le explicó los motivos que tenía para liberar a Mussolini, al que consideraba amigo personal, diciéndole: «tengo para usted una misión de suma importancia... El Duce significa para mí la encarnación del último cónsul romano...» Skorzeny y sus comandos paracaidistas sobrevolaron los Apeninos con planeadores *DFS-250,* liberaron a Mussolini tras una operación sin apenas violencia y huyeron con el dictador italiano en las aeronaves. Todo ocurrió vertiginosamente.

Skorzeny llegó a coronel, fue declarado inocente por un consejo de guerra aliado en Dachau y murió en Madrid en 1975, tras haber sido el puente por el que huyó de Alemania buena parte de la pléyade de científicos que habían mantenido la pujanza militar nazi durante la guerra. A mediados de los años 60 sirvió al *Mossad* —pese a que en 1961 llegó un comando israelí a España con el objetivo de liquidarlo—, después al Gobierno argentino y, más tarde, fue asesor de Nasser. Skorzeny era capaz de integrar en su biografía los extremos más asombrosos. En su vida caben todas las vicisitudes, una de las más notables en tiempos de guerra fue la incursión que llevó a efecto entre las filas estadounidenses en la ofensiva que Hitler desencadenó contra los aliados en la batalla de las Ardenas, razón por la que los norteamericanos lo presentaron como «el hombre más peligroso de Europa». Otto Skorzeny posiblemente encabeza la clasificación de los nazis más oscuros y extraños acerca de los que se han construido auténticas leyendas.

ral Graziani y la *Aeronautica Nazionale Repubblicana*, establecida en octubre del 43, cuyo jefe era el ministro Ernesto Botto (que luchó en España con la 73.ª *Squadriglia* del 4.º *Stormo*), siendo sustituido después por el general Tessari. Circunscritos a la Luftwaffe, los aviadores italianos combatieron a los soviéticos en el Báltico bajo operativa germana, pero el levantamiento partisano de la primavera del 45 arrolló la efímera república de Salò, momento en el que los últimos pilotos de la antigua Reggia Auronautica dejaron de volar.

Tras la proclamación italiana del armisticio con los aliados en Cassibile, el 8 de setiembre, y dos días antes del surgimiento de la república de Salò, el 23 de aquel mes, se produjo la masacre de Corfú y Cefalonia, donde la 33.ª División de Infantería *Acqui*, después de combatir a los germanos, fue bombardeada por los *Stuka* y, tras la capitulación, fusilada en masa el día 21[114] por la 1.ª *Gebirgs-Division* (División de cazadores de montaña) al mando del teniente general Walter Stettner Ritter von Grabenhofen, suceso que en gran medida provocó la reacción de Badoglio, declarando la guerra al Reich el 13 de octubre. En semejantes circunstancias, se produjo la ocupación de Italia por parte de los soldados alemanes hasta la línea Gustav, punto donde se hallaba el monasterio de Montecassino.

* * *

Tras la entrada en Palermo y el desalojo del contingente alemán, el general George Patton adquirió la fama que tanto deseaba, siendo en ese momento elevado por la prensa norteamericana a la ansiada categoría de héroe inmarcesible. Sus fotografías acapararon las portadas de los periódicos y sus declaraciones, siempre embarazosas, eran tomadas como bravuconadas simpáticas propias del gran campeón americano que era. Creció en prestigio y aumentó su ascendente, y la opinión popular lo ensalzó hasta límites absolutos. Se convirtió en una celebridad que, incluso, nublaba a las estrellas de Hollywood.

114 El único medio español que dio la noticia en tiempo real fue el periódico falangista *Duero*, Soria, sábado, 25 de setiembre de 1943.

Sin embargo, como solía ocurrir en la vida del general, las cosas se torcieron por una nimiedad. De visita a un hospital en Troina, en el centro de la isla y al noroeste de Catania, Patton protagonizó uno de los incidentes más desagradables de su vida militar.

La posición de Troina da paso, entre las laderas del Etna al este y las montañas de Nebrodi al oeste, a un pasillo que accede al extremo de la isla, dirección Messina. Fue allí donde las tropas estadounidenses al mando del general Omar Bradley se enfrentaron a la 29.ª División *Panzergrenadier*, que opuso una resistencia feroz. Los poderosos medios norteamericanos bombardearon sin piedad Troina el 4 de agosto, que quedó pulverizada tras el paso de los *P-51 Mustang* y el cañoneo incesante de la artillería. A pesar de eso, los alemanes aguantaron entre los escombros y rechazaron el asalto de la Infantería que actuó con lanzallamas *M2*. Al día siguiente, un nuevo bombardeo norteamericano desmenuzó lo que ya estaba deshecho, pero los granaderos alemanes todavía subsistían en los restos humeantes del que había sido un bonito pueblo siciliano encaramado a una colina.

Patton, finalmente, desatascó la situación ejecutando un movimiento envolvente desde el oeste que fijaba a los alemanes en el centro. Cuando estos vieron que se cerraba la salida, abandonaron las posiciones en las ruinas de Troina y se escabulleron por el corredor entre las montañas en dirección a Messina.

La batalla de Troina fue sin duda la más dolorosa en el asalto norteamericano a Sicilia. Demostró, al menos, dos cosas: la inacabable potencia de los estadounidenses en cuanto a materiales para la guerra y la capacidad de sus tropas que, si en un principio eran jóvenes reclutas, una vez se iban fogueando, adquirían las cualidades del combatiente experimentado y las utilizaban con suma pericia; y dos, la absoluta determinación de los alemanes, que resistían hasta extremos inverosímiles. A ello debe añadirse una táctica que concibieron los ingenieros canadienses del *Loyal Edmonton Regiment*[115], el

115 El *Loyal Edmonton Regiment* tuvo una actuación considera criminal cuando en julio del 43 ejecutó a soldados alemanes que se habían rendido en el asalto a Leonforte. Samuel W. Mitcham y Friedrich von Stauffenberg, *The Battle of Sicily: How the*

*mouse-holing*, consistente en asaltar las edificaciones atravesando las paredes contiguas de las casas lanzando cargas explosivas o simples granadas de fragmentación a las zonas consideradas peligrosas, de modo que avanzaban en paralelo a las calles construyendo un túnel entre los inmuebles sin exponerse al fuego de enemigos a cubierto.

Tras la liberación de Troina, de las ruinas, sería más exacto decir, y pasados unos días, el general Patton hizo una visita a los hospitales donde eran atendidos unos cuatrocientos norteamericanos heridos. Después de atender a varios muchachos con graves amputaciones, incluso de rezar junto a ellos, ya a punto de marcha, se cruzó con un soldado que descansaba sentado en una caja cerca del vestuario.

—¿Qué te ocurre muchacho?— le preguntó.

—Nada —respondió el soldado—, que no puedo resistir que me disparen.

—Entonces —siguió Patton—, ¿estás fingiendo aquí sentado?

El soldado se echó a llorar. En ese momento, Patton le dio un guantazo en la cara mientras le gritaba y lo llamaba cobarde, arrestándolo sin permisos y ordenándole que se levantara, enlazase con su unidad y se comportase como un veterano de verdad. Lo que a ojos del general era un caso evidente de pusilanimidad y flaqueza, y en el que intervino para congraciarse con el público que lo seguía —otra muestra más de su bizarría y de su temple, pudo pensar—, para los testigos no fue otra cosa que el comportamiento de un tirano brabucón, incapaz de apiadarse de un frágil muchacho.

Pero, lejos de acabar ahí, el asunto se volvió a repetir el 11 de agosto, cuando Patton visitó otro hospital de campaña para charlar con los heridos. En ese momento observó a un soldado encogido y tembloroso y le preguntó qué le pasaba.

—Son mis nervios —contestó— , no puedo soportar los disparos.

Entonces Patton le empezó a chillar mientras lo abofeteaba:

---

*Allies Lost Their Chance for Total Victory*, Orion Books, New York, 1991, pág. 194.

—¡Ya lo veo, un infierno lo de tus nervios, eres un maldito cobarde, encerrad a este cobarde, no quiero que mis hombres vean a este hijoputa llorando junto a ellos!

A la salida, Patton, dirigiéndose al oficial del cuerpo de guardia, le espetó:

—¡No admita a este cobarde hijoputa, no tiene ningún problema, no quiero tener los hospitales atiborrados con esos hijos de perra sin cojones!

Y se volvió al soldado:

—¡Vas a regresar al frente, y puede que te maten, pero irás a luchar, y si no lo haces te pondré contra un muro y mandaré el pelotón de fusilamiento!

Luego, al parecer, todavía se enfureció más, echando mano al *Colt* y diciendo:

—¡Juro que te mato aquí mismo, maldito cobarde lastimero!

Al irse, incluso gritó al oficial para que no admitiera a ningún soldado como aquel y los mandara al frente.

El hecho es que el personal médico y los periodistas que en ambas ocasiones rodeaban al general comunicaron inmediatamente el suceso y el incidente apareció a toda plana en la prensa norteamericana, que presentó a Patton como un déspota capaz de golpear a un soldado después de la batalla.

En los EE. UU. el asunto se agrandó y provocó un notable incendio, incluso los padres de los soldados destacados en la guerra de Europa protestaron alarmados pensando que la oficialidad norteamericana era capaz de abofetear a un chico indefenso tras una matanza como aquella.

Atendiendo a que el diagnóstico moderno de «fatiga de guerra», neurosis o estrés postraumático, que seguramente correspondía con la situación de los soldados, no era en ese momento una calificación psicológica usual, si bien ya se había empleado en la I Guerra Mundial, aquellos lances fueron vistos simplemente como un abuso intolerable, como algo indecente que no podía suceder en los ejércitos norteamericanos.

Uno de los periodistas que publicaron la noticia, Drew Pearson[116], del *Merry-Go-Round*, consiguió que senadores y congresistas exigieran el cese de Patton, comparándolo incluso con el propio Hitler.

Rápidamente, el asunto llegó a oídos de Eisenhower y, por supuesto, ante el ruido y las quejas de la opinión pública, optó por retirar a Patton del servicio durante una temporada, a pesar de eso, le permitió finalizar la conquista de Sicilia.

Antes, el general se disculpó personalmente con ambos soldados y el 30 de julio, micrófono en mano y con la 3.ª División formada, arrancó una alocución en la que fue introduciendo excusas y alguna palabra que reconocía su culpabilidad, siendo interrumpido por los soldados para que no se justificara. Entre aplausos y vítores, tuvo que bajar del estrado, muy emocionado por el reconocimiento de las tropas, y ausentarse.

Por otra parte, ocurrió otro escándalo cuando se supo que Eisenhower, a través de contactos con la prensa, había pretendido cubrir el asunto y dejarlo zanjado.

Acabada la campaña, el 17 de agosto, Patton recibió una carta de Eisenhower que le entregó el general Blesse, cirujano jefe del Cuartel General de las Fuerzas Aliadas, *Allied Force Headquarters* (AFHQ). En la misiva, el jefe supremo le exponía su desolación por lo ocurrido y le instaba a explicarse. Patton no se arrepintió en absoluto, argumentando que los motivos eran suficientes y correctos, aunque reconocía haber actuado con precipitación y sin conocimiento cabal de la situación. Pero hay más, replicaba que la cobardía, que se podía transmitir a los demás soldados como una enfermedad vírica, había que atajarla con determinación, por más que aceptaba la incorrección de sus actos, asegurando que en adelante se corregiría, lamentando lo sucedido. Pero Eisenhower, espoleado y presionado por todas partes, con la prensa estrujando cada día la situación, no podía dejar que las cosas se pudrieran y no tuvo más remedio que apartar del mando a George Patton.

116 Posteriormente, Pearson también tuvo problemas con el general MacArthur, que lo denunció por difamación.

* * *

Por supuesto y sin ánimo de justificar en absoluto el despótico comportamiento del general Patton, debe recordarse que durante la II Guerra Mundial, cincuenta mil soldados norteamericanos y cien mil británicos desertaron[117], ya fuera infligiéndose heridas, provocándose irritaciones o cianosis por «pie de trinchera» (exposición de las extremidades durante mucho tiempo y en condiciones intensas de humedad y frío). A ello deben añadirse aquellos que de forma voluntaria llegaban tarde a las líneas o se demoraban por los caminos en los que transitaba la tropa.

De hecho, el 4 de febrero de 1945, después de la batalla de Hauffalize, Patton hizo una visita de inspección a varios hospitales, encontrando tres soldados heridos en los pies y en las manos. En su diario escribe[118] que de inmediato cursó una orden para que, desde ese momento, cualquiera que presentara lesiones similares fuera llevado ante un consejo de guerra, pues la probabilidad de tratarse de heridas autoinfligidas era muy alta. Una vez se conocieron las nuevas disposiciones, y siempre siguiendo el relato del general, fueron los compañeros quienes disparaban a los pies de la víctima, con lo que quedaba fuera de curso el cargo de autolesión, pero los nervios del momento y la poca puntería hizo que muchos perdieran los pies o las manos. Por suerte, acaba Patton, aquella práctica nunca se generalizó.

Los numerosos casos de deserción y lesiones voluntarias supusieron un enorme trabajo para los tribunales militares, que solían dictar penas de hasta quince años de trabajos forzados cuando se trataba de defección y de varios meses en los casos flagrantes de heridas voluntarias.

De todos modos, después de la guerra, entre los años 45 y 46, hubo tales tasas de soldados aliados escondidos en Londres que la

---

117 Charles Glass, *Desertores. Una historia silenciada de la Segunda Guerra Mundial*, Ariel, Barcelona, 2014.

118 *Opus cit.*, pág. 219.

policía tuvo que aislar barrios enteros hasta dar con ellos. Lo mismo sucedió en París, donde la gendarmería y la Policía Militar buscó a prófugos y desertores en los barrios periféricos y en los mercados.

El mismo asunto, sin querer alargarlo en exceso, se produjo en las filas del Ejército Rojo, donde los desertores engrosaron batallones de castigo que fueron enviados a rellenar los huecos más peligrosos frente a la Wehrmacht. Y, naturalmente, los casos de deserción entre los soldados del Reich se multiplicaron de manera exponencial, siendo Suiza el punto de reunión de todo aquel que podía llegar, y que el Gobierno suizo utilizó para trabajos de mantenimiento en bosques, carreteras alpinas, puentes y canales.

Por lo tanto, vistas las circunstancias y atendiendo a que lo expuesto más arriba no es más que una indicación genérica, jamás una coartada para los tristes actos protagonizados por Patton en el hospital de Troina, debe reconocerse que la deserción fue un problema muy importante durante la II Guerra Mundial, de igual modo a como había ocurrido en todas las guerras de todos los tiempos.

* * *

La orden de Eisenhower tuvo como resultado la retirada de Patton del frente, una vez iniciada la invasión de Italia, constituyendo un retraso más que considerable en la prosecución de la guerra, pues la actuación de los generales aliados fue una continua merma de hombres y de medios, y supuso la permanencia, casi hasta el final de la contienda, de soldados alemanes en el país transalpino.

Una vez quedó sin destino y prácticamente destituido, George Patton viajó por Egipto, visitó Jerusalén e hizo turismo por Oriente Medio, anotando en su diario cuantas anécdotas le llamaron la atención. Como ya hemos dicho, era hombre de lecturas, con lo que mientras saludaba a unos y a otros, normalmente miembros de la Royal Navy, se entretenía en registrar en su diario comentarios acerca de Jerjes, los cartagineses y las ruinas arqueológicas que le fueron mostradas. No son malas las glosas que escribe acerca del valle del Nilo o de El Cairo, por más que ante las pirámides no quedó pasmado como Napoleón siglo y medio atrás, sino que las comparó con las que había visto en México y le dieron una impresión más bien pobre. Combinaba todo aquello con breves conferencias y coloquios que impartía acerca de temas militares ante la oficialía británica.

En Alejandría conoció al general Władysław Anders, que le otorgó el emblema de teniente general polaco y le dijo algo que podría resultar un primer indicio para calibrar las futuras actitudes de Patton. Anders se había librado milagrosamente de los hechos de Katyn, pero fue detenido poco después por el NKVD[119], consiguiendo salir más o menos indemne de la Lubianka y de un campo soviético de concentración. Al fin y al cabo, tras el inicio de Barbarroja, Stalin estimó que cualquiera que pudiera encabezar un esbozo de ejército, aunque fueran polacos, bien podría ayudar a la URSS, acomodándose a permitir que un contingente de soldados estacionados en el Gulag formara, con Anders a la cabeza, que fue de quien partió la petición, aquella tropa.

Con la autorización de Stalin, Anders había formado una agrupación de cincuenta mil hombres que, tras recibir instrucción británica, combatieron contra el Afrikakorps y que posteriormente lucharían con auténtico arrojo en Montecassino[120].

Pues bien, Patton cuenta en su diario[121] que, durante un almuerzo, Anders le dijo que, si se hallara frente a un ejército ruso y otro alemán, no sabría decir a cuál de los dos le gustaría destruir primero. Y sí, aquel pudo ser, al menos del que tengamos auténtica constancia, uno de los primeros aldabonazos del carácter antisoviético de Patton.

Liberado de deberes militares, Patton recorrió después Gran Bretaña junto a su terrier blanco *Willie,* dando conferencias y concediendo entrevistas. La presencia del can, que se prodigó en actos y ceremonias, acaso pretendía devolver la imagen más humana del

119 НКВД / NKVD, Dirección de Seguridad del Estado soviético.

120 Todas estas vicisitudes y otras muchas están reflejadas en el libro del general Władysław Anders, *Sin capítulo final*, Ediciones Urano, Barcelona, 2008.

121 War As I Knew It, *opus cit.*, pág. 66.

general castigado que, por otra parte, no cejó en su empeño de ser polémico, pues tampoco se abstuvo de hacer declaraciones anticomunistas sin la menor circunspección, a pesar de que, en ese momento, la URSS y los EE. UU. eran francos aliados. La estampa del terrible general, que prodigaba cariño hacia un animal ciertamente delicado, trazaba una delicuescente frontera entre la verbosidad de uno y la docilidad del otro. Una ternura muy del gusto de un público que vio de este modo apaciguada la insaciable facundia y los inaceptables actos de Patton.

Ante el escenario que se abría e intentando buscar una ventaja, el general Eisenhower, conociendo la fama adquirida por Patton, optó por adjudicarlo a mediados de 1944 a una maniobra de decepción de gran calado, la operación *Fortitude*, donde debía desempeñar un trabajo de extraordinaria importancia para lograr confundir a los germanos en el desembarco que posteriormente se produjo en Normandía.

Sin ninguna duda, iba a ser una de las más acertadas decisiones de Dwight Eisenhower, cuya habilidad política y talento militar se elevaron en altísimo grado, pues consiguió girar circunstancias muy negativas —la obligación de devolver a Patton a EE. UU.— y trastocarlas en un elemento clave para el éxito del Día D.

El general Malaguti (izquierda) y el general Messe (centro) en Rusia.

Tanques norteamericanos desfilando por las calles de Palermo a finales de julio de 1943 ante el entusiasmo, la expectación o la curiosidad de sus habitantes.

Manifesto della RSI. República Social Italiana
Cartel aparecido en el territorio dominado por la RSI
tras la liberación de Sicilia por los aliados.

El general Montgomery estrecha la mano de Patton
en Sicilia, detrás el general Truscott.

Portada de *Newsweek* del 26 de julio de 1943.

Mussolini, con sombrero negro, es liberado del hotel *Imperatore* por paracaidistas de las SS. Puede distinguirse al capitán Skorzeny a la derecha del Ducc por su altura y por su atuendo, ya que en ese momento vestía el uniforme del Afrikakorps.
Foto: Wikimedia Commons / Bundesarchiv, Bild 101I-567-1503A-07 / Toni Schneiders / CC-BY-SA 3.0. TERCEROS

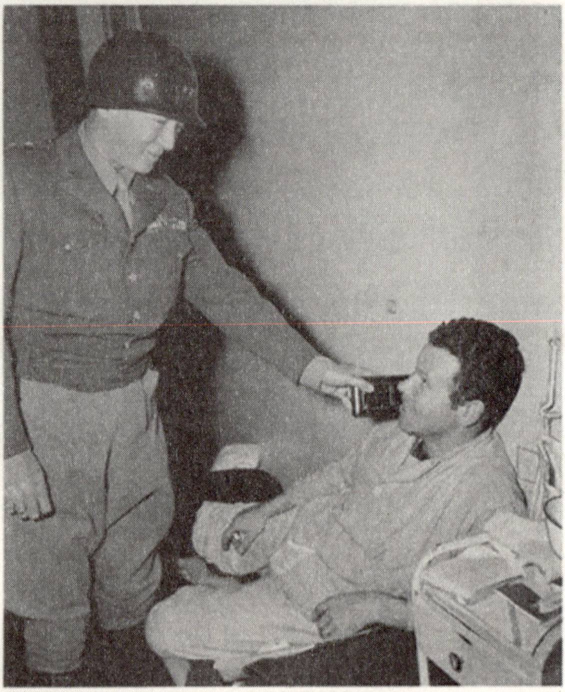

FIGURE 42.—Lt. Gen. George S. Patton visits the 12th Evacuation Hospital to award decorations to the wounded.

El teniente general George S. Patton visita el 12.º Hospital de Evacuación del Ejército de los EE. UU. (MASH) para entregar condecoraciones a los heridos. Departamento Médico del Ejército de los EE. UU.

# EL FUSAG

La apertura de un nuevo frente en el oeste de Europa era en 1944 una apremiante necesidad que Stalin venía demandando hacía tiempo. En efecto, desde la conferencia celebrada en Teherán entre el 29 de noviembre y el 1 de octubre de 1943, los aliados, entre los que se encontraba el general Chang Kai-Shek[122] en representación de China, habían determinado atacar a los alemanes en la fachada atlántica.

Teherán fue el lugar elegido, lo mismo que iba a ocurrir poco después en Yalta, sobre el Mar Negro, porque el dictador soviético se negaba a volar y había preferido viajar en tren blindado, pese a la versión que se prodigó y que hacía referencia a momentos cruciales de la guerra en los que no podía alejarse de Moscú. Ha de saberse que la batalla de Kursk, al noroeste de Stalingrado y próximo a la frontera ucraniana, había acabado unos meses antes con aplastante victoria soviética, razón y motivo por los que Stalin impuso su

122 Las vicisitudes del general Chang Kai-Shek son extraordinarias, habiendo aceptado la colaboración del general alemán Hans von Seeck en 1934, una vez Hitler accedió a la cancillería y atendiendo a las rencillas con el prusiano, Shek acabó retirándose a Taiwán con sus soldados tras la victoria comunista en China continental.

gusto a los demás jefes de Estado, acrecentando de ese modo posiciones tanto políticas como militares.

Sabiendo que los americanos iban a preferir una invasión de proporciones formidables, Winston Churchill, cuyo territorio estaba llamado a escenificar el arranque de la operación, quiso posponer los planes hasta el verano de 1944, cuando las tropas del Reich estuvieran más debilitadas, pues el espantajo de Dunkerque y de Dieppe eran sombras que no podían en absoluto desdeñarse con ligereza.

Ciertamente, y a pesar de que la medida fue aprobada en la conferencia de Casablanca con el nombre de operación *Overlord*, hasta entonces los retrasos habían sido la respuesta de las potencias occidentales debido, en gran medida, a que el asalto al continente no se veía posible. Sin embargo, en aquella fecha las condiciones habían cambiado y lanzar un enorme contingente en un desembarco anfibio pareció viable. Existía ya la experiencia de las invasiones en la costa atlántica del norte de África y el asalto a Sicilia y, a pesar de los errores de coordinación —que los hubo y muchos—, podía considerarse que habían supuesto un éxito muy considerable, desalojando al enemigo y pulverizando al Afrikakorps.

Un frente nuevo en el flanco noroeste europeo traería consigo, con toda probabilidad, el desplazamiento de tropas alemanas para atender complejas necesidades y eso suponía aligerar el contingente germano en el este y hacerlo recaer sobre el oeste, con lo que los rusos podrían avanzar hacia Europa central presionando a los alemanes desde dos fachadas simultáneamente, la soviética y la compuesta por norteamericanos, británicos y canadienses, y a medida que fueran liberando Francia, también con la aportación de elementos franceses.

Era evidente que semejante estrategia presentaba múltiples divergencias, sobre todo por parte de aquellos que consideraban grave riesgo que los rusos conquistaran territorios de Europa del este, habida cuenta que impondrían sin contemplaciones su sistema político, asunto que ya había quedado cerrado en Teherán.

Ahora bien, tras el derrumbe en África, la derrota del VI Ejército de Paulus en Stalingrado y el decisivo resultado en Kursk, parecía cada vez más claro que la victoria estaba más cerca para los aliados. Aún más si se consideraba la abierta intervención en Europa de los EE. UU., cuya potencia industrial se volcaba en ese momento en múltiples proyectos militares.

Por otra parte, Alemania había perdido en gran medida el dominio del aire, pues la Luftwaffe no tenía ya la competencia suficiente como para defender las zonas industriales y buena parte de la producción germana había sido trasladada a lugares ignotos, dividida en pequeñas unidades de trabajo y ocultada en minas y sótanos. Aun así, los continuos bombardeos de la aviación aliada ponían cada día en peor situación sus centros fabriles. A pesar de eso, las *Tallboy* británicas, bombas de profundidad de cinco toneladas, no eran capaces de destruir los lugares en los que los alemanes habían ocultado las fábricas, no obstante su capacidad para demoler objetivos subterráneos de hormigón.

Por ese motivo, como veremos, en el año 44, Hitler, que venía anunciando furiosamente el desarrollo de nuevas armas, consiguió sorprender a los aliados con artefactos como las *V-1, V-2* y *V-3*[123], cuya denominación completa era *Vergeltungswaffe 3,* con un cañón capaz de disparar proyectiles de 150 kilos y que incorporaba diversas cargas aceleradoras, o con el fusil de asalto *Sturmgewehr 44* que sustituía a los viejos *Máuser* de cerrojo.

A ello debe añadirse toda la producción de cartuchería y granadas para los carros, misiles tierra-aire *Taifun,* cuya finalidad era despejar las acciones manta de los bombarderos aliados con un despliegue arrollador, misiles supersónicos también tierra-aire *Wasserfall Ferngelenkte Flakrakete,* con nombre en código *SAM* y que no llegaron a entrar en combate, bombarderos de largo alcance *Messerschmitt Me 264, Junkers Ju 390* y *Mistel-Gespann,* carros *Tiger II,* cazacarros *Panzerjäger* y *Sturer Emil,* vehículos blindados ligeros sin torreta y

123 Si bien la *V-3* estaba proyectada para bombardear Londres desde el continente, la realidad fue que el capitán Patzig, al mando de la *Abteilung 705,* hostigó Luxemburgo durante tres angustiosos meses.

con un potente cañón capaz de perforar con munición de 35 milímetros la plancha de un blindado a 1500 metros.

* * *

Pues bien, acordado el desembarco, las potencias aliadas pensaron que, para taladrar el Muro del Atlántico, esto es, la cadena defensiva que corría la fachada oeste de los territorios conquistados por el Reich, desde Noruega hasta la Bretaña francesa, o sea, hasta la región administrada por Vichy, era necesario desbaratar las líneas germanas e intentar que, justo en el punto escogido para el desembarco, fueran lo más débiles posible.

Por otra parte, el Muro del Atlántico, *Atlantikwall* en alemán, fue una ciclópea fortificación que la Organización *Todt*[124] (OT) empezó a erigir en torno a 1942 recogiendo restos de hierro y hormigón de todos los frentes europeos, cargándolos en trenes y transportándolos a las zonas de construcción. Consistió en una cadena sucesiva de búnkeres dotados de artillería, fortines subterráneos, zonas minadas, zanjas y parapetos destinados a impedir cualquier asalto desde el mar.

En las zonas de playa más accesibles, los alemanes clavaron caballos de frisia (o erizos checos, como los denominaban) construidos con barras de hierro cruzadas en líneas sumergidas frente a la costa, además de minar a conciencia la arena. Por otra parte, en la medida que la tecnología lo permitía, el *Atlantikwall* tenía una serie de radares y zonas de escucha dirigidas al océano, prácticamente desde las costas españolas hasta mucho más al norte de Møvik, en Noruega.

Conjuntamente, en territorio francés, había más de cincuenta divisiones alemanas apostadas, con el general Erick von Rundstedt

124 La Organización *Todt*, llamada así por su fundador, el ingeniero Fritz Todt, fue una empresa civil y militar dedicada a la producción de materiales para la Wehrmacht del mismo modo que para la reconstrucción de fábricas afectadas por los bombardeos aliados y la edificación de infraestructuras como carreteras, autopistas y otras obras, además de levantar la línea Sigfrido, la línea Gustav y, fundamentalmente, el Muro del Atlántico. Empleó la mano de obra de dos millones de trabajadores esclavos traídos desde todos los rincones de Europa.

como jefe del frente. Bajo su mando, el grupo de Ejércitos B, VII y XV, que cubría desde la costa belga hasta Bretaña y Normandía. Más hacia el sur y situado en el interior, se hallaba el grupo G, que integraba el I y el XIX.

A ello hay que añadir la presencia de algunos buques de la Kriegsmarine, sorprendentemente con escasa dotación para lo que se veía venir. Tres torpederos veteranos, más o menos maltrechos, frente a miles de navíos encabezados por acorazados capaces de destruirlos en minutos.

Por supuesto que el grueso de la defensa alemana no iba a estar en el mar, sino en tierra, y atacar semejante fortaleza no era lo mismo que destruir el Afrikakorps o invadir Sicilia y, por lo tanto, requería una serie de operaciones de decepción[125] de primer orden.

Había que dispersar al enemigo, hacerlo caer en engaños sucesivos y conseguir que los creyera con la suficiente firmeza para que moviera sus defensas en dirección equivocada, permitiendo a los aliados establecer una cabeza de playa en la Europa occidental de suficiente empuje que lograra que los alemanes retrocedieran hacia su territorio original, liberando de ese modo Francia, Bélgica y Holanda y, posteriormente, con la fuerza del ariete de varios ejércitos en Europa, embestir el Reich en su núcleo principal.

Por lo tanto, *Fortitude* fue una intervención de apoyo a *Overlord*, la auténtica invasión, pero el rigor debía imperar en todo momento, pues los servicios de inteligencia alemanes, la Reichssicherheitshauptamt o la Sicherheitsdienst, la seguridad de las SS, sucesoras de la Abwehr[126], iban a considerar minuciosamente todos y cada uno de los indicios recibidos hasta emitir un veredicto de autenticidad. Es más, no se podía, en ningún caso, dejar al azar ángulo alguno, por azaroso o arriesgado que pudiera parecer.

---

125 Por operaciones de decepción se entienden las disposiciones destinadas a engañar al enemigo mediante la creación, transformación o adulteración de convicciones y certezas que lo estimulen a actuar de forma contraria a sus afanes e intereses.

126 La Abwehr fue disuelta en febrero del 44 y su jefe, el almirante Canaris, ejecutado a raíz del atentado contra Hitler y, seguramente, por sus opiniones adversas respecto a la deriva de la guerra.

Hubo más, los escasos vuelos de observación que por entonces podía enviar la Luftwaffe a las costas inglesas habían de permitir a los pilotos alemanes fotografiar los preparativos para la supuesta invasión que, presumiblemente, iba a tener efecto en las playas del Pas de Calais. Por lo tanto, en las instantáneas alemanas debían aparecer campamentos para la tropa, carros de combate, aviones y artillería, sí, pero serían de caucho, de lona o de madera, un señuelo creíble para fotografías tomadas desde centenares de metros de altura.

A ello debe añadirse la participación de los agentes dobles coordinados por el Sistema XX, vinculado al MI 5, esto es, de espías aliados que se hacían pasar por informantes de los alemanes, como Juan Pujol, *Garbo,* Roman Czerniawski, *Brutus,* capitán polaco de las Fuerzas Aéreas, y Dušan Popov, *Trycicle,* un industrial serbio.

En consecuencia, la verosimilitud era la clave de todos estos preparativos. Había que dejar bien claro —bien claro no quiere decir que a fuerza de indicios los alemanes pudieran sospechar algo, por tanto, la acumulación de datos tampoco tenía que ser abrumadora— que la invasión se produciría por Calais y, para ello, los británicos crearon una discreta circulación radiofónica convenientemente interferida para crear sensación de tráfico en las señales, incluso se involucró a la BBC y a la prensa local para que transmitiera y publicar noticias e informaciones imaginarias.

A pesar de la complejidad de la operación, existía una tentación geográfica de primer orden y a ella sucumbieron los alemanes, pues la distancia entre Pas de Calais y la costa inglesa es de 30 kilómetros y en días sin niebla se ven con facilidad los acantilados blancos de Dover, con lo que no era fácil aceptar que los aliados buscaran un lugar distinto en el Canal de la Mancha o en otra área de la costa francesa. Admitir, por tanto, que el desembarco se haría mucho más al sur, en Normandía, sin apoyo terrestre y con el océano de fondo, no parecía sensato, quizás por ese motivo los germanos se afianzaron en sus presentimientos, reforzados por el despliegue de la contrainteligencia aliada.

Y, lo que en un principio se juzgaba imposible, dada la inmensa cantidad de elementos que había que poner en juego, tuvo éxito, porque los alemanes, igual que pasó con la operación *Mincemeat* antes del desembarco en Sicilia, sorprendentemente dieron por buenos los engaños que idearon sus enemigos.

* * *

Por otra parte, *Fortitude* estaba integrada en una operación mucho mayor, *Bodyguard,* que englobaba varias ramas[127]. Se presentó separada en dos grandes suboperaciones: *Fortitude Nord,* invasión de Noruega y entrada en Dinamarca, y *Fortitude South,* penetración desde Pas de Calais. La primera tuvo una elaboración compleja y recibió como apoyo un segundo escalón, *Graffahm,* destinado a la difusión de aspectos diplomáticos para simular la inminencia y la credibilidad de *Fortitude Nord.* Su finalidad era clavar a las unidades alemanas en Noruega a fin de evitar una posible entrada aliada desde Suecia. Otras operaciones fueron *Ironside,* asalto en la costa francesa a la altura de las Landas, en la zona de Burdeos, y *Zeppelin,* previsible irrupción en la zona sureste del Mediterráneo.

*Zeppelin* ponía en juego los campos petrolíferos rumanos, esenciales para el mantenimiento de la actividad industrial y militar, con lo que los alemanes consideraron muy seriamente tal posibilidad. Para darle una mayor virtualidad, los aliados requirieron la colaboración soviética, consiguiendo que los rusos pasaran información imaginaria que fue tomada por auténtica por los germanos, ocasionando que veinte divisiones que podrían haber sido trasferidas a otro frente permanecieran acantonadas en previsión de posibles movimientos de británicos, norteamericanos y soviéticos. Es interesante saber que para certificar que los rusos habían cumplido su

127 Para una visión completa de lo que fue la batalla de la decepción conviene leer el libro conjunto, cuyo editor es Michael I. Handel, *Strategic and Operational Deception in the Second World War,* Frank Cass & Co. Ld., Oxon, 1987. Más reciente es *Histoire secrète des stratagèmes de la Seconde Guerre mondiale* de Jean Deuve, Nouveau Monde, París, 2008.

parte, los aliados occidentales utilizaron las máquinas *Ultra* a la hora de descifrar el código soviético.

Por fin, otras derivaciones alcanzaban *Copperhead,* destinada a confundir a los alemanes acerca de la localización de Montgomery que, sin duda y de algún modo, iba a ser actor principal en la invasión. Desubicarlo, por tanto, era un factor clave, pues suponía que allí donde fuera visto, seguramente en algún lugar de África, podría ser el punto de arranque de una ataque en el Mediterráneo.

Para llevar a cabo tal efecto se buscó un doble del general británico: el señuelo iba a ser el actor australiano Clifton James. Se le hizo circular por las bases militares de Gibraltar y, convenientemente protegido, por las calles de Orán. Asunto singular, porque no debía llamar la atención en exceso, con lo que se hubiera desenmascarado. Se trataba de aparentar, caminar, subir en algún vehículo militar, buscar paradas convenidas, charlar con gente que lo saludara con discreción, visitar cuarteles, etc. Seguramente la estratagema era bastante burda, y no dio los resultados esperados. Había, además, otro factor: el hecho de que Montgomery anduviera dejándose ver por Argelia no implicaba ni mucho menos que fuera a mandar una fuerza de desembarco en el Mediterráneo.

Otros elementos de decepción fueron *Royal Flush,* que incluyó las embajadas de España y Turquía en la confianza de que ciertas informaciones fueran filtradas a los alemanes. *Vendetta,* donde se dio a entender al enemigo que la invasión iba a tener lugar en la Costa Azul, y *Ferdinand,* localizada entre Génova y Roma, asunto que obligó al OKW a reservar varias divisiones en previsión de posibles saltos nocturnos de paracaidistas aliados y que tuvo conexión con un supuesto desembarco desde el Adriático en Rímini.

* * *

Del mismo modo a como había sido visto y fotografiado el ficticio general Montgomery en el Mediterráneo, Eisenhower pensó hacer algo parecido con Patton, aprovechando la situación y atendiendo a que el correctivo continuaba vigente. De hecho, jamás pensó en prescindir del general, enviándolo de regreso a EE. UU., era demasiado valioso y así lo había demostrado, pero su comportamiento merecía un tiempo lejos del mando directo de tropa. Realmente permaneció casi un año separado de los soldados, aunque desde el 26 de enero ya estaba en Inglaterra como comandante del FUSAG (*First United States Army Group*). Asunto que recogió la prensa británica y que difundió de inmediato, siendo leído también rápidamente por los agentes germanos, que lo trasladaron a Berlín con harto nivel de preocupación, dado que contaban con la más que probable destitución definitiva de George Patton, hecho que hubieran celebrado con alborozo.

Por otra parte, la función que en ese momento estaba desempeñando al impartir conferencias y atendiendo a la prensa era perfectamente utilizable para los fines que exigía la decepción. Eisenhower lo alentó a seguir en el empeño, viajando y aparentemente verificando supuestas instalaciones militares, haciendo discursos y posando para los fotógrafos, que siempre encontraban el ángulo del guerrero tremendo para sus reportajes e, invariablemente, tenían un titular, algún detalle, unas palabras inesperadas, hasta un simple gesto que lo convertía en noticia. Era imposible que Patton pasara desapercibido para la prensa. Se podría decir, sin ánimo de exhaustividad, que los reporteros requerían al general para que les diera materiales, ya fuera una foto con perfil turbulento o un comentario imprevisto, quizá cargado de espontaneidad, pero también de inquina.

Uno de aquellos comentarios fue, no obstante, escandaloso. La tarde del 25 de abril de 1944, Patton fue invitado por el *Ruskin Rooms*, un club en Knutsford, entre Manchester y Liverpool. La estancia tuvo desde el primer momento un tono destemplado, parecía que algo iba a salir mal y Patton se encargó de convertirlo en mucho peor.

Se trataba de la recepción, con todos los elementos de una bienvenida ofrecida por un club privado, a un notorio general norteamericano. No era, en consonancia, un acto público ni Patton se presentaba como delegado del ejército estadounidense. Se suponía que hablaba para un auditorio concreto y no para la prensa, pero no era así, donde iba Patton llegaban los periodistas.

El general no era hombre que usara complejas sutilezas o hiciera elaborados recorridos teóricos, tomaba el micrófono y hablaba, y sus palabras siempre contenían opiniones o veredictos suspicaces. Era conocida su verbosidad y cierto tono ocurrente que fácilmente podía trocarse en socarronería y hasta en alguna elocuente temeridad. Y no porque ante el público empleara groserías y dicterios, pues el general Patton siempre fue un elegante caballero sureño que sabía perfectamente cuál era la concurrencia que tenía delante, sino porque voluntariamente usaba un tono desgarbado y poco refinado, hasta torpe, inusual en un militar de alto rango y de muy alta cuna. Hacía el papel del héroe que no se preocupa por los detalles, dado que, según su criterio, la distinción debilitaba la fuerza.

Pues bien, nada más bajarse del automóvil en Knutsford y a la vista del cartel que le daba la bienvenida, en tanto saludaba a señoras y señores, Patton comentó con sorpresa para los presentes que el único cumplido que había recibido en Europa desde que llegó y hasta ese momento había sido el de mandar a cientos de italianos y alemanes al infierno, acotación poco edificante ante un público refinado que simplemente pretendía disfrutar de una velada animada y no verse enfrentado a los devaneos de la guerra de la mano de uno de sus principales protagonistas, pero era el Patton que encarnaba la figura del soldado imponente, capaz de sonreír mientras decía atrocidades que para nada convenían en lugar tan distinguido.

Poco después, ya más entonado, halagó la belleza de las damas y, mientras las lisonjeaba con algún cumplido, afirmó que era muy bueno que se mostraran hermosas porque así las mujeres norteamericanas llamarían a sus maridos, con lo que acabaría pronto la guerra en Europa y él podría ir a matar japoneses. Para finalizar el lance, aseguró que el futuro del mundo en la posguerra iba a estar en manos de Inglaterra y los EE. UU., y no queda claro si omitió a la URSS, lo que habría supuesto una seria incorrección hacia un aliado que en aquellos momentos combatía a los alemanes con denuedo en un frente inmenso.

Se trataba, desde luego, de un asunto trivial, y no es seguro que Patton cometiera tamaña imprudencia, que podría haber dado pie a un grave yerro diplomático, pero la prensa, principalmente un editorial del *Washington Post* y varias notas del *New York Times*, así lo consideraron.

Algunos analistas[128] dan por cierto que fue un desliz de la prensa, y podríamos añadir, un intencionado resbalón de la prensa que todavía no le había perdonado las bofetadas de Sicilia. Una especie de venganza o un ajuste de cuentas contra un objetivo cómodo y fácil, por más que se hacía evidente que demasiado a menudo Patton era motivo de feos escándalos, desaires censurables y hasta de licencias bochornosas.

Pero, ¿qué ocurrió realmente en Knutsford? ¿Añadió Patton a la URSS en aquel reparto del mundo o excluyó deliberadamente citarla? ¿Era consciente de que podía producir un incidente de impredecibles consecuencias en un momento muy delicado, una escisión entre los aliados, por ejemplo? ¿Un disgusto por parte del Kremlin de no se podía saber qué resultados? Conocemos la opinión de Patton hacia el régimen soviético, que se puede ampliar con lo que escribió unos días después en una carta privada:

> (...) quien quiera que la URSS gobierne alguna parte del mundo es un maldito loco[129].

El incidente acaecido en Knutsford se agrandó, siendo recogido por numerosos medios y presentado de tal forma que alborotó al público. Obviamente, Eisenhower estaba harto de socorrer a su antiguo amigo y desde ese momento le ordenó que cualquier cosa que tuviera que decir, lo hiciera primero por escrito y se lo presentara personalmente para poder verificar y ejercer su propia censura, con la amenaza añadida de retirarlo instantáneamente del servicio activo si volvía a cometer alguna indiscreción.

---

128 Stephen J. Zaloga, *George S. Patton, leadership, strategy, conflict*, Osprey Publishing, Oxford, 2010, pág. 24.

129 D'Este, *opus cit.*, pág. 592.

La respuesta de Patton fue, al menos, conmovedora:

> Si protegerme puede comportarte problemas, tú eres mucho más importante que yo, degrádame.

Seguramente Eisenhower, en algún momento, consideró la posibilidad de rebajarlo a coronel, y el propio Patton le pidió que lo enviara a una sección de asalto, pero sabía que no podía prescindir de un estratega de su talla, que la mera presencia de Patton al frente de los soldados era señal de éxito y que, para los alemanes, si algo así hubiera sucedido, habría sido un regalo extraordinario, acaso una dádiva que iban a aprovechar de manera formidable.

Pasados aquellos momentos de duda, Eisenhower hizo prometer a Patton que a partir de entonces sería un ejemplo de moderación y le dio la orden antes citada. No conforme con lo hablado, le mandó una carta con el siguiente texto:

> Quiero decirte de manera oficial y definitiva que si vuelves a ser culpable de alguna indiscreción en un discurso o acción que lleve a la vergüenza al Departamento de Guerra, a cualquier otra parte del Gobierno o a este Cuartel General, te relevaré instantáneamente del mando.

Sin embargo, viendo la débil defensa de Patton, que reconoció implícitamente lo dicho, y sabiendo cómo pensaba, es poco probable que fuera únicamente un error de la prensa, a pesar de que Steven Zaloga lo tilda de inocuo comentario.

Unos días antes, el 29 de abril, el general Marshall recibió de Eisenhower un mensaje de radio mecanografiado en el que le decía:

> Patton es incapaz de utilizar un sentido razonable en todos aquellos asuntos en los que los comandantes superiores deben apreciar el efecto de sus propias acciones en la opinión pública y esto genera dudas sobre la oportunidad de retenerlo en el alto mando.

Añadiendo, un poco más abajo:

> Estoy aplazando la decisión final hasta que tenga más noticias de usted.

Comentario que, desde luego, implicaba la destitución fulminante. No obstante, Marshall salvó la situación: desde un punto de vista puramente militar, no cabía excluir a un general como Patton.

> Su efecto sobre usted y las tropas y sobre la confianza del público en el Departamento de Guerra se enfrenta al hecho extraordinario de que Patton es el único comandante del ejército disponible para su asignación actual que ha tenido experiencia real en combate contra Rommel y en extensas operaciones de desembarco seguidas de una rápida campaña de explotación.

Sobrentendido tras el que Marshall añadía:

> Si podemos o no renunciar a la última ventaja debido a los efectos desfavorables a los que se hace referencia, lo dejo completamente a su decisión[130].

Con tales razonamientos, idénticos a los que adelantara unos meses antes, en abril de 1943, el general Marshall devolvía la pelota a las manos de Eisenhower y lo empujaba a formular un dictamen, descartándose de apremios y de responsabilidades, y aunque parece más que probable que los primeros considerandos ejercieran una presión notable, no dejaba de reconocer el problema.

A pesar de la gravedad del incidente en el club de Knutsford y de las amenazas de Eisenhower, ni por asomo estaba en tela de juicio la capacidad militar de Patton, pero un escándalo tras otro daba como resultado una situación insostenible, la prensa norteamericana se cebaba cada día y, si bien lo acaecido en el hospital de Sicilia había salpicado al Congreso, aquellas declaraciones podían llegar incluso a Moscú, y seguro que Stalin no se iba a mostrar demasiado comprensivo. Faltaba mucho para Yalta (febrero de 1945), pero un

130 Larry I. Bland y Sharon Ritenour Stevens, *The Papers of George Catlett Marshall*, Lexington, The George C. Marshall Foundation, 1981.

incidente así podía poner en muy mala posición a los negociadores norteamericanos y británicos frente a los soviéticos, y un decaído Roosevelt tendría difícil mantener según qué opiniones ante un Stalin cuyas divisiones avanzaban directamente hacia Berlín.

Como consecuencia de los altercados anteriores y de lo que acababa de ocurrir, Eisenhower se afianzó en apartar a Patton de la operación *Overlord*, haciéndolo trabajar en la sombra como comandante de un ejército inexistente. Tal medida disciplinaria, paradójicamente, supuso uno de los mayores aciertos de Eisenhower y seguramente de la II Guerra Mundial.

* * *

En efecto, el FUSAG iba a ser la gran fuerza que los norteamericanos pondrían sobre Europa, es decir, un millón de soldados con todos los elementos necesarios para el combate. La decisión de emplazar como comandante a Patton, decíamos, entrañó la más brillante resolución de los aliados. Sobre todo, y principalmente, porque hallaron al hombre capaz de dar verosimilitud a las acciones, es decir, un Patton que saboreaba paladinamente estar presente y hacerse presente, dejarse fotografiar y proclamar a los cuatro vientos, y más si había algún periodista presente, que pronto estaría con sus hombres arrollando alemanes.

A fin de convencer a los germanos sobre la veracidad del desembarco en Pas de Calais, el FUSAG instaló acantonamientos donde se suponía iban a residir hasta el momento decisivo miles de soldados, diseñándose parches e insignias específicas de los diferentes destacamentos. También, tal como hemos dicho, se construyeron tanques de goma similares a los auténticos que se inflaban con un compresor en menos de veinte minutos, junto con diversas piezas de artillería igualmente simuladas. Hubo pistas de aterrizaje donde se alineaban cazas de madera pintados con los colores de unidades inexistentes, en cuyas instalaciones se puso iluminación para aparentar movimiento de tropas. Los ingenieros, a fin de ensayar sus dispositivos, ubicaron puentes y pasarelas y grabaron los ruidos procedentes de tales trabajos, difundiéndolos con posterioridad a través de las emisoras.

En semejante operación colaboró desde la prensa, cuyas informaciones falsas eran rápidamente divulgadas, hasta la radio y los civiles, incluso se consiguieron organizar formidables atascos de tráfico debido al traslado de carros a otros puntos, con lo que se recibieron ficticias cartas de particulares quejándose de la situación.

Todo aquel teatro no buscaba otro fin que las fotografías aéreas de la aviación alemana, que iban confirmando un despliegue sin precedentes en una zona cuyo destino era, a todas luces, Calais. Y, por supuesto, el trabajo denodado del espionaje alemán, que rebotaba aquellas cartas disgustadas y las informaciones que la prensa distribuía, alertando a Berlín de la conjunción de muchas pruebas, lo que constituía un verdadero arsenal de solventes verificaciones acerca de lo que se aproximaba.

Naturalmente, los alemanes podían sospechar si tales demostraciones eran demasiado evidentes o si se producía algún tipo de prodigalidad en la exposición de testimonios, con lo que los aliados debían moderar sus exhibiciones, actuando con sigilo y, por ejemplo, continuando con el trabajo de la artillería antiaérea, que tenía que seguir velando para que los aviones de reconocimiento alemanes no pudieran hacer un trabajo a placer, cosa que hubiera supuesto un error de considerables consecuencias y la certidumbre de que todo era un señuelo. Se trataba de mantener un fuego contenido, pero existente, certificación de que la artillería no dejaba pasar la oportunidad de mostrar su actividad, pero sin impedir los resultados de las fotografías alemanas.

* * *

Pasado aproximadamente un mes del asunto de Knutsford, en mayo, George Patton, otra vez seguro de sí mismo, sin sombra de compungimiento y como jefe del FUSAG, una fuerza que iba a ser impresionante —tal era la imagen que por orden de Eisenhower se quería proyectar—, quiso entrevistarse con un general de Estado Mayor alemán del arma de Caballería que había mandado y rendido el Afrikakorps, Hans Cramer, prisionero de los británicos y que, dada su precaria salud, iba a ser canjeado a través de la Cruz Roja Internacional por cautivos aliados. Mientras tanto, el general Cramer estaba alojado junto con otros altos jefes alemanes en la prisión militar de Trent Park.

Comandante del 8.º Regimiento *Panzer* y con la Cruz de Hierro, Cramer aceptó la invitación de Patton para sentarse a cenar en su mesa. Era un viejo general de estirpe prusiana, de monóculo y maneras obsequiosas, atento al ceremonial y convencido del provecho de las fórmulas coercitivas para el aleccionamiento de las tropas. Considerando la magnanimidad del norteamericano, que también sabía ser un muy correcto caballero cuando quería, de inmediato accedió.

Trent Park era una suntuosa prisión situada al norte y a una hora de coche desde Londres, rodeada por verdes campos y enclavada en lugares idóneos para el paseo y el ejercicio, pero también plagada de micrófonos especialmente diseñados por el *MI 6*. Allí eran recluidos ciertos oficiales y generales alemanes de los que se esperaban revelaciones más o menos significativas. No faltaba cine, música y prensa, convenientemente adulterada, y un excelente servicio de cocina para que, en un clima de despreocupación e inactividad, se produjeran aquellos presumibles testimonios que acaso dieran valiosas informaciones[131] a los aliados.

Algunos datos obtenidos en Trent Park gracias a la indiscreción de los prisioneros versaron acerca de las bajas en la flota de submarinos en las costas de Noruega, pero también se obtuvo información sobre un nuevo tipo de torpedo capaz de dirigirse automáticamente hacia los campos magnéticos de los navíos británicos, lo que llevó a protegerlos con medidas de enmascaramiento, y datos

131 Léase al respecto Helen Fry, *Walls Have Ears: The Greatest Intelligence Operation of World War II*, Yale University Press, Londres, 2019, cap. III. Es interesante lo que escribe Fry: «la detección de micrófonos por parte de los alemanes fue rara, pero si un recluso descubría alguno o se sospechaba de su comportamiento, inmediatamente era transferido a un campo de prisioneros ordinario».

relevantes sobre las nuevas armas que estaban siendo probadas en Peenemünde, asunto que condujo a un intenso bombardeo en 1943 a cargo de los cazas de la Royal Air Force, que destruyeron la base alemana.

Desde que salió de Trent Park hasta que alcanzó el cuartel general del FUSAG, Cramer había podido ver un extraordinario despliegue militar, por lo que, nada más llegar y tras el correspondiente saludo, preguntó a Patton. Éste contestó de manera informal y, dado que tenía una bien ganada fama de lenguaraz, le indicó sin mayores rodeos que se trataba de los preparativos para la invasión de Calais.

Así empezó una parte de la operación de decepción que llevó a cabo personalmente George Patton. Lógicamente, no dijo al general Cramer que el chófer del vehículo que lo transportaba le había mentido abiertamente, pues lo condujo por un punto de la geografía inglesa cuando en realidad era otro y que, por tanto, lo que había visto no eran las disposiciones del asalto en Calais, sino los auténticos preparativos para la invasión de Normandía en Portsmouth y Weymouth.

Con semejante dato, convencido de la indiscreción de Patton y de lo que había podido observar, Cramer buscó alguna otra certificación en las palabras de su huésped, pero el coloquio y toda aquella escenificación trató acerca de los recuerdos de ambos, incluso de las explicaciones que Cramer y Patton se dieron respecto de los comportamientos estratégicos y las tácticas empleadas en la campaña de África. Cosas de soldados, comentarios acerca de las cualidades de las tropas y asuntos por el estilo.

Sentados a la mesa había otros oficiales británicos y norteamericanos y, después de alguna copa, también corroboraron ciertas alusiones a Calais. Se trataba de una velada entre correligionarios, y Cramer no sospechó en absoluto que todo aquello fuera puro teatro. Acabada la cena y rendidas las últimas cortesías, al fin y al cabo, se trataba de un enemigo que sin duda iba a integrarse de forma activa en la Wehrmacht, los generales se separaron con el pertinente saludo.

Al día siguiente, Cramer embarcó en Portsmouth[132], pero antes vio desfilar por las carreteras infinidad de tropas, camiones y artillería, junto a lanchas de desembarco. Los oficiales británicos que lo acompañaban, miembros de la inteligencia militar, le insistieron en que se trataba de otro lugar hacia el norte, el puerto de Dover, con lo que concluyó que toda aquella impedimenta era sin duda la confirmación de lo que había visto y oído anteriormente y en la cena con Patton y su Estado Mayor. Vale la pena decir que los carteles informativos de emplazamientos e instalaciones y las señales de tráfico de todos aquellos lugares por donde debía circular el general Cramer habían sido cambiados por el *MI 5* y el *MI 6*, con lo que el artificio fue completo.

El día 19, el *Gripsholm*, un transatlántico de bandera sueca, atracó en el puerto de Barcelona con mil soldados alemanes. La Cruz Roja había organizado un canje de prisioneros en territorio neutral, de ese modo, aproximadamente a la misma hora también arribó el navío italiano *Gravista* con más de ochocientos combatientes aliados. Las operaciones para el desalojo de los prisioneros resultaron lentas, ya que se trataba de personas con graves heridas o imposibilitadas y hubo que desplegar varias pasarelas entre las cubiertas para trasladar algunas camillas.

Aquellos que sin embargo podían caminar, lo hicieron por su propio pie. Entre ellos estaba Hans Cramer, que cinco días después llegó a Berlín, entrevistándose rápidamente con el general Kurt Zeitzler, jefe del Oberkommando des Heeres (OKH). El relato de Cramer concordaba punto por punto con lo obtenido por los servicios de información militares, con las audiciones radiofónicas y hasta las fotografías hechas por los aviones desde gran altura se correspondían con los preparativos que hacía bien poco había podido ver el general del Afrikakorps que, por si fuera poco, había cenado con Patton, confirmándole éste, si bien de forma aproxima-

132 Stephan Talty, *Garbo, el espía*, Destino, Barcelona, 2013.

damente tangencial, que todo aquello concernía a los planes previstos en Calais.

Tal cúmulo de detalles eliminó las dudas de los alemanes quince días antes del auténtico desembarco, al fin y al cabo, el mismísimo comandante del FUSAG había despejado sus sospechas. En efecto, tal unidad estaba compuesta por el XIV Ejército norteamericano, con cinco divisiones, y el IV británico, con otras siete divisiones, y se disponía a asaltar el Canal de la Mancha por el Pas de Calais, e iba a ser inminente.

Y sí, justamente, el FUSAG desembarcó, pero después del Día D, y fue una unidad compuesta por mil personas, la 23.ª de las Fuerzas Especiales, y sus soldados eran fotógrafos, pintores, periodistas, peluqueros y maquilladores.

Con todo, será interesante saber que el general Cramer volvió a mandar un ejército *panzer* en la raya de Bélgica, con lo que podría haberse enfrentado a sus conmilitones de la cena con Patton, pero tras el atentado contra Hitler del 20 de julio fue detenido unos días después por la Gestapo y, aunque no pudieron probar nada, fue expulsado del ejército. Posteriormente, los británicos lo rescataron, designándolo comandante de las tropas alemanas apresadas en Holstein, asunto que evitó su proceso de desnazificación, falleciendo en 1968.

Por otra parte, el desembarco del día 6 de junio en Normandía no supuso el final del FUSAG ni de la operación *Fortitude* porque los alemanes, a pesar de la evidencia, estuvieron mucho tiempo convencidos que se produciría un segundo desembarco, la auténtica invasión, mucho más fuerte que la primera, al mando de las ficticias tropas de Patton.

Con el fin de proteger el avance de los soldados recién desplegados en Normandía, el día 8, los confidentes[133] que Alemania mantenía en la Gran Bretaña informaron que el desembarco de Patton y quince divisiones en Calais era inminente. Por eso, hasta el 9 de

133 Se trataba, en realidad, de agentes que trabajaban para los británicos.

junio, Hitler ordenó conservar el 15.º Ejército en esa zona, desviando refuerzos que podría haber mandado a Normandía y dejando, de forma directa y por ese motivo, que progresaran los aliados al chocar contra pequeños reductos de resistencia.

De hecho, los alemanes creyeron que algunas unidades integrantes del ejército de Patton estaban siendo trasladadas a Normandía para afianzar el avance, ya que sin duda el general pronto se presentaría en Calais con el I Ejército estadounidense, llevando a cabo una segunda invasión, seguramente más decisiva que la primera.

Visto el éxito del engaño y que los alemanes persistían en su creencia, hasta el 26 de agosto, día en que los aliados entraron en París, no se empezó a desmontar toda la infraestructura levantada para simular un ejército que jamás existió.

* * *

Los planes aliados establecían que el teniente general de artillería Lesley McNair, que había participado en la Expedición Punitiva y que tuvo una destacada actuación en la I Guerra Mundial, remplazaría a Patton como comandante del FUSAG y, posteriormente, tomaría el mando del III Ejército. Sin embargo, un ataque efectuado en Saint Lô por bombarderos pesados norteamericanos de la 8.ª Fuerza Aérea aniquiló el 25 de julio prácticamente una compañía entera por fuego amigo, siendo McNair uno de los caídos, que en aquel momento inspeccionaba las posiciones estadounidenses del 2.º Batallón del 120.º de Infantería de la Guardia Nacional de Carolina del Norte, cuyos componentes habían sufrido un contundente rechazo enemigo en Mortain.

Así, de manera fortuita y quizá sorprendente, quedaba expedito el camino para que el general Patton, con la autorización de Eisenhower, pudiera recuperar el mando en tropa, tal como sucedió.

En otros términos, una vez trascurridos varios meses desde el incidente de las bofetadas y de las palabras en Knutsford, con el pórtico del clamoroso éxito de *Fortitude* todavía vigente en aquel momento, fue una genialidad categórica de Eisenhower saber castigar a Patton en lo que más le dolía, la pérdida de caudillaje, pero recuperando a su debido tiempo a un general seguramente engorroso, aunque indispensable, hasta convertirlo en adalid de una fuerza espectral que había logrado trastornar a los alemanes.

Dwight Eisenhower sabía que George Patton era su mejor general y bajo ningún concepto estaba dispuesto a desechar sus servicios. Algo así hubiera supuesto un suicidio seguro, sobre todo, después del desastre de Italia. Era evidente, los aliados no podían permitir otro fiasco parecido en Europa central, y menos con los ejércitos soviéticos avanzando desde las llanuras ucraniana y bielorrusa, entrando en Polonia y amenazando el Óder.

El prestigio norteamericano y británico no admitía que un ejército en retirada como el alemán se hiciera fuerte en su territorio e impidiera los avances que, se suponía, podían ser muy lentos, visto lo ocurrido en la península italiana, donde los aliados no habían logrado sostener a los napolitanos en setiembre del 43. De hecho, la primera unidad aliada llegó el día 1 de octubre, cuando ya los ocho mil SS del coronel Schöll se retiraban, y fue el 1.º del King's Dragoon Guards, un regimiento de blindados que había combatido contra el Afrikakorps y que continuaría sus actividades hasta la línea Gótica.

Posteriormente se sucedieron batallas tan encarnizadas como las ocurridas en la línea Gustav, principalmente Montecassino, donde el general Clark y los cien mil soldados a sus órdenes chocaron una y otra vez, en cuatro ofensivas sucesivas, en un principio contra la 15.ª División *Panzergrenadier* y después contra la 1.ª División Paracaidista alemana mandada por el general Fridd von Senger[134] que, por fin, tras el intenso bombardeo, la poderosa artillería y el asalto combinado de polacos, estadounidenses, brasileños, británicos, franceses, neozelandeses, canadienses, italianos, indios, suda-

134 Fridd von Senger, cuyo nombre completo era Fridolin von Senger und Etterlin, escribió un libro de memorias que sin duda ha de ser consultado para ver desde el lado alemán cómo sucedieron los hechos, atendiendo a la perspectiva de un católico amigo del abad del monasterio de Montecassino, don Gregorio Diamare, que había ordenado desalojar a los frailes, mandándolos a Roma. *Weder Angst noch Hoffnung* / Neither Fear nor Hope: The Wartime Memoirs of The German Defender of Cassino, Presidio Press, Penguin, Toronto, Canadá, 1989.

fricanos y australianos, ordenó el repliegue de sus hombres hacia la línea Gótica, después de recibir las felicitaciones y la autorización de Albrecht Kesselring.

La línea Gótica (*Gotenstellung*) o línea Verde (*Grüne Linie*), como fue denominada más tarde, era una de las últimas defensas diseñadas por Kesselring para evitar el asalto aliado por el sur de Alemania. Corría aproximadamente desde La Spezia a Rávena, atravesando toda la península itálica y aprovechando las cumbres de los Apeninos. Se trataba de una barrera fija, al estilo de las fortificaciones antiguas, dotada de búnkeres y fortines provistos de cañones, ametralladoras y zonas minadas. Estaba defendida por los ejércitos XII y XIV a las órdenes del general Heinrich von Vietinghoff y por los últimos fascistas encuadrados bajo mando del general Rodolfo Graziani. Fue traspasada en durísimos combates por las tropas aliadas al mando de Alexander, Clark y el general brasileño Mascarenhas de Moraes, comandante de la FEB, Força Expedicionária Brasileira.

Pero, volvamos a Patton, la desaparición del general Lesley McNair, quizás un excelente administrador y un magnífico instructor, pero nada más, sucedía en un momento clave: facultaba a Eisenhower para mostrar su autoridad cediendo a favor de George Patton, lo que en definitiva era una oportunidad magnífica para volver a integrar al general en el lugar adecuado justo en el momento pertinente.

Así, el 6 de julio, un mes después del desembarco, Patton ya estaba en Francia. Pero hasta pasado un tiempo, cuando fue ascendido a general de división, no se empezó a saber con certeza que encabezaría el III Ejército. Esta vez iba a ser un contingente real y, en sus manos, uno de los más letales de la II Guerra Mundial.

El mariscal de campo Albert Kesselring (izquierda) y el coronel Ferdinand Hippel, comandante de regimiento de infantería, en el frente italiano. National Digital Archive, Poland

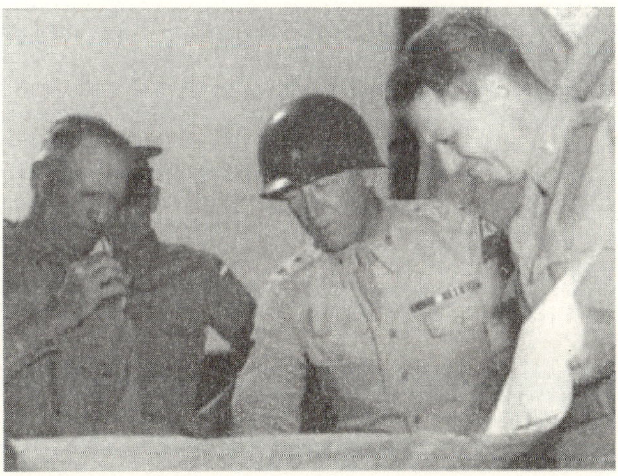

El general Lesley J. McNair (izquierda) y el mayor general George S. Patton, Jr., analizando un mapa. US Army

# OPERACIÓN *COBRA*

Después del desembarco, la operación *Cobra* tuvo como finalidad romper el frente alemán para avanzar hacia el este. Tras algunos desacuerdos con Montgomery, cuya intención primera era entrar en Caen el mismo día —objetivo indiscutiblemente imposible—, los aliados consiguieron acercarse a Cherburgo y asegurar un punto marítimo para la paulatina llegada de otros contingentes, junto a los apoyos logísticos necesarios. Sin embargo, los avances aliados se vieron cortados el 9 de julio con la aparición de la 21.ª División *Panzer*, momento en que el II Ejército británico rebasó el Orne y entró en la zona septentrional de la ciudad.

El mal tiempo retrasó la ofensiva aliada, además de la especial disposición del terreno, muy irregular y dividido en predios separados por tupidos setos que impedían el avance de las tropas. Tal era la consistencia de los arbustos que actuaban de auténticas barreras, tanto para la infantería como para los blindados, provocando que los carros quedaran aprisionados y los soldados al albur de las ametralladoras alemanas sobre superficie despejada y sin posibilidad de parapeto, y los *Jagdpanzer* (cazacarros alemanes) pudieran hacer diana sin oposición cañoneando la barcaza del tanque, perfectamente expuesta al resultar alzados por efecto de los matorrales.

Era un problema en el que nadie había reparado y, en consecuencia, no existía adiestramiento alguno. No obstante, la pericia junto a la extrema necesidad obligó a los aliados a colocar una especie de punzones delanteros por debajo del glacis de los carros. Fue idea del sargento Curtis G. Culin[135], del 102.º Escuadrón de Reconocimiento de Caballería de la 2.ª Blindada, que inventó un ingenio capaz de atravesar los setos, obteniendo la aprobación de Bradley, que de inmediato ordenó la construcción de tales arreos. Provistos de aquellos artilugios, los *Sherman* conseguían romper y atravesar las bardas. Tal medida llevó a conocerlos como *rino* (de rinoceronte) o *prongs* (puntas), según fueran de uso estadounidense o británico.

El general Omar Bradley lanzó al I norteamericano contra Cherburgo, una vez entendió que la defensa era relativamente débil, restos de unidades alemanas derrotadas que se habían conseguido reagrupar y que, no obstante, antes de marchar, dinamitaron el puerto con la intención de dejarlo inservible para los navíos aliados.

Liberado Cherburgo, el VII Cuerpo del general Collins pudo avanzar sobre Saint-Lô. Como iba a ser habitual en las operaciones desarrolladas en Francia, la aviación norteamericana saturó con casi dos mil bombarderos *B-17* y *B-24* las zonas de intersección donde los alemanes podían confluir y, como también ocurrió en algunas ocasiones, la acción de la fuerza aérea ocasionó pérdidas en la propia tropa estadounidense, una de esas víctimas fue el general Lesley McNair. Tal y como hemos dicho más arriba, semejante eventualidad allanó el camino al general Patton. Era el 25 de julio.

Tres días más tarde, las defensas alemanas estaban prácticamente exhaustas, a pesar de los antiaéreos de 88 mm que abrían fuego constante sobre los cazabombarderos aliados. Todavía los soldados de la 84.ª, mandados por Dietrich von Choltitz fueron capaces de oponer una durísima resistencia en Coutances a la 4.ª blindada del general Wood. En ese momento, la 2.ª *SS Das Reich* y la 17.º *Panzergrenadier* intentaron salir del atolladero, dejando pulverizada

135 Culin recibió la Legión al Mérito. Cuatro meses después de su invento, perdió la pierna izquierda a causa de una mina en la batalla del bosque de Hürtgen. Acabada la guerra trabajó como vendedor de bourbon para Schenley Industries. Falleció en 1963.

sobre el terreno a la *Panzer Lehr,* con los mil quinientos hombres que le quedaban. La fiereza de los bombardeos aliados hizo entender a los comandantes alemanes que la 130.ª *Panzer Lehr Division,* veterana de Moscú, había dejado de existir, a pesar de que algunos destacamentos se reintegraron posteriormente en otras unidades hasta su definitiva capitulación en mayo del 45.

Guderian, que mandaba la 116.ª División adscrita al II Cuerpo *panzer* de la SS (*SS-Panzerkorps*), veía que nada se podía hacer contra los continuos ataques de la aviación. Cualquier movimiento en dirección a las tropas enemigas era cortado de inmediato por la llegada de miles de aeroplanos que destruían hombres y carros. Además, sin el apoyo de las agrupaciones vecinas, la situación no permitía el más mínimo aliento de esperanza.

Kluge, sin embargo, todavía creía ver alguna posibilidad, por eso insistió en reunir la división de Guderian y la 2.ª *panzer* en la noche del 29 de julio, consiguiendo atravesar las líneas americanas y atacándolas desde atrás, empleando para la acción un esquema muy soviético, dado que prácticamente no tenían aviación, pero el I Ejército norteamericano de Bradley junto con el VII, VIII y el XXX británicos, pese a pequeñas escaramuzas, consiguieron desbordar la ofensiva alemana, generalmente poco o mal coordinada, y dominar la situación, cercando la península de Contentin.

El general Bradley había hecho avanzar sus vanguardias setenta kilómetros. Avranches había caído en poder de la 4.ª blindada de Wood y sus arcaicos *Stuart.* Con todo, veinte mil alemanes habían conseguido huir y llegar a sus líneas.

* * *

A mediodía del 1 de agosto, Eisenhower envió una nota a su Estado Mayor en la que indicaba la restructuración de las fuerzas norteamericanas, otorgando el mando del XII Grupo de Ejércitos de EE. UU. al general Omar Bradley, que debía coordinarlas, poniendo el I Ejército a las órdenes del general Hodges[136], el III al mando de George Patton, el IX a cargo del general William Hood Simpson, que posteriormente se unió al XXI Grupo de Montgomery, y el XV a las órdenes del teniente general Leonard T. Gerow, pese a que nunca llegó a primera línea de batalla. Posteriormente veremos que el mando de ese ejército fue el destino de Patton una vez acabada la guerra.

Las nuevas asignaciones de Eisenhower cambiaban importantes segmentos del ejército americano, adjudicando a Bradley, con anterioridad a las órdenes de Patton, la comandancia del grupo. Quizás en otras circunstancias y sin los escándalos preliminares, le hubiera correspondido a George Patton el mando del XII Grupo, pero Eisenhower no podía arriesgarse a situar a su mejor general al frente de todo el entramado, y seguramente no por falta de voluntad, sino por prudencia.

Una semana antes, Patton había aterrizado con su Estado Mayor en Normandía, y por más que aquella llegada debía mantenerse en secreto, el arribo del general fue visto por muchos soldados, que propalaron de inmediato la noticia, con la consiguiente satisfacción por parte de las tropas. Y es que, a pesar de su extrema severidad, los veteranos de aquel ejército veían a Patton como una especie de patriarca en cuyas decisiones y modos anidaban dos cualidades: la rotunda destreza en el manejo de las unidades y absoluta convicción en la victoria.

En aquel momento, no obstante las evidencias y que los alemanes oponían escasa resistencia, teniendo en cuenta lo que estaba ocurriendo en el este, una orden de Hitler exigió a Kluge, sustituto de Gerd von Rundstedt, que iniciara una inmediata contraofensiva para destruir a los aliados y empujarlos al mar.

---

136 No deja de ser interesante que Courtney Hodges, que había estado a las órdenes de Patton en México, fue de los pocos comandantes que ascendió desde soldado raso a general, dado que no aprobó los exámenes para incorporarse a West Point. Salvo, Bradley, que siempre lo trató con gran aprecio, Hodges no tenía notoriedad, como se vio en las Ardenas, donde cerca estuvo de la destitución.

En justa confluencia con el descontento manifestado por los generales alemanes, que veían sobre el terreno la imposibilidad de llevar a cabo la misión, la llamada operación *Lüttich* del 7 de agosto tuvo escasos resultados, pues si bien varias divisiones SS dotadas con los últimos *Panzer IV* y *Panther V* (*Panzerkampfwagen V*[137], *Panther*) disponibles quisieron romper las líneas estadounidenses, los sucesivos ataques de la aviación destruyeron cualquier posibilidad.

En uno de los postreros intentos de la Luftwaffe para demostrar su rendimiento, bombarderos pesados *Dornier* iniciaron un asalto a posiciones aliadas poniendo en combate sus escasos misiles planeadores guiados, *Henschel Hs 293*, diseñados originariamente para la guerra naval. La acometida tuvo exiguos resultados, pues no podían maniobrar en vuelo y los antiaéreos aliados hacían diana sobre su trayectoria recta sin clemencia.

Tras la liberación de Coutances por la 4.ª Blindada del general John Wood el 28 de julio, uno de los primeros pasos que el III de Patton dio en Normandía a primeros de agosto fue el cruce de Avranches, localidad situada a escasa distancia de la costa y al este de Mont Saint-Michel.

Al estilo de los movimientos napoleónicos en Marengo, Patton ordenó atravesar el pueblo en veinticuatro incesantes horas, haciendo caso omiso de los posibles ataques de la aviación. Cuatro divisiones, más de cien mil soldados y cerca de dos mil vehículos, entre carros, artillería, camiones y automóviles de servicio, salvaron el río Sée por el único paso que se conservaba, el puente de Pontaubault, levantado en el siglo XV y que ya había sido bombardeado, pero permanecía incólume.

De aquella manera, el general y su III encaraban la ruta hacia Rennes, a 80 kilómetros de distancia, en Bretaña, ante la sorpresa y consecuente retirada alemana. Cortaba de ese modo la presencia germana en el noroeste y obligaba a Bradley a mover varias divisiones para protegerle los flancos, debido a la apremiante posibili-

137 A partir de febrero de 1944 se eliminó la notación romana.

dad de una acometida tangente. Era obvio que Patton no pensaba en tales cosas, de hecho, unos días antes había dicho en un coloquio entre oficiales:

> Un día algún maldito gilipollas dijo que había que asegurar los flancos y desde entonces todos los hijos de puta de la tierra dicen que hay que asegurar los flancos.
>
> No estoy de acuerdo con eso. Mis flancos son algo de lo que debe preocuparse el enemigo, no yo. Es trabajo para los boches, pero antes de que descubran dónde están mis flancos les habré cortado el cuello a esos hijos de puta[138].

Con todo, y el estupendo corolario argumentativo del general Patton, lo cierto es que sus flancos dependían, no de los soldados que mandara Bradley para cubrirlo, sino del trabajo de la aviación que, con tiempo despejado, podía atender cualquier contingencia.

De alguna forma, todo estribaba en el modo en que Patton concebía el ciclo de decisiones que partían del cuartel general y llegaban a las unidades: si la velocidad entraba a formar parte del proceso se producía una escala de órdenes ininterrumpida que permitía mantener el empuje sin dar posibilidad al enemigo a detener la iniciativa, y si a todo ello se añadía la labor de los servicios de contrainformación[139], que atascaban o descifraban buena parte de las directrices de las operaciones, los alemanes permanecían en una oscura incertidumbre que solo podían resolver lanzándose a un contrataque ciego.

La respuesta alemana llegó el 7 de agosto. El mariscal Kluge, que había sustituido a Rundstedt, ordenó al 47.º *Panzer* de Hans von Funck saltar sobre Avranches y separar al III de Patton del I de Hodges. Tres divisiones *panzer* formarían el frente de avance y otra

138 Stanley P. Hirshon, *General Patton: A Soldiers Life*, HarperCollins, Nueva York, 2002, pág. 502.

139 Spencer L. French, *Ganar la ventaja. Cómo las fuerzas de información únicas y el enfoque competitivo de información de Patton permitieron el éxito a nivel operacional en agosto de 1944*, Military Review, 2022.

vendría detrás, la 1.ª SS, con el objetivo de meterse por el boquete y entrar en la población, desalojando a los norteamericanos.

Sin embargo, nada ocurrió de aquel modo, la infantería y los blindados del VII Cuerpo de Hodges detuvieron a los germanos. Kluge, con aquella maniobra, había desenmascarado sus posiciones, por eso Patton ordenó a buena parte de sus divisiones que se encaminaran por el flanco que dejaban los alemanes hacia Le Mans, pero sin chocar con ellos. Y el 9 mandó girar otras divisiones, las restantes, para liberar Alençon y cerrar al enemigo cerca de Mortain. En los días siguientes, los germanos se aproximaron Falaise, amenazados por la rotación del III Ejército.

Simultáneamente, el 8 de agosto, Patton entró en Le Mans, quizás porque la 9.ª División *Panzer* y la 708.ª de Infantería no alcanzaron el frente debido a retrasos y problemas de tráfico.

Le Mans era un lugar emblemático, pues el VII Ejército alemán había establecido su cuartel general en el colegio Berthelot, un edificio de piedra convertido en búnker, cuando la ciudad fue ocupada el 29 de junio de 1940 por el XXXVIII Cuerpo de ejército de Manstein. En la noche del 7 al 8 de agosto, viendo lo que iba a ocurrir, los alemanes habían pulverizado todos los puentes sobre el Sarthe salvo uno, que fue alcanzado por el bombardeo aliado.

Es muy probable que Patton visitara entonces la catedral, una auténtica joya del gótico francés que se había conservado intacta, y fue en ese momento cuando los aliados empezaron a ver los primeros campos de internamiento para prisioneros que los germanos habían erigido en los alrededores de la ciudad. Quizá el más conocido era el *Frontstalag 203*, destinado a militares, o la prisión de Vert-Galant, pero había al menos seis más en las cercanías. En ocasiones, estos lugares albergaban a personas de religión judía provenientes de Drancy, cerca de París, antes de ser remitidos por ferrocarril a los campos de exterminio de Alemania o Polonia.

Dos días después, Patton ordenó mover su ejército hacia el norte, dejando a los alemanes un exiguo espacio en torno a Falaise y acercándose a Montgomery, que combatía en la misma zona. No obstante, advirtiendo lo que sucedía, Bradley mandó a Patton que permitiera a Montgomery atacar la población, motivo por el que inmovilizó al III y dejó —en un error táctico considerable— que miles de soldados alemanes, casi veinte divisiones, huyeran para poderse reorganizar más al este. A pesar de todo, la maniobra ya había sido realizada y Patton pudo librarse de buena parte del contingente enemigo establecido en los flancos.

Por aquellos días se acrecentó la reputación de George Patton entre los alemanes, que empezaron a denominarlo *Panzer General*, del mismo modo a como sus soldados dieron en llamarlo como *Old Blood and Guts*, algo así como *sangre vieja y tripas*, a pesar de que la traducción podría perfectamente aguantar otras posibilidades, agallas o, incluso, *cojones*[140].

Eran, desde luego, apodos muy distintos, pero de alguna manera tenían un origen similar: Patton ya era una leyenda para sus enemigos. Según su dictamen, actuaba con criterios germanos: velocidad, acción constante y apoyo aéreo. El único general aliado que con aquellas tácticas llegó a suponer para ellos un verdadero desafío operativo, confirmando lo que se decía desde días anteriores al desembarco de Normandía y mientras funcionó el artificio del FUSAG.

Por otra parte, los soldados norteamericanos veían al «viejo» Patton, un hombre de 58 años, como a un bizarro general capaz de arremeter con todo sin defraudar jamás, ni en sus órdenes ni en sus arengas, como veremos más adelante. Un tipo al que nada frenaba y que era diestro para entrar en un pueblo a cañonazos, darse una vuelta por las ruinas calcinadas y rezar en la catedral, como hizo en Le Mans y en otros lugares.

* * *

Con el enemigo prácticamente al borde del derrumbe, a partir del 12 de agosto dos ejércitos alemanes, el V y el VII, se refugiaron en Falaise, al sur de Caen, presionados por los canadienses, cuya información, recibida a través de Ultra, fue clave para afianzar sus movi-

---

140 Ya hemos advertido acerca de este asunto en la introducción.

mientos. Menos de una semana después, hizo aparición la 90.ª de Infantería norteamericana, que se unió a la 1.ª Blindada polaca, obligando a los germanos a entablar una sangrienta batalla con el único propósito de mantener abierta la posibilidad de huir hacia el este, dado que sur, norte y oeste pertenecían ya a unidades británicas y norteamericanas.

Cierto que los alemanes antes de emprender la huida destruyeron cuantos elementos materiales pudieron hallar, no dejando ni cañones ni carros utilizables, pero la caída de Falaise supuso que los aliados avanzaran ya sin oposición hacia París, unos doscientos kilómetros al este.

Con ello quedaba abierto el puerto de Le Havre y la liberación de Francia parecía un objetivo perfectamente posible. Días después, el III de Patton liberó Orleans y el 16, tras una refriega de alguna entidad, sobre las 10 de la mañana, un *M8 Greyhound*[141], el primer blindado americano del XX Cuerpo adscrito al III Ejército, atravesaba las calles de Chartres. Una semana después, el general De Gaulle visitó la ciudad, rindiendo homenaje a los caídos de la resistencia y un año más tarde, el ayuntamiento de Chartres concedió a Patton la ciudadanía de honor.

* * *

Hay que admitir la enorme ventaja que ofrecían las continuas decodificaciones de los mensajes alemanes a través de Ultra, permitiendo a los comandantes aliados adelantarse a las acciones del enemigo y prevenirlas. Sin su existencia y, por lo tanto, si la sorpresa hubiera formado parte del teatro de la guerra, seguramente las cosas no habrían sucedido del mismo modo.

A las órdenes de Patton, el III había conseguido hacer un boquete y tras posesionarse de buena parte del territorio, se dispuso a desbordar la retaguardia enemiga. El contrataque ordenado por Hitler

141 Se trataba de un vehículo de seis ruedas cuya misión solía ser de reconocimiento, estaba provisto de un cañón de 37 mm y dos ametralladoras.

y llevado a efecto por Günther von Kluge, con escasamente doscientos carros, no tuvo consecuencias estratégicas, pues la inmensa potencia de la caza norteamericana desmanteló sus planes, permitiendo a Patton destruir el contingente de soldados germanos agrupados en Falaise —diez mil caídos, cincuenta mil capturados y veinte mil que consiguieron escapar— y llegar, de ese modo, a Metz.

Tras semejante fracaso, el mariscal Kluge, de hondos principios prusianos, fue llamado a Berlín, pero se suicidó con cianuro en el automóvil que lo trasladaba al aeródromo, no queriendo soportar ante el Führer ni la destitución ni la vergüenza de perder tantos hombres, ni tampoco el haber dejado que los aliados entraran en París tras su orden de combatir solo en los alrededores y no en la ciudad y, seguramente, y mucho más trascendental, por ciertas tentativas de pactar con el enemigo ante el declive que se iba viendo en el ejército alemán desde junio, incluso con la posibilidad de unirse a un complot contra Hitler.

De hecho, hay algún indicio de que Kluge intentara enviar un mensaje a Patton solicitando una tregua mientras estuvo en destino desconocido la noche del 15 de agosto, cuando el vehículo en el que se trasladaba fue ametrallado por un caza. Nada se sabe de sus actividades durante aquellas horas, pero lo cierto es que los aliados avanzaron sin resistencia al día siguiente. Posiblemente la Gestapo interceptó la comunicación, si es que la hubo, de ahí que el mariscal, en previsión de las consecuencias, optara por el sacrificio.

El 18 de agosto, tras dejar Chartres en manos francesas, ocurrió algo insólito, Eisenhower ordenó a Patton que persiguiera al enemigo que se replegaba desde Falaise, con lo que debía atravesar el Sena. Una pausa en la ofensiva podía suponer el reagrupamiento de los alemanes de cara a hacerse fuertes en la frontera y, además de liberar París, se trataba de empujarlos y rodearlos para evitar que aquella maniobra pudiera convertirse en un modo de incitarlos a entrar en las Ardenas con hombres y equipo suficiente. Incluso Montgomery expresó su inquietud aquellos días:

This is no time to relax, or to sit back and congratulate ourselves... Let us finish off the business in record time[142].

Sin embargo, al mandato de Eisenhower se interpuso una contraorden de Bradley. Imaginando que estirar demasiado las líneas traería serios problemas de logística[143] —combustible, principalmente, y cualquier tipo de pieza de recambio para los carros o los camiones—, además de la posible reacción alemana en los flancos del III Ejército, le ordenó que sus unidades no cruzaran el río, a lo que Patton, con su sorna habitual respondió:

—Lo he cruzado esta mañana, ¿debo volverme?

Exactamente la misma respuesta que enviaría el 2 de marzo del 45 a Eisenhower en Alemania:

—He conquistado Trier con dos divisiones, ¿Qué quieres que haga? ¿Que la devuelva?[144]

Y casi idéntica contestación a la que había dado tiempo atrás en Siracusa a los generales Alexander y Montgomery cuando el primero le advirtió que tenía órdenes de no entrar en Palermo. Tales cuestiones indican una cosa: el general Patton, independientemente de los problemas logísticos, hacía la guerra a su manera, pasando incluso por delante de las órdenes que recibía. No se trataba tampoco de abierto desacato, sino de anticipación. Patton iba más lejos y más allá de lo que las propias disposiciones le indicaban. Aquel empuje, que resultó clave para el hundimiento de las fuerzas germa-

142 21 AGp Gen Operational Situation and Dir, M-519. 20 August 1944. Traducción del autor: *Este no es momento para relajarse o para sentarse y felicitarnos... Terminemos el asunto rápidamente.*

143 Cada división gastaba diariamente cerca de 750 toneladas de suministros, según refiere Bradley en sus memorias, *A General's Life*, Touchstone, Chicago, 1984. Un día de campaña suponía 1.500.000 de litros de gasolina. David P. Colley, *On the Road to Victory: The Red Ball Express*, Historynet, 2022.

144 La respuesta en inglés fue: *Have taken Trier with two divisions. What do you want me to do? Give it back?*

nas en Francia y después en Alemania, era el nervio de su condición, desde luego, y lo hacía a sabiendas de que, de una u otra manera, las necesidades de mantenimiento serían atendidas, pero es innegable que con su manera de proceder podía trastornar seriamente las redes de apoyo.

Por eso la Red Ball Express, un soporte logístico de transporte basado en cientos de camiones *Dodge* y destinado a abastecer de materiales todo el entramado divisionario norteamericano, tuvo que involucrarse con mayor solvencia, asunto que generó innumerables situaciones de alta complejidad, desde colapsos de tráfico en pequeñas carreteras comarcales —con el peligro de ser víctimas de bombardeos—, accidentes que suspendieron las comunicaciones o todo tipo de problemas en la distribución, al fin y al cabo eran los camiones de la Red Ball los que debían aproximarse a los carros detenidos por falta de combustible y éstos, muchas veces, se hallaban en línea de combate, constituyendo un blanco perfecto para los alemanes. De hecho, la Red Ball tuvo que abandonar setecientos camiones de dos toneladas cada semana por diversos problemas técnicos, además de los derivados de impactos del enemigo[145].

De todas formas, los problemas que Patton tuvo después de forma abrumadora, la carencia de carburante para los vehículos, no vinieron de fallos o de carencias de la Red Ball, sino de decisiones de Eisenhower y Bradley, que prefirieron postergarlo y entregar la iniciativa a Montgomery, como veremos.

Sin embargo, a partir de la toma del puerto de Amberes en septiembre del 44 por tropas británicas, canadienses y polacas, y su posterior reacondicionamiento para recibir los necesarios pertrechos, a mediados de noviembre se dejaron de utilizar los servicios de la Red Ball.

De ahí el interés de Hitler en atacar precisamente ese punto en la operación *Herbstnebel*, que podría haber roto las líneas de suministros y obligado a que los aliados occidentales dependieran otra vez

145 Max Hastings, *Armagedón*, Crítica, Barcelona, 2016, pág. 53.

de los puertos del oeste francés, dificultando de ese modo cualquier avance hacia la línea Sigfrido. Si así hubiera ocurrido, los aliados se habrían tenido que desentender del oleoducto PLUTO (Pipe-Lines Under The Ocean)[146], que atravesaba el mar hasta Normandía desde las costas británicas, evitando la armada submarina alemana.

* * *

El lugar de Kluge fue ocupado por el mariscal Walter Model[147], un prusiano de corte y pensamiento nacionalsocialista y con un temperamento singularmente ofensivo, incluso con sus subordinados, que intentó afianzar nuevas posiciones retrocediendo hasta las Ardenas para organizar una defensa adecuada, habiendo trasladado de los frentes franceses gran cantidad de soldados. Se trataba, desde luego, de restos de unidades que retrocedían, pero todavía podían presentar una faz coherente, sobre todo, si se entendía que tras ellos quedaba la frontera alemana.

El 22 de agosto, la bolsa de Falaise había sido cerrada y los alemanes volvían a toda velocidad hacia el este. Puede decirse que ese día acabó la batalla de Normandía, pues ya no quedaban contingentes significativos para organizar ofensiva alguna. Así las cosas, los ejércitos aliados atravesaron el espacio liberado sin apenas eventualidades, donde cientos de carros y vehículos diversos, junto con decenas de cañones, habían quedado rezagados y, la mayoría, destruidos por los alemanes en su huida.

---

146 Las cuestiones logísticas fueron esenciales en la batalla de Francia y el abastecimiento de combustible y lubricantes para toda clase de vehículos una de las claves del éxito posterior. Ideado por el vicealmirante lord Mountbatten y diseñado por Clifford Hartley, el oleoducto PLUTO, de unos 100 kilómetros de longitud, desde la isla de Wight hasta el puerto de Cherburgo, bombeaba 200.000 litros de carburante al día. Combustible que procedía de refinerías británicas convenientemente camufladas y que había sido transportado desde Irak, a partir del verano de 1941 en manos británicas.

147 Léase al respecto el excelente trabajo de Antonio Muñoz Lorente, *Walter Model. El león de la defensa*, HRM Ediciones, Zaragoza, 2023.

De esa forma, el 25 de agosto, el I y III norteamericanos, el I canadiense y el II británico, siguiendo hacia el norte, llegaban a los meandros del Sena a la altura de Mantes-la-Jolie, a unos sesenta kilómetros de París en dirección sureste.

Por otra parte, en aquel periodo, Patton actuó de forma y manera sorprendente, asumiendo ya abiertamente el tipo de combate que solo se había visto en los comandantes alemanes. Pero hay más, en una carta del 21 de octubre de 1943[148], anterior por tanto a los conflictos emanados a consecuencia de sus declaraciones, Marshall había indicado a Eisenhower que el modo de hacer la guerra del general alarmaba a los alemanes. La respuesta del jefe supremo de la fuerza aliada fue confirmatoria, se debía aprovechar ese *modus operandi* y potenciarlo, porque realmente confundía al enemigo, convencido de que sus técnicas operativas eran únicas.

Se trataba, en definitiva, de las mismas reflexiones y las mismas recomendaciones que Marshall hizo a Eisenhower cuando se produjeron los hechos de Knutsford: Patton era de una labia incontrolable, sus declaraciones podían comprometer a los aliados y a todo el ejército norteamericano, prodigando mala fama y verdaderos clamores en contra, pero George Patton era imprescindible, además de su señalada labor como jefe del FUSAG, debía añadirse una doble cuestión, aterrorizaba a los alemanes simplemente con saber que estaba al mando y hacía la guerra con métodos extraordinarios.

Podría decirse que el Patton lector de Hans von Seeckt y de otros teóricos de la guerra de combinación tuvo, en aquellos momentos, un refrendo perfectamente objetivo a la vista de aliados y germanos: para recorrer en dos escasas semanas novecientos kilómetros

---

148 El texto de Marshall dice así: *In any event it seems evident to us that Patton's movements are of great importance to German reactions and therefore should be carefully considered.* Papers of George Catlett Marshall, Volume 4: Aggressive and Determined Leadership, The Johns Hopkins University Press, 1943. Trad.: «En cualquier circunstancia, parece evidente que los movimientos de Patton son de gran importancia para la actitud alemana y, por ello, deben considerarse cuidadosamente». La nota de Marshall ya ha sido citada anteriormente en ese trabajo, rogamos se considere también en su contexto.

y liberar la región de París puso en marcha destrezas y potencialidades que bien podrían derivarse de la *Blitzkrieg,* esto es, agregación de velocidad a la infantería y los blindados y apoyo masivo de la aviación.

Era algo parecido a lo que habían logrado Kleist y Guderian en mayo del 40 con sus respetivos grupos *panzer* o similar a la velocidad de penetración de las unidades blindadas germanas a principio de *Barbarroja.* De ahí que la notoriedad de Patton creciera enormemente entre los comandantes enemigos.

Tal fue el caso de Hermann Balck, general de la 11.ª División *panzer,* quizá uno de los más competentes comandantes alemanes que en 1944 luchó en Alsacia después de volver de la URSS. Balck siempre expresó su sorpresa por el mal comportamiento de los norteamericanos en batalla, pero acabó asegurando que Patton revistió los atributos del genio táctico, despuntando entre los estrategas de la II Guerra Mundial[149]. Posteriormente, otro general *der Panzertruppen,* Erich Brandenberger, que mandó el VII Ejército en las Ardenas, aseguró que el éxito de Patton se debía a que dirigía la guerra blindada de acuerdo con la concepción alemana, lo que no estaba lejos de cierta lacónica satisfacción.

Por otra parte, y objetando muchas particularidades, ha de entenderse que Patton luchaba contra restos de ejércitos y frente a unidades diezmadas cuyo objetivo era ganar terreno hacia el este y refugiarse en lo que se conocía como línea Sigfrido, la última gran barrera fija que los alemanes habían diseñado y en la que, gracias a la publicidad, confiaban ciegamente, aunque su impenetrabilidad no iba a ser más que otra quimera.

Cuando los ejércitos aliados se posicionaron en el Sena, la 2.ª Blindada de la Francia Libre y la 4.ª de Infantería estadounidense borraron de París y sus alrededores cualquier presencia alemana.

---

149 Stephen Robinson, *Panzer Commander Hermann Balck. Germany's Master Tactician,* Exisle Publishing, Australia, 2019. El general Balck redactó unas memorias tituladas *Order in chaos,* que se publicaron en edición de Carlo D'Este en 2015 por la University of Kentucky.

Al día siguiente, el 26 de agosto, quien desfiló heroicamente por los Campos Elíseos fue el general Philippe Leclerc rodeado por los *Sherman* de la blindada francesa (junto a ciento noventa españoles integrados en la 9.ª Compañía del Regimiento del Chad) en un gesto de perfecto chovinismo, dejando a un lado la colaboración con los aliados y activando la creencia, a todas luces inadmisible, de haber salvado la capital de Francia con unidades francesas. Con todo y, por otra parte, los franceses habían sido muy dinámicos en Bretaña, apoyando el avance de las divisiones norteamericanas.

Posteriormente, el 1 de setiembre, durante la operación *Dragoon*, fuerzas aliadas desembarcadas en el sur de Francia, incursión llevada a cabo por el VII estadounidense junto con resistentes franceses encuadrados en el I Ejército, se acercaban a Lyon después de que el XIX del general Kurt von der Chevallerie abandonase la defensa y se replegara hacia el centro de Francia.

Abril de 1944, George S. Patton y el general de división Walter Robertson revistando al III Ejército. https://www.armyupress.army.mil/Journals/Edicion-Hispanoamericana/Archivos/Tercer-Trimestre-2022/Q3-French-2022/ Foto: Ejército de EEUU.

Soldados del III cruzando el Sena el 20 de agosto de 1944.
https://warfarehistorynetwork.com/article/breakout-across-the-seine/

El general Patton en el momento del cruce del puente de Pontaubault, en Avranches. http://www.pontaubault.fr/Pontaubault-Objectif-strategique

# *FORT DRIANT,* PATTON DERROTADO

A pesar de las tensiones que históricamente se habían vivido en ambas regiones, desde el final de la I Guerra Mundial, Alsacia y Lorena formaban parte de Francia, asunto que cambió drásticamente a partir de 1940, momento en que fueron absorbidas por el III Reich, del mismo modo a como ocurrió con Luxemburgo.

El 30 de agosto, los tanques de Patton se detuvieron uno tras otro: se habían quedado secos. Las predicciones de Bradley, y puede que también la disposición británica para que Montgomery no se retrasara, hacían mella en el III Ejército justo cuando se acercaba a la frontera alemana. La agencia EFE daba la noticia a los españoles de este modo el 3 de septiembre:

> Cuartel general del cuerpo expedicionario aliado. Una columna acorazada norteamericana se encontraba esta mañana a menos de 30 kilómetros de la frontera belga, según se anunció oficiosamente. Las tropas de Patton han ocupado Commercy, a 48 kilómetros al sur de Verdún, en la carretera de San (*sic*) Dizier a Metz.

Desde ese momento, los movimientos del III Ejército se detuvieron. Patton recurrió a su sempiterna cantinela, logrando que le fuera administrada una cierta cantidad de combustible adicional, ya que la situación de las tropas a su mando exigía de inmediato que se resolviera el problema, al fin y al cabo, un ataque alemán a un ejército estancado, que operaba en un frente de cientos de kilómetros, podría haber sido una catástrofe sin paliativos. Seguramente para evitar situaciones como aquélla, de una extrema vulnerabilidad, el Alto Mando aliado le concedió el carburante suplementario. Está de más referir las palabras del general Patton en semejantes circunstancias, acusando a todos, Montgomery, Eisenhower, Bradley e incluso a Marshall, por haber diferido el flujo logístico. Es conocida y más que repetida la frase que Patton dirigió por entonces —2 de septiembre— a Eisenhower y a Bradley:

> Mis hombres pueden comerse sus cinturones, pero mis tanques han de tener gasolina[150].

Con todo, el fracaso de la operación Market-Garden, iniciada a mediados de septiembre y cuyo principal comandante fue Montgomery, hizo que las miradas se volvieran al general californiano.

Y así fue, pero Patton tenía ante sí la fortaleza de Metz, cuyas líneas defensivas formaban un entramado fluvial, basado en los islotes del Mosela, que impedían cualquier avance directo. Además, 15 kilómetros al suroeste y enclavado en una colina, se hallaba Fort Driant, que podía desatar una cortina de fuego implacable sobre cualquier intento de atravesar el río.

Se trataba de una edificación del siglo anterior perfectamente adaptada a la guerra convencional, si bien era una defensa estática compuesta por casamatas y búnkeres de forma esférica hundidos en masas de hormigón, zonas minadas y murallas separadas por fosos muy abiertos que imposibilitaban el paso de los carros. La información que previamente manejó Patton era escasa, tropas motivadas eso sí, al fin y al cabo, eran la última defensa antes de llegar al Reich, y cañones pesados. A todo ello debe añadirse la climatología: frío, nieve y niebla.

---

150 La frase exacta fue: *My men can eat their belts, but my tanks have gotta have gas.*

Con un bombardeo destinado a ablandar las posiciones alemanas llevado a cabo por los *P-47 Thunderbolts*, el primer asalto tuvo lugar el 6 de septiembre, toda vez que Patton pensó erróneamente que se trataría de una maniobra necesaria para romper el obstáculo que suponía la artillería enemiga sobre el río, pero poco más. Sin embargo, la defensa germana, compuesta por varias divisiones de granaderos de las SS, demostró que no estaba ni mucho menos dispuesta a ceder sin combatir, con lo que aquella toma de contacto inicial se convirtió en un desengaño notable, que produjo algunos cientos de bajas entre las filas norteamericanas. Simultáneamente, Patton atacó otros puntos cercanos a Metz, resultando vencedor y destruyendo unas decenas de *panzer.*

Los alemanes estaban decididos a quebrar definitivamente el rápido avance del III, entendiendo que una defensa bien trabada detendría a los norteamericanos y los dejaría ante una fortaleza poco menos que inexpugnable, teniendo en cuenta la carestía logística —que ellos mismos padecían de manera alarmante—, las circunstancias climatológicas y la solidez de la defensa, a cuyo cargo estuvo desde el 27 de agosto el I Ejército al mando del general Walther Krause. Pero el empeño era muy real, así que los alemanes no dudaron a la hora de enviar refuerzos, así como la 17.ª División *Panzer SS* a las órdenes de Götz von Berlichingen.

A media tarde del 27 de septiembre, los *Thunderbolt* dejaron caer bombas de 500 kilogramos y cargas de napalm sobre Fort Driant. Pasado el bombardeo, varias compañías de Infantería y el 818.º de cazatanques iniciaron una envestida que fue repelida desde los fortines y búnkeres con fuego granizado de ametralladora y morteros.

Repelidos una vez más, el 29 volvieron a la carga con el apoyo de excavadoras y barrenos —denominados *snakes,* culebras— que se proponían introducir por las escotillas de los búnkeres, haciéndolos estallar, pero tampoco obtuvieron resultados apreciables. Los cartuchos de dinamita reventaban entre las palas de las máquinas y las inutilizaban. Eran momentos duros, y Patton se negó a aceptar que sus hombres fracasaran, por eso dijo:

> Si se necesitaran todos los hombres del XX Cuerpo los utilizaré, no voy a permitir que un ataque de este Ejército se malogre[151].

A pesar de que los ataques siguieron, los alemanes lograron una inesperada salida la noche del 5 de octubre, aislando al 2.º Batallón del 11.º de Infantería. Sorprendidos por la valentía de los germanos, se decidió otro ataque para el 7 de octubre en el que estarían involucrados hasta ocho batallones.

Como medida previa, Patton ordenó cañonear los búnkeres con obuses de 240 mm, seguramente los más potentes del ejército norteamericano, pero tuvo efectos negativos: a la artillería estadounidense respondieron los alemanes con fuego de contrabatería, entablándose un terrible castigo por ambas partes que acabó con la retirada americana, dado que no tenían cobertura de blocao.

Tras aquellos intentos, aconsejados por asesores franceses que conocían la estructura del fortín, se intentó una aproximación subterránea, buscando perforar un túnel que pudiera desalojar a los alemanes y, al mismo tiempo, se inició un ataque convencional que los obligara a dividirse. Pero el trabajo del cuerpo de Ingenieros en los túneles, las explosiones para derribar muros y los gases que se producían en situación tan compleja obligó a abandonar el intento. Con todo, hasta el día 8 de octubre, cayeron casi quinientos soldados y veintiún oficiales, entre heridos y fallecidos.

Tras la valoración de Patton y su Estado Mayor el día 9, se decidió abandonar el asedio, y el 12 se dio orden de evacuación. Las piezas que habían quedado averiadas sobre el terreno fueron destruidas a cañonazos, emplazando más de dos toneladas de explosivos en los lugares que los ingenieros consideraron importantes, pequeñas casamatas de los alrededores y edificaciones colindantes. Una vez Metz capituló el 8 de diciembre, Fort Driant también se rindió, pero sin que la guarnición hubiera sido vencida, la resistencia germana se había impuesto al devastador ataque norteamericano.

---

151 Anthony Kemp, *The unknown battle, Metz, 1944,* Stein and Day, 1980.

Posiblemente para Patton aquella batalla fue fatigosa y muy frustrante. Durante meses no había podido emplear sus métodos habituales, velocidad y desbordamiento del enemigo, incluso el empleo masivo de la aviación resultó poco valioso, a lo que se unió una climatología terrible y, por delante de todo, la sañuda contumacia alemana.

En definitiva, había sido una batalla estática, de puro bloqueo, y ese no era el tipo de combate en el que podía vencer. ¿Qué habría ocurrido si el empeño de Patton en rendir Fort Driant no hubiera existido? Si a las primeras muestras de defensa enconada y muy efectiva de los alemanes, hubiese dispuesto una maniobra para cruzar el río por otro punto, quizá a la altura de Estrasburgo, incluso dejando una bolsa que afectaba realmente poco territorio, es decir, no comprometía la ofensiva sobre el Westwall o *Siegfried-Linie* —de ambos modos se conocía en alemán la línea Sigfrido—, con la total seguridad de que los hombres que resistieron en Fort Driant habrían acabado por capitular, siendo rebasados por la vanguardia del III y atendiendo que el I de Hodges mantenía el cerco sobre Metz. ¿Fueron, por tanto, un capricho de Patton los dos meses que se detuvo?

Una vez quedó superado el parón de Metz, el III reanudó la ofensiva, queriendo avanzar directamente hacia la línea Sigfrido, pero en ese momento —16 de diciembre de 1944—, los alemanes estaban presionando en el Sarre, y la que iba a ser batalla de las Ardenas tomó un rumbo diferente. Avisado por Eisenhower y Bradley, Patton giró también hacia el norte. Atrás quedaban las batallas en la región de Lorena.

Liberado de sus compromisos, el VII[152] del general Alexander Patch, que contaba con tres cuerpos, el VI, XV y XXI, fue lanzado a la ofensiva para tratar de detener el avance alemán. Tras una parada

152 Es notorio decir que, en 1944, Patch lideró el ejército que había combatido en Sicilia a las órdenes de Patton. Fallecido un año más tarde, fue sucedido por el general Jonathan Mayhew Wainwright IV, cuya vida militar se desarrolló casi íntegramente en Japón y Filipinas.

que consumió lo que quedaba de invierno, en marzo del 45 irrumpió en el territorio del Sarre-Palatinado, al sur de Luxemburgo y en dirección a Stuttgart, con la intención de hacer retroceder a las fuerzas del Reich.

# OPERACIÓN *GREIF*

Uno de los mitos generalmente aceptados en la historiografía militar describe las Ardenas como una región poco menos que intransitable y constituida por una formidable barrera geológica que aísla sin remedio la frontera francesa de la fachada alemana. Sin embargo, la constatación experimental niega semejante aserto. Claro que es zona frondosa con una topografía desigual, pero también donde el ganado pasta sosegadamente en verdes llanuras en las que se atisba a lo lejos la espadaña de alguna iglesia de marcado aire románico.

El historiador sueco Christer Bergström es seguramente de los pocos que no cae en la trampa de la reiteración. En efecto, Bergström[153] caracteriza la zona donde se produjeron los combates más señalados, al sur de Bélgica, como lugar salpicado de pequeños bosques que a duras penas podría considerarse una región montañosa. Es cierto que las piceas, coníferas que se dan en abundancia en la región, son de corte cónico y pueden alcanzar fácilmente los cincuenta metros de altura. Precisamente gracias a esa forma piramidal, alrededor del tronco queda ocupado un significativo perímetro, que no deja transitar con facilidad ni a caminantes ni a vehículos.

153 Christer Bergström, *Ardenas, la batalla*, Pasado y Presente, Barcelona, 2015, pág. 94.

Con todo, en los montes aparecen espesuras perfectamente separadas, pero no grandes depresiones que hagan imposible la marcha.

Es en el lado alemán, en la parte renana y tocando a Luxemburgo, donde las Ardenas forman una grandiosa barrera. Se trata de la zona volcánica de Eifel, lugar en el que las coníferas dejan paso a hayedos y robledales y se abren desfiladeros por los que corren gozosas las aguas que desembocan en el Our.

Justo al sur los alemanes volvieron a activar la línea Sigfrido de ese sector[154]: aprovechando las sinuosidades de Eifel y taponando la frontera se había construido una red de trincheras, casamatas artilladas de hormigón, raíles de tren dispuestos en forma curva, caballos de frisia, alambradas en líneas paralelas, dientes de dragón y campos minados que sin duda iban a dificultar la entrada de los ejércitos aliados.

Se suponía, como en todo sistema de defensa fija, que los carros y los demás vehículos no podrían pasar, dada la profundidad de las zanjas y la disposición de los demás aditamentos, con lo que la infantería debía quedarse al descubierto frente a las ametralladoras y los morteros.

De hecho, la línea Sigfrido, que en principio fue la respuesta alemana a la línea Maginot, se reactivó cuando los aliados desencadenaron el desembarco en Normandía y fueron avanzando hasta liberar París. En ese momento Hitler dio la orden de modernizarla[155], proveyéndola de complejos artilugios para impedir el asalto occidental. Como detalle significativo, siempre se citan los famosos dientes de dragón, especie de pirámides de hormigón dispuestas en el terreno en líneas de cinco en fondo y construidas en escala, esto es, con distinto grado de elevación, y entreverando bloques de minas antitanque y antipersona.

154 La línea Sigfrido transcurría desde el sur de Holanda hasta la frontera con Suiza, cubriendo los límites orientales de Bélgica, Luxemburgo y Francia.

155 Después de la Gran Guerra y hasta entonces, y prácticamente desde su construcción, muchos búnkeres habían sido utilizados por los labradores para guardar grano, animales y aperos propios de su trabajo.

Con todo, sorprende pensar que estrategas de la categoría de Rommel (que seguramente jamás creyó en tales proyectos), Guderian, Manstein, Rundstedt, Dietrich o Kurt Meyer, fueran capaces de confiar lo más mínimo en aquellas construcciones, cuando ellos mismos habían bordeado la vieja línea francesa al principio de la guerra y después de las experiencias en Túnez e Italia. Seguramente, esa ilusión era, con toda probabilidad, poco más que una posición no disonante, una aquiescencia con las políticas de Hitler que, a ojos de cualquiera, llevaban al desastre. Un asentimiento suicida, desde luego, que no suponía más que entereza ante la locura final.

Atendido este detalle, cabe pasar a lo que fue la última disposición de Hitler respecto a la guerra en el oeste. Una vez había caído prácticamente toda Italia en manos aliadas y sus soldados avanzaban por Francia, cabían pocas posibilidades de éxito alemán. Teniendo en cuenta que el Ejército Rojo era en ese momento imparable y presionaba severamente desde el este, Hitler ideó una de las aventuras más extravagantes que quepa en mente alguna: llegar a Amberes, catapultar al mar a los aliados repitiendo otro Dunkerque y pactar una paz germánica, liberando a sus unidades del combate en el oeste y transfiriéndolas al este, donde la defensa del Reich era mucho más acuciante.

Semejante propuesta debería haber sido puesta en cuestión por la Wehrmacht, pero tras el intento fallido de asesinato en Valquiria el 20 de julio de 1944 y el triste final de Rommel, Haeften, Stauffenberg y sus cómplices, nadie en el ejército alemán se atrevía a contradecir lo que a todas luces era el desvarío de una mente aturdida por el histerismo más frenético, a pesar de que suponía el descalabro definitivo de las fuerzas alemanas.

Seguramente por eso, el 16 de diciembre de 1944, en un invierno especialmente gélido, Alemania lanzó su postrer ofensiva contra las fuerzas que ya habían cruzado Francia. Se llamó operación *Wacht am Rhein*, a pesar de que más tarde, el general Walter Model optó por un nuevo nombre en clave, *Herbstnebel*. O sea, de «vigilancia en el Rin» a «niebla de otoño», nombre rimbombante que nada tenía que ver con la estación que se estaba viviendo, pleno invierno.

Hitler pensó en todo momento no solo en la oportunidad de la operación, sino en el éxito de esta, al fin y al cabo, contaba con el auxilio de la industria militar germana (o lo que quedaba de ella) para estrenar nuevas armas con las que pensaba asombrar a los aliados, hacerles claudicar y obligarlos a buscar un armisticio. Se unieron, por tanto, diversos factores, todos primordiales, para que generales que estaban perfectamente informados del avance del Ejército Rojo consintieran sin la menor oposición. Únicamente Model consiguió un cambio de fechas por razones meteorológicas y la permuta del código. El criterio indiscutible era el de Hitler, afianzado por la promesa de insólitos ingenios y ante la presión soviética.

Una vez los preparativos estuvieron hechos y las disposiciones aprobadas, y contrariamente a lo que se suele buscar cuando se trata de iniciar una ofensiva, los alemanes esperaron a que los servicios de meteorología y las informaciones climatológicas que enviaban sus submarinos desde el Atlántico confirmaran un periodo de mal tiempo.

Era así porque pensaban que con lluvia, nieve y cielos encapotados la aviación aliada no podría responder, obligando al enemigo a combatir en condiciones adversas y sin el techo que lo cubría desde su entrada en Normandía. Una idea cuando menos peregrina que costó la vida a miles de víctimas y supuso la práctica aniquilación de la capacidad de la Wehrmacht y, por supuesto, de la Luftwaffe. Y, añadido insólito, porque Hitler dio un plazo de dos escasas semanas para aplastar a los aliados y presentarse en el puerto de Amberes. Entendía que la nieve y las temperaturas bajo cero no iban a ser inconveniente para sus tropas, experimentadas en la guerra de Rusia, y sí un fuerte aguijón para los aliados que, desprovistos de apoyo aéreo y a campo abierto, ni los hombres ni las máquinas podrían resistir el empuje germano.

La importancia de Amberes, ya lo hemos dicho más arriba, no radicaba en una cuestión territorial ni era un antojo aleatorio del Führer, sino que respondía a un planteamiento meramente logístico: su puerto se había convertido en el principal punto de entrada de abastecimientos para los ejércitos aliados. De su adecuada explotación dependía, por tanto, todo el brío que tanto norteamericanos, canadienses o británicos pudieran mostrar, sirviendo además para hacer llegar suministros a los franceses cuyo país, tras años de ocupación, poco podía aportar, y menos respecto a armamento.

Amberes también fue clave para la liberación de Bélgica y Holanda. Conseguir cortar, por tanto, todo aquel flujo supondría un inmenso giro en la guerra, de tal modo que quizás hubiera obligado a los aliados a replantearse su propia manera de combatir e, incluso, y ante la avalancha de problemas derivados, a estabilizar los frentes o a aceptar un armisticio, la famosa repetición de Dunkerque. Tal posibilidad era la que buscaba el OKW y, por extensión, Hitler que, en su extravío, pensaba en un directo rompimiento con los soviéticos. Tal situación llevaría al posicionamiento de miles de soldados del frente oeste que podrían ser empleados ante el Ejército Rojo, consiguiendo de ese modo equilibrar las fuerzas y sostener la defensa o, incluso, hacer retroceder a los rusos.

* * *

Para llevar a cabo *Herbstnebel*, los comandantes germanos emplearon el tipo de *blitzkrieg* que tan buen resultado les había dado contra franceses y británicos años atrás. Esta vez, no obstante, dependían de que el cielo les concediera una prórroga de mal tiempo porque pensaban encontrar un enemigo inmensamente poderoso que se movería en un techo intocable para la artillería antiaérea alemana y que saturaba las posiciones de los adversarios con bombardeos progresivos en alfombra (*carpet bombing*[156]) de cientos de toneladas de explosivos, bombas incendiarias y napalm. Pero ese enemigo tan eficaz no podría actuar si las nubes y la niebla cubrían el campo de batalla. Todo se iba a jugar según el tiempo. Y el tiempo les dio aquel breve plazo.

---

156 Acerca de los bombardeos masivos aliados sobre ciudades alemanas conviene leer el libro de Frederick Taylor, *Dresde*, Ariel, Barcelona, 2004, igualmente el de Sinclair Mckay, *Dresde: 1945. Fuego y oscuridad*, Taurus, Barcelona, 2020.

Para que *Herbstnebel* se pudiera desarrollar correctamente también resultaba imprescindible, según los planes alemanes, acceder a los puentes que cruzaban el Mosa, de tal manera que, una vez dispuestas las comunicaciones, pudieran atravesar tres ejércitos *panzer* de algo menos de cincuenta divisiones y poner en serio aprieto a británicos y canadienses, que huirían hacia la costa en una repetición de lo ocurrido años atrás. Era una manera de pensar ilógica, incluso desatinada, pero es la que se impuso.

A modo de complemento de *Herbstnebel*, se ideó otra maniobra que en ese momento recibió el nombre de operación *Greif* y fue encargada al coronel de las SS Otto Skorzeny. No iba a estar basada en choques armados, ni era una acción de combate clásica, sino una estratagema cuyo objetivo consistía en confundir y distorsionar las órdenes de los mandos norteamericanos en cruces y carreteras, así como desviar cualquier movimiento de tropas cambiando indicaciones de tráfico, especificaciones de cada localidad, letreros, jalones, postes, vestigios, etc.

En una palabra, sembrar el caos. Además, en la ejecución también entraba la difusión de noticias falsas acerca de los propósitos de los comandos alemanes. Una de ellas, muy eficaz, consistió en la propagación de un rumor ciertamente preocupante: el secuestro del general Eisenhower.

En efecto, en algún momento de la que se preveía como última ofensiva alemana, Hitler pensó en una solución concluyente: apresar a Eisenhower y descabezar de ese modo el alto mando aliado. Tenía, aparentemente, los medios adecuados, sobre todo al coronel Skorzeny, cuyas cualidades para llevar a cabo semejante objetivo no dejaban frío a nadie. El rumor guardaba, además, un cierto aire de verosimilitud en la medida que la plana mayor de los generales aliados iba a reunirse en Verdún la mañana del 19 de diciembre de 1944.

Skorzeny y sus comandos, por su parte, hombres todos con un perfecto inglés, estaban preparados y disponían de uniformes americanos y de *jeeps*. De hecho, en las memorias[157] de Skorzeny se pueden leer las innumerables veces que el propio coronel o alguno de sus soldados, vestidos con guerreras americanas y hablando un inglés con acento americano corriente, pasaban las líneas y charlaban con oficiales estadounidenses o confundían a las fuerzas atacantes con informaciones falsas.

Como consecuencia de lo que imaginaban podía ser una seria amenaza, los americanos optaron por una contramaniobra que a ojos de hoy no deja de parecer de poca envergadura. Disfrazaron a un oficial de Estado Mayor, cuyo semblante era por lo visto sorprendentemente similar a Eisenhower, lo cubrieron con el abrigo del general y cargado de estrellas y con una discreta escolta, lo pasearon con un *Cadillac* idéntico al del comandante aliado por Versalles, a modo de visita particular de alguien capaz de admirar las bellezas de la corte de Luis XIV. Entre tanto, el verdadero Eisenhower iba a proseguir su cometido, esto es, la asistencia a la reunión de comandantes que tenía programada en Verdún.

Tales asuntos, el del doble de Eisenhower y el de los vagabundeos del falso general por París eran, según se lee en el libro de Skorzeny[158], información común que manejaba desde siempre la inteligencia alemana. Tanta era la serenidad del coronel austriaco, rayando en el cinismo más evidente, que se atrevió a pedir disculpas a los parisinos por haber dificultado indirectamente sus paseos y sus excursiones, sobre todo al Café de la Paix, que el coronel había visitado asiduamente mientras duró la ocupación. Sito en la place de l'Opéra, servía como punto de reunión de la intelectualidad parisina y de muchos conocidos artistas y literatos.

Mientras esto ocurría, en París, las fuerzas americanas como otros destacamentos allí acantonados, vivían en una especie de continuo desasosiego ante la posibilidad de que Skorzeny, disfrazado ahora de oficial aliado, se volviera a presentar para atentar contra alguna personalidad.

157 Nos referimos a *Vive peligrosamente,* opus cit.

158 Skorzeny, *ídem*, pág. 323.

De ese modo, los aliados levantaron barricadas y puestos de control, cerraron avenidas y marcaron itinerarios, incluso dispusieron de un sistema de rastreo periférico con policía camuflada que interfería e interrogaba a los transeúntes, detenía vehículos y vigilaba edificios y domicilios, y todo ello mientras el coronel Skorzeny estaba, presumiblemente, en el frente, por más que su paradero siempre fuera una entelequia, incluso para sus superiores.

Hubo más, durante los últimos compases de la guerra, corrió la noticia de que un alto oficial alemán se hacía pasar por general británico, asistiendo a reuniones y dando órdenes, con lo que todos los generales británicos fueron puestos bajo rigurosa sospecha hasta identificar su filiación.

La psicosis del momento llegó al extremo de no fiarse de los oficiales que por alguna circunstancia se hallasen en un cruce de carreteras o al frente de alguna expedición, solicitando la Policía Militar credenciales con cierta alarma. Se produjeron casos sorprendentes, dado que no valían las contraseñas habituales a sabiendas de que podían conocerlas oficiales alemanes infiltrados, se optó por hacer preguntas acerca de la realidad norteamericana reciente: nombres de actrices, resultados de béisbol o ubicación de ciudades en EE. UU. Incluso se llegó al extremo de hacerles leer un texto al azar en inglés para observar la pronunciación de ciertos fonemas, siempre complicados para los alemanes.

En aquel embrollo fueron detenidos el mariscal Montgomery, en plena ofensiva de las Ardenas, y el general Bradley, que fue preguntado hasta tres veces acerca de cuestiones nimias, tales como «¿quién juega de central en los Yankees?», «¿cómo se llama la novia de Mickey Mouse?» o «¿cuál es la capital del estado de Illinois?», pregunta a la que Omar Bradley respondió correctamente, Springfield, pese a que el demandante sostenía que era de Chicago.

El general Clark, que insistió en afirmar que era el comandante del Grupo de Combate B mientras seguía detenido por miembros de la Policía Militar, tuvo que negar la afirmación que le presentaba a los *Chicago Cubs* como un equipo de la liga de béisbol americana. Obviamente, en tales circunstancias no servían las estrellas, los galones ni las insignias, al contrario, cuanto mayor graduación presentara el detenido, más sospechoso se hacía.

* * *

Atendiendo a que la capitulación de Alemania se produjo el 8 de mayo, por entonces, Otto Skorzeny, junto a un grupo importante de militares alemanes, se entregó en el cuartel que las tropas norteamericanas mantenían en Werfen, población cercana a Salzburgo. Según explica en sus memorias, y a pesar de seguir siendo «el hombre más peligroso de Europa», no optó por huir en el *JU 88* que tenía a su disposición, como hubiera sido perfectamente posible, y no lo hizo por solidaridad con sus compañeros de armas y porque jamás tuvo el menor asomo de culpabilidad: Skorzeny se consideraba un soldado y sus actos estaban enmarcados en acciones de guerra.

Tras las necesarias comprobaciones, durante las que mantuvo una confianza relativa, convencido de que un tiro iba a ser su destino, todavía exigió que se liberara a los que iban con él y se les tratara con arreglo a cierta etiqueta, negándose a responder al interrogatorio que se le hacía salvo que se cumpliera su reclamación. Antes de sentarse en la mesa donde lo esperaban los investigadores, tuvo que vaciar los bolsillos y quitarse el reloj, y se le requirió la pistola, que Skorzeny entregó sin mostrar vacilación alguna y, eso sí, advirtiendo al sargento que le tomó el arma que estaba cargada y era peligrosa. Después de un ligero intercambio dialéctico respecto a su personalidad y motivos de la entrega, fue trasladado a Salzburgo en *jeep*.

En el trayecto, se fijó que el suboficial que iba a su lado llevaba una automática apuntándole y que tenía quitado el seguro, además de mantener el dedo en el gatillo. Dado que no hablaba un inglés suficiente como para desenvolverse con agilidad, se abstuvo de comentarle lo arriesgado de semejante manejo. Un bache o un frenazo podían desencadenar la tragedia y Skorzeny, después de las turbulentas aventuras que le habían dado fama, sabía que el sargento se la estaba jugando.

Una vez en Salzburgo, en lo que ya era el cuartel general del VII Ejército estadounidense, un capitán del Servicio de Inteligencia le preguntó a bocajarro si había pretendido secuestrar o asesinar al general Eisenhower o a algún general aliado, y naturalmente, se refería a George Patton. La respuesta que dio, y que Skorzeny recoge en sus memorias, fue de antología, atendiendo a las circunstancias, delante de un oficial estadounidense y encañonado por varios soldados con subfusiles y pistolas automáticas:

> —Si en alguna ocasión hubiese recibido la orden de atacar el Cuartel General aliado, hubiera empezado por trazar un plan. Y, de haber trazado un plan, habría intentado llevarlo a la práctica. Y, de haberlo hecho, la operación habría tenido éxito[159].

Y ante la estupefacción del capitán, añadió:

> —Seguramente.

Con posterioridad, la conversación derivó a temas distintos, como la liberación de Mussolini, el secuestro del hijo del almirante Horthy u otras cuestiones, como si tenía seguridad en la muerte de Hitler, a lo que Skorzeny respondió categóricamente. Después, rayando ya la media noche, se le permitió salir al patio y conversar con algunos generales de la Wehrmacht, también detenidos.

Skorzeny fue objeto de varios interrogatorios más en la misma línea. Mientras tanto, cuando los estadounidenses lo permitían, varios fotógrafos acreditados retrataban al que había supuesto uno de los más agudos contratiempos para las unidades de inteligencia aliada.

Años después, en una entrevista muy posterior que concedió en un viaje que por razones médicas realizó a Alemania, volvió a asegurar que, si hubiera tenido la intención de liquidar a Eisenhower, lo habría conseguido.

---

159 Skorzeny, *opus cit.*, pág. 368.

Otto Skorzeny fue internado en una prisión militar y juzgado en el campo de Dachau en 1947 por crímenes de guerra y violación de leyes de guerra, dado que en múltiples ocasiones había usado uniformes aliados para infiltrarse en las filas enemigas, ocasionando muertos y heridos. Ante el tribunal que lo juzgaba no negó los cargos que, por otra parte, eran notorios, pero hubo un informador británico que testificó acerca de la maniobra, asegurando que las tropas aliadas también habían usado la misma treta. Finalmente, Skorzeny fue declarado inocente de todos los cargos en sentencia pública absolutoria que dejaba bien claro que había luchado como un soldado por su patria habiendo cumplido su deber. No obstante, fue recluido en el centro de desnazificación de Darmstadt, del que huyó en julio de 1948 disfrazado de policía militar americano.

La salida de Skorzeny de Darmstadt fue una especie de arreglo político entre el Servicio de Inteligencia norteamericano y el propio coronel, pues nadie se opuso a que se marchara, invitándole indirectamente a que se ocultara en cualquier lugar, mientras no fuera ni Alemania ni Austria. Las memorias del coronel de las Waffen-SS acaban aquí, con la palabra libertad en mayúsculas, pero todavía le quedaban casi treinta años de andanzas y peripecias.

Por otra parte, la decisión que posteriormente tomó venía avalada por las circunstancias del momento. Eran tiempos en que la Unión Soviética imponía ya un régimen de signo estalinista en la parte de Alemania que dominaba, y Skorzeny no tuvo dudas: viajaría a España. Al fin y al cabo, allí había combatido la Legión Cóndor y de allí eran originarios los miembros de la 250.ª División de la Wehrmacht, la División Azul. Además, se conservaba un régimen que había mantenido relaciones con Hitler, por más que muy sutiles respecto a la intervención en la II Guerra Mundial. España era un lugar aproximadamente seguro para un hombre que sabía que iba a ser buscado con ahínco por los comunistas y por el Mosad israelí.

Como decimos, de alguna forma, Skorzeny llegó a España y le cupo viajar con cierta asiduidad a Argentina y Alemania, siempre con documentación falsa y siempre para mantener contactos con antiguos nazis refugiados en aquellos países, como Ante Pavelić, el

*Poglavnik*, jefe de la *ustacha* croata, seguramente el único hombre que espeluznaba a Hitler por sus desmesuras[160]. Para acabar, el coronel Otto Skorzeny falleció oportunamente en el verano de 1975, justo unos meses antes del final de la dictadura del general Franco.

160 Léase al respecto, con una fascinante visión periodística, la estremecedora obra de Curzio Malaparte, *Kaputt*, 1944.

# BASTOGNE

Tras las primeras ofensivas de la operación *Herbstnebel* en las Ardenas, que sorprendieron a los aliados, pues jamás llegaron a pensar que los alemanes pudieran organizarse de tal modo y atacar una vez más, las fuerzas germanas se detuvieron a la altura de Bastogne, punto de reunión de muchas unidades que no podían prosperar hacia el norte y ni mucho menos llegar a Amberes. En tal tesitura, atraparon, quizá de forma fortuita, a la 101.ª División aerotransportada estadounidense, que se había posesionado de la ciudad.

De hecho, Bastogne, un pueblo de escasos cuatro mil vecinos, era un nudo crucial en las comunicaciones de las Ardenas que supuestamente debían explotar los soldados alemanes para conseguir los objetivos designados por Hitler. Situada sobre la frontera con Luxemburgo, al sur de Bélgica, a poca distancia de Sedán y a trescientos kilómetros en línea recta hasta Frankfurt y poco menos a Coblenza, suponía, además, la puerta de entrada al corazón del Reich, y su caída podría encarnar la imagen de la más incontestable derrota.

Sin embargo, el certero dibujo del desastre que se avecinaba fue la incapacidad alemana de conseguir la rendición de un pequeño contingente estadounidense. En efecto, el día 17 de diciembre, el general Joachim Peiper al mando de la *Leibstandarte SS Adolf Hitler*, quizás una de las divisiones más señaladas de las Waffen, aisló cerca de Lieja a la Batería B del 258.º Batallón de Observación de Artillería del XI Ejército estadounidense, una treintena de camiones que se habían quedado estancados por falta de combustible y, a pesar de que los americanos no dudaron en levantar los brazos, más de setenta soldados fueron fusilados sin mayores miramientos, aunque siempre hay diferencias en las cifras. Tal acontecimiento se denominó la masacre de Malmedy, siendo juzgados y condenados los responsables en un tribunal militar dispuesto en las antiguas dependencias del campo de concentración de Dachau en 1946. Posteriormente, las sentencias fueron permutadas por un efímero tiempo de prisión.

Por otra parte, la línea Sigfrido en aquellos momentos ya no era la fortaleza inexpugnable que la propaganda alemana seguía explicando, sino un emplazamiento defendido por batallones militarizados de trabajadores, sin apenas experiencia y menos contra grandes unidades enemigas, en un entramado de casamatas, dientes de dragón, alambradas, campos minados y búnkeres con cañones y ametralladoras más o menos fijos. En una palabra, el otrora imparable ejército alemán, la arrolladora máquina, se estaba desintegrando.

El III de Patton operaba bastante más al sur, en línea hacia la frontera alemana, sin embargo, alertado por la situación de la 101.ª, ordenó que tres divisiones evolucionaran hacia el norte ciento setenta kilómetros, atravesando el frío del invierno, y se presentaran en Navidad detrás de las líneas alemanas.

* * *

Varios *jeeps* con la estrella blanca se desplazaron la mañana del 19 de diciembre de 1944 desde Versalles hasta Verdún, lugar simbólico en el noroeste de Francia donde en la Gran Guerra cayeron cientos de miles de soldados durante una batalla que duró casi un año. Las cortinas abaluartadas de las murallas diseñadas por Vauban y las torres almenadas sobre el Mosa presentaban una ciudad pequeña, mimosa, de calles antiguas en las que convivían las construcciones medievales y las del siglo XVIII con la arquitectura de finales del XIX.

En medio de los vehículos militares, transitaba un *Cadillac* verde oliva. Su pasajero, el general Dwight Eisenhower había citado a los generales bajo su mando en la escuela, que en ese momento era el cuartel general del XII Cuerpo de Ejércitos al mando de Omar Bradley. Solo faltaba Montgomery, que jamás habría ido tratándose de gente de menor rango, dado que a esas horas ya era mariscal, aunque envió a su ayudante, el general Francis de Guingand. La ofensiva alemana y el consecuente asombro aliado habían convertido aquella reunión en imprescindible.

En efecto, la operación *Herbstnebel* ya estaba en marcha, pero los aliados todavía no habían salido de sorpresas. El V Ejército *Panzer* del general Hasso von Manteuffel se acercaba a Bastogne y el VI *Panzer* SS mandado por Sepp Dietrich le servía de apoyo en su intención de dirigirse hacia Amberes. Diez divisiones blindadas y cinco de Infantería, junto a los nuevos carros *Tiger II*, no eran asunto que se pudiera ventilar en un momento. Además, el VII Ejército a las órdenes de Erich Brandenberger guarecía el flanco sur de Manteuffel.

Por eso las medidas de seguridad eran excepcionales: buena parte de la plana mayor aliada estaba reunida bajo un mismo techo. Planeaba, por otra parte, la amenaza de Skorzeny, en absoluto un espantajo insignificante.

En Verdún el tiempo era lluvioso y el frío glacial, y franjas de nubes bajas encapotaban los cielos. Un innegable sentimiento de aprensión anidaba en las cabezas de los congregados. A pesar de las buenas intenciones de Eisenhower, el ambiente era tétrico. Cuando se comentaron los pormenores del avance alemán, y ante el silencio de los demás, solo el general Patton dejó caer uno de sus oportunos comentarios:

> —Demonios, tengamos cojones[161] para dejar que esos hijos de puta vayan hasta París. Entonces realmente los cortaremos y los masticaremos.

161 En muchas ocasiones la traducción tira de eufemismo y prefiere *agallas*.

A pesar de que alguno pudo sonreír, Eisenhower zanjó las alegrías con un seco:

—Muy bien George, pero bajo ningún concepto se ha de permitir que el enemigo pase el Mosa.

El jefe supremo, consciente de lo que implicaba la ofensiva alemana, pretendía que su alcance quedara reducido a la menor expresión. Aquel movimiento anulaba las órdenes de chocar con la Sigfrido, que se iba a producir bastante más tarde. Por eso, el «que vayan a París» de Patton le debió sonar a Eisenhower como otra frivolidad del general californiano. En ninguna circunstancia se podía dejar que los alemanes avanzaran hacia el oeste o progresaran en dirección norte, y eso implicaba impedir que cruzaran el Mosa. Se trataba, en definitiva, no tan solo de evitar el avance, sino también de impedir que el río sirviera de vía de comunicación entre la vanguardia y los depósitos de suministros que una acometida como aquella necesitaba.

Por otra parte, aunque los aliados entendieran que aquellos eran los últimos alientos del ejército alemán en el oeste, tenían la presión de los soviéticos, donde un Stalin convencido de que los occidentales preparaban una paz separada con los alemanes, implicaba que cualquier movimiento fuera examinado con lupa en Moscú.

Abstenerse de impedir el cruce del Mosa y, en consecuencia, no frenar el avance alemán, por muy conveniente que se pudiera ser para dejar penetrar y estirarse a la vanguardia germana, según la propuesta de Patton, era un suicidio político: primero porque Stalin iba a creer que era parte de un pacto secreto entre alemanes y occidentales, ganar París y negociar a dos bandas, y segundo, porque intentar cortar las líneas alemanas una vez hubieran tocado la capital francesa suponía un riesgo descabellado, además de dar tiempo suficiente como para que Berlín pusiera en marcha y calibrara con precisión sus anunciadas armas secretas, al fin y al cabo, los cohetes *V2* ya aterrorizaban a los londinenses desde septiembre. Por muy acertados que fueran los antiaéreos británicos, tocar un proyectil como aquel en vuelo hacia Londres era poco menos que una coincidencia, además, la Luftwaffe estaba llevando a cabo los primeros ensayos de aviones a reacción, mucho más veloces que los habituales, con lo que los cielos podían volverse un enemigo gigantesco si tales tanteos llegaban a los hangares.

En definitiva, la decisión estaba tomada: cerrar a los alemanes el cruce del río Mosa. Eso suponía oponer al V *Panzer* la fuerza necesaria como para impedirle franquear el río y asentarse en la orilla izquierda. Obviamente, no se trataba de ninguna bagatela, sino de una de las batallas quizá más importantes de la guerra.

A lo mejor por eso, en medio del sombrío auditorio, Patton, incontenible y siempre engreído, lanzó una frase campechana y a la vez biliosa:

—Ese hijoputa de Manteuffel ha metido su polla en una picadora de carne y yo la tengo agarrada por el asa[162].

La ocurrencia de Patton provocó la risa de los generales, pero Eisenhower, sin ganas de jolgorios, inmediatamente le preguntó cuándo podría atacar.

—Ahora mismo.

Fue la contestación de un Patton seguro, dueño y señor del III Ejército.

—Solo tengo que dar la clave por teléfono y mis tropas empezarán el movimiento —añadió.

—Quiero que mandes esa maniobra, bajo la supervisión de Brad (Omar Bradley, que desde el 16 había prohibido a Patton continuar hacia el este), naturalmente, con seis divisiones al menos —prosiguió Eisenhower ante la estupefacción de los presentes.

Ni Eisenhower ni nadie de los concurrentes creyó en ese momento que Patton pudiera mover tal cúmulo de elementos: decenas de miles de soldados, carros, artillería, transportes, logística y comunicaciones y, por supuesto, mensajes claros a la fuerza aérea para que cubriera el trayecto, y todo ello transitando por carreteras sin indicaciones creíbles, plagadas de enemigos atrincherados capa-

---

162 John D. Eisenhower, *Ike's Son Remembers George S. Patton Jr.*, American Heritage, vol. 62, 2012, págs. 1 y ss. para el resto de la conversación.

ces de bloquear cualquier desplazamiento, con hielo, frío y niebla y, evidentemente, avanzando día y noche.

Incluso el general Eisenhower se dio cuenta que la orden dada era excesiva, y pronto se reflejó la imposibilidad de semejante resolución en las caras de los presentes. Una cosa era dar órdenes y hacerlo con sentido, y otra muy distinta era que esas órdenes fueran posibles. Ordenar algo imposible era tanto como hacerlo sin coherencia, rebajando el prestigio de un general, aunque fuera el mismísimo Eisenhower. Por eso, unos segundos más tarde añadió, quizás con algún grado de arrepentimiento.

—George, no seas vanidoso, si intentas ir demasiado rápido no tendrás listos los contingentes que necesitas y tus divisiones te volverán lento. Necesito que sea un golpe fuerte, quizá el día veintitrés si tardas en reunir las tropas.

Patton asintió, pero en su rostro apareció el gesto del militar sagaz, la mueca del que entiende la coyuntura, incluso el ademán de quien jamás va a desaprovechar un momento semejante para demostrar al mundo su valía. Aquel fue, con toda seguridad, el mejor minuto de su vida. El instante supremo en el que iba a surgir el genio, el espíritu del guerrero invencible, todo por lo que Patton había luchado hasta ese momento. Y, añadimos, el desquite definitivo de los meses pasados frente a Fort Driant buscando el laurel.

Nadie en la reunión, y puede que nadie sensato, en aquel instante y en aquellas circunstancias, hubiera aceptado tal compromiso: girar un ejército, torcerlo noventa grados hacia el norte, cambiar órdenes, directrices, suministros, proveerlo de mapas, dar consignas y hacerlo con el peor tiempo, en invierno y contra un enemigo que luchaba ya desesperadamente por su salvación. Todo ello suponía un conjunto de elementos que, desde luego, eran el perfecto acicate que Patton había buscado desde siempre, la suprema manifestación de su genio militar.

El único punto de pesadumbre, y no era ni mucho menos una tontería, es que solo tenía operativas tres divisiones, la 4.ª blindada, la 26.ª y la 80.ª de Infantería, el resto se había perdido en la batalla del bosque de Hürtgen[163] en septiembre. No obstante, afirmó después, más valía golpear con una fuerza menor que quedarse a esperar el ataque. Al menos, de esa manera, llevaba la delantera con un hachazo sorpresa que ponía contra las cuerdas, momentáneamente, al adversario.

Unos instantes después, el general Patton, que guardaba silencio mientras el resto especulaba acerca de la improbabilidad de tamaña maniobra, se excusó un segundo. Se levantó y accedió a la sala donde varios soldados guardaban los teléfonos y, tras esperar a que el operador le diera paso, habló con su cuartel general, pronunció unas palabras en clave y volvió a la reunión, tomó asiento y siguió callado.

A partir de ese instante, el III de los Estados Unidos inició la operación, habían trascurrido dos minutos desde que el jefe supremo diera la orden y las tropas ya se movían. No iba a esperar al día 23, la maniobra había comenzado. Miles de hombres, miles de máquinas y cientos de elementos logísticos de apoyo y mantenimiento viraron aquella noche y se dirigieron al norte.

Patton todavía estuvo conversando un rato con Eisenhower y los demás, que jamás sospecharon nada acerca de la orden dada ni tampoco que el propio George Patton, previendo lo que podría pasar, había dejado las cosas preparadas.

Naturalmente, semejante plan tuvo sus antagonistas, y la sempiterna enemistad con Montgomery se vio reflejada en los telegramas

---

163 Acaecida desde mediados de septiembre de 1944 y los primeros días de febrero del año siguiente, la batalla de Hürtgen supuso uno de los choques más virulentos entre fuerzas norteamericanas y alemanas. El general Courtney Hodges, en condiciones climatológicas muy desfavorables y con el enemigo alertado, recibiendo un castigo considerable, lanzó sus fuerzas sin atender a posibles maniobras de flanco y sin calibrar que los alemanes, mandados por Rundstedt, se apoyaban en parte de la línea Sigfrido. Por otro lado, la conformación geográfica del terreno no permitía el avance de los blindados ni el trabajo de la artillería y la caza estadounidense tampoco podía actuar en una masa boscosa pequeña pero bien defendida, además, pronto se presentaron apoyos para los alemanes, como la 3.ª División *Panzergrenadier* y la 116.ª *Panzer*. En la batalla intervinieron ciento veinte mil soldados de ambos bandos, cayendo treinta y tres mil estadounidenses por veintiocho mil alemanes, en cifras que varían según las fuentes.

que intercambió con el mariscal Brooke, que ya el día 22 de diciembre hablaba de un ataque lanzado por las fuerzas de Patton, aunque dudaba mucho acerca de la efectividad de semejante arremetida.

En aquella nota se veía el eco de lo que había ocurrido en África. Montgomery ambicionaba la victoria sobre Rommel y cualquier intrusión, aunque fuera de los aliados, y más tratándose del comandante norteamericano, le era insufrible. Tuvo suerte porque la oportuna destitución de Patton, tal como se dijo, le otorgó la gloria de la victoria en África prácticamente a título único. Incluso se puede pensar que algo similar sucedió en Sicilia, con el episodio de las bofetadas, pese a que Patton entró primero en Palermo. Sin embargo, en Europa central las cosas iban a ser muy distintas, como veremos.

* * *

Los alemanes habían sitiado en Bastogne, con varias divisiones *panzer*, a la 101.ª Aerotransportada. Mandada por el general de brigada Anthony McAuliffe y a pesar de que estaba integrada por algunas unidades de la 10.ª Brigada Blindada, el comandante sabía que el III de Patton había iniciado la marcha, pero también entendía que estaba realmente muy lejos, a unos doscientos kilómetros de riguroso invierno, y que, en medio, debería rebasar posiciones alemanas de importancia, con lo que no se hacía excesivas ilusiones. De momento, Patton tenía que chocar con el anillo establecido por los alemanes alrededor de Bastogne, que ya era un desafío notable, y eso una vez hubiera conseguido eliminar a las fuerzas que sin duda se opondrían a su avance.

Pero, en dos días y sus noches, cien mil soldados, con cientos de vehículos de suministros, carros, cañones y otros medios, obedecieron las órdenes de Patton y atravesaron caminos que apenas existían bajo el barro, la niebla, el hielo y la nieve. Dado que las disposiciones para proteger la iluminación no eran útiles con mala visibilidad, pues ni se oía ni se divisaba a la aviación enemiga, los conductores dejaron las luces puestas. Mientras duraba el avance en un territorio casi impracticable, los ingenieros extendieron más de 30.000 kilómetros de alambre para mantener activas las comunicaciones, cientos de depósitos y miles de toneladas de suministros y casi 5000 toneladas de municiones, además de distribuir a los comandantes de cada unidad miles de mapas de reciente confección.

Desde el día 19, comienzo de la marcha, hasta el 22, el ejército de Patton avanzó más de 170 kilómetros. Había integrado a las compañías de servicios para la batalla, con lo que tenía casi diez mil soldados suplementarios en principio destinados a tareas de logística. En aquel momento contaba con la 26.ª de Infantería del general Paul y la 80.ª de McBride, además de ciento ocho batallones blindados y casi mil trescientos cañones de 105 milímetros.

El 22 de diciembre, el general McAuliffe había rehusado el ultimátum alemán, alentado por el avance del III. Compelido a un territorio cada vez más exiguo, pero todavía con algunas reservas de comida y carburante, y con la antigua Academia de Caballería atestada de heridos, tuvo la osadía de responder al requerimiento enemigo con una palabra que desde entonces cobró fama.

—¡Nueces!

No era el vocablo cargado de heroísmo y desprecio que el general Pierre Cambronne soltó a los fusileros británicos en Waterloo mientras lo rodeaban, pero tenía un cometido semejante. En efecto, el duque de Vicence, según relata Víctor Hugo en *Los miserables*, contestó a la intimación del general Colville, mientras los soldados ingleses envolvían los restos de la Vieja Guardia.

—¡La guardia muere, pero no se rinde!

Y al segundo aviso del británico, gritó:

—Merde!

Sorprendentemente, Cambronne no murió, por más que recibió un tiro en la cabeza. Desde entonces se hizo famoso el eufemismo *le mot de Cambronne*[164]. No, no era lo mismo, pero sí muy parecido, y hasta a lo mejor aquel «nueces» venía por la proximidad de la fiesta navideña, celebración que McAuliffe pensaba honrar. Difícil trámite, con todo, pues la nieve caía sin pausa y los cielos anunciaban todavía más para los días siguientes.

164 Palabra de Cambronne.

# PATTON Y DIOS

Todavía a 20 kilómetros de Bastogne y cuando los asediados ya podían oían las andanadas norteamericanas, la artillería alemana dio caza a un batallón del 4.º Blindado, destruyendo más de treinta *Sherman*. Las circunstancias, entre un tiempo terrible y un enemigo enconado, no consentían excesivas alegrías.

En aquel momento, y mientras el clima se cernía sobre atacantes y defensores, el Patton más sorprendente se dirigió al capellán católico del III Ejército, coronel James O'Neill, para demandarle una oración.

—¿Tiene una buena oración para el tiempo? Estoy harto de que mis soldados hayan de luchar contra el barro y las riadas igual que los alemanes, vamos a ver si Dios se pone de nuestro lado.

—Le recuerdo, mi general —contestó O'Neill—, que no es costumbre entre los hombres de mi oficio rezar para que el cielo se despeje a fin de poder matar a sus semejantes.

Entonces, el general se volvió, airado.

—Páter, ¿me está enseñando teología o es usted el capellán del III Ejército?

La conversación quedó zanjada con una orden simple:

—¡Quiero una oración!

Y la tuvo. La cosa se podría sancionar con una indicación fácil, Patton era lector de la Biblia y sabía que en el Antiguo Testamento hay decenas de alusiones al Dios de las batallas, no era, por tanto, nada extraordinario implorar en aquellos momentos al Poder Celestial. Una vez leído el borrador del capellán, Patton añadió una felicitación personal para sus soldados y le ordenó que imprimiese doscientas cincuenta mil copias, insistiendo en que quería que todos los hombres del III tuvieran la suya.

Distribuidas a partir de mediados de mes, el día de Navidad, cada soldado había recibido un tarjetón con la oración escrita por O'Neill, junto con unas palabras firmadas por el general Patton en los siguientes términos:

> Feliz Navidad. Tengo confianza en su coraje, devoción al deber y habilidad en la batalla. Marchamos con nuestras fuerzas para completar la victoria. Que la bendición de Dios descanse sobre cada uno de vosotros en este día de Navidad.
>
> Gs Patton Jr., Teniente General, comandante, III Ejército de Estados Unidos

La oración decía:

> Dios todopoderoso y Padre misericordioso, humildemente te suplicamos, por tu gran bondad, frenar estas copiosas lluvias con las que hemos tenido que contender. Concédenos un buen tiempo para la batalla. Escúchanos amablemente como los soldados que te invocan para que, armados con tu poder, podamos avanzar de victoria en victoria y aplastar la opresión y la maldad de nuestros enemigos y establecer la justicia entre los hombres y las naciones. Amén.

Por otra parte, el Patton que surge en ese momento es el hombre que confía reciamente en la fuerza de las plegarias y no se contenta con el tarjetón, sino que pide a O'Neill que aleccione a los capellanes castrenses bajo sus órdenes, de las diferentes ramas cristianas, para que certifiquen su propuesta consiguiendo que todos los soldados recen, cada uno a su modo, desde luego, con el fin de detener el mal tiempo y alcanzar la vitoria.

Posteriormente, Patton aseguró al coronel O'Neill:

—Capellán, creo firmemente en la oración. Hay tres formas en que los hombres obtienen lo que quieren; planeando, trabajando y rezando. Cualquier gran operación militar requiere una cuidadosa planificación. Se deben tener tropas bien entrenadas para llevarla a cabo. Pero entre el plan y la operación siempre hay una incógnita. Esto significa derrota o victoria, éxito o fracaso.

Dios tiene su parte. Es ahí donde entra la oración. Hasta ahora, en el III Ejército, Dios ha sido muy bueno con nosotros. Nunca nos hemos retirado. No hemos sufrido derrotas serias, ni hambruna, ni epidemias. Esto se debe a que mucha gente en casa está rogando por nosotros. Tuvimos suerte en África y en Sicilia. Simplemente porque la gente rezaba. Pero también tenemos que rezar nosotros.

Tras una nueva e infructuosa ofensiva alemana en medio de lluvias tempestuosas y con una niebla que hacía imposible cualquier avance, unos días después, justamente para la Navidad, de repente el aguacero cesó y el cielo se tornó azul. La aviación norteamericana pudo entonces intervenir y golpear sin piedad a las formaciones germanas, mientras Patton y sus hombres proseguían hacia Bastogne.

* * *

El III avanzaba a marchas forzadas, desplegando su fuerza de ataque combinado contra cualquier enemigo que osara permanecer frente a la fachada que ocupaba. En pocos días, la vanguardia se posicionó cerca de Luxemburgo, momento que George Patton aprovechó, dado que sus soldados volvían a combatir con un tiempo infernal, para visitar la *chapelle* de Jean-Pierre Pescatore, una institución católica sita en un soberbio edificio neogótico donde estaba instalado el cuartel general estadounidense.

El 23 de diciembre, el Patton que había ordenado una oración para combatir con un tiempo más apacible, tuvo su epifanía. Se trataba, desde luego, de un acto privado, de una conversación entre Dios y el general.

George Patton entró solo en la *chapelle*, donde la penumbra y el efluvio de las velas tejían una atmósfera de recogimiento, se quitó el casco y se postró en el altar. Ante Dios, el general no iba a improvisar y no iba a desplegar un discurso inventado, ante Dios no cabían bravuconadas, jactancias ni palabrotas. Por eso extendió una cuartilla en la que había escrito una oración, pero era una oración peculiar, una plegaria y puede que un interrogatorio.

> Señor, estos días han sido desastrosos, agua, nieve y niebla, ya estoy harto, Señor, y empiezo a preguntarme, ¿de qué lado estás?

Sus soldados se encontraban a sesenta kilómetros de Bastogne, conocía la situación de los sitiados y sabía las fuerzas que los rodeaban. También había oído lo que Montgomery estaba diciendo por todas partes, el ataque de los americanos acabaría en desastre. Entendía, además, que Gerd von Rundstedt no se iba a detener. En sus círculos más íntimos, Patton había sentenciado que pensaba meterle a Rundstedt por el culo a Montgomery.

Eran sus cosas, pero ahora, ante Dios, después de un magnífico tiempo que le había permitido cruzar toda Francia, ahora que podía acabar con los alemanes, el clima se volvía otra vez en contra, llovía, nevaba, nevaba mucho y era casi imposible avanzar.

> Señor, durante tres años los capellanes del ejército han dicho que esta es una guerra religiosa, una cruzada contra la impiedad, aseguran que estamos aquí para aniquilar a los alemanes y al impío Hitler y devolver la libertad religiosa a Europa, pero ahora parece que estás de acuerdo con ellos. Después de tu cooperación sin reservas con un mar en calma para los desembarcos y para eliminar a Rommel, después de un clima excelente en Sicilia y a través de Francia, ahora, ¿has cambiado a mitad de camino? Mi ejército no está preparado para una guerra de esquimales. No puedo evitar pensar que te he ofendido de alguna manera, que has perdido interés por nuestra causa, que estás oyendo a Rundstedt y a su dios, Hitler, el pintamonas. Sabes, sin que te lo diga expresamente, que estamos en una situación desesperada.

Le había prometido a McAuliffe que entraría en Bastogne el día de Navidad, pero no parecía posible con semejante climatología. Estaba bloqueado, sin aviones, sin suministros, sin reconocimiento aéreo.

> Maldita sea, Señor, no puedo luchar contra una sombra. ¡Al diablo con la fe y la paciencia! Señor, solo tienes que decidir de qué lado estás. Debes acudir en mi ayuda para que pueda mandar en tu cumpleaños a todo el ejército alemán a ver a tu príncipe de la paz[165]. Dame cuatro días despejados para que mis aviones puedan volar, para que mis cazabombarderos puedan bombardear y ametrallar, para que el reconocimiento designe los objetivos y la artillería los machaque. Dame cuatro días de sol, para que mis tanques rueden, para que los camiones puedan llevar munición y comida a mis hombres hambrientos. Necesito cuatro días para mandar a Rundstedt y a su ejército de impíos al Valhalla. Estoy cansado de esta innecesaria carnicería de jóvenes americanos, a cambio de unos días de buen tiempo te entregaré suficientes *krauts*[166] para mantener durante meses a tus contables ocupados en su trabajo. Amén.

Después, el general se retiró, montó en el *jeep* que conducía el sargento Robert Mims, y seguidamente dio una vuelta por los bosques de las Ardenas. Patton siempre quería ver por sí mismo el campo de batalla. Tales paseos no eran en valde, aprovechaba para conocer a sus tropas, para animar a sus soldados y cerciorarse de los problemas: tenía miles de carros detenidos y miles de soldados amoratados por el frío en medio de la nieve, sin embargo, nunca se había resfriado, aunque se pasara horas en el *jeep* visitando destacamentos. A veces, detenía el vehículo y el sargento y el general ayudaban a los soldados a sacar un camión atorado en un ventisquero. Patton sabía que si quería llegar a Bastogne iba a ser porque todos colaboraran, primero él mismo y, por supuesto, con ayuda de la intervención divina.

* * *

Aproximadamente en las mismas fechas, el servicio de comunicaciones del III Ejército recibió un aviso desde Bastogne: las cosas se

165 Isaías 9, 6: «¿Qué significa que Jesús es el príncipe de paz?»

166 Ya hemos dicho que *Kraut* es término despectivo respecto a los soldados alemanes utilizado durante las dos guerras mundiales.

estaban complicando y, aunque ya se percibía la baraúnda del ataque, debían acelerar y desplegar toda la presión posible. El coronel Kinnard, que era quien mandaba la indicación, aseguraba que Bastogne todavía podía resistir un día, pero nada más.

Sin embargo, lo que parecía imposible, el invierno más cerrado, el clima más fiero, se disipó. Fuera a partir de la plegaria de Patton, del tarjetón enviado a los soldados, de la oración del capellán O'Neill o de otra circunstancia, el caso es que el clima cambió e inmediatamente se empezaron a oír los motores de los cazas norteamericanos atacando a los alemanes. Además, en lo que parecía una tregua crítica, y precaria, si se quiere, pero muy oportuna, la nieve dejó paso al barro y, con pericia y esquivando lodazales, las tropas lograron avanzar.

—En este terreno, los tanques pueden operar.

Eran las órdenes de Patton, y todo el ejército se puso en marcha. En un mensaje enviado a McAuliffe, el general le comunicó el 24 de diciembre:

—El regalo de Navidad se acerca. Espere.

Ya el día de antes había empezado el abastecimiento aéreo a la ciudad y el camino hacia el norte se abría sin importar horarios ni la cortina de oscuridad: los convoyes se dirigían sin descanso hacia su objetivo.

El día 25, en el amanecer de aquella Navidad, Bastogne todavía estaba rodeada por los alemanes, pero Patton decidió que sus hombres debían celebrar la conmemoración con una cena a base de pavo mientras persistían en el ataque. Y así fue, los hombres del III recibieron una ración de pavo, normalmente sándwiches, en medio del frío y en tanto sostenían el combate.

Patton se pasó aquel día en el *jeep*, armando con una simple ametralladora instalada sobre un poste en la parte trasera, inspeccionando sus tropas y vigilando que sus órdenes se hubieran cumplido. Con el *jeep* abierto, sin capota, y en constante movimiento, su rostro adquirió un color rojizo donde se advertían evidentes signos de congelación, pero aquello no iba a ser motivo de inquietud, tenía otras preocupaciones, como saltar del vehículo y ocultarse en una zanja cuando un caza americano lo ametralló cerca de la cabeza del 4.º Blindado, al que se dirigía en aquellos momentos. Poco después, oyó por radio otro mensaje de McAuliffe: desesperado, clamaba por el regalo que le había prometido.

A media tarde del 26, los primeros carros del 37.º Batallón del teniente coronel Creighton Abrams[167] taladraron las defensas alemanas y entraron en Bastogne. Patton, alborozado, exclamó:

—Se supone que soy el mejor comandante de tanques del ejército, pero tengo un compañero: Abe[168] Abrams. Es el campeón del mundo.

Los hombres de Patton no llegaron en Navidad, pero sí al día siguiente. McAuliffe salió a darles la bienvenida en un *jeep*, mientras las tropas se acicalaban para demostrar a sus salvadores que todo estaba en perfecto orden. Patton escribió a su mujer diciéndole que sus oraciones parecían haber tenido éxito, añadiendo:

> The relief of Bastogne is the most brilliant operation we have thus far performed and is in my opinion the outstanding achievement of this war169.

Mientras tanto, Montgomery se estancaba en el norte de las Ardenas con numerosas pérdidas, eso sí, sin omitir severas críticas a los movimientos de Patton.

El 27, el general que había liberado Bastogne del cerco alemán no se olvidó de sus preces y regresó a la *chapelle* de Jean-Pierre Pescatore para agradecer a Dios su intervención:

> Señor, soy George Patton de nuevo, me parece que has estado mucho mejor informado de la situación que yo mismo, pues ese mal tiempo que tanto maldije ha hecho que los alemanes se inmo-

167 En honor del que después sería general, existe un tipo de carro de combate americano que lleva su nombre, *Abrams*.

168 *Abe* era el apodo por el que se conocía al futuro general Abrams.

169 T. del a.: «El rescate de Bastogne es la actuación más brillante que hemos realizado hasta ahora y es, en mi opinión, el logro más destacado de esta guerra».

laran. Esa, señor, ha sido una maniobra militar sobresaliente y me inclino humildemente ante tu genio supremo.

Sin embargo, todavía faltaba mucho para acabar la batalla de las Ardenas. De hecho, mantener la frontera oeste suponía para los alemanes no combatir en su propio territorio, como había ocurrido durante la Gran Guerra. Permitir que los aliados traspusieran esos límites implicaba, qué duda podía caber, la destrucción de Alemania. Por ese motivo, tanto Hitler como la Wehrmacht determinaron mantener todo lo posible una defensa casi a ultranza cuya finalidad, además de la estrictamente militar, guardaba un contenido político de importancia: era la última posibilidad de conservar un cierto estatus de fortaleza para poder negociar con el enemigo norteamericano y británico algún tipo de compromiso destinado a detener la invasión, toda vez que en aquellas fechas se percibía como imparable al ejército soviético.

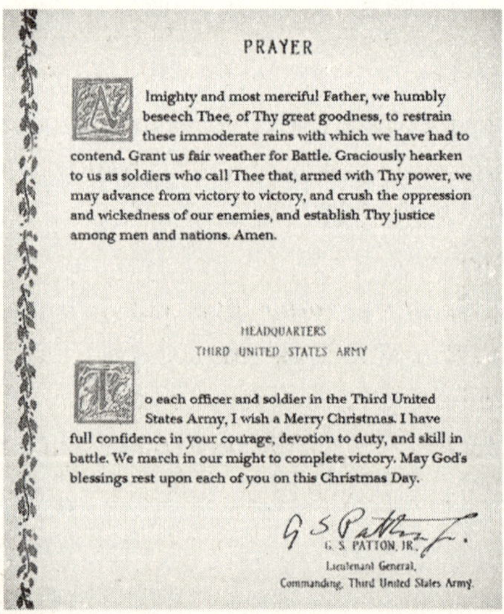

PRAYER

Almighty and most merciful Father, we humbly beseech Thee, of Thy great goodness, to restrain these immoderate rains with which we have had to contend. Grant us fair weather for Battle. Graciously hearken to us as soldiers who call Thee that, armed with Thy power, we may advance from victory to victory, and crush the oppression and wickedness of our enemies, and establish Thy justice among men and nations. Amen.

HEADQUARTERS
THIRD UNITED STATES ARMY

To each officer and soldier in the Third United States Army, I wish a Merry Christmas. I have full confidence in your courage, devotion to duty, and skill in battle. We march in our might to complete victory. May God's blessings rest upon each of you on this Christmas Day.

G. S. PATTON, JR.
Lieutenant General,
Commanding, Third United States Army.

Tarjetón que recibió cada soldado del III Ejército el día de Navidad de 1944 en el frente de Bastogne. Lleva impresa la oración del padre O'Neill y la felicitación de Patton.

# DE BASTOGNE AL RIN

La entrada de las tropas norteamericanas en Bastogne trajo la inmediata reacción alemana. No hubo, como se lee en ocasiones, una huida generalizada hacia el este o una fórmula de resguardo temporal, precisamente por la importancia estratégica de la plaza, paso imprescindible para realizar la maniobra hasta Amberes. El generalato alemán para nada desdeñó la posibilidad de reorganizarse y atacar por enésima vez las posiciones aliadas, por eso, tanto Rundstedt como Model, obedeciendo órdenes directas de Hitler, decidieron presionar por los flancos a Patton con la intención de hacerlo retroceder.

Y así, la cláusula *besiege Patton* (derrotar a Patton) se convirtió en divisa indispensable entre los alemanes, de ese modo se pensó que el éxito obtenido por el III americano podía revertirse, a pesar de la desesperante falta de combustible y de la presión que la fuerza aérea aliada ejercía sobre las unidades germanas, con bombardeos y ametrallamientos que podían durar horas y mientras los cielos permanecieran abiertos. Además, en aquellos momentos, las antaño poderosas divisiones *panzer* de la SS presentaban una alarmante mengua de carros, de cañones y de ametralladoras. Aun así, volvieron a intentar lo que parecía a todas luces imposible.

En función de aquellos planteamientos, unidades de las SS, diezmadas pero reunificadas, junto con la 167.º División de

*Volksgrenadier* tomaron la iniciativa y atacaron ya el día 27 el flanco sur de Bastogne, pero la arrolladora presencia de la fuerza aérea aliada, con bombardeos de los *B-26* y de los *Lancaster* británicos clavaron a los alemanes desde el inicio de la ofensiva. Al día siguiente, y pese a la frustración que pudo suponer la acometida anterior, las disposiciones alemanas todavía insistían en cauterizar la herida de Bastogne. El día 29, Manteuffel seguía reclamando la necesidad de derrotar a Patton, con lo que la Luftwaffe entregó sus últimos cazas y bombarderos para asegurar el éxito de la ofensiva contra la ciudad.

Impelidos por las circunstancias y sin apenas carburante, unidades desprovistas de artillería anticarro y muy escasamente dotadas emergieron de la oscuridad y se lanzaron a las alas del III Ejército, pero los *Thunderbolt* respondieron sin contemplaciones, cazando en picados más o menos acrobáticos los pocos carros germanos que todavía podían avanzar. Algunos blindados que, a pesar de todo, siguieron adelante fueron sorprendidos por el fuego de flanco que la artillería había agazapado tras diferentes parapetos. En definitiva, el ataque destinado a recapturar Bastogne quedó reducido a un inútil esfuerzo que se llevó por delante muchas vidas de civiles y el desgaste casi definitivo de los ejércitos alemanes en el oeste.

Sin embargo, después de aquellos días, la sempiterna escasez de carburante hizo que también, por el otro lado, Patton tuviera que contener su ataque. Con todo, todavía la acometida alemana no había acabado, pues unidades procedentes de Italia fueron trasladadas al frente con la intención de contener lo que parecía imparable: el avance de Patton.

Así, grupos integrados en la reconstruida *Panzer Lehr* al mando del general Lüttwitz, treinta mil soldados y varias centenas de carros, junto a destacamentos aerotransportados, atacaron el primer día de 1945 a los americanos, que no disponían de apoyo aéreo, pues la niebla impedía el vuelo. A mitad de mañana y con las tropas alemanas en plena arremetida, la bruma se disipó y la caza norteamericana inmediatamente empezó su trabajo.

En la medida que los soldados alemanes avanzaban contra las líneas estadounidenses, los *Tiger* no tenían rival, razón por la que los americanos decidieron resguardarse en los bosques y esperar a que las circunstancias mejoraran. Mientras tanto, elementos de la Luftwaffe bombardearon Lieja a placer, dado que se encontraron con una débil defensa antiaérea, aunque pronto se presentó la fuerza aérea, derribando algunos *Focke-Wulf* y dañando otros.

No obstante, aquella demostración de poderío aéreo por parte alemana contra una ciudad sin apenas cobertura no era más que una señal de agotamiento, otra más, dado que el grueso de la aviación aliada, cientos de cazabombarderos, estaba en aquellos momentos bombardeando Colonia, importante nudo de comunicaciones sobre el Rin. Efectivamente, del orden de mil *B-29*, junto a otros tantos cazas, destruían las reservas de combustible alemanas, las instalaciones ferroviarias y las infraestructuras de la zona: puentes, carreteras, intersecciones de rutas diversas, estructuras industriales, etc.

Ha de pensarse, por lo tanto, que mientras los alemanes atacaban los flancos del III y arremetían contra pequeñas ciudades belgas, los aliados entraban en Alemania y castigaban lugares neurálgicos que debieran haber sido obstinadamente defendidos por los restos de la Luftwaffe. Tal situación llevó a Göring a destituir al general Adolf Galland del mando de la caza y proponer a Dietrich Peltz —en aquel momento, el general más joven del Reich—, cuya demanda de aviones a reacción capaces de llegar a Inglaterra había sido escuchada con creciente melancolía por Hitler.

El cambio de mando produjo la última ofensiva de la fuerza aérea alemana en el frente occidental, poniendo en juego todo lo que le quedaba, aproximadamente quinientos *Messershmitt, Focke-Wolf* y *Arado*[170] tripulados por pilotos sin apenas instrucción y, por lo tanto, muy vulnerables. Tal ataque, denominado operación *Bodenplatte,* y en proporciones que eran impensables para los aliados en aquellos momentos, una vez más sorprendió a británicos y estadounidenses, que vieron cómo sus cazas eran ametrallados literalmente en tierra,

---

170 Christer Bergström, *opus cit.*, pág. 474, da como número válido, con alguna duda, seiscientos veintidós aparatos, a pesar de que hay autores que constatan algo menos de mil.

destruyendo de ese modo cerca de cuatrocientos aparatos en diversos aeródromos de Holanda, Bélgica y el noreste de Francia.

Pero no fue más que una victoria pírrica, la última de la Luftwaffe, porque los aliados pudieron suplir los aviones dañados en pocos días, mientras que los alemanes jamás recuperarían los pilotos que se perdieron. Incluso puede decirse que, al día siguiente, la caza aliada volvió a castigar unidades alemanas que se mantenían en el frente.

Posteriormente, Peltz propuso acciones que denominó *de embestida,* consistentes en combates en los que jóvenes pilotos lanzarían sus *Messershmitt* haciéndolos colisionar contra las partes más sensibles de los bombarderos aliados, dado que se trataba de aparatos que podían alcanzar, con el cargamento completo, de 300 a 400 kilómetros por hora en un techo de servicio, por término medio, cercano a los 8.000 metros. Tal propuesta produjo trece impactos en los *B-17* y los *B-24,* pero a cambio acarreó la pérdida de casi ciento cincuenta aparatos alemanes. Se suponía que los pilotos debían eyectar su asiento justo antes del impacto, pero el poco éxito se debió, en gran medida, a la disposición táctica de las nueve ametralladoras *Browning M2* instaladas en las torretas rotatorias que portaban los modelos de *B-17* más desarrollados, que imposibilitaban la aproximación de cualquier planeador enemigo y más con pérfidas intenciones.

Después de *Bodenplatte,* todavía los alemanes desencadenaron un nuevo ataque el 2 de enero contra las posiciones que ocupaban los flancos del III. En efecto, soldados de la 167.ª División *Volksgrenadier* se situaron en posición para realizar el asalto, pero la artillería americana barrió la zona. No hubo supervivientes. Posteriormente, los *Panzer VI* provistos de granadas perforantes, al mando del capitán Lange, penetraron en Arloncourt, nueve kilómetros al noreste de Bastogne y muy cerca de la frontera alemana, destruyendo los *Sherman* del 68.º blindado norteamericano con relativa facilidad. Pese a todo, aquel 2 de enero la batalla aún estaba por decidir.

Al día siguiente, y a pesar de presentar unidades muy diezmadas, peor aprovisionadas y con una alarmante escasez de carburante, miembros de la Hitlerjugend[171] consiguieron contratacar con una sorprendente rociada de cohetes *Nebelwerfer* que obstruyó el avance americano y obligó a desandar una distancia considerable. A la noche siguiente, soldados de la 9.ª Blindada de la SS llegaron a 5 kilómetros de Bastogne.

Patton, en aquellos momentos, estaba pasmado, de hecho, los cañones anticarro no conseguían taladrar la coraza de los *Tiger* mientras los alemanes se situaban a mil metros de Bastogne. Quizás fue entonces cuando George Patton empezó a admirar la fortaleza de aquellos soldados que, carentes de toda posibilidad, seguían combatiendo sin descanso y contra las adversidades, llegando incluso a pugnar por conquistar el territorio perdido y retomar la ofensiva. Tan extraordinario comportamiento tendrá un tiempo después su tributo, cuando un Patton victorioso y lejos ya de los campos de batalla, se pregunte si realmente se luchó contra el enemigo correcto, en vez de haber combatido a los soviéticos aprovechando unidades tan señaladas, si bien con un cambio político adecuado y una vez periclitados los anhelos del nazismo.

Al amanecer del día 4, blindados de las SS junto a infantería con mamelucos[172], después de una intensa lluvia artillera y de cohetes *Nebelwerfer,* atacaron al este de Bastogne, empujando a los norteamericanos a retroceder y a refugiarse en los bosques. Fue quizá una de las batallas más violentas de las que se produjeron en las Ardenas, con casi mil bajas por parte estadounidense. La nieve seguía cayendo, el cielo se mantenía encapotado y el techo aéreo aliado no podía mostrar preminencia. El frío, además, congelaba a los soldados, parecía que solo los alemanes fueran capaces de desafiar a los elementos.

Al norte, la ofensiva emprendida por Montgomery tampoco daba buenas noticias. El enemigo defendía el territorio con uñas y dientes,

171 La 12.ª SS-Panzer-Division Hitlerjugend estuvo integrada durante la batalla de las Ardenas en el VI Ejército *Panzer-SS,* al mando del *SS-Oberstgruppenführer,* Sepp Dietrich.

172 Camuflaje para la nieve.

además, a medida que avanzaban, los germanos iban proveyéndose de los materiales abandonados por los aliados, asunto que todavía les procuraba más impulso, pensando —acaso, sin falta de razón—, que se retiraban de forma y manera desordenada, señal de que la ofensiva emprendida en aquellos días de invierno estaba dando fruto.

Tal llegó a ser el desconcierto aliado que el propio Patton escribió en su diario[173]:

> Encontré a Miley, comandante de la 17.º División Aerotransportada, en Bastogne. Mientras estuve en la ciudad, sufrimos un bombardeo constante, incluyendo granadas con espoleta de tiempo. Los destellos de nuestros cañones y los de los enemigos, reflejados en los campos nevados y al anochecer, proporcionaban un bello espectáculo, aunque no muy alentador. En la tarde del 4 de enero, escribí la siguiente entrada en mi diario y, lo que es más importante, fue la única vez que registré una idea así: todavía podemos perder esta guerra.

El día 5, la 9.ª Blindada de la SS se acercaba a Houffalize, pero de repente una formación de más de un centenar de bombarderos *Lancaster* arrojaron casi mil toneladas de bombas. Los aliados tampoco descansaban y en una brecha que permitió el tiempo, prácticamente destruyeron el pueblo y a los ocupantes germanos. Parecía que todo iba a cambiar, principalmente porque a partir del 12 de enero los soviéticos decidieron atravesar el Vístula y entrar en Varsovia, una vez las Waffen habían acabado con el Armia Kraiova, el ejército resistente polaco no comunista. La ofensiva soviética, sobre la que se ha escrito mucho, ponía en escena lo mejor del panorama ruso, y reunía a las tropas que finalmente iban a llegar victoriosas a Berlín.

* * *

El asalto soviético estaba pensado para dominar Polonia desde cinco aristas, una vez sus unidades atravesaran el río: el I Frente Bielorruso, mandado por Zhukov, desde el sur, el I Frente ucraniano,

---

173 Patton, *War as I Knew It*, pág. 170.

a las órdenes de Konev, y el II, bajo el mando de Rokossovski, envolverían a los alemanes hasta tocar el Báltico a la altura de Gdansk (Danzig, en alemán). Al norte, Cherniakovski, el *general T-34,* con el III Frente Bielorruso, se dirigiría a Königsberg, donde su misión incluía encerrar al III *Panzer* y empujar al IV hacia el sur.

Hay que pensar que un frente soviético presentaba un orden de batalla de diecisiete ejércitos que encuadraban diferentes armas (infantería, carros, cazacarros y aviación, entre cazas y bombarderos) y diversas unidades (divisiones, cuerpos blindados y regimientos). Algo parecido a lo que era un grupo de ejércitos alemán, pero mucho más disminuido, pues el Grupo de Ejércitos G, por ejemplo, al mando del general Hausser, estaba compuesto por dos unidades y, unos meses después, con Friedrich Shulz, integraba al I, VII y IX ejércitos más un regimiento de comunicaciones.

De todas maneras, a primeros de enero, todavía Patton tuvo que seguir presionando a sus soldados para que respondieran a la ofensiva germana. Sin embargo, el día 8 los alemanes lanzaron una última acometida, consiguiendo atravesar zonas que los americanos aparentemente habían sellado instalando ametralladoras y baterías de morteros. A los estadounidenses no les quedó más remedio que retirar algunas secciones completamente diezmadas.

Pero ¿hasta cuándo podrían los alemanes mantener en campaña unidades que simplemente se reunían en el frente para ir conformando grupos más compactos? ¿Hasta cuándo el combustible y toda la logística necesaria se podría alargar? ¿En qué punto colapsaría una resistencia que parecía a todas luces imposible, y más manteniendo un nivel de combates de tales características? Es cierto que en aquellos días los alemanes se desviaron de algunos puntos, pero la impresión que causó a los aliados era que buscaban reagruparse en otro lugar para constituir divisiones todavía más aguerridas. Parecía que el mando del general Walter Model había surtido efecto, y que los aliados, sin el apoyo aéreo, perdían la iniciativa y eran incapaces de detener a las tropas germanas. No obstante, la reanudada acometida soviética por el este iba a cambiar muchas cosas.

* * *

La irrupción de los soviéticos en Polonia, y la toma de Varsovia, anunciaba un tipo de guerra diferente en el este: en escasas fechas, los alemanes iban a tener que luchar en su propio territorio, dado que el Ejército Rojo estaba a unos exiguos seiscientos kilómetros del Óder, puerta divisoria de buena parte de la frontera con Polonia y entrada en Alemania en dirección a Berlín. Tal amenaza hizo que Hitler estableciera el repliegue en el oeste, dejando una fuerza que consideró suficiente para aguantar a los aliados, pero poco más.

A mediados de enero, órdenes de Berlín entregaban al general Manteuffel la consigna de llevar a cabo la operación. Se trataba de escalonar la retirada manifestando a los aliados que las tropas ni mucho menos huían, sino que buscaban en la retaguardia algún punto donde fortalecerse y mantener la batalla. Por lo tanto, los alemanes cedían terreno, pero a su voluntad, sin dejarse en absoluto obstruir por los constantes ataques y contestando con bravura cuando fuera necesario.

En aquellos días, sin embargo, el clima volvió a cambiar y la aviación aliada emprendió de nuevo sus ataques. La combinación de fuerzas experimentadas sobre el terreno y de cazabombarderos por debajo de las nubes empezó a rendir sus frutos. Los alemanes no tuvieron más remedio que replegarse todavía más ante la llegada de las formaciones de *Hawker Typhoon* británicos armados con ocho *RP-3,* pequeños cohetes eléctricos de apenas once kilos instalados bajo las alas y capaces de perforar el blindaje de un carro a más de un kilómetro de distancia.

Por su parte, y ante la demanda de cobertura aérea efectuada por Manteuffel, la Luftwaffe respondió con escuadrillas que chocaron inmediatamente con la caza enemiga, siendo pulverizadas en muchos casos. Aproximadamente, la intervención aérea aliada se puede cifrar en mil misiones llevadas a cabo el día 14 de enero en el frente de las Ardenas[174]. Poco podían hacer los aviones germanos

174 Bergström, *opus cit.*, pág. 575.

ante semejante avalancha cuando su reclamo estaba, además y preferentemente, en el este y frente a los rusos.

Todavía no había acabado la batalla, pues aquel mismo día los alemanes permanecían en Sankt Vith (al suroeste de Lieja, sobre la frontera belga y alemana y al norte de Luxemburgo), que fue atacada por los norteamericanos, siendo rechazados por lo que quedaba de la 2.ª División Blindada de las SS. Los estadounidenses volvieron a la carga con unidades más experimentadas, pero chocaron nuevamente contra un muro de fuego insalvable. Los combates eran de tal magnitud y sin frente definido que las granadas que arrojaban unos se las devolvían los otros en una especie de funesto partido de tenis.

Es cierto que, entre los tratadistas y de forma habitual, la batalla de las Ardenas tuvo su cierre el 15 de enero, pero el caso es que más allá de ese día todavía se siguió combatiendo con denuedo en la vanguardia de Sankt Vith y en el cruce del río Salm. En consecuencia, el último día no fue como regularmente se ha considerado, sino un poco más adelante[175].

Los aliados, que habían sido detenidos, retrocediendo cuantiosamente y con pérdidas de más de doce mil hombres entre caídos y heridos, orquestaron un intenso bombardeo sobre la ciudad valona los días 25 y 26 de diciembre, demoliendo prácticamente la localidad. Después, los soldados americanos, precedidos por carros *M3 Stuart* entraron en lo que quedaba en pie, prácticamente nada, aunque los alemanes decidieron volver a pelear por aquellas ruinas, pero la Royal Air Force junto con la 82.ª División Aerotransportada americana y con la considerable actuación de la Infantería estadounidense, desbarataron los planes germanos, liberando Sankt Vith el 23 de enero de 1945 por la 2.ª y la 30.ª divisiones de los Estados Unidos, a pesar que todavía hubo combates esporádicos durante los primeros días de febrero. La población, un lugar sin apenas relieve, tenía una importancia estratégica grande, pues era punto donde convergían varias carreteras, algo parecido a lo que suponía Bastogne.

175 Bergström, en su impecable estudio, ya citado, insiste en esta idea.

Después de aquella batalla, los intentos germanos por penetrar las líneas aliadas resultaron estériles.

* * *

Unos días antes, la liberación de Houffalize el 16 de enero trajo la unión del I y el III ejércitos norteamericanos. Poco después, cuando Patton visitó el municipio, quedó asombrado del grado de destrucción. Además, recibió informes que le decían que los soldados se habían tenido que emplear a fondo para retirar los restos de vehículos, carros de combate y artillería alemana calcinada que cubría las carreteras para proseguir en su avance y dejar expedita la calzada. Era, desde luego, la pasmosa evidencia de la fuerza destructiva de la aviación aliada. Patton escribió en su diario un breve poema que decía:

*Oh, little town of Houffalize,*
*How still we see thee lie;*
*Above thy steep and battered streets*
*The aeroplanes sail by.*
*Yet in thy dark streets shineth*
*Not any goddamned light;*
*The hopes and fears of all thy years*
*Were blown to hell last night.*

Oh, pueblecito de Houffalize,
Cómo te vemos mentir todavía;
Por encima de tus empinadas y maltratadas calles
pasan los aviones.
Sin embargo, en tus oscuras calles no brilla
ninguna maldita luz;
Las esperanzas y los miedos de todos tus años
fueron anoche mandados al infierno.

No se trata, en absoluto, de ninguna obra maestra, como el resto de poesía de Patton, pero certifica el asombro que debió sentir el general al ver la devastación en estado puro. De todos modos, el poema es un eco adaptado de la primera estrofa de *O little town of Bethlehem,* himno del obispo anglicano de Massachusetts, Phillips Brooks[176], fallecido en 1893.

*O little town of Bethlehem,*
*how still we see thee lie!*
*Above thy deep and dreamless sleep*
*the silent stars go by;*
*yet in thy dark streets shineth*
*the everlasting light.*
*The hopes and fears of all the years*
*are met in thee tonight.*

Oh, pueblito de Belén,
¡Cómo te vemos mentir todavía!
Por encima de tu profundo dormir sin sueños
pasan las estrellas silenciosas;
sin embargo, en tus calles oscuras brilla
la luz eterna.
Las esperanzas y los miedos de todos los años
se encuentran en ti esta noche.

Confunde ver que un hombre como George Patton se pasmara ante la destrucción y que, además, tuviera tiempo de rememorar, dado que es poco probable que anduviera con un volumen de versos bajo el brazo de un obispo del XIX, esas mismas estrofas en momentos cercanos a la Navidad, y lo que todavía puede ser más sorprendente, que las rescribiera en la clave de lo estaba presenciando. Dedicaremos un capítulo a este asunto.

Además del pueblo convertido en una ruina absoluta, producto del bombardeo y el empecinamiento de los ocupantes, los alemanes en su repliegue habían dejado, como no podía ser menos, una formidable cantidad de material de guerra destruido. Tal debió ser

176 Raymond W. Albright, *Focus on infinity: A life of Phillips Brooks*, Macmillan, Nueva York, 1961.

que Patton, acostumbrado a percibir lo que quedaba después de una batalla, como había ocurrido en Bastogne y otros lugares anteriores, se quedó atónito.

> I have never seen anything like it in this war[177].

Pero, obviando la fascinación del general y volviendo al diario[178] que asiduamente escribía, hay una entrada significativa en los días que se luchaba por la liberación de Houffalize. Por lo visto, Montgomery mandó un representante a Washington con la intención de poner en conocimiento de las altas esferas militares norteamericanas que el general Eisenhower estaba desbordado y que necesitaba un ayudante para las operaciones en Europa. Naturalmente, Montgomery se ofrecía como candidato para ocupar la plaza. Nos limitamos a reproducir los comentarios de Patton:

> Montgomery tuvo el valor de enviar a alguien...

y, más adelante,

> (...) Montgomery se presentaba como el regalo de Dios para la guerra.

Así lo dejamos, y así lo cierra Patton, que no ofrece más comentarios. Sirva como constatación del ambiente de animadversión mutua, pues si por alguna razón Montgomery hubiera sido aceptado, es seguro que de inmediato se habrían acabado las efusiones del general Patton y puede que hasta su mando en Europa.

La unión de ambos ejércitos americanos, el I bajo disposiciones del general Hodges y el III a las órdenes de George Patton, tal como se ha dicho, supuso que el 23 de enero, una semana más tarde, diera inicio la marcha hacia el este, esto es, hacia Alemania.

---

177 T. del a.: «Nunca había visto algo así en esta guerra». War as I knew it, *opus. cit.*

178 *Ibidem*, pág. 200.

En aquellos días, con las carreteras atiborradas de unidades alemanas en retirada y con una visibilidad inmejorable, y después de tan terribles batallas, la fuerza aérea aliada hizo más de ochocientas salidas de bombardeo y ametrallamiento, siendo contestada ligeramente por los antiaéreos germanos.

En efecto, la respuesta aérea alemana fue muy limitada, dados sus escasos recursos, intentado proteger a los soldados en tierra y buscando al mismo tiempo un golpe azaroso, como fue el bombardeo de la zona portuaria de Amberes, cuya dársena ya había sido tocada por las *V2*, sufriendo el último ataque el 28 de marzo.

Eisenhower y sus generales en 1945. (National Archives)

Avance por el lodo del III Ejército hacia Bastogne. Diciembre de 1944.

Soldados de la 101.ª Aerotransportada marchando en Bastogne.

Empezando por la izquierda, Omar Bradley, Dwight Eisenhower y George Patton en Bastogne, Bélgica.

Portada de la revista *Life* de enero de 1945.

Imagen que permite ver el nivel de destrucción de Houffalize en el momento de la entrada de los norteamericanos. En primer plano, un Panther V volcado en el cauce del río por efecto de una bomba de la aviación aliada. https://www.discoveringbelgium.com/bombing-houffalize/

# ALEMANIA

Pese a que el objetivo era la línea Sigfrido, en los días de la Navidad de 1944 algunas ciudades alemanas ya habían sido alcanzadas, como el caso de Saarlautern, donde la 95.ª de Infantería norteamericana, perteneciente al III, ya estaba posicionada.

El empeño de Patton era quebrar la línea Sigfrido, pero no iba a poder enfrentarse al ejército de Manteuffel, que se retiraba con escaso contingente y con la moral de sus soldados hundida.

En aquellos momentos, y después de las últimas ofensivas alemanas, los aliados todavía sospechaban de la capacidad germana para mover unidades diezmadas pero efectivas y hacerles frente, de tal modo que inmovilizaran el contingente atacante con la intención de buscar una paz separada o, al menos, una tregua que les permitiera lanzarse sobre el este.

Con esa idea, Eisenhower autorizó a Montgomery para que avanzara por el norte con el IX estadounidense, integrado en el XXI Grupo. Quizá tal orden fue debida a que el I había recibido la impronta de la ofensiva y Eisenhower juzgó necesario dejarlo un tiempo como mero apoyo de flanco al progreso del mariscal británico, pese a las suspicacias y a la pésima relación entre Montgomery y los norteamericanos.

Por otra parte, en el momento en que la guerra se trasladó a territorio alemán no hubo movimientos guerrilleros ni partisanos que combatieran en batallas asimétricas contra los aliados. No ocurrió como había sucedido en la URSS[179], donde las características del territorio permitieron, a pesar de las terribles consecuencias respecto a la población civil, la existencia de grupos resistentes que operaron en la profundidad de la retaguardia alemana con notable éxito, interrumpiendo vías de comunicación por ferrocarril o a través de los ríos, dinamitando puentes, volando infraestructuras de toda clase e instalaciones consideradas de importancia logística para los invasores, colocando minas en lugares estratégicos, como cruces de carreteras, amén de encuentros esporádicos en los que se peleaba al viejo estilo, atentando contra oficiales o personal de importancia en la conducción de las operaciones.

Tales luchadores fueron reclutados por el NVKD y estuvieron dirigidos por el Gobierno soviético. Se trataba de personas cercanas al ideario comunista procedentes de diversas organizaciones del partido junto con reservistas del ejército, voluntarios, etc., y englobaba niños, adolescentes, mujeres y cualquiera que no fuera combatiente.

Existió, incluso, un breviario distribuido por el partido comunista en el que se detallaba el comportamiento que todo guerrillero debía observar, por ejemplo, a la hora de seleccionar un objetivo. Tal texto tuvo edición inglesa en 1942 y llevó por título *The Partisan's Companion*[180].

Posiblemente, el contingente soviético enrolado llegó a ser de un millón de personas, distribuidos en doscientas brigadas. Los modos de ataque eran sencillos: esperaban a que la vanguardia de los ejércitos alemanes avanzara hacia los puntos de combate y, una vez situa-

---

179 Leonid D. Grenkevich, *The soviet Partisan Movement (1941-1944)*, Routledge, Nueva York, 2013 y, con una visión más ácida e idéntico título, Edgar M. Howell, *The Soviet Partisan Movement, 1941-1944*, Verdun Press, 2014.

180 Al respecto hay que decir que los británicos ya habían publicado en 1939 panfletos similares, *Partisan Leader's Handbook, The Art of Guerilla Warfare* y *How to use High Explosives* a cargo de la Oficina de Guerra y de la sección de Inteligencia Militar, incluyendo un *Operational Stores Handbook* de 1942 ideado por la Dirección de Operaciones Espaciales (SOE, *Special Operations Executive*).

dos en la retaguardia, los partisanos actuaban, intentando desconectar las puntas del ejército enemigo con los polos logísticos y de comunicaciones.

Como decíamos, en la Alemania que veía retroceder a sus ejércitos, prácticamente no hubo grupos organizados resistentes, más bien al contrario, a medida que los aliados avanzaban, los civiles tornaban a sus labores intentando disimular en lo que podían, dedicándose a labores de reconstrucción de sus hogares y regresando a lo que quedaba de los trabajos anteriores, ya fueran labradores, albañiles, gente de la industria o incluso de la burocracia.

No obstante, sí que hubo, al menos en las mentes de los dirigentes nazis, principalmente Himmler y Bormann, una organización denominada Werwolf (algo así como *hombres lobo*) cuya finalidad era promover sabotajes y ataques contra figuras señaladas del contingente aliado, fueran estadounidenses, británicos, canadienses o soviéticos que, con el apoyo explícito de la Wehrmacht, debía actuar en la sombra. Constituida muy a última hora, estaba formada por niños y adolescentes venidos de la Juventudes Hitlerianas en su gran mayoría y, en consecuencia, profundamente fanatizados, cuyo impacto en el desarrollo de la ocupación y de las últimas fases de la guerra fue más bien escaso, a pesar de que posiblemente la Werwolf tuvo mucha responsabilidad en el asesinato de algunas personalidades locales de importancia[181].

* * *

Por otra parte, los combates en Alemania estuvieron protagonizados por la desesperada orden de Hitler al dictaminar que el Ruhr debía de convertirse en una fortaleza impenetrable para los aliados. Además, la orden incluía la destrucción sistemática y pormenorizada de todo el entramado industrial antes de que cayera en manos

181 Para profundizar en el asunto, véase el libro de Perry Biddiscombe, *Werwolf!: The History of the National Socialist Guerrilla Movement, 1944-1946*, University of Toronto, Canadá, 1998.

enemigas, disposición que habría tenido gravísimas consecuencias en la posguerra.

Para llevar a cabo aquella defensa a ultranza, el dictador germano resolvió que el general Walter Model debía hacerse cargo del Grupo de Ejércitos B. Pero, pese al ostentoso título, las unidades que nominalmente lo componían eran restos de destacamentos que, incluso después del castigo recibido, permanecían en servicio, diezmadas y algunas literalmente pulverizadas. Semejantes tropas componían un patético catálogo que únicamente se sostenía en las pizarras de las salas de oficiales y, de modo y manera principal, en la calamitosa cabeza del Führer. Valga de ejemplo, y lo hemos citado varias veces, el V Ejército *Panzer*, que estuvo presente en las últimas batallas desde enero hasta abril cuando, el día 17, se rindió.

Quizá la batalla más decisiva se produjo en Remagen, donde el puente Ludendorff, así conocido en recuerdo del general de la I Guerra Mundial que ganó en Tannenberg en 1914, era el único que quedaba intacto sobre el Rin.

El afán de los alemanes por destruirlo no tuvo éxito, siendo conquistado al asalto por miembros de la 9.ª División Acorazada norteamericana, a pesar de la oposición germana y de los bombardeos de la Luftwaffe. Se trataba, en definitiva, de una infraestructura crucial para la defensa y los alemanes no podían permitirse dejar en pie una construcción que daba acceso directo a Alemania. Pese a todo, posteriormente el puente se mantuvo hasta que, de forma más o menos sorpresiva, se hundió, llevándose consigo varios soldados aliados.

Obviamente, el mariscal Model no lograba sostener la defensa ni, en el mejor de los casos, dejar las cosas en punto muerto. Sus tropas, de escasa calidad combativa, estaban compuestas por chiquillos de las juventudes, ancianos quintados a última hora y mujeres sin la menor experiencia. Carecían, además, de sostén artillero y se mantenían con exiguos carros sin apenas combustible. En el colmo de los desastres, tampoco contaban con apoyo aéreo. De esa forma, el Grupo de Ejércitos B fue detenido y rodeado en la Bolsa del Ruhr, algo menos de 10.000 km$^2$, donde cayeron prisioneros casi medio millón de combatientes alemanes.

Por aquellos días, la operación *Plumder* fue una maniobra a cargo de Montgomery para acabar con los restos de la Wehrmacht que todavía podían resistir, pero tras el paso por el puente de Remagen, prácticamente todo el XV Ejército alemán se vino abajo, asunto que coincidió con los avances de Patton al sur, sobre la línea Sigfrido. De esa forma, el I de Hogdes, unidades del III de Patton (que luchaban cerca de Coblenza) y el IX de Montgomery, enlazaron el 3 de abril, obstruyendo a los germanos.

El día 15, Model recibió una nota de parte del general de división del XVIII Cuerpo Aerotransportado, Matthew Ridgway, en la que le pedía la rendición a fin de no malgastar miles de vidas en una batalla inútil. Walter Model, comprendiendo que la oferta era ajustada, por más que jamás iba a aceptar una capitulación explícita (y en su mente quizás debió surgir la sombra del mariscal Paulus), tomó una decidió juiciosa: concedió la suspensión del servicio militar para los más veteranos y facultó a ciertas unidades para negociar su rendición o, caso de que ninguna de estas dos opciones fuera admitida, autorizó la deserción y la huida. Cuando la orden llegó a los soldados, ya el V *Panzer* había capitulado.

Tal medida, sin atender a las tristes circunstancias del general y a lo innecesario de provocar una masacre, fue vista en Berlín como la quintaesencia de la indignidad y la defección, y Goebbels calificó a Model de traidor. Seguramente, la decisión del mariscal fue razonable, aunque se debe añadir que también por aquellos días se enteró de la imputación soviética como criminal de guerra por su participación en el frente de Lituania.

Tras entrevistarse con su Estado Mayor y pasearse por el frente buscando afanosa e infructuosamente la propia muerte, halló una patrulla norteamericana con la que se enfrentó, pero no consiguió su propósito. La tarde del 21 de abril, tras entregar a su ayudante una misiva para la familia, el anillo de boda y algunos otros adminículos, Walter Model se disparó un tiro en la cabeza en un bosque a las afueras de Duisburg.

Los generales Patton y Eisenhower.

De izquierda a derecha: Patton, Bradley y Montgomery.

# EL CRUCE DEL RIN

Desde tiempos antiguos, el Rin había sido una formidable barrera que separaba la demarcación romana del territorio germano. Allí fue donde César, en el 58 a. C. y según cuenta en *La Guerra de las Galias*, tras varias embajadas infructuosas enviadas a Ariovisto, el caudillo suevo, acabó aplastándolo en una batalla de la que solo escapó el jefe germano en una barquilla que casualmente encontró en la ribera del río.

Muchos años más tarde, en la Nochevieja de 403, y según la tradición, el Rin se heló, convirtiéndose en paso franco para los germanos, cuyas hordas lo atravesaron, dando pie, poco después, al fin del Imperio romano.

En la primavera de 1945, la mejor salvaguardia del Reich iba a ser rebasada sin tardanza. Probablemente por eso, la decisión del mariscal Model fue la definitiva conclusión del absoluto fracaso alemán en la defensa occidental[182]. La línea Sigfrido había sido vencida y los aliados se disponían a cruzar el Rin a primeros de marzo, acercándose a Colonia y a Bonn. Únicamente el puente de Remagen quedaba en pie, pero también fue tomado. Por eso el

182 Insistimos en la incontestable biografía que Antonio Muñoz Lorente ha publicado titulada *Walter Model. El león de la defensa*, opus cit.

mariscal Rundstedt fue destituido fulminantemente del mando de la Wehrmacht en aquel frente, sin atender a su historial ni a consideración alguna.

Entre tanto, el III de Patton recorría de manera imparable los territorios del Sarre dirigiéndose al noreste y eliminando los restos defensivos que todavía los alemanes osaban oponer.

* * *

Tras el ruidoso fracaso de la operación *Market-Garden* el año anterior, Montgomery no dejó espacio para sorpresas. En efecto, el 17 de setiembre de 1944, antes por tanto de la batalla de las Ardenas, la planificación aliada, liderada por el mariscal británico, había decidido iniciar una acción cuya finalidad era el cruce del Rin a la altura de Holanda.

Tal maniobra guardaba varios objetivos principales: el primero iba a ser la toma del puerto de Amberes, desde el que se pensaba cubrir ventajosamente la llegada de materiales de guerra para las tropas que supuestamente avanzarían por Francia; el segundo era la eliminación de las rampas de lanzamiento de las *V2* con las que periódicamente se bombardeaba Londres y otros puntos de la costa; un tercero, quizá más ambiguo, era plantar una cabeza de puente en territorio del Reich, por más que implicaba embolsar ejércitos germanos enteros en la zona de las Ardenas, con el considerable peligro de dejarlos a retaguardia, a pesar de que la irrupción aliada en el norte de Alemania se pensaba que podría producir un colapso general en la Wehrmacht.

*Market-Garden* supuso dos operaciones en una: la primera, lanzamiento de paracaidistas que se suponía tomarían paulatinamente los puentes sobre el río y esperarían a que llegara el grueso de las tropas, momento en el que se desarrollaba la siguiente fase, terrestre esta vez, pues la infantería y los blindados asegurarían lo logrado por los paracaidistas que, a su vez, avanzarían hacia el siguiente objetivo. Así, de forma escalonada, se supone que se conseguirían considerables adelantos, razón por la que, tras exponer su fórmula, Montgomery consiguió convencer a Eisenhower.

Obviamente, los problemas se agolparon desde el primer momento. Aquel 17 de septiembre buena parte de lo pensado dependía de la perfecta coordinación de muy diferentes unidades que, no obstante, debían lidiar con fuerzas alemanas que no estaban dispuestas a dejarse arrebatar ni puentes ni objetivo alguno.

Ese fue, en gran medida, el motivo por el que el desastre más completo se cernió sobre los aliados, principalmente los paracaidistas que habían saltado en Arnhem, teniendo que esperar sin ser auxiliados y con problemas de comunicación con las diferentes unidades. Finalmente, rodeados por dos divisiones SS *panzer*, muchos claudicaron y se rindieron, y otros huyeron en dirección sur, hacia Nimega, veinte kilómetros aguas abajo del Rin, donde hallaron al XXX Cuerpo del teniente general Brian Horrocks.

En consecuencia, meses después, y seguramente con el recuerdo del tremendo desengaño de *Market-Garden*, Montgomery no podía permitirse bajo ningún concepto otro error aguas arriba del Rin, por eso organizó una operativa excepcional en Wesel con más de sesenta mil soldados de los cuerpos de Ingenieros para la instalación de pontones. Temiendo una reacción alemana que jamás ocurrió, preparó una inmensa penetración anfibia con fuerzas paracaidistas e infantería. Incluso se llegó a pensar que el mariscal británico emulaba el desembarco del *Día D* pero en el centro de Europa.

A lo mejor, en este punto, no es baladí añadir que, a pesar de la cadena de errores que condujo al desastre anterior, Eisenhower y su inmediato subordinado, el general Marshall, mantuvieron el apoyo a la nueva iniciativa británica que se iba a denominar *Plunder* (saqueo), operación en la que intervendrían, encuadrados dentro del XXI Grupo de Ejércitos, el I canadiense, el II británico y el IX de los Estados Unidos. En total, cerca de un millón y medio de soldados, apoyados por casi seis mil cañones, que se iban a enfrentar a setenta mil hombres y menos de doscientos cincuenta carros del Grupo de Ejércitos H, integrado únicamente por dos divisiones *panzer*.

* * *

El 2 de marzo, la batalla de Trier (Tréveris en español), sobre la frontera este de Luxemburgo y todavía a más de cien kilómetros del Rin, tuvo una anécdota que puede contarse entre las más sonadas de Patton, pues da la medida del general que se adelanta incluso a las órdenes que va recibiendo del SHAEF.

Hay que decir, con todo, que la ciudad había sido hostigada por la aviación desde diciembre del año anterior, dejando caer cientos de toneladas de bombas incendiarias y de napalm. Buena parte de los edificios no eran más que una ruina absoluta. Sin embargo, entre los escombros todavía persistía una escasa pero aguerrida guarnición alemana.

Aburrido por la lentitud de Montgomery, Patton, esta vez secundado por Bradley, inició un movimiento en dirección a las primeras ciudades alemanas que estaban en su radio: Prüm, Bitburg y Trier, sobre el Mosela. Además del impulso recibido desde arriba, a Patton también lo estimulaba el hecho de que las legiones de César entraron en Tréveris hacía mil novecientos años. Puede pensarse que eran cosas fortuitas, absurdas incluso, pero para el general Patton suponían hitos que no descuidaba, lector como era del emperador romano.

Pues bien, ante la inminencia del ataque, un prudente Eisenhower se comunicó con Patton para que detuviera el avance o, al menos, flanqueara la ciudad, dado que pensaba necesitaría cuatro divisiones para asaltarla con garantías. No obstante, cuando llegó el mensaje, la respuesta de Patton fue:

> Have taken Trier with two divisions. What do you want me to do? Give it back?[183]

Y así era, porque la Infantería con el apoyo de la 10.ª Blindada ya estaba dentro. Tal éxito encolerizó todavía más a Montgomery,

183 Reiteramos la traducción a pesar de haberla dado más arriba: «He tomado Trier con dos divisiones, ¿qué quieres que haga, devolverla?».

que en aquellos momentos diseñaba el cruce del Rin. Patton, en su carrera hacia el río, hizo más de cinco mil prisioneros.

Hemos visto varias veces esa misma respuesta por parte de Patton y hemos dicho que, de alguna manera, y dependiendo de los suministros, el general hacía la guerra a su modo. Soportar el lastre de la cadena de mando le era insufrible y, como contrapeso, actuaba por delante de las órdenes. Hasta la fecha y en contadas excepciones —Fort Driant, en la batalla de Metz, por ejemplo—, las cosas le habían ido bien, por eso Eisenhower y Bradley lo dejaban hacer o, al menos, no manifestaban una abierta oposición, como hubiera sido lógico ante desacatos tan reiterados y con respuestas desafiantes. Pero Patton era capaz de ir más allá, bastante más allá, y lo iba a demostrar en el Rin.

No obstante, en aquellos días y dada la interdicción de Eisenhower para que no avanzara más, Patton, como era previsible, se quejó:

> —Me están atacando desde dos frentes, y no precisamente los alemanes[184].

Se trataba de denunciar la doble restricción: de movimiento y la negativa a recibir mayores suministros de carburante. Con todo, hay que ver que el I de Hodges estaba prácticamente inmovilizado y frente a la línea Sigfrido.

Sin embargo, Patton se entusiasmó cuando una de sus patrullas atrapó un envío de combustible destinado al general Hodges. Era un acto de escasa rectitud, ampliada seguramente por la voracidad de Patton y su concluyente necesidad de avanzar cuanto más mejor. A la avidez del general se añadía su absoluta egolatría que, lógicamente, ponía en grave peligro otras unidades del ejército norteamericano[185], obviando cualquier signo de solidaridad.

Además se produjo un hecho significativo para entender el pulso de guerra que quería el general Patton e, incluso, su carácter en com-

---

184 D'Este, *opus cit.*, pág. 662 y Hastings, *opus cit.*, pág. 54.

185 Hastings, *ibidem.*, pág. 55.

bate. Como se trataba de agilizar el paso por el único puente existente en Trier sobre el Mosela y, tras ello, activar y acelerar la marcha de dos divisiones acorazadas, el lugar se había convertido en un atasco formidable que, además, se cobró la vida de un PM. Patton, colérico, estuvo mucho tiempo dirigiendo la circulación, después ordenó al jefe de cuerpo responsable[186] a mantenerse nueve horas encauzando el tráfico, a fin de evitar más accidentes y apresurar la maniobra[187].

Tales actuaciones, acentúa Hastings, daban a los soldados una imagen confusa, por un lado estaba la indiscutible voluntad de Patton pero, por otro, acentuaba una cierta vacilación respecto a su recto proceder.

* * *

El cruce del Rin diseñado por Montgomery en *Plunder* se inició con las últimas luces del 23 de marzo y tras un bombardeo de ablandamiento protagonizado por la Aviación y la Artillería sobre Wesel, ataque que redujo a escombros la ciudad hanseática, dejando en pie únicamente algunas iglesias y convirtiendo el terreno en una sucesión de cráteres.

Cuatro horas más tarde, y a partir de ese momento, cruzaron los escoceses de la *Highland* remando en barcas a través de la oscuridad. Posteriormente, se sucedieron otras incursiones. Es interesante saber que el enorme contingente de soldados mandado por Montgomery permaneció horas enteras en la ribera oeste esperando turno para pasar. Si en ese momento la Luftwaffe hubiera podido actuar, seguramente la situación habría tomado un carácter muy distinto, convirtiendo la operación *Plunder* en otro sonado fracaso, como había sucedido con *Market-Garden*, pero esta vez con

186 *Idem*, pág. 557.

187 Para una mayor comprensión acerca de cuál era el modelo de comportamiento en el cruce de ríos, conviene leer a Robert M. Toguchi, *The evolution of United States Army river crossing doctrine and equipment, 1918-1945*, Duke University, Durham, Carolina del Norte, 1994.

millares de víctimas sencillamente acantonadas aguardando la ocasión para cruzar.

No ocurrió, y los diferentes escalones fueron entrando en el agua a medida que les llegaba el turno. La defensa alemana, débil, desde luego, todavía pudo, si no repeler, al menos, obstaculizar algunas unidades, como ocurrió con el IX norteamericano que, a las tres de la madrugada, recibió las andanadas de la artillería enemiga.

Con las primeras luces del día siguiente, los pontoneros iniciaron la construcción de varios puentes de más de trescientos metros de largo sin apenas ser molestados por los morteros alemanes que, no obstante, consiguieron destruir algunos tramos. Esa misma mañana, el cielo se pobló de aviones aliados que soltaron a la 17.ª División Aerotransportada de los Estados Unidos, esto es, más de veinte mil hombres que soportaron el cañoneo de los antiaéreos germanos, cayendo varios *Dakota* y también bombarderos *Liberator*. Finalmente, sobre las cinco o seis de la tarde, el general Blaskowtiz[188], comandante del Grupo de Ejércitos H, ordenó la retirada.

En conclusión, como Patton y su III ya habían cruzado el Rin bastante más al sur, las fuerzas alemanas centraron su desesperada oposición en Montgomery. Es probable que, si Eisenhower no hubiera frenado a Patton, los germanos se habrían ido contra él y el mariscal británico podría haber cruzado sin tantos problemas, pero el general Patton, además de su concienzuda labor como táctico, quería espectáculo, y lo obtuvo, por más que a raíz de una fotografía manipulada.

* * *

El paso del Rin por el III Ejército tuvo su pequeña anécdota que fácilmente pudo haberse convertido en agria polémica, pues si bien los norteamericanos cruzaron antes que Montgomery e incluso

188 Johannes Blaskowtiz se entregó a las fuerzas británicas el 6 de mayo de 1945 y, acusado posteriormente en Núremberg de crímenes de guerra, se suicidó en febrero de 1948.

hombres al mando de Bradley habían pasado en los días anteriores en Remagen, Patton no se abstuvo de recordar e incluso de difundir a través de la prensa que sus soldados rebasaron el Rin sin apenas aparato, únicamente caminando sobre pontones y sin mayores obstáculos. De aquel momento se conservó una foto y un detalle significativo.

Al llegar al río, el 22 de marzo y a la altura de Oppenheim, al sur de Coblenza y en dirección Frankfurt, un Patton absolutamente tranquilo, quizá para rivalizar con la parafernalia que Montgomery había proyectado para el día siguiente, se acercó a la orilla y se quedó detenido unos segundos. Aquellos segundos fueron los que aprovecharon los periodistas para fotografiar al general en actitud provocativa, es decir, orinando en el agua.

La foto, seguramente un trucaje malintencionado, revela un gesto confuso: Patton sobre unas barcazas, rodeado de oficiales y mirando a cámara, mantiene las manos sobre el pantalón. Tal imagen, manipulada con alguna destreza, sirvió para evidenciar la superioridad de George Patton. Pero, así como en otras ocasiones es imposible comprender ciertas declaraciones del general, en este caso hemos de censurar el recuerdo fotográfico, pues se trata de un montaje.

Lo que resulta notorio es la difusión que tuvo la instantánea, resaltando el gesto de Patton —que aparentemente orina sin mayores desvelos frente a la prensa—, brotando incluso un delgado surtidor que el malicioso fotógrafo quiso añadir.

En algunos casos se ha dicho que fue la foto más famosa de la II Guerra Mundial, pero es desde luego una notable exageración. Sin embargo, presentaba a un personaje, George Patton, que constantemente daba titulares.

Trucar una fotografía que iba a resultar un gesto de abierto desprecio hacia los defensores y, principalmente, una monumental descortesía a Montgomery, cuya operación *Plunder* quiso ser la operación estrella después del fiasco de *Market-Garden*, a lo mejor tampoco pareció excesivo a Patton, que hasta transigió con la ordinariez, por eso no objetó ni se quejó, simplemente permitió que la prensa reprodujera la instantánea, a sabiendas de que era una falsificación, pero una falsificación que lo favorecía. Luego, en nota a Eisenhower del 24 de marzo, aprovechando la confusión generada por la foto, le mandó unas líneas en las que, ufano, insistía en el hecho:

> Codman y yo volamos al cuartel general del XII Cuerpo en Bad Kruznach, donde recogimos a Stiller y, en compañía del general Eddy, condujimos hasta el río y cruzamos por un paso de pontones, deteniéndonos en el medio para mear en el Rin y recorrer un poco de tierra del otro lado en emulación de Guillermo el Conquistador.

No era más que otra bufonada de Patton, eufórico por haber llegado a la frontera alemana y entusiasmado al ver que el enemigo no oponía resistencia durante el cruce del Rin y, por si fuera poco, satisfecho de haber sorprendido al mundo aliado y encantado de dejar a Montgomery en evidencia: en aquellos momentos, el mariscal británico disponía un inmenso dispositivo para cruzar el río y él, simplemente, se meaba en el agua. Parecía que el camino hacia el este iba a ser sencillo.

* * *

A finales de marzo, las tropas de Montgomery ocupaban Hannover y tocaban el Báltico y, a pesar de algunos conatos de defensa más o menos furiosa, la Wehrmacht como tal había desaparecido en el frente occidental, manteniéndose hasta el 8 de mayo de 1945 en la batalla de Berlín, sin bien las últimas unidades que defendieron la cancillería del dictador nazi pertenecían a la Waffen-SS francesa, encuadrada en la división *Charlemagne*[189]. La consecuencia parecía clara: en el último momento, los restos del ejército alemán prefirieron enfrentarse al Ejército Rojo, dadas las consecuencias, en vez de

---

189 Se trató del batallón de asalto mandado por el *Hauptsturmführer* Fernet y los hechos ocurrieron el 2 de mayo. Véase, con las precauciones necesarias, Jean Mabire, *La Division Charlemagne*, Librairie Artheme Fayard, Paris, 1974.

contra los aliados occidentales, de cuya actitud esperaban, como así fue, mucha más clemencia.

Pero antes de estos hechos, todavía el III de Patton debía recorrer muchos kilómetros hasta quedarse situado en las márgenes del Elba y entrando en Pilsen, esto es, en el sur de Alemania y en las fronteras de Checoslovaquia, asunto que marcaría su próximo y definitivo destino, pero el levantamiento partisano checo del 8 de mayo, apoyado por los soviéticos, frenó en seco el avance americano, que dejó clavado a Patton entre Pilsen, České Budějovice y Karlovy Vary, esto es, la región de los Sudetes.

Eisenhower, para evitar males mayores, roces diplomáticos o, incluso, algún choque fortuito entre rusos y americanos, prohibió al general Patton avanzar hacia Praga, que en ese momento se hallaba en plena lucha entre los restos del Grupo de Ejércitos Centro, las Waffen al mando de Ferdinand Schörner y los guerrilleros checos.

Posteriormente, los tanques del mariscal Konev[190] desencadenaron el ataque final en los primeros días de aquel mes de mayo, obligando al I Ejército *Panzer* a retirarse hacia el oeste buscando rendirse ante Patton, objetivo que consiguió un importante contingente, si bien pereciendo en Praga otra parte.

Únicamente Schörner y un pequeño grupo de oficiales lograron volar hacia el Tirol huyendo del avance soviético con la intención de defender el último bastión nazi, el *Alpenfestung*, la fortaleza alpina que Goebbels y Himmler habían diseñado cerca de Salzburgo y que no pasaba de ser una fantasía. Semejante delirio no enmascaraba seguramente más que la intención de capitular ante los aliados, estratagema que no pudo evitar que el comandante Schörner fuera inmediatamente entregado a los soviéticos por las fuerzas británicas.

Desde el 6 de mayo, día en que la 3.ª Blindada del III entró en Pilsen a primeras horas de la mañana, acabando con las posiciones alemanas del *obergruppenführer* Karl Hermann Frank[191] y apo-

---

190 Asimismo, el general Iván Konev participó en la represión del levantamiento de 1956 en Hungría.

191 Frank fue capturado pocos días después en Pilsen, donde había acudido con la

yando, de ese modo, la insurrección checa, las fuerzas de Patton tenían la dirección despejada y perfectamente trazada para avanzar hacia Praga, pero entonces se produjo la interdicción soviética[192]: Пльзень да, Прага нет[193].

Ciertamente aquella negativa era consecuencia de los convenios signados en Yalta en febrero del 45, donde las potencias aliadas se habían distribuido las zonas de ocupación, quedando Checoslovaquia en una especie de sector intermedio hasta que en las elecciones de mayo de 1946, Edvard Beneš fue designado presidente y el líder comunista Klement Gottwald se convirtió en jefe de Gobierno. No obstante, pero unos meses después, en febrero del 48, los soviéticos, con inspiración eslovaca, maniobraron contra la dirección nacional, sumiendo a Checoslovaquia en un protectorado comunista hasta la Primavera de Praga, cuando el 21 de agosto de 1968, cinco mil tanques y doscientos mil soldados del Pacto de Varsovia llegaron al Moldava para impedir las reformas de Alexander Dubček, defensor del eurocomunismo, sustituido por Gustáv Husák, que se mantuvo veinte años.

Tantos años después, en 1989, durante la Revolución de Terciopelo, Dubček reapareció y fue elegido presidente del Parlamento checoslovaco, rivalizando con Václav Havel, nombrado presidente de la República. Dubček recibió el premio Sajarov del Parlamento europeo, en el que el propio Andréi Sajarov lo calificó de «soplo de libertad». Falleció en 1992.

---

intención de entregarse a los americanos, pero fue devuelto a los checos, siendo juzgado en Praga por crímenes de guerra, sentenciado y ahorcado el 22 de mayo de 1946.

192 Es llamativo que pasado bastante tiempo, durante el régimen comunista, se publicaran algunos ensayos en los que se trataba de explicar por qué los americanos liberaron Pilsen. Según aquellos libelos, los norteamericanos habían entrado en la ciudad para adquirir fruslerías, visitar prostitutas y salvaguardar a los nazis. Jiří Plachý, *Pilsen en la línea de demarcación*, Radio Prague International, emisión radiofónica del 05/05/2015.
En 2005 se abrió el *Patton Memorial Pilsen*, un recogido museo que explica la liberación de la ciudad por el III Ejército.

193 «Pilsen sí, Praga no».

* * *

La decisión de Eisenhower, por tanto, revistió el cariz de un dictamen político que, desoyendo los ruegos y demandas de los checos e incluso de Winston Churchill, se hizo realidad[194]. El primer ministro británico atisbó en aquella detención la sombra del estalinismo extendiéndose por Europa tras la hecatombe nacionalsocialista y los checos constataron inmediatamente las consecuencias de la «liberación» rusa. En ese mismo empeño andaba Montgomery desde el otoño del 44, Berlín debía ser ocupado por los aliados occidentales.

Sin embargo, en ese momento los rusos, con Zhukov al frente, tenían un millón de soldados sobre el Óder, y Eisenhower calculó que pasar el Elba y acercarse a Berlín le iba a costar cien mil bajas norteamericanas: considerando que si bien el objetivo era sin duda importante, no podía justificar tal inmensidad de sacrificios.

Por supuesto que Berlín era fundamental, pero no a aquel precio. Además, vistas las cosas no advertía ninguna ventaja política en pelear la batalla de Berlín. Sus intenciones fueron maniobrar en la zona occidental del Elba, con el propósito de cortar las fuerzas enemigas y desplegarse luego hacia el norte y, con deferente cordialidad, se lo comunicó a los soviéticos.

Rápidamente, Churchill se quejó con fogosidad porque aquello suponía renunciar a Berlín y relegar las fuerzas británicas a un papel secundario, impidiendo participar en la que se suponía iba a ser la batalla más trascendental que se librara en el norte de Alemania. Pero Eisenhower lo veía claro, por Berlín iban a combatir los rusos, que tenían posicionados enormes contingentes y comandantes incontestables, y por la zona báltica, es decir, Hamburgo y Lübeck los aliados occidentales. Esa quizás no fue una consideración militar, sino netamente política. Sellar la frontera de Dinamarca quería

194 Sostenemos esta tesis pese a contradecir el minucioso trabajo de Forrest Pogue, egregio historiador militar en *United States Army in World War II: European Theater of Operations: The Supreme Command*. Office of the Chief of Military History, Department of the Army, Washington, 1954, capítulos 23 y 24.

decir que se iba a impedir que la península de Jutlandia cayera en el ámbito soviético, y aquello sí que fue entendido por los británicos.

Con todo, la decisión de Eisenhower trajo una consecuencia inesperada pero singular. Próximo a la frontera danesa había quedado un reducto sin conquistar, Flensburg, donde permaneció refugiado el almirante Dönitz y su Gobierno, supuestamente sucesor del III Reich[195] según el testamento de Hitler. Precisamente porque aquella zona entró en la operativa occidental, Karl Dönitz y su administración fueron detenidos en la mañana del 23 de mayo por la 11.ª División Acorazada británica, una vez recibido el refrendo del Kremlin.

Tras las quejas de Churchill, el Estado Mayor Conjunto se asentó en un dictamen diametralmente opuesto: el general Eisenhower era el más idóneo para decidir qué medidas había que seguir, consideración a la que también contribuyó el presidente Harry Truman. Pero todavía Winston Churchill contestó diciendo que dejar avanzar a los rusos sobre Berlín los haría crecer en prestigio y que tal estimación traería graves conflictos futuros, terminando por asegurar que los aliados occidentales debían progresar hacia el este mientras fuera posible, incluyendo la capital del Reich.

Tan acalorado debate tenía su explicación, pues en aquellos momentos se empezaban a saber cosas de lo que estaba sucediendo en Polonia, Estonia, Lituania y Letonia y, evidentemente, el primer ministro británico estaba alarmado.

Sin embargo, cuando el 12 de abril la vanguardia del 9.º Ejército del teniente general Simpson llegó al Elba, Eisenhower confirmó la orden dada con anterioridad a Patton, ni un metro más. Pero el 25, fuerzas soviéticas y estadounidenses se encontraron en Torgau.

Y, ¿por qué? Simplemente porque Eisenhower se negó a aceptar líneas de demarcación, asunto que aceptaron los rusos a sabiendas de que establecer zonas grises podía dar lugar al encajonamiento de unidades sueltas alemanas, dando lugar a posibles inconvenientes.

195 Véase mi libro *La desaparición de Hitler*, Sekotia, Córdoba, 2024.

La aprobación soviética se produjo el 24 y, al día siguiente, como decimos, las tropas se unieron.

En efecto, tras años de guerra separados por frentes paralelos pero a miles de kilómetros, por fin los aliados se veían, se reconocían y, lo que pudo parecer más extraño, sobre todo a ojos de lo que pasó después, congeniaban. Aquella mañana[196], el teniente Albert Kotzebue de la 69.ª División de Infantería del I Ejército, al mando del teniente general Hogdes, abrazó y felicitó al teniente coronel Alexandr Gardiev, del 175.º Regimiento de Fusileros encuadrado en la 58.ª División del 5.º Ejército de Guardias del I Frente ucraniano, bajo órdenes del mariscal Konev.

Fueron momentos emotivos que quedaron reflejados en innumerables fotografías donde unos y otros, soldados y oficiales, tropas de infantería o carristas, hacían correr el whisky, el vodka y los cigarrillos. Tras unos días de vigilada contemporización (el NKVD nunca se fio de las intenciones o de las posibles influencias del aliado occidental), en julio, Torgau y su circunscripción, inicialmente ocupada por las fuerzas americanas, fue cedida a los soviéticos en cumplimiento de los acuerdos de Yalta. Quedaba expedito el camino para la estricta observancia de los pactos y para la división

196 El encuentro se produjo exactamente a las 12:05, cuando el teniente Kotzebue, tras haber comprobado con sus prismáticos la presencia de soldados posiblemente rusos en la orilla del Elba, mandó lanzar dos cohetes verdes, la señal pactada entre unos y otros. Los rusos se acercaron, movidos por la curiosidad. Kotzebue gritó: «¡Amerikanki!», pero no hubo respuesta. Entonces se decidió a cruzar el río en una lancha junto a varios soldados y un médico que hablaba ruso. Al llegar a la otra orilla, de inmediato preguntó por los mandos y rápidamente se presentó el teniente coronel Alexandr Gardiev, al que saludó y con el que se fotografió. Posteriormente, y mientras Kotzebue enviaba un mensaje a sus superiores relatando las circunstancias del encuentro, se dirigieron al cuartel ruso para celebrar un banquete. En el cuartel norteamericano, la noticia mandada por Kotzebue no sentó nada bien, pues los mandos tenían orden de evitar patrullas para evitar encuentros que pudieran derivar en problemas, y Kotzebue se había desviado al menos cuarenta kilómetros. Sin embargo, a los pocos minutos se recibió un mensaje de otra patrulla: el teniente Robertson, tras algún malentendido breve, estaba en Torgau. Vid. John Toland, *Gli ultimo cento giorni, declino e caduta del terzo Reich*, Res Gestae, Milano, 2023.

del territorio alemán. De hecho, Torgau pasó a formar parte de la posterior RDA.

Por fin, el 19 de abril, Churchill aceptó los razonamientos de Eisenhower en un mensaje a Anthony Eden, ministro de Relaciones Exteriores: la batalla de Berlín iba a ser durísima y los soviéticos disponían de casi tres millones de soldados, mientras los norteamericanos apenas habían conseguido situar algunas vanguardias, entendiendo, además, que todavía combatían algunos reductos bastante comprometidos[197].

Y así era, no obstante, para analizar con la suficiente coherencia las decisiones aliadas, conviene saber que desde ese momento se desató en los frentes todavía activos una pretensión nueva, incluso a veces desmedida. Se trataba de ocupar instalaciones alemanas que se consideraban de primer nivel, centros industriales relacionados o no con la producción de guerra, para, sencillamente, trasladarlos a los territorios de las potencias vencedoras y, junto a las fábricas, los equipos, esto es, las personas que habían estado a cargo de tales dispositivos. En este ámbito, obraron igual norteamericanos y soviéticos. Y claro, siguiendo la misma lógica, asegurar Stuttgart, al suroeste, resultaba clave, mucho más que Praga, pues allí estaban emplazadas las infraestructuras alemanas relativas a la exploración atómica.

Además, el acepto ruso del 24 y la subsiguiente confraternización de las tropas suponía —no una alegre fiesta militar, como generalmente se dice—, sino la confirmación palmaría de que los soviéticos permanecerían en Checoslovaquia. Una cosa era dar una imagen alborozada y eufórica, y otra, tal como entendían Patton, Churchill, Montgomery y posiblemente Eisenhower, ver en aquellas celebraciones la indiscutible constatación del poderío estalinista.

El 4 de mayo, Eisenhower amagó un movimiento hacia el interior de Checoslovaquia, en parte con la idea de librar de posibles enemigos las riberas del Elba. Sin embargo, el general Aleksei

197 Winston Churchill, *Triumph and Tragedy*, vol. 6, Houghton Mifflin, Boston, EEUU, 1953, pág. 509.

Antonov, jefe del Estado Mayor General del Ejército Rojo y que había diseñado *Bagration* (verano 1944), estando presente en Yalta, le mandó inmediatamente una nota de advertencia en la que lo prevenía para que no desplazara sus fuerzas, arguyendo que los soviéticos se habían quedado en la raya de Wismar, a algunos kilómetros de Lübeck, siguiendo la petición de Eisenhower, con lo que parecía justa compensación renunciar al avance en territorio checo. Al día siguiente, Patton y Simpson se quedaron en la raya de Pilsen.

El día 8, el mariscal Schörner todavía luchaba contra los partisanos checos, por lo que mandaron mensajes de auxilio a los americanos, pero estos los transfirieron a Moscú, si bien indicando por radio a los soldados alemanes que el mantenimiento del fuego traería consecuencias desastrosas. Cuatro días después, los carros soviéticos entraban en Praga.

Patton cruzando el Rin en un gesto que dio lugar a torcidas interpretaciones.

# UN GENERAL DISTINTO

El mismo día del fallecimiento del presidente Roosevelt dio inicio la batalla de Núremberg, el 12 de abril de 1945, uno de los últimos combates en el que un regimiento de las SS, varios miles de pilotos convertidos en soldados de Infantería y personal herido de diversa consideración junto a voluntarios del general Vlasov (Русская освободительная армия / Ejército de liberación de Rusia), bajo las órdenes del general de las Waffen y *gauleiter* de Franconia, Karl Holz, se enfrentaron al VII estadounidense del general Patch. El VII estaba compuesto por dos divisiones blindadas más tres de infantería muy fogueadas, con un total de cerca de cincuenta mil soldados, en una ofensiva que resultó corta pero devastadora.

Ese misma jornada, Eisenhower, junto a Patton y Omar Bradley entraron en el campo de concentración de Ohrdruf, a unos cincuenta kilómetros de Buchenwald y cerca de Weimar, que había sido liberada una semana atrás por la 4.º Blindada norteamericana.

Con todo y no ser un campo de exterminio, pudieron ver de primera mano el grado de deshumanización de los nazis, ya que muchos prisioneros permanecían allí todavía, inertes ante la nueva situación.

Miles de cuerpos destruidos por la inanición estaban alojados en túneles más o menos subterráneos, otros vagaban por las calles del campo hasta que caían muertos. Después, hervideros de piojos se concentraban en los esqueletos ambarinos. Algunos, todavía capaces de mirar y ver, saludaban con pequeños saltos y tristes muestras de alegría a los generales norteamericanos. Aquellos hombres, que llevaban años de guerra y que pensaban que ya lo habían visto todo, lloraban.

Patton, el orgulloso, el temible Patton, tuvo que guardarse detrás de una pared para vomitar. Después, la frase de Eisenhower fue lapidaria:

> Los soldados americanos que no saben por qué hacemos esta guerra tienen su respuesta, ahora saben por qué luchamos.

Y Patton, con su jerga habitual, incluso fue más lejos:

> Alguien puede creer que estos chucrutes (comedores de *chucrut,* alemanes) no son unos hijos de puta hasta que ve este lugar apestado.

Posteriormente, algunos visitantes tuvieron que ser atendidos por los sanitarios y, según parece, muchos manifestaron graves síntomas psicosomáticos: vértigos, diarreas o náuseas.

Patton fue sensible en las visitas que hizo a los campos y gran mayoría de sus opiniones al respecto quedaron plasmadas en el diario. Eran sensaciones quizá privadas donde mostró un gran detallismo, aunque no morboso: simples constataciones de lo visto.

Ciertamente, el aspecto que daban las instalaciones era espantoso, con cadáveres amontonados en cúmulos que no habían sido incinerados y otros horrores similares. Fue la primera vez que los norteamericanos inspeccionaban un recinto semejante, y Eisenhower se empeñó en obligar a la población a ver las terribles atrocidades que se habían cometido en aquel lugar.

Tal visita tuvo como resultado que algunos responsables políticos locales se suicidaran poco después. La intención de Eisenhower, tal como comunicó a Marshall vía telegrama, era que quedara constancia de lo hallado con testimonios directos en previsión de futuros alegatos negacionistas, capaces de asegurar que todo aquello no había sido más que propaganda antialemana vertida por los aliados.

Con tal premisa, el 11 de mayo, tropas norteamericanas, eventualmente radicadas en el oeste de los Sudetes y antes de retroceder siguiendo las órdenes de la comandancia superior, constataron la existencia de varios campos de concentración más en las inmediaciones, así como los cadáveres a medio enterrar de una treintena de mujeres judías que habían fallecido de hambre poco antes, seguramente en alguno de los diversos traslados a que fueron sometidas por la SS.

Tras consultar con Patton, los comandantes de las diversas unidades del III ordenaron a los habitantes de Volary (sur de Bohemia, por tanto, dentro de la frontera checa) a desenterrar aquellos cadáveres, limpiarlos de las adherencias del barro, introducirlos en ataúdes y, todavía sin cerrar, hacer pasar a la población —mujeres, viejos y niños— para que pudiera advertir de manera incuestionable la extrema felonía y la barbarie absoluta. Después, una vez cerradas las cajas, y siempre en presencia de los habitantes, un capellán castrense judío tocado con el talit (el chal de oración propio de los varones en el judaísmo) realizó un somero funeral y dijo unas palabras al vecindario. Posteriormente, los féretros fueron enterrados en el cementerio[198].

* * *

A partir de aquel momento se puede situar un asunto que será decisivo en la vida del general Patton, que en los mismos días recibió su cuarta estrella. Si bien los antecedentes parecen lejanos, por más que seguramente persistentes, se empieza a manifestar, con evidencias notables en esta última fase de la guerra, su notorio antisovietismo. Escribir anticomunismo equivaldría a suponer concentradas lecturas de clásicos marxistas, cosa que parece poco creíble en el general.

---

198 De aquellos hechos quedó una filmación, si bien muda, pero que deja percibir perfectamente las circunstancias. Puede verse en la siguiente dirección electrónica: https://collections.ushmm.org/search/catalog/irn1003766. Es cortesía del United States Holocaust Memorial Museum.

Por el contrario y si bien es cierto que Eisenhower siempre miró con descarada simpatía a Montgomery, proveyéndolo de recursos logísticos por delante de las propias fuerzas norteamericanas, y siendo también innegable que ordenó detener ataques de los ejércitos americanos para que el general británico tomase la delantera, por entonces se mostró extraordinariamente atento con los soviéticos.

Afirma Beevor[199] que en el momento en que Stalin tuvo noticias del cruce del Rin por los aliados intuyó que la pugna por entrar en Berlín había comenzado. Sin embargo, en un cambio de estrategia que acaso no estaba dentro de sus competencias —al fin y al cabo, se trataba de un asunto político, además de militar—, el 30 de marzo, Eisenhower mudó de parecer y dejó la capital del Reich en exclusiva para las apetencias soviéticas, tal y como hemos visto.

En efecto, en un trueque que resistía poco a la lógica castrense, el comandante supremo regalaba al dictador soviético la consideración del desquite en una especie de concesión político-militar sin precedentes.

Aquella aquiescencia, reparando en lo que cualquiera podía percibir, suponía una indulgencia vergonzosa hacia la URSS, sobre todo atendiendo a que buena parte de las premisas firmadas en Yalta, como se había visto en Polonia pocas fechas antes, no fueron respetadas en absoluto, imponiendo un Gobierno de signo comunista y eliminando cualquier sombra de oposición, además de la misma existencia del Armia Kraiova, pulverizado primero por los alemanes y posteriormente por los rusos.

Es posible que, detrás de tal beneplácito, Eisenhower buscara aplacar a Stalin con una especie de joya envenenada, dando por sentado que la última batalla sería de dimensiones colosales y que el desgaste que los soviéticos iban a sufrir los sosegaría en el futuro. Asomaban en lontananza los primeros compases de la Guerra Fría.

De cualquier modo, aquel 30 de marzo, Eisenhower dio órdenes para que el XXI Cuerpo de Ejércitos de Montgomery girara hacia el

199 Antony Beevor, *La Segunda Guerra Mundial*, Pasado y Presente, Barcelona, 2012, pág. 1016.

norte, en dirección al puerto de Hamburgo. Quería impedir a toda costa que los aliados occidentales se hallaran cara a cara con los soldados del Ejército Rojo en las calles de Berlín y que por cualquier acto más o menos involuntario se iniciara una nueva conflagración. Sabía, además, que Churchill no era ni mucho menos un anciano afable que fumaba habanos sin descanso, sino un acérrimo anticomunista, capaz de solicitar al Estado Mayor británico las directrices para iniciar una ofensiva contra la URSS[200]. En tales circunstancias, evitar que una chispa pudiera causar una catástrofe era precepto que el general Eisenhower siguió a rajatabla. Por lo tanto, la línea del Elba iba ser el punto máximo de la actuación aliada.

Berlín no era objetivo militar, según el comandante supremo aliado. Además, sostenía, Alemania tenía dos núcleos principales, uno industrial, el Ruhr, y otro político, Berlín, si el primero era tocado, el segundo se hundiría por sí mismo. Semejante concepto fue desarrollado en varias cartas dirigidas al teniente general Walter Bedell Smith, jefe de gabinete del Comando Supremo y jefe de Estado Mayor de SHAEF. Por otra parte, atacar Berlín desde Dresde, o sea, dirección sur-norte, opinión mantenida por el general Bradley en aquellos momentos, podía costar al menos cien mil muertos. La contestación de Eisenhower no se hizo esperar:

> Un precio bastante alto que pagar por un objetivo de prestigio[201].

Más tarde se vio que Bradley tenía razones significativas muy fundamentadas que justificaban su opinión, pues precisamente allí fue donde, el 21 de abril, los soviéticos y los polacos chocaron con los paracaidistas de la 1.ª División *Panzer* Hermann Göring, derrotando a algunas unidades del LII Ejército soviético y al II polaco que pertenecían al I Frente ucraniano, a cuyo mando estaba el mariscal Iván Konev.

---

200 Más adelante dedicamos un capítulo a este asunto en el que, por supuesto, se vio implicado el general Patton.

201 Forrest Pogue, *opus cit.*, pág. 483.

Tal éxito vino dado porque la Luftwaffe todavía se hizo con el control del aire, si bien de forma pasajera. Ante el desbarajuste, los polacos del general Karol Swierczewski, aterrorizados y desorientados por lo inesperado, huyendo prácticamente en desbandada y con los carros en retroceso, fueron detenidos por el propio Konev y reasignados a unidades soviéticas. Los alemanes, asombrados de su propio éxito contra lo que entendían era la vanguardia rusa, iniciaron un movimiento hacia el este con el objetivo de detener o, al menos, retrasar el ataque sobre Berlín, pero el V de la Guardia los contuvo. Habían querido herir un flanco soviético, pero únicamente se sacrificaron derrotando a los polacos, a los que hicieron casi veinte mil bajas. Dresde fue ocupada por el Ejército Rojo el 8 de mayo. Para entonces, el *Reich* ya no existía.

Por lo tanto, la respuesta de Bradley y la decisión de Eisenhower, cimentada únicamente en hechos militares, no estaba lejos de tener razón. En otra medida, Eisenhower y Marshall, ambos en perfecta sintonía, buscaban cerrar cuanto antes la guerra en Europa para disponer de hombres y trasladarlos al frente de Asia, contra los japoneses, donde la conflagración no tenía visos de finalizar, dada la defensa que los nipones estaban sosteniendo en aquellos momentos, combatiendo isla por isla y llegando a sacrificios impensables.

Una vez Eisenhower hubo decidido el modo de dirigir la guerra, comunicó a Stalin sus planes, asunto que, como sabemos, trajo la inmediata denuncia británica. Tales críticas eran alegatos muy serios: Eisenhower se había saltado los medios acostumbrados para dirigirse al jefe soviético, dejando en un segundo plano las posibles discrepancias del resto de aliados. Churchill, partidario del avance hacia el este, en absoluto hubiera permitido a los rusos tomar la iniciativa y, mucho menos, halagarlos con la entrada exclusiva en Berlín, por más que la última batalla se preveía extraordinariamente sangrienta.

Sin embargo, la posición de Eisenhower disponía las cosas de forma que un posible enfrentamiento entre la URSS y el resto de los aliados occidentales quedara suprimido, incluso a costa de una cortesía y de un tacto puede que excesivo. ¿No se vaticinaba una marcada sumisión en el gesto del comandante supremo? ¿No se avizoraban ya las consecuencias de la situación que ese gesto iba a producir? ¿No fue aquella mansedumbre el primer paso de la Guerra Fría? Y los cambios que en la política aliada trajo la permuta de Roosevelt por Truman, incluso la caída de Churchill tras las elecciones, ¿no fueron elementos que consolidaron y favorecieron las posiciones de Stalin en Potsdam, que de alguna manera se abstuvo de seguir avanzando más allá de Berlín justo en el momento en que los norteamericanos lanzaron la bomba de Hiroshima cuatro días después?

Todas estas decisiones influyeron de forma gradual en Patton, cuyo poso antisoviético ya se había manifestado anteriormente, pero en aquellos momentos, conocedor de las circunstancias y ante las decisiones de Eisenhower, se encresparon, llegando a declaraciones que en gran medida ponían en tela de juicio no solo el liderazgo del comandante del SHAEF, sino incluso las decisiones militares a las que estaba sujeto como general del III Ejército norteamericano.

Polémico había sido siempre, desde luego, pero en la medida que los medios de prensa estaban atentos a sus baladronadas, ahora bien, comentarios contra Eisenhower y sus decisiones ya eran asunto de otro jaez, y si a ello se añadía el constante flujo de apostillas y elucidaciones antisoviéticas, Patton se estaba colocando una diana en su propia cabeza.

Surgen en aquella época las primeras citaciones a Genghis Kan, al que Patton ve como la personificación del soldado y del dirigente comunista, una figura atroz, la personificación del terror que produce la horda mongola, la barbarie y la anti civilización, de hecho, en su diario de guerra escribe:

> (...) ellos (los rusos) son una raza enferma, simplemente unos salvajes, deberíamos darles una paliza (...)

En efecto, el 8 de mayo, día oficial del fin de la guerra, un Patton con el gesto apesadumbrado de inquietud y con lágrimas en los ojos[202] afirmó ante Larry Newman, que trabajaba para *United Press International* y el *International News Service*:

> Me sorprendo de pensar qué discurrirían quienes dieron su vida en lo que creían que era la lucha final por la causa de la libertad. Me pregunto cómo hablarían cuando supieran que por primera vez en siglos hemos abierto Europa Central y Occidental a las fuerzas de Gengis Kan. Me pregunto cómo se sienten ahora que saben que no habrá paz en nuestros tiempos y que los americanos, algunos aún no nacidos, tendrán que luchar contra los rusos, o diez, quince o veinte a partir de mañana[203].

Faltaba poco tiempo para la culminación de su ideario: la celebración de la victoria, momento en que se encaró abiertamente a los generales soviéticos con un inflamado discurso anticomunista y la frase final, que pronunció pocos días antes de fallecer en el hospital de Baviera donde era atendido:

> No lo olviden nunca. Algún día tendremos que luchar contra los soviéticos, nos llevará años y costará millones de vidas.

---

202 Podría parecer exagerado o un simple recurso poético, pero son las palabras literales de Newman recogidas por Robert K. Wilcox en *Target Patton: The Plot to Assassinate General George S. Patton*, Simon and Schuster, 2008, pág. 331.

203 El texto inglés dice así: *I wonder what they would think who gave their lives in what they believed was de final fight in the cause of freedom. I wonder how will speak today when they know that for the first time in centuries we have opened Central and Western Europe to the forces of Gengis Kahn. I wonder how they feel now that they know there will be no peace in our times and that americans, some no yet bor will have to fight the russians, or ten, fifteen or twenty from tomorrow.*

Patton en Renania. Primavera de 1945. Detrás, un *Sherman M4A3E8*

11 de mayo de 1945. Civiles alemanes de los Sudetes en Volary pasan ante un grupo de mujeres judías muertas por la acción de las SS. Atiéndase a la mirada del oficial sanitario de la 5ª División de Infantería del III de Patton y al gesto cabizbajo de los hombres que abren la columna. National Archives and Records Administration.

# HAMMELBURG, EL ERROR DE PATTON

Después de Bastogne, tras cerrar las sucesivas batallas en las Ardenas con evidente éxito, incluso después del cruce del Rin sin el aparato de Montgomery, imprimiendo la máxima velocidad a su ejército y arrollando a las guarniciones enemigas o envolviéndolas para que las rindieran las fuerzas de retaguardia y, sobre todo, sintiéndose la personificación del terror para los soldados alemanes, George Patton quiso superar todos sus anteriores alardes y demostrar al mundo que era capaz de convertir en victoria lo imposible, en definitiva, que era el amo absoluto de la guerra.

Y fue justamente a mediados de marzo cuando oyó hablar del *Offizierslager XIII B,* habitualmente conocido en su versión reducida como *Oflag XIII-B,* un campo de prisioneros militares en las proximidades de Hammelburg, a 100 kilómetros de la vanguardia de sus tropas, o sea, en la profundidad de la defensa enemiga y en línea recta entre Frankfurt y Karlovy-Vary, al noroeste de Pilsen, en Checoslovaquia, punto final del avance de Patton en la II Guerra Mundial.

La noticia de la existencia del campo se produjo por un comunicado que emitió la Cruz Roja Internacional a las autoridades militares estadounidenses, detectando el Servicio de Inteligencia del III que en una lista firmada por el coronel Paul Goode figuraba cierto grupo de oficiales norteamericanos, entre los que aparecía el nombre del teniente coronel John K. Waters, yerno del general, casado con Beatrice Ayer Patton[204], su hija mayor.

Probablemente las consideraciones humanitarias de Patton no influyeron tanto —era un campo donde sobrevivían internos soldados y oficiales en su mayoría rusos y serbios, pero también franceses, norteamericanos, británicos o belgas— como la certeza de que entre los prisioneros estaba el esposo de su hija Beatrice.

* * *

En efecto, Waters había caído en manos alemanas en la batalla de Jebel es Sawda, cuando el Afrikakorps atacó la posición de Sidi Bouzid en Túnez, el 14 de febrero de 1943. A media mañana, más de cien carros de la 10.ª y la 21.ª *Panzer*, mandados por el general Heinz Ziegler, irrumpieron desde la línea de costa por la carretera de Faïd y sorprendieron a los norteamericanos, que venían tocados desde Kasserine.

Ha de pensarse que eran los tiempos del general Lloyd Fredendall, que acabó siendo depuesto y sustituido por Patton, dado el estado lamentable de las fuerzas estadounidenses, pero en aquel momento Waters mandaba un batallón acorazado, la fuerza *Lessouda*, que había quedado aislada en un cerro bajo el fuego de varias unidades alemanas que avanzaban por la base, cerrando cada vez más la posición y convirtiéndola en indefendible.

Pese a los avisos de Waters y del coronel Drake al puesto de mando, la orden emanada de Fredendall fue aguantar hasta que refuerzos desde el oeste penetraran en la zona, rompiendo el sitio. Pero después de varias horas de combates, los alemanes de la 10.ª *Panzer* consiguieron cerrar el círculo y expulsar a la guarni-

204 Es notorio que en la sepultura de Mrs. Beatrice (Immanuel Episcopal Church Cemetery, Sparks, Baltimore County, Maryland, EE. UU), fallecida el 25 de octubre de 1952, mientras su marido servía en Corea, figura Beatrice Patton Waters, obviando el Ayer que, no obstante, aparece habitualmente en la documentación.

ción americana hacia lo alto del montículo, asegurando el perímetro e impidiendo la llegada de auxilios que, por otra parte, jamás aparecieron.

Visto lo anterior, el grueso de las fuerzas blindadas americanas empezó a retroceder hacia el oeste, dejando el mar cada vez más lejos y en la espalda de los alemanes. Por fin se detuvieron, tras una huida poco ejemplar, a más de 15 kilómetros, donde se reagruparon y organizaron. Habían perdido cuarenta y cinco carros y muchos cañones antitanque, y gran parte de la infantería se había separado, permaneciendo en algunas cotas del desierto tunecino sin agua ni apenas mantenimiento, hasta que también se quedaron sin munición, momento en que se rindieron a los alemanes.

El contraataque estadounidense del día siguiente no hizo más que confirmar la escasa capacidad estratégica de los mandos americanos, pues literalmente una división acorazada entera se metió entre dos divisiones *panzer* que, naturalmente, la destrozaron desde ambos flancos con casi cien carros abriendo fuego a discreción en un arenal llano y sin posibilidades de salida. Por si fuera poco, la Luftwaffe se empleó a fondo contra los pocos *Sherman* y *Stuart* que consiguieron escapar. De ese modo, todo hacía presagiar el desastre de Kasserine.

La consecuencia que podemos extraer es que Waters fue hecho prisionero antes de la batalla en la que Rommel destrozó a los aliados, siendo trasladado poco después a Europa e internado durante los siguientes dos años en diferentes campos para prisioneros militares, primero en Silesia, después en Checoslovaquia y, por último, en Hammelburg, aproximadamente en la línea de estabilización del III Ejército desde Frankfurt a la frontera checa.

* * *

Pero atendamos a los hechos. Tras el cruce del Rin, y ya en las proximidades de Frankfurt, Patton recibió la citada referencia acerca del paradero del teniente coronel Waters, trasladado recientemente al *Oflag XIII-B*, a muchos kilómetros por delante de la vanguardia norteamericana.

Seguramente con el entusiasmo de haber conseguido sin apenas oposición atravesar el Rin y dejar en evidencia a Montgomery y sus cautelas, George Patton quiso añadir otro mérito a su hoja de servicios y diseñó un asalto inmediato para liberar el campo y, de paso, rescatar a su yerno. Hay que añadir que tales planes no fueron consultados ni examinados por ninguna instancia superior, ni Eisenhower ni Bradley supieron nunca los propósitos de Patton.

El ataque, si tenía éxito, cosa que para el general era indiscutible, le traería varias ventajas: la primera, sin duda, el inmenso placer de demostrar otra vez que era el señor de la guerra, que se podía mover sin dificultades a kilómetros de sus líneas y que sus órdenes eran temidas por el enemigo hasta el extremo de arrugarse al paso de sus tropas; la segunda, mucho menos exultante pero más humana, la liberación de su yerno y, de paso, de muchos oficiales aliados que se hallaban bajo las calamitosas condiciones de un campo de concentración alemán donde, por muy militar que fuera, podía ocurrir cualquier circunstancia y donde el trato dado a los prisioneros sería, con toda probabilidad, nefasto.

El primer paso dado por Patton para poner en marcha la operación fue contactar con el general Manton Eddy, comandante del XII Cuerpo del III Ejército, para que el día 24 de marzo dispusiera una fuerza capaz de atravesar territorio enemigo y liberar un campo de prisioneros militares en las inmediaciones de Hammelburg, por tanto, a mucha distancia de las posiciones ocupadas en ese momento, y que lo hiciera con garantías. Para tal propósito, Patton propuso la 4.ª División Acorazada, cuya potencia era innegable y su comportamiento en las Ardenas había sido admirable.

Sin embargo, Eddy se negó a permitir que soldados bajo su mando realizaran una operación con visos de suicidio en territorio donde se conocía la existencia de una seria concentración de tropas blindadas de las Waffen que, por otra parte, se iban replegando en torno a centros neurálgicos.

Patton, seguramente sin ganas de discutir, tomó un avión y se presentó en Undenheim, cuartel del general William Hoge, comandante de la 4.ª Acorazada desde hacía poco y célebre por haber atravesado el puente de Remagen, y le rogó que elaborara un plan de ataque inmediato, a lo que Hoge contestó asegurando que se necesitaban al menos dos regimientos blindados compuestos por tres batallones, uno a cada lado del avance, para poder despejar la zona designada y acometer la misión con garantía.

Se debe añadir que Patton no presentó la posibilidad de establecer techo aéreo alguno, con lo que las tropas propuestas tendrían que combatir sin apoyo de cazas ni bombarderos, entrando en zona virgen plagada de miembros de las SS, localizar el objetivo en un territorio sin apenas mapas ni medios de navegación, vencer a los defensores, empujar a los prisioneros para que los siguieran y conducirlos a las líneas americanas mientras, con seguridad, serían perseguidos sin piedad por unos soldados prácticamente vencidos pero que quizá veían la última oportunidad en una refriega corta, aunque intensa.

Pero hubo más, tras la propuesta de Hoge, Patton, que no quería meter mucha gente en la operación porque se jugaba el prestigio, contestó a las precauciones del asaltante del puente Ludendorff diciendo que un destacamento blindado sería suficiente. Gravísimo error, desde luego, no valorar la realidad y juzgar las circunstancias en base a lo conseguido hasta ese momento, incluso sin determinar que los alemanes estaban en una posición desesperada y, por ello, no iban a dejarse vencer de cualquier manera. Patton, además, apostaba por una operación arriesgadísima cuyo objetivo final, con toda probabilidad, era ganar gloria para un suegro poderoso que rescataba a un yerno necesitado.

Por otra parte, y a modo de certificación definitiva, queda recordar que el general Patton ordenó que al equipo de rescatadores se uniera el comandante Alexander Stiller, y no con la aparente finalidad de que adquiera destreza en el combate —cómo se leía en el informe que fue enviado a la plana mayor del III, pues experiencia ya tenía, y mucha—, sino porque era el único que conocía personalmente a Waters, y ese era un detalle de suma importancia, dado que en el campo se iba a encontrar con quince mil hombres detenidos desde hacía tiempo, muchos de ellos, soldados y oficiales norteamericanos, e identificar con precisión al teniente coronel no parecía tarea sencilla.

No deja de resultar interesante saber que hasta muy avanzada la operación, Stiller no reveló a nadie el auténtico motivo del asalto. Se trataba, desde luego, de una operación encubierta, pero Patton la presentó como un acto de humanidad para liberar miles de prisioneros. Con todo, la opción contravenía la distribución territorial y la dirección de ataque de otras fuerzas norteamericanas, dado que el campo quedaba dentro del radio de acción del 7.º del general Alexander Patch, por más que Patton, que había mandado aquellas tropas en África y Sicilia, pudo pensar, quizá, que la ruptura en la asignación de zonas de combate era asunto menor del que bien podía prescindir.

Con todo y tratándose de Patton, es imprescindible observar la prensa de aquellos meses. En efecto, la liberación del campo de prisioneros japonés de Cabanatuan, el 30 de enero de aquel año por MacArthur en Filipinas, era hazaña que George Patton no podía dejar sin respuesta. Los periódicos se habían encargado de difundir la bravura de los *rangers* y de los soldados filipinos al rescatar a quinientos supervivientes de la marcha de la muerte en Batán, ubicados en un campo de concentración también reservado para soldados. Tal asunto fue denominado *The Great Raid* y tratado como una intrépida acción llevada a cabo por pocas fuerzas que evidenciaba el coraje y la fuerza de los americanos. Justo un mes después, el 26 de febrero, la revista *Life* dedicó un espléndido artículo a difundir esa noticia junto a un reportaje protagonizado por Lauren Bacall y Harry Truman.

Obviamente, todo aquello actuó como un acicate imposible de silenciar, por eso Patton, entre otros motivos, se vio impulsado a lanzar una acción mucho más compleja —aunque nada más fuera por la proporción de prisioneros: quince mil contra quinientos— y de ahí la respuesta que dio en un primer momento a las objeciones del general Hoge:

—¡Anímate, Willy, con esto dejamos lo de Cabanatuan como una mierda!

A partir de ese momento se designó un jefe de destacamento, el capitán Abraham J. Baum, iniciando la operación. Como se ve, las fuerzas a su mando eran anormalmente escasas, producto, como hemos dicho, de la altanería y la arrogancia de Patton, pero también de su precaución pues, si la operación salía mal, el precio a pagar habría sido bastante menor.

Así, de los dos regimientos blindados con tres batallones cada uno que había defendido el general Hoge, Baum se llevó once oficiales y tres centenares de soldados, quince *Sherman* y seis *Stuart*, tres cañones autopropulsados de 105 mm, menos de treinta *M3* artillados semiorugas, varios *jeeps*, una ambulancia y quince camiones.

Podría decirse, a lo mejor sin excesiva exageración, que al capitán Baum y a sus hombres les tocó combatir a los alemanes en circunstancias del todo inverosímiles para el tipo de guerra que se había hecho hasta aquel momento, pues no tenían cobertura aérea y sus fuerzas eran considerablemente menores, además de dar por descontado que no iban a poder esperar refuerzos.

Con todo, en la medianoche del 26 de marzo, la columna de Baum atravesó las líneas alemanas más allá del puente de Aschaffenburg, que ya había sido tomado por la 4.ª División Blindada con anterioridad, al haber cruzado el Rin treinta kilómetros por debajo del grueso del ejército. Tal posicionamiento suponía ganar el río Main y entrar en Baviera, pero las cosas empezaron mal desde ese instante.

Un piloto avistó la columna de Baum, en el que seguramente era de los últimos aparatos de observación útiles en Alemania y, a pesar de que fue derribado por fuego de ametralladora, tuvo tiempo de dar aviso al cuartel del general Heinrich Köhl, comandante de la zona, entendiendo este que se trataba de una ruptura en regla, incluso más, de la vanguardia del III de Patton que abría brecha dirigiéndose quizás a Wurzburg, Núremberg o Múnich, e inmediatamente telefoneó al general Obstfelder, jefe del VII, cuya reacción fue poner en pie a sus fuerzas alertándolas para repeler la ofensiva.

Como consecuencia, el enemigo atacó con denuedo, por más que carecía de la potencia y los suministros suficientes como para arrollar a la *Task Force Baum,* tal como se denominaron aquellas tropas.

Por otra parte, la falta de mapas fiables acerca de la localización del *Oflag XIII-B,* incluso de planos donde estuvieran registradas las carreteras, supuso un obvio problema que los hombres de Baum resolvieron preguntando directamente a la población, una circunstancia del todo inconcebible, pues las informaciones podían ser cualquier cosa menos fiables.

Llegando a Gemünden am Main, ya muy cerca del destino, acertaron en el momento en que un convoy ferroviario de tanques arribaba a lo que quedaba de la maltrecha estación, en ese momento los veintiún carros americanos abrieron fuego directamente contra la cincuentena de *panzers* que todavía estaban por descargar, destruyéndolos sin remedio. En su avance al campo de concentración, aparecieron en una ladera varios blindados alemanes provenientes de unidades dispersas, pero fueron aniquilados sin tiempo a que pudieran saber ni siquiera desde dónde les disparaban.

No obstante, este y otros combates, junto con la actuación de los alemanes tanto en Aschaffenburg como en Gemünden, hizo que la *Task Force Baum* alcanzara a última hora del día 27 las proximidades del *Oflag XIII-B* pero, en aquel momento, nada más con una fracción de su fuerza.

Al llegar al campo, los soldados de Baum aplastaron con las orugas y reventaron a tiros las cerraduras de la entrada, respondiendo a los guardias que abrían fuego y eliminándolos de inmediato.

La noticia, el ruido de los carros y las primeras explosiones ya estaban en el campo y muchos prisioneros salieron a recibir a los norteamericanos con inmensas muestras de alegría. Momento sumamente peligroso, porque se mezclaron guardias alemanes con atacantes americanos en una refriega en la que todos se empleaban a fondo. Incluso el general Gunther von Goeckel, comandante del campo, se acercó al coronel Paul R. Goode, prisionero hasta ese momento y autor de la nota filtrada por la Cruz Roja que dio pie a toda la operación, y se rindió, entendiendo que el grueso del III de

Patton no tardaría, además, le rogó que, ya que de ese modo lo convertía en comandante del campo, diera las órdenes oportunas para que se detuviera la batalla.

Otro problema fue que allí había una considerable cantidad de soldados y oficiales del ejército serbio que, por el atuendo, podían confundirse con soldados alemanes, cosa muy comprometida en tales circunstancias, pues las menguadas fuerzas al mando del capitán Baum no hacían distingos ni se detenían a identificar a nadie.

En un momento, el propio teniente coronel Waters y dos oficiales alemanes salieron a descubierto con bandera blanca, pidiendo la suspensión del fuego, pero fueron ametrallados por un soldado germano. Finalmente, se hizo el silencio mientras tres *panzers* ardían en el patio del campo junto a otros tantos semiorugas y varios vehículos diversos.

A medianoche del 28, lo que quedaba de la *Task Force Baum* inició el regreso, pero sin Waters, herido en el ametrallamiento y operado por un cirujano serbio, y con unos escasos quinientos prisioneros, los que pudieron caber en los camiones o encaramados a los *Sherman* y eran capaces de sostener un arma. Un par de horas después, mientras el convoy avanzaba a oscuras por la Reichstrasse en dirección a las líneas norteamericanas y a la altura de Würzburg fue atacado por artillería e infantería, que utilizaba los efectivos *panzerfaust* para desmantelar los *Sherman,* además, un cañón antitanque o quizá un *Tiger* disparó desde algún lugar de la cuneta y destruyó otro carro al primer impacto.

Baum, convencido de que su acción no iba a figurar entre las más brillantes de la guerra y que fácilmente podía acabar con su vida, como había consumido las de muchos soldados, no se le ocurrió otra cosa que salir de la ruta y formar un círculo en una pequeña elevación. Quedaba expuesto, por lo tanto, y al más puro estilo de las tácticas usadas por los colonos cuando eran atacados por indios en las praderas del medio oeste. Es decir, ofreciendo una visual perfecta, sin protección por los flancos, en actitud meramente defensiva y a la espera de ataques alemanes. Y lo que parecía peor, con tan escasas fuerzas que, al amanecer, sin duda, no podría resistir una arremetida medianamente bien coordinada, menos todavía si el enemigo podía disponer de algún caza.

En aquellas circunstancias, Baum fue capaz de enviar un mensaje de solicitud de apoyo aéreo y, por fin, ya sin respuesta, dio órdenes para que cada soldado huyera como pudiera, indicando a los prisioneros y a los heridos que volvieran al campo. Baum y Stiller fueron heridos y apresados, igual que Goode y otros soldados. Finalmente, a las líneas norteamericanas únicamente llegó un puñado de hombres que había tenido suerte y no se había cruzado con patrullas germanas.

Después, el 5 de abril, la 14.ª División Blindada del III liberó el *Oflag XIII-B*, donde se encontraba el capitán Baum y varios oficiales implicados en la fracasada operación. Por orden de Patton, Baum ascendió a comandante y le fue concedida la *Distinguished Service Cross*, en la que se resaltaba el heroísmo, pero sin llegar a la Medalla de Honor, seguramente porque el éxito no acompañó la ejecución, por más que la *Task Force Baum*, con muy pocos efectivos, había conseguido provocar el hundimiento del sector de Hammelburg destruyendo tanques, trenes, puestos de ametralladoras antiaéreas y grupos enteros de combatientes que habían sido desplazados, favoreciendo, qué duda cabe, la posterior llegada de Patton.

* * *

Casi inmediatamente, el general Eisenhower tuvo un encuentro con Patton en el que no faltaron críticas y una filípica monumental, pero había demasiadas implicaciones como para no salir más o menos airoso y los argumentos de Patton —pese a que se trató una vez más de la confirmación palmaria de que en gran medida el general hacía lo que le venía en gana, tuviera o no directrices superiores o invadiendo, para ello, zonas de combate asignadas a otros— cayeron por su peso: un campo con miles de prisioneros aliados en manos alemanas y en plena retirada germana podía ser, sin la menor duda, objeto de una terrorífica masacre. Por tanto, evitarlo era objetivo de primer orden, además, la incursión de la *Task Force*

*Baum* contribuyó de forma decisiva al ablandamiento del frente y a su caída una semana después.

Por supuesto que aquellas explicaciones eran zarandajas propias de un crío consentido e impertinente que había puesto en juego miles de vidas, haciendo recorrer a una débil formación un territorio ajeno a su jurisdicción militar por la simple arrogancia de rescatar al yerno y obtener, de ese modo, un poco más de prestigio familiar.

A pesar de todo, Patton tuvo que reconocer —y lo hizo en su diario de guerra— que no haber enviado un contingente mayor, es decir, una fuerza como le había aconsejado el general Hoge, fue un error de consideración, el único que admitió en todo su mandato durante la guerra. Por otra parte, el propio Patton se encargó de asegurar a través de la prensa que ignoraba la situación del teniente coronel Waters y que se enteró posteriormente. Queda para el lector, si hubiere interés, emitir juicio al respecto.

# LA MINA MERKERS

A finales de marzo de aquel año de 1945, en plena arremetida y después de cruzar el Rin, el III Ejército al mando de Patton se desbordaba por la zona de Frankfurt hasta cubrir un frente de muchos kilómetros. La situación lo permitía, pues los restos del ejército alemán corrían en desbandada, ofreciendo una resistencia menos que irregular —solo algunos grupos desconectados eran capaces de presentar firmeza residual en lo que jamás llegó a ser una auténtica guerrilla— y únicamente la velocidad de los *Sherman*, lanzados a campo traviesa o por carreteras y autopistas, era capaz de frenar el juego entre tierra y aire, dado que las escuadrillas aéreas recorrían el territorio muchos kilómetros por delante de la vanguardia terrestre, comunicando cualquier extremo a los comandantes de los carros. Era el tipo de guerra que amaba George Patton: velocidad, kilómetros y la sensación de acercarse cada vez con mayor presteza a la victoria.

Sin embargo, a unos ciento sesenta kilómetros al noreste de Frankfurt, el 3.$^{er}$ Batallón del 358.º Regimiento de Infantería de la 19.ª División[205] halló lo que parecía impensable: el inmenso tesoro que los nazis, con meticuloso afán, habían escondido laboriosamente.

---

205 Léase al respecto el ensayo de Greg Bradsher, *Nazi Gold: The Merkers Mine Tresaure*, Quarterly of the National Archives and Records Administration, Maryland, 1999, vol. 31, nº 1.

En efecto, los encargados del caudal del Reichsbank habían decidido esconder, en las profundidades de una mina con apariencia de abandonada, buena parte del tesoro del banco nacional junto a cientos de obras de arte decomisadas en las diversas ocupaciones de los diferentes territorios junto a millares de bolsas con pertenencias robadas a los prisioneros de los campos.

Tal descubrimiento suponía el colapso definitivo del sistema financiero alemán y hacía entrever, en consecuencia, el fin de la guerra. Sin embargo, semejante hallazgo fue, como no podía ser menos, una noticia acogida por el general Patton con frialdad: era una prueba irrefutable de la conclusión definitiva de los combates, y eso, precisamente, era lo que aquel espíritu indefectiblemente dedicado a las batallas más temía, el regreso a una vida sin alicientes donde la guerra fuera cada día un horizonte más lejano. Esta es, por otra parte y sin asumir graves riesgos de interpretación, la hipótesis que puede extraerse de la escasa importancia que Patton dedicó en su diario al descubrimiento de la mina Merkers.

Pero, veamos los hechos. Cuando el 4 de abril el pueblecito de Merkers fue liberado por el 3.er Batallón antes aludido, el resto de la 19.ª de Infantería aseguró la demarcación dado que estaban realizando una rápida progresión cuyo objetivo en línea recta era Berlín y, a pesar de lo pactado en Yalta —la zona iba a quedar en manos soviéticas—, Patton consideraba de suma importancia acercarse lo antes posible a la capital del Reich. A aquellas alturas, no ignoraba lo firmado, pero era reacio a admitirlo.

Nada más tomar posesión de la plaza, en la que no hubo combates, los miembros del III se percataron de la presencia de numerosas personas que no pertenecían a la población local: eran prisioneros de guerra que habían quedado en precaria libertad tras la desaparición del ejército alemán. Dejados a su albedrío, muy desorientados y con indumentarias que ofrecían pocas dudas, inmediatamente fueron atendidos por los servicios norteamericanos.

¿Quién era aquella gente que vagaba sin objetivo por la ciudad, encomendándose al socorro de los soldados? ¿Qué hacían allí?

Pronto, el CIC[206] tuvo noticia de lo acontecido: eran cautivos cuya mano de obra había sido utilizada en condiciones de esclavitud para trasladar ingentes cantidades de oro desde la oficina principal del Reichsbank en Berlín a la mina Kaiseroda de la compañía Wintershall[207] en Merkers.

Estas informaciones se pudieron cruzar con otras tanteos de prisioneros franceses que se encontraban en Bad Salzungen, a escasa distancia al este, y cuyos comentarios coincidían con los prisioneros de Merkers. A todo ello se añadió el testimonio de dos mujeres que interrogó la Policía Militar. De sus palabras se dedujo que la existencia del oro era más que probable, además afirmaban que, en las profundidades de la mina, había una enorme cantidad de obras de arte depositadas allí por los alemanes en previsión de bombardeos en Berlín y que pertenecían a los museos de la capital y a otras colecciones de toda Alemania, junto al botín requisado en diferentes lugares de Europa, tanto públicos como privados.

Tras las averiguaciones pertinentes, los norteamericanos dieron con el director de la Nationalgalerie de Berlín, Paul Ortwin Rave, y con el supervisor del Reichsbank, Werner Veick, cuya presencia en Merkers se debía al cuidado de las pinturas y del caudal en metálico y lingotes de oro. Ambos fueron llevados a presencia del teniente coronel William A. Russell, de la 19.ª División, encargado de asuntos civiles, al que informaron puntualmente del contenido almacenado en la mina.

Rave era historiador de arte, en absoluto un soldado, precisamente por eso no opuso la menor resistencia y colaboró, en primer lugar, para salvar la vida[208] y, como segunda opción y muy impor-

206 CIC: Cuerpo de Contrainteligencia de la 19.ª División de Infantería del III Ejército.

207 La compañía Wintershall, fundada a finales del siglo XIX y actualmente en ejercicio, era una empresa minera que se benefició enormemente de la mano de obra esclava durante la dictadura nazi.

208 De hecho, Rave había sufrido en propia carne el no haberse afiliado al partido nazi. Ya en 1943, y dado el problema que veía venir a causa de los bombardeos aliados, indicó la necesidad de reubicar las colecciones de la zona de Berlín, asunto por el que fue acusado de derrotismo. Únicamente, después de muchos avisos y de innumerables penalidades, se le autorizó a llevar los objetos artísticos a Merkers,

tante, para cumplir una misión que consideró histórica, preservar las obras que tenía encomendadas. Veick, por su parte y tal como decimos, era inspector del Reichsbank, y vistas las circunstancias, de inmediato indicó a los norteamericanos que se trataba de la reserva completa de oro que el banco guardaba en Berlín.

Ante lo que parecía un importante descubrimiento, Russell ordenó que el 712.º Batallón de tanques se posicionara para proteger la mina, además de un destacamento de la Policía Militar. Durante la noche del 6 de abril, el 1.^er^ Batallón del 357.º Regimiento de Infantería reforzó la presencia de los carros y relevó a la Policía Militar. Advertidamente, se estableció también que una compañía de cazacarros y un destacamento de antiaéreos móviles se instalara en las inmediaciones.

Con posterioridad, Russell telefoneó a Patton para darle noticia de las novedades. Este, en cierta medida apesadumbrado por lo que le contaba su subordinado —al fin y al cabo, el hallazgo iba a suponer un parón considerable en la progresión de la ofensiva—, le ordenó que no mencionara la existencia del oro hasta haber confirmado visualmente lo referido, según escribe en su diario[209].

¿Qué había en Merkers? Una cantidad inmensa de los bienes incautados a los prisioneros de los campos de concentración por las SS desde agosto de 1942 a enero de 1945: pitilleras de oro y plata, joyas diversas, anillos, pendientes, colgantes y collares, hasta dientes de oro, divisas en moneda extranjera y algunos lingotes que muchas personas se habían llevado provisoriamente. Además, estaban los tesoros artísticos confiscados por las SS en colecciones privadas o públicas de los lugares donde se les había destinado, junto a innumerables obras procedentes de los principales museos alemanes.

---

cinco días antes de que el III Ejército entrara en la ciudad. Fue rehabilitado poco después, llegando a ser director de la Kunstbibliothek de Berlín y, siguiendo su trayectoria de historiador, publicó varios libros sobre pintura alemana. Su obra acerca de la destrucción del llamado *arte degenerado, Kunstdiktatur im Dritten Reich* (1949), sigue siendo fundamental hoy en día pues, además de la descripción de los hechos, da un relato en primera persona inobjetable.

209 *War as I knew it,* opus cit., pág. 271.

En la medida en que el III Ejército cubría terreno en dirección a su objetivo, los alemanes intentaron sacar lo que pudieron de la mina, pero la extrema velocidad del avance de Patton y de sus unidades hizo que fuera una ínfima porción, apenas doscientos millones de marcos y algunas divisas. Por otra parte, la aviación americana casualmente bombardeó un puente por el que debía pasar el tren con la parte del botín que pudieron extraer, con lo que los propios alemanes decidieron retornarlo a las profundidades de la mina.

A partir de aquel momento, los acontecimientos se desarrollaron de forma muy rápida, ya que, el 4 de abril, la vanguardia norteamericana, al llegar a Merkers, observó algunos trabajos en una mina, pero pasaron de largo sin darle mayor importancia, se trataba sobre todo de asegurar la posición y empezaron a cubrir el perímetro instalando puestos avanzados para evitar un posible contrataque. Desde ese momento se desarrollaron los acontecimientos que iban a llevar al descubrimiento.

Al día siguiente, 7 de abril, el teniente coronel Russell, junto con varios oficiales de la división, acompañados de fotógrafos militares y los propios Rave y Veick, descendieron los seiscientos metros de profundidad de la mina a través de un montacargas instalado a tal efecto. En un primer momento, hallaron más de quinientas bolsas de moneda alemana apiladas en las paredes, dejadas allí por las prisas de los soldados y los presos que huían del avance americano. Más allá había una pared que mostraba una gran caja fuerte. Veick indicó que tras la puerta estaba el oro.

Antes de tomar ninguna decisión que pudiera convertir aquel depósito en una tumba, Russell comunicó la situación al general Manton Eddy, que ostentaba la comandancia de la división. Éste habló con Patton y la respuesta fue terminante: voladla.

Tal contestación era hasta cierto punto esperable ya que el general Patton no iba a permitir dilaciones, de tal modo que también indicó que el 357.º se uniera a su división, dejando tan solo el primer batallón, un pelotón con ametralladoras pesadas y varios carros ligeros.

El día 8 los americanos derribaron la puerta y hallaron una sala de unos cuarenta y cinco metros de largo, algo más de veinte de ancho y casi cuatro metros de altura. Unas vías de tren atravesaban la estancia. Encontraron más de siete mil bolsas, marcándolas a continuación y sellándolas. Al fondo del recinto estaba lo que inmediatamente se entendió como el tesoro robado por las SS, pues había cientos de maletas, baúles y multitud de cajas.

A partir de ese momento, los soldados americanos hicieron un inventario de primera hora. Vista la importancia del hallazgo, rápidamente se derogaron las órdenes de retirada de las tropas que debían vigilar el lugar, añadiendo de inmediato la artillería necesaria para la defensa antiaérea y varias unidades del 712.º y del 773.º Batallón de cazacarros.

Ese mismo día, George Patton supo que en la mina había un gran depósito de oro, con lo que telefoneó al general Bradley solicitándole que informara de inmediato a Eisenhower, pues consideraba que, como jefe supremo del SHAEF, y dado que era un asunto que excedía las cuestiones militares, debía hacerse cargo.

El general Eisenhower, a través de Bradley, respondió afirmativamente y envió al coronel Bernstein, de la División G-5 del SHAEF, y abogado del Departamento del Tesoro norteamericano, quien se encargó de levantar un inventario completo y de mover el tesoro para sacarlo del área de combate.

Tal medida produjo en George Patton el consiguiente alivio, siendo además Eisenhower de la misma opinión: se trataba de exonerar a soldados veteranos, en aquel momento muy motivados, de labores de vigilancia y policía, y dirigirlos al frente, y a un frente que además se estaba desmoronando. Aquello era justo lo que necesitaba el III Ejército a juicio de su comandante, y no el parón que suponía la mina.

Finalmente, el alijo fue trasladado al edificio del Reichsbank de Frankfurt. Sin embargo, hubo otro inconveniente, según el tratado de Yalta, la zona iba a quedar bajo dominio soviético, con lo que había que hacer la transferencia a toda velocidad pues las brigadas soviéticas Gosfond (Госфонд, Agencia Estatal de Literatura), especialistas cuya finalidad era trasferir objetos de valor, desde libros a pinturas, esculturas, etc., a la URSS, avanzaban en la segunda línea del Ejército Rojo[210].

Patton, informado del asunto, prometió ayuda para la operación. El 12 de abril, Eisenhower y Bradley, junto con Patton, Eddy y Weyland, comandante de la IX Fuerza Aérea, visitaron la mina. Bernstein, ya en funciones de responsable del SHAEF, los acompañó. Mientras descendían en el montacargas los seiscientos metros de profundidad, al general Patton se le ocurrió hacer una broma, diciendo que si se rompía el cable, las promociones en el ejército americano se verían muy reforzadas[211]. El ácido sentido del humor de Patton fue cortado de raíz por Eisenhower, que le respondió con un escueto:

—Está bien, George, es suficiente.

Un poco más tarde, ya en la cena, Bradley, que conocía perfectamente el genio de Patton, y a lo mejor para aligerar la tensión, le preguntó desenfadadamente:

—¿Qué harías George, si tuvieras todo ese dinero?

La respuesta fue de antología, como de costumbre:

—Mis hombres tienen dos opciones, cortarlo en pedazos para darle un trozo a cada hijo de puta del III Ejército o aprovecharlo para comprar nuevas armas.

Eisenhower que, por supuesto, estaba presente, sonrió y contestó:

---

210 Conviene decir que Gosfond se dedicó principalmente a las instalaciones industriales alemanas, que desmontaron y reasentaron en la URSS pieza a pieza, por ejemplo, la fábrica IG Farbenindustrie, junto con cientos de miles de toneladas de maquinaria y de acero, gas, instalaciones para metanol y gasolina sintética. Con todo, la incautación artística, destinada al Hermitage y a los museos de Moscú, incluyó unas doce mil cajas de libros, desde códices a ediciones modernas.

211 Ya hemos citado a Greg Bradsher como autor del ensayo *Nazi Gold...*, pero no deja de ser interesante que refiera hasta los chistes de Patton. Posteriormente, otros historiadores repiten tales detalles, como Robert M. Edsel, autor de *The Monuments Men* (2012), obra en la que se basó la película homónima de George Clooney de 2014. Edsel ya había tratado el asunto en *The Greatest Treasure Hunt in History: The Story of the Monuments Men*, Center Street, 2009. Posteriormente se sucedieron varias rediciones de la editorial Scholastic. Del mismo autor, *Saving Italy: The Race to Rescue a Nation's Treasures from the Nazis*, W. W. Norton & Co., Nueva York, 2013.

—Siempre tienes una respuesta.

Sorprende ver que en el diario que Patton iba escribiendo (nos referimos a *War as I Knew it*), el descubrimiento de la mina de Merkers ocupe tan poco, escasamente cuatro entradas sin continuidad, cuando en realidad supuso el definitivo desplome financiero de la Alemania nazi y, en consecuencia, precipitó el fin de la guerra.

Es cierto que el general Patton prestó alguna atención al oro y al dinero y hasta se sintió un poco molesto porque no se hallaron piedras preciosas, pero mostró una más que absoluta insensibilidad para apreciar las obras de arte allí escondidas.

Dado que no concedió importancia al descubrimiento, y que buscó quitárselo pronto de encima, seguramente porque intuyó problemas de índole política, tampoco extraña el pavoroso comentario que dedicó a los lienzos que iba contemplando, y que probablemente no fueron muchos, tal como escribe. Los que llegó a ver no le gustaron, qué duda cabe, pues cerró la entrada escribiendo:

> No valían más de dos dólares y eran del tipo de los que se pueden ver en cualquier bar americano.

Sin embargo, se trataba de piezas traídas de los mejores museos alemanes y eran obras de Miguel Ángel, Leonardo, Durero, Lucas Cranach, Tintoretto, Rubens, Rembrandt, Vermeer, Caspar David Friedrich, Goya, Degas y Manet, por citar algunos. En total, seis mil obras de diferentes autores y de distintas épocas.

A partir del 15 de abril, la parte del tesoro incautado en metálico fue trasladada a Frankfurt, aunque antes había que terminar los inventarios y hacer efectivos los exámenes de propiedad con el fin de restituir las obras de arte y el oro a sus legítimos dueños. Once mil contenedores agrupados en superficie fueron una vez más inventariados. Después, la *Task Force Whitney* —cómo se llamó al convoy mandado por el teniente coronel Whitney—, compuesta por varios camiones escoltados por cinco pelotones del 474.º, unidades de ametralladoras y de la Policía Militar, diez antiaéreos montados en plataformas móviles y una ambulancia, además de cobertura área, llevó el cargamento al edificio del Reichsbank en Frankfurt, que se estaba restaurando para albergar todo aquel arsenal.

Dos días más tarde, el 17, partió otro convoy, la *Task Force Hansen* —mandada por el teniente coronel Harold D. Hansen y provista de cazacarros *M 10,* además de una escolta similar— formada por veintiséis camiones cargados con lienzos y esculturas que llegaron en seis horas a destino. Después de un nuevo recuento y de su almacenamiento, supervisado por el comandante George Leslie Stout de la MFAA[212] (las siglas corresponden a *Monuments, Fine Arts and Archives*), unidad auspiciada por la sección de asuntos civiles del Gobierno Militar aliado, el tesoro fue igualmente depositado de forma provisional en el edificio del Reichsbank francfortés.

El comandante Stout había tenido una agarrada considerable al ver que su jefe, Geoffrey Webb, no era admitido en las visitas previas a la mina. Patton, a través de una nota manuscrita, había decidido que se trataba de un asunto norteamericano y que los británicos no podían inmiscuirse. En el escrito, Patton utilizó el adjetivo con el que los estadounidenses designaban aviesamente a los británicos, *limey,* un término peyorativo. La frase era:

> *(...) no fucking limey in the mine*[213].

Finalmente, los inventarios del hallazgo de Merkers fueron utilizados como una evidencia más ante los tribunales que juzgaron por crímenes de guerra a los jefes nazis, por ejemplo, a Walther Funk, presidente del Reichsbank, condenado a cadena perpetua por delitos contra la humanidad, que ingresó en Spandau junto a Hess y Speer, por más que fue liberado por su mala salud, falleciendo pocos años después.

---

212 Para un acertado estudio acerca de la MFAA, véase el artículo de Amanda Romero, *The MFAA in World War II,* Texas Woman's University, Volumen 9, primavera del 2015, donde explica con precisión todo lo relativo a *The monuments men.*

213 Traducción del autor: «[no quiero a] ningún limey (inglés) jodiendo en la mina».

# OPERACIÓN *COWBOY*

A finales de abril, el III avanzaba hacia Baviera, pero el II Grupo de Caballería mecanizada se había quedado al oeste de Bohemia, muy cerca ya del punto final de su recorrido y a poca distancia de la línea establecida en Yalta.

Delante estaba el VII del mariscal Ferdinand Schörner, que integraba la 11.ª División *Panzer*, con toda probabilidad su mejor unidad. Tenía como objetivo, ni más ni menos, bloquear el avance de soviéticos y americanos y, al mismo tiempo, cubrir la fachada oeste de Checoslovaquia. O sea, un propósito del todo imposible. Obviamente, la moral de la tropa y la situación del *Generalfeldmarschall* Schörner era de pura aniquilación, pese a la triste memoria que había dejado entre sus propios soldados y a pesar de las quiméricas promesas que había hecho hasta hacía poco al Führer.

A unos kilómetros de las vanguardias estadounidenses, y sin que los norteamericanos tuvieran noticias previas al respecto, se encontraba, todavía en manos alemanas, la caballada perteneciente a la Escuela Española de Equitación de Viena[214], los famosos *lipizzanos.* Se denominaban así porque originalmente eran caballos españo-

214 Fundada en 1572 por el emperador Maximiliano II con sementales españoles cruzados con yeguas locales, dando lugar a la raza *lipizzana*, potros que nacen negros y con el tiempo se vuelven blancos.

les llevados por el emperador Carlos a Lipica, en Eslovenia, proviniendo el adjetivo del topónimo en italiano, Lipizza.

Sucedió entonces un acontecimiento difícil de explicar y, aún más, casi imposible de creer. En medio de la ofensiva americana, y mientras los *Sherman* progresaban prácticamente ya sin oposición, dos capitanes de la 11.ª *Panzer,* Rudolf Lessing y Wolfgang Kroll, ambos veterinarios, protagonizaron un hecho seguramente inconcebible.

El 26 de abril, Lessing montó un *lipizzaner* y junto a otro équido de raza árabe cruzó las líneas del frente. En ese momento no hubo música, claro está, salvo las detonaciones de la artillería, aunque hubiera sido apropiado oír los compases del *War Requiem* de Britten mientras el caballo blanco del doctor Lessing atravesaba al trote la zona de guerra dirigiéndose a una cita —a espaldas del teniente coronel Hubert Rudolfsky, comandante de Hostau, población donde estaban las caballerizas—, para encontrarse con Thomas Stewart, capitán de inteligencia del 42.º Escuadrón del II Grupo de Caballería del III de los Estados Unidos.

Una vez ambos oficiales se saludaron, y Lessing[215] sabía que iba a ser considerado traidor al Reich por muchos motivos, diseñaron un programa para rescatar los caballos que, con toda seguridad, y ante el avance imparable de los soviéticos, iban a ser convertidos en carne para saciar el hambre de los soldados.

A partir de ese momento, se desarrolló un plan de salvación proyectado por el coronel Charles H. Reed, comandante del 2.º de Caballería y muy aficionado a la hípica. El objetivo final era devolver los caballos a sus propietarios originales (la Escuela Española de Equitación de Viena), pero primero había que librarlos de los progresos soviéticos. Además, en las cuadras trabajaban cuatrocientos prisioneros de guerra aliados, que también iban a ser redimidos.

---

215 Arnold Dietbert, *Gespräche mit einem Pferdemann: Dr. Rudolf Lessing,* Ferdesport-Verlag, Bremen,1995. En el trabajo de Dietbert, el propio Lessing explica al autor cómo se decidió a salvar los caballos y su trabajo de veterinario.

Aquel proyecto se denominó operación *Cowboy* y, por supuesto, necesitaba un requisito indispensable: la aprobación del general Patton. De alguna manera, la decisión de Patton estuvo comprometida con lo acordado por los presidentes en Yalta, pues en rigor Roosevelt, Churchill y Stalin habían pactado que el Ejército Rojo se haría cargo del oeste de Checoslovaquia, por eso Patton se quedó clavado en Pilsen, a unos sesenta kilómetros.

Sin embargo, Bradley, superior de Patton, autorizó la operación. Siguiendo la cadena de mando, el coronel Reed concedió al capitán Steward que Lessing lo acompañara a Hostau. Se trataba de convenir la capitulación con el teniente coronel Rudolfsky a fin y efecto de trasladar lo antes posible los caballos y liberar a los prisioneros que los atendían. La petición fue escuchada y el contingente militar de Hostau la aceptó.

A fin de estipular la rendición, se formó un equipo de asalto denominado *Task Force Reed* consistente en miembros del 42.º Escuadrón del II Grupo de Caballería Mecanizada compuesto por infantería, varios carros *M 24 Chaffee* y tres cañones. Aquella unidad entró en territorio todavía dominado por los alemanes sin que prácticamente hubiera combates, salvo un contingente de la SS que se hallaba en las proximidades de Hostau y que abrió fuego contra la *Task Force Reed*. La refriega costó dos fallecidos, un sargento y un soldado americanos, y la imperativa capitulación de los SS.

Hacia las tres de la tarde del 28 de mayo, los cuatrocientos prisioneros de diversas nacionalidades eran liberados por los soldados del coronel Reed. Posteriormente, empezó la auténtica operación *Cowboy*, siendo incautados más de trescientos caballos *lipizzanos* junto a casi mil más de diversas características: *strelet*[216], pura sangre ingleses, caballos del Don (esto es, cosacos, no muy altos pero muy resistentes), frisones y animales de trabajo.

Una vez la ejecución del objetivo estuvo aproximadamente conseguida, una parte de los soldados americanos salió de Hostau, pero

216 Caballos de origen ucraniano, fruto de diversos cruces con équidos árabes, monturas propias de la caballería ligera.

algunos restos de la SS volvieron a atacar, presionando hasta la caída de la tarde, momento en que fueron definitivamente vencidos.

Tras la rendición del Reich el 7 de mayo, los rusos llegaron a Hostau, tal como estaba pactado, y se interesaron por el paradero de los caballos, pero al parecer, las explicaciones de los oficiales americanos y puede que la euforia del final de la guerra, hicieron que pronto olvidaran el asunto.

Aquel mismo día, el general Patton recibió una comunicación inesperada y a la que no pudo resistirse. Se trataba de un viejo conocido integrado en el bando enemigo, Alois Podhajsky, de origen bosnio (Mostar, 1898) y que ostentaba el grado de coronel del ejército alemán, antiguo participante en las Olimpiadas de 1912 y que en aquellos momentos era director de la Escuela Española de Equitación en Viena.

Durante la guerra y para evitar los bombardeos, el coronel Podhajsky había ordenado que los sementales fueran evacuados a Sankt Martin, pero al enterarse de la presencia de George Patton y a pesar de comandar el ejército americano, Podhajsky decidió probar suerte con un gancho que no podía fallar. Se trataba de salvar definitivamente la caballada y cualquier esfuerzo, además del ya realizado, era poco, por eso pidió a Patton que pusiera los caballos bajo su jurisdicción. Tal demanda fue escuchada con evidente entusiasmo por el general, que de aquella forma veía crecer su petulancia en un asunto que no podía más que agradarle, presentándolo con perfil humanitario y creándose una aureola de magnanimidad que siempre le iba a ir muy bien de cara a la prensa.

De esa forma, fueron trasladados más de doscientos caballos *lipizzanos* a Schwarzenburg, mucho más al oeste y dentro de Suiza. El resto viajó hasta Mansbach, al noroeste de Frankfurt. Además, algunos ejemplares fueron embarcados en Bremerhaven hacia los Estados Unidos para que su aportación regenerara la cuadra que usaba el ejército. Con todo, los *lipizzanos* volvieron a la Escuela Española de Equitación de Viena en 1955.

* * *

En aquellos días, y a modo de agradecimiento y homenaje al defensor de los caballos, el coronel Podhajsky organizó el 7 de mayo un evento en el que invitó a Patton y al subsecretario de Guerra, Robert P. Patterson, al castillo de Sankt Martin (Graz, Austria) cuya propietaria era la condesa Gertrud Arcoauf Valley-Wallenberg, para una exhibición de la Escuela.

Después de tal acontecimiento, Podhajsky explicó a Patton que toda la caballada había estado en verdadero peligro de caer en manos soviéticas, con lo que no dudaba que habrían sido sacrificados y destinados al consumo humano. Obviamente, la debilidad de Patton e incluso de Patterson por los equinos era tal que inmediatamente se ocuparon de salvaguardarlos. Tras el fallecimiento de Patton, Podhajsky, que no olvidó el suceso, dedicó a Beatrice, la esposa del general, un libro homenaje a su marido en honor a la operación *Cowboy*.

# OPERACIÓN *IMPENSABLE*

El 12 de abril de 1945, tal y como hemos adelantado más arriba, Winston Churchill ordenó a su Estado Mayor la elaboración de un estudio acerca de las posibilidades de los aliados en una guerra contra la URSS, visto el nulo interés de Stalin en hacer efectivos los pactos derivados de Yalta, esto es, devolver la democracia a Polonia, además de la amenaza de que el comunismo se extendiera sin remedio por los países en los que había entrado el Ejército Rojo. Se trataba de Polonia, una vez más, pero también de Yugoslavia, Checoslovaquia (excepto la zona oeste, donde se quedó detenido el III de Patton), Hungría, Rumanía, Albania y Bulgaria y, en aquellos momentos, Austria, asumiendo que Estonia, Letonia y Lituania, Ucrania y Bielorrusia, ya estaban integrados en la URSS.

En el informe emitido por los planificadores del Estado Mayor británico se dejaba ver de forma clara el nivel de beligerancia habido en Europa y, en consecuencia, el grado de destrucción sufrido, pero a efectos de la demanda ofrecía una ventaja indiscutible: los norteamericanos estaban allí, pues todavía no se habían iniciado planes de desmovilización y, junto a ellos, las notas del Estado Mayor contaban integrar varias divisiones polacas y la presumible incorporación de unidades alemanas a las que se devolvería las armas. Previamente, Churchill había dado órdenes precisas a Montgomery para que no se destruyeran aquellos ingenios, ya fueran aviones, carros, artillería o elementos personales. También se añadiría lo que quedaba de la aviación italiana, un importante contingente francés y, naturalmente, el grueso británico.

La propuesta de Churchill no incluía derrotar al Ejército Rojo, sino conseguir que respetara las fronteras de Europa y se abstuviera de invadir y, en consecuencia, de imponer gobiernos comunistas en los países que poco a poco iban cayendo en la órbita soviética. A este proyecto se denominó operación *Impensable* (*Operation Unthinkable*).

En efecto, tal como iba avanzando el Ejército Rojo, Churchill tuvo la plena certeza de que los soviéticos se saltaban lo acordado en Yalta, y la gota que colmó el vaso fue justamente la creación de un Gobierno títere en Polonia dominado por un grupo intitulado Comité Polaco de Liberación Nacional (PKWN, Polski Komitet Wyzwolenia Narodowego), generalmente conocido como Gobierno de Lublin, integrado por comunistas y fomentado directamente desde Moscú, que lo reconoció el 26 de julio.

A partir de ahí y tras el levantamiento del Armia Kraiova, que fue deliberadamente masacrado por los alemanes a vista de los soviéticos y ante su insólita pasividad, Varsovia carecía de cualquier tipo de defensa, cayendo inmediatamente en manos soviéticas.

En ese momento se impuso el PKWN, que imposibilitó la celebración de elecciones democráticas e, incluso, la presencia de dirigentes polacos afectos a los británicos, a los que, una vez en Moscú y con la intención de acordar con Stalin detalles para las elecciones, agentes del NKVD hicieron desaparecer sin mayores contemplaciones.

Tal rompimiento de lo acordado fue indicio suficiente como para que Churchill no se dejara engañar por la política de moderación dictada por Eisenhower ni por las esferas políticas norteamericanas. De hecho, los asesores que trabajaban en la Casa Blanca, primero con Roosevelt y después con Truman, prefirieron amoldarse a las circunstancias y evitar cualquier atisbo de conflicto con un hombre, Stalin, de cuyo carácter e intenciones no se fiaba nadie.

Así fue, Iosif Stalin fue un político especialmente calculador, abanderado de un ideario que chocaba frontalmente con lo defendido por las democracias occidentales pero que, no obstante, halló innumerables elogios y alabanzas en artículos que la prensa publicaba todos los días. La arrolladora victoria en la guerra contra un enemigo perverso y el discurso del bolchevismo, junto a la naturaleza intransigente del líder y comandante, hacían atractivos unos razonamientos a todas luces insoportables y diluían las noticias que acerca de la situación en la URSS llegaban a occidente.

En consecuencia, a la altura de 1945, obligar a los rusos a reconsiderar sus posiciones políticas era un imposible absoluto, pero no quizá únicamente por su capacidad combatiente, sino por la respuesta en la calle que tal asunto hubiera generado, y Churchill entendió, en aquella tesitura y pese a todo, que el único medio para detener a los soviéticos era forzarlos militarmente.

Se trataba, por supuesto, de una decisión terrible, el encadenamiento de una guerra tras otra, pero las circunstancias y la observación diaria de esas circunstancias no permitían hacerse ilusiones: los soviéticos habían de ver que no todo era posible, que los aliados tenían un límite y que la imposición de gobiernos formados por comunistas tutelados por Moscú tenía un precio. En definitiva, Reino Unido y Francia habían entrado en guerra en ayuda de Polonia, ¿era viable, unos años después y tras haber ganado la guerra, olvidar aquella llamada y dejar a la nación que tan amargamente había demandado auxilio en manos de Stalin?

A sabiendas de lo que se acercaba, el 12 de abril, Churchill ordenó a su Estado Mayor, horas después de la muerte del presidente Roosevelt, la puesta en marcha de estudios proyectivos de lo que iba a ser la operación *Impensable*[217]. Tenía como arranque el 1 de julio y se pensaba que duraría al menos diez años.

Tras el trabajo, las conclusiones militares a las que llegaron los planificadores británicos no fueron en absoluto halagüeñas, más bien al contrario. El Ejército Rojo era, en aquel momento, una fuerza incontenible capaz de poner sobre el terreno millones de soldados perfectamente pertrechados y con una moral y una capacidad

---

217 Para más información, léase a Jonathan Walker, *Operación Impensable*, Crítica. Barcelona, 2015.

de combate completamente subordinadas a las demandas de su líder y, tanto la oficialía como el generalato, quedaban incluidos dentro de las directrices del Kremlin. Solo en algunos ámbitos, la marina y la aviación, los aliados podían oponer una resistencia cualificada, pues al parecer se consideraba que había vestigios comprobables de cierta inferioridad técnica, como en el caso de los submarinos.

Por otra parte, en su aspecto político el informe *Impensable* presentaba errores de bulto. Uno de los peores era creer que la población iba a aprobar sin paliativos un rompimiento con la URSS o un ataque al Ejército Rojo, a pesar de las evidencias acerca de la represión comunista que cada día publicaba la prensa. Muy al contrario, al ansia de paz se debía añadir la pujanza del aparato de propaganda soviético, presente en los periódicos occidentales, tal y como se ha referido, y que trabajaba expandiendo los logros de la cultura rusa, valgan, por ejemplo, los conciertos de música sinfónica en las ruinas de Berlín para un público alemán vencido, con millones de mujeres violadas y con ciudades arrasadas, pero que podía de esa forma descubrir una civilización refinada, ajena pero excelente, radicalmente distinta de los reclamos que había recibido durante los años de la dictadura nazi, en la que los eslavos eran poco menos que asiáticos sin la menor sombra de instrucción.

Por eso en 1945, los soviéticos presentaron al público berlinés una sesión del *Orfeo y Eurídice* de Gluck, compositor alemán del siglo XVIII, en el edificio del Admiralspalast, uno de los escasos inmuebles que resistió los bombardeos en la Friedrichstrasse. Pocos meses después de la desaparición del III Reich, en 1947, los rusos abrieron una Casa Cultural en la avenida Under den Linden, en el centro de Berlín, desde donde irradiaron gran parte de su propaganda. Se trataba de una soberbia construcción provista del mejor mobiliario, candelabros, alfombras y radiadores —cuando hasta las delegaciones aliadas tenían problemas para adquirir carbón—, bar y salones, un magnífico montaje para contrarrestar la imagen de los rusos como gente lejos de la civilización.

Además, poco a poco, las paredes de Berlín se fueron poblando de cartelería pro soviética y de fantásticos murales en los que se celebraba el triunfo del socialismo a través de escenas de amistad, adhesión y confraternidad, y donde se presentaba a la URSS como bienhechora de los alemanes, obviando la etapa de colaboración conjunta en la época de Weimar, dejando en un segundo plano la ayuda norteamericana (1948, Plan Marshall) y desestimando la Ley de Préstamo y Suministro, que había significado la transferencia de miles de pertrechos al Ejército Rojo, desde gasolina, vehículos, locomotoras, neumáticos, azúcar y carne enlatada.

Aquello iba a ser el arranque de la Guerra Fría cultural[218], periodo paralelo al enfrentamiento soterrado de la Guerra Fría genérica, que engloba temas de extraordinario interés y donde se explica, por ejemplo, la asunción por occidente del expresionismo abstracto como contrapunto al realismo socialista, junto a otros asuntos que incidieron y siguen repercutiendo en la cosmología tanto occidental como rusa, desde temas deportivos hasta musicales[219] o científicos.

Se trataba, en definitiva, de una batalla por la captura del pensamiento y, en aquel afán, se iban a enrolar literatos, pintores y escultores, músicos, periodistas, historiadores, investigadores y críticos de cualquier orden, disponiendo a su antojo, pero con una finalidad muy clara desde el principio, de toda la maquinaria cultural posible, desde prensa a libros, reuniones, coloquios, conferencias en escuelas, exhibiciones, conciertos y galardones. Y, por supuesto, también estuvieron implicadas todas instituciones verosímiles, desde sindicatos a grupos excursionistas juveniles, establecimientos culturales de cualquier tipo, incluidas las editoriales y los informativos, fueran escritos o radiados.

Por otra parte, las directrices que emanaban de Eisenhower y del nuevo mandatario norteamericano, Truman, iban justamente en sentido contrario, esto es, apaciguar a los soviéticos y liberar tropas

218 Al respecto, léase el imprescindible libro de Frances Stonor Saunders, *La CIA y la guerra fría cultural*, Debate, Barcelona, 2012, pág. 37.

219 Puede servir de reflexión al respecto atender a que las biografías serias de Dimitri Shostakovich llegan a occidente prácticamenete en los últimos años del XX y a partir de los primeros del siglo XX.

en una Europa donde el Reich había sido vencido para trasladarlas al frente que todavía permanecía abierto en Asia. Tales líneas eran parte de la concordia que se pensaba alcanzar con el Ejército Rojo y su comandante, Stalin.

Semejante decisión y en tales momentos trajo un largo periodo de calma tensa que se denominó, como ya se ha dicho y es bien sabido, Guerra Fría, pues a pesar de que no hubo enfrentamientos a gran escala entre aliados y soviéticos, y exceptuando los combates de los británicos en Grecia contra milicianos comunistas, sí hubo un tiempo de oscurecimiento diplomático que supuso la instauración de tenebrosos sistemas de espionaje y contraespionaje en momentos álgidos, Irán o Guatemala, Corea, Vietnam, por supuesto, y la crisis de los misiles en Cuba en 1962, por citar algunas circunstancias especialmente notorias.

El caso es que, tal y como había previsto Churchill, en los últimos meses de la II Guerra Mundial, la Guerra Fría no se inició con la llegada de los rusos a Berlín, sino mucho antes, con la toma de Polonia, Hungría, Bulgaria, Rumanía, Yugoslavia, Albania y Checoslovaquia, y poco falto para que Grecia y Austria no cayeran también en la órbita soviética.

* * *

Vistas las conclusiones y evaluado el proyecto, la operación *Impensable* no pasó del papel. Sin embargo, no fue en absoluto una ocurrencia más o menos momentánea, fruto del malhumor o del nerviosismo de Winston Churchill, sino un proyecto que contó con detallados informes que sopesaron muy seriamente las posibilidades de éxito que, por supuesto, habría llevado a la III Guerra Mundial.

Por otra parte, y una vez el estudio fue leído y estimado por Churchill, este optó por girar la estrategia, o sea, en vez de atacar a los rusos, defenderse de ellos. Y así, *Impensable* tomó un cariz distinto. La clave era, ¿qué debían hacer los británicos para protegerse de la URSS y preservar su sistema social y político una vez Europa hubiera sido invadida, cosa que el premier británico veía como una inminente posibilidad? Una vez más, los aplicados planificadores del Estado Mayor volvieron a activar sus conocimientos sopesando las posibilidades reales de que el Ejército Rojo pretendiera la ocupación de la isla y a través de qué medios. Se tanteó incluso la posibilidad de un gobierno británico en Canadá o en Australia, pero no pasó de exploración.

Finalmente se puede dar otro giro al asunto. Pasado algún tiempo, apenas unos meses, y en vista de lo que estaba ocurriendo y de la actitud de Stalin, fueron los norteamericanos quienes proyectaron una operación similar, pero es tema que desarrollaremos en otro lugar.

* * *

Dicho lo anterior, corresponde afirmar que la actitud de Patton en los últimos momentos de su vida, incluso sus sonados discursos antisoviéticos, no era ni mucho menos la inclinación de un general trastornado o las alucinaciones debidas al estrés provocado por muchos años de guerra de un soldado envejecido, aunque ese fue el veredicto de las autoridades norteamericanas, y lo fue también de algunos de sus biógrafos[220].

El 7 de mayo, día en que el general Jodl, representando a la máxima autoridad alemana, el almirante Dönitz, firmó en Reims la rendición de Alemania frente a los aliados, Patton se reunió con el subsecretario de Guerra, Robert Patterson[221], con el que le unía cierta amistad basada en la mutua afición por los caballos, tal como se ha visto[222]. Ante el inminente proyecto de desmovilización que ya

220 Es la conclusión que defiende D'Este.

221 Poco después, el 27 de septiembre de aquel año, Robert Patterson fue nombrado secretario de Guerra por el presidente Truman. Patterson era excombatiente de la Primera Guerra Mundial, en la que había sido condecorado por su valor en las batallas libradas en Francia. Posteriormente, veremos que para ese cargo también fue propuesto el general Patton.

222 De hecho, la reunión tuvo lugar el mismo día que el coronel Podhajsky organizó el evento hípico en Sankt Martin, asunto que nos debe hacer pensar que mientras los lipizzanos evolucionaban, Patton estuvo conversando con Robert Patterson.

se empezaba a gestar en el ejército americano, Patton, muy preocupado, le pidió que ordenara de inmediato paralizar los preparativos,

> (...) manteniendo las botas limpias y las bayonetas afiladas y presentando una imagen de fuerza ante los rusos. Ese es el único idioma que entienden y respetan.

Patterson, ufano por el fin de la guerra, le espetó:

> Querido George, has estado tan cerca de la guerra durante tanto tiempo que has perdido de vista el panorama general.

Pero, a renglón seguido, le preguntó qué haría con los rusos:

> Entiendo perfectamente la situación. Su sistema de suministro es inadecuado para mantenerlos en una acción seria como la que yo podría plantearles. Tienen pollos y ganado, ese es su sistema de suministro. Probablemente se mantengan con un tipo de lucha que podría durarles cinco días. Después de eso, no importaría cuántos millones de hombres tengan. Viven en una tierra que se derrumbaba. No les queda suficiente ni para mantenerse en retirada. No les demos tiempo para acumular suministros. Si no lo hacemos, hemos obtenido una victoria sobre los alemanes y los hemos desarmado, pero hemos fracasado en la liberación de Europa, ¡hemos perdido la guerra!

Extrema conclusión, desde luego, y que también presentaba las cosas de forma y manera exagerada. Además, incluía el posicionamiento personal del general, «una acción seria como la que yo podría plantearles». De manera directa y muy explícita, Patton se estaba ofreciendo para comandar un ejército que chocara abiertamente con los soviéticos justo en los mismos días en que claudicaba el Gobierno alemán.

Tales palabras y semejante propuesta no fueron atendidas por el secretario Patterson ni por ningún otro político, y únicamente sirvieron para señalar con precisión al general, que quedaba como diana de los topos y espías soviéticos que pudieran pulular en las esferas políticas y militares, ya fuera en Washington, Londres, París o Berlín.

Diez días después, la entrada en su diario dice:

> En mi opinión, el ejército estadounidense, tal como existe ahora, podría vencer a los rusos con la mayor facilidad, porque, si bien tienen buena infantería, carecen de artillería, aire, tanques y el conocimiento del uso de armas combinadas, mientras que nosotros destacamos en las tres. Si fuera necesario luchar contra ellos, cuanto antes lo hagamos, mejor.

No todo era cierto en semejante anotación, desde luego, y las certezas de Patton eran, qué duda cabe, más que discutibles, pero sirva la cita para entender el razonamiento del general.

Por otra parte, Patterson hacía suyo el discurso de la Casa Blanca y de Truman en particular, donde se trataba de establecer líneas para favorecer el respeto mutuo frente a la URSS y las posibilidades que podía producir una cooperación amistosa. O sea, una argumentación en las antípodas de lo expresado por Patton que, por cierto, también tenía fervientes seguidores, pues el Comité de Actividades Antiamericanas (HUAC, *House Un-American Activities Committee*), cuyo presidente era John Elliot Rankin, había propuesto el 21 de julio a George Patton como candidato a ocupar la Secretaría de Guerra[223] en sustitución de Henry L. Stimson, un personaje clave en la vida de Patton, como se recordará, pues innumerables veces abogó a su favor. Finalmente, el elegido fue Robert Patterson, situado en la línea de Truman. Con seguridad, debido a tales coincidencias y, por supuesto, y ya dicho, a la afición compartida por los caballos, surgieron las palabras de Patton que, quizá, ante otra persona se habría mostrado algo menos resuelto y más comedido.

La previsible consecuencia es que la opinión del general Patton, mucho más sobre el terreno y actuando a cara descubierta, sin la protección que daba el secreto, no fue una locura, sino materia de

223 *New York Times*, 22.7.1945.

especulación e hipótesis de trabajo que manejó durante bastante tiempo Winston Churchill y buena parte de su Estado Mayor.

Se puede concluir que, pese a que las meditaciones británicas cayeron en un profundo silencio, justo hasta que fueron aireadas una vez se desclasificaron los documentos en 1998, en el caso de Patton, al que no le inquietaba el espionaje soviético —muy competente, tanto entre británicos como entre norteamericanos—y por completo ajeno a los juegos de los diplomáticos, seguramente le costaron serios disgustos y hasta quizá fue motivo, si tuviéramos que creer teorías que abundan en maquinaciones y en oscuras intrigas, de que su vida, desde aquel momento, corriera grave peligro.

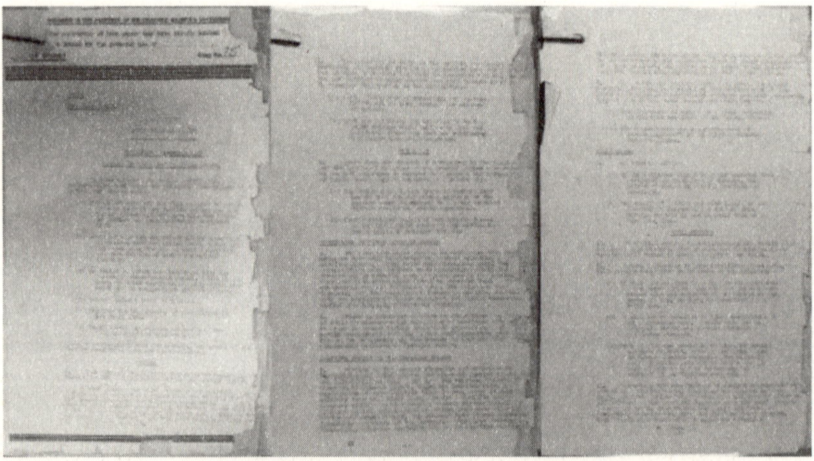

Informes de la Operación *Impensable*. The National Archives.

# DESNAZIFICACIÓN

Únicamente, cuando sin guardar el menor sentido rítmico, estallaban las granadas arrojadas por la artillería de los catorce ejércitos soviéticos que rodeaban Berlín, Hitler se percató de la magnitud y de la inmensidad del desastre que su delirante megalomanía y la aquiescencia de buena parte de sus generales había desencadenado, se suicidó. El Führer, que había inaugurado un Reich para los siguientes mil años, prácticamente ya no tenía soldados, al fin y al cabo, su cuartel general era defendido por una sección francesa[224] de la Waffen SS. Era el 30 de abril de 1945, posiblemente en las primeras horas de la tarde[225].

Ocultos entre los escombros, algunos milicianos del Volkssturm, mal armados y sin experiencia, individuos procedentes del Einsatzgruppen y chiquillos de las Hitlerjugend, junto a pelotones de la policía, bajo las órdenes del general Helmuth Weidling, intentaban taponar los puentes y cerrar con parapetos improvisados la avalancha rusa. Aquella defensa a ultranza, en la que a cada minuto

224 La 33.ª *Waffen-Grenadier-Division Charlemagne,* cuyo origen estaba en la agrupación de legionarios franceses pertenecientes a la 7.ª Brigada de asalto SS *Frankreich.* Se integraban también algunos soldados nórdicos encuadrados en la SS *Nordland,* que habían combatido en Croacia, y segmentos de la 15.ª División de las Waffen-SS.

225 Véase mi libro *La desaparición de Hitler,* opus cit.

se perdían posiciones, obligando a los defensores a replegarse hacia el búnker dejando decenas de caídos, no tuvo la menor eficacia, retrasando solo algunas horas lo que a todas luces se veía venir.

En definitiva, la ocupación militar de Alemania a partir de la capitulación incondicional que firmó el almirante Dönitz, autorizando a Jodl a rendir los restos del ejército alemán en los campos de batalla, realmente se produjo el día 8 de mayo, momento en que los compromisos adquiridos cobraron valor.

De acuerdo con lo convenido en Yalta por los aliados en febrero de 1945, el desembarco político en Alemania tuvo lugar de forma diferente según el sector en que fue dividido el antiguo Reich, de tal manera que norteamericanos, británicos, franceses y soviéticos aplicaron fórmulas desiguales en los territorios que les correspondieron, si bien con el deber conjunto de eliminar a los elementos nazis.

Con tales divergencias, los británicos fueron mucho más laxos que el resto de los aliados, prodigando amnistías y optando por la reeducación a través de películas de los campos de concentración destinadas a la población de su sector o incluyendo artículos y noticias en los periódicos alemanes y en la radio.

La imagen, más o menos generalizada, que presenta a los británicos como perseguidores únicamente de los elementos más destacados del nazismo es sostenible en muchos aspectos, principalmente respecto a los industriales vinculados al régimen, pero cobra mayor sentido si se considera el caso del mariscal Albert Kesselring, que se salvó después de haber sido condenado a muerte por un tribunal de Venecia en 1947. Apenas dos meses después, el general británico John Harding revisó la sentencia y decidió conmutarla por prisión perpetua, pero Kesselring se vio beneficiado por la amnistía de octubre de 1952. Con todo, en diciembre de ese año, los británicos trasfirieron las tareas de desnazificación a responsables alemanes, desentendiéndose en gran medida de los resultados.

El sector francés tampoco fue especialmente sensible al castigo, habida cuenta de que bastantes funcionarios galos habían sido colaboracionistas y sancionar a los nazis podía significar, en algún momento, una revisión de sus propios actos. Proyectaron, por tanto, un sistema de ocupación a través de arquitectos, ingenieros y maestros con capacidad para la reconstrucción y la prédica de valores democráticos.

Por su parte, los soviéticos encauzaron desde los primeros momentos la vida de su sector con la creación de la RDA, si bien dentro de los criterios del comunismo estalinista y eliminando aquellos elementos que no pudieran ser absorbidos por su doctrina política. De esa forma, decenas de millares de nazis fueron a parar a campos de concentración y otros miles fueron deportados a Rusia, donde fallecieron en su mayoría.

La URSS creó una red de jueces comunistas a través de cursillos acelerados (duraban apenas unos meses) que sentenciaba a los reos con penas de muerte o de largos años de reclusión tras procesos que abreviaban en unos minutos. Posteriormente, el nacimiento de la RDA incluyó la creencia de que el territorio había sido desnazificado, convirtiendo a la República Federal en última responsable, así como heredera, de los delitos y crímenes del nazismo.

De vital interés para este asunto resulta el libro de Geraldine Schwartz, *Los amnésicos*[226], patética exploración de una familia de industriales en Mannheim que niega las más indiscutibles evidencias para ocultar los orígenes de su fortuna, construida a través de la extorsión a sus anteriores propietarios judíos, posteriormente eliminados en los campos de concentración.

Ahora bien, poco más o menos un mes después de la conclusión de la guerra, surgió una interrogación fundamental en todas las zonas ocupadas: ¿quién realmente había sido nazi? Se trataba, obviamente, de encontrar y detener a los máximos responsables de las atrocidades llevadas a cabo en los doce años de dictadura nacionalsocialista para someterlos a juicio[227].

226 Geraldine Schwartz, *Los amnésicos*, Tusquets, Barcelona, 2019.

227 Para una mirada estrictamente desde el derecho, léase a Mirtha Elena Medina Seminario y César Augusto Vásquez Arana, *Los crímenes de Lesa Humanidad y su juzgamiento*, Lex, Revista de la Facultad de Derecho y Ciencia Política, Vol. 9,

La tarea, en una sociedad quebrada y con las estructuras más elementales hundidas, en algún momento pudo parecer excesiva, pero no imposible, dada la abundancia de datos. Y, al menos, durante los primeros tiempos de la ocupación, funcionó de manera aceptable, pero ¿cómo distinguir al supuesto culpable de aquel que había sobrevivido a costa del silencio o la clandestinidad o, incluso, de la indiferencia o la equidistancia?

Se pretendía, por tanto, encontrar y juzgar a aquellos cuyas acciones se entendieran como actos criminales o destinados a fines criminales, como podían ser empleados a sueldo del partido, miembros[228] de las Schutzstaffel (SS), de las SS-Aufseherin (sección femenina), elementos de los Einsatzgruppen, unidades de la Gestapo o asociaciones de corte paramilitar como las Hitlerjugend, las Juventudes Hitlerianas, que integraban a los jóvenes alemanes según sexo y edad, comenzando por niños de diez años hasta mayores, de dieciocho, posteriormente miembros de la 12.ª SS División *Panzer Hitlerjugend* y la *Panzerjagd,* constituida por jóvenes que en los últimos momentos se trasladaban en bicicletas armados con un par de *Panzerfaust* contra los *T 34.*

No hay que olvidar que el nazismo creó una pedagogía ligada a sus intereses con las Adolf Hitler Schulen (AHS)[229], posteriormente transformadas en Escuelas del Reich del NSDAP. Eran organizaciones que impartían enseñanza secundaria, pues daban paso a estudios universitarios, y fundamentaban sus actividades en el adoctri-

Núm. 8, 2011, Universidad Alas Peruanas, Lima, Perú.

228 El censo de 1943 arrojaba un millón doscientas mil personas entre combatientes de las diferentes ramas: Allgemeine-SS, SS-Verfügungstruppe, posteriormente transformadas en las Waffen-SS (unidades de combate donde también se integraban voluntarios extranjeros de los países dominados por el III Reich, como la 33.ª *Waffen-Grenadier-Division der Waffen-SS Charlemagne,* constituida por franceses o la 11.ª *SS-Freiwilligen-Panzergrenadier-Division Nordland,* compuesta por elementos daneses, holandeses, suecos y noruegos, y la *SS-Totenkopfverbände,* cuyo principal cometido radicó en los campos de concentración.

229 Para un estudio detallado del asunto, véase Barbara Feller y Wolfgang Feller, *Die Adolf-Hitler-Schulen: Pädagogische Provinz versus Ideologische Zuchtanstalt,* Juventa, Weinheim/München, 2001.

namiento nacionalista y el antisemitismo concienzudo, además de incluir asignaturas paramilitares. De hecho, las AHS fueron pensadas para crear la élite rectora de la dictadura nacionalsocialista, pues tales alumnos estaban llamados a ser los futuros conductores del régimen.

También instituciones policiales, la Ordnungspolizei (acrónimo *OrPo,* policía ordinaria), la Sicherheitspolizei (acrónimo, *SiPo,* oficina de seguridad de las SS) y la Kriminalpolizei (acrónimo, *KriPo,* posteriormente *Amt V*).

Para llevar a cabo el ejercicio de diferenciación nacionalsocialista, en el sector norteamericano, el SHAEF, siempre bajo mando del general Eisenhower, había trazado de antemano un sistema de clasificación categorial con arreglo a la pertenencia al nazismo antes de una determinada fecha, el 1 de mayo de 1937, dado que posteriormente la afiliación se hizo obligatoria para los funcionarios, so pena de perder el trabajo.

Esta clasificación venía a sustituir una anterior en la que se entendía que un afecto nazi lo era «por convicción» si tenía carnet del NSDAP (*Nationalsozialistische Deutsche Arbeiter Partei*) desde diciembre de 1936. Se trataba, desde luego, de un método de categorización en gran medida arbitrario, además iba combinado con un cuestionario de ciento treinta y tres preguntas en doce páginas que todo ciudadano alemán mayor de dieciocho años debía contestar.

Los *Fragebogen* —nombre del cuestionario en alemán— dieron desde el principio una imagen de marcada candidez al alemán medio, pues presentaban preguntas del tipo *Warst du ein Nazi?,* «¿ha sido usted nazi?», para pasar a cuestiones educativas, electorales y de afinidad política.

Junto a tales averiguaciones se podían presentar declaraciones juradas —*Persilscheine*— en las que se acreditaba lo expuesto por el demandado. Luego, la evaluación de tales documentos era hecha por oficiales aliados y, posteriormente, los ciudadanos alemanes tenían derecho a apelar los veredictos.

Con semejante metodología, muchos nazis consiguieron escabullirse, no los grandes responsables, claro está, pero en Núremberg se juzgó solo a una veintena de personas, además de los procesos que se celebraron en otros lugares, como Dachau, pero desde luego no cifras astronómicas. Escabullirse decíamos, pero podría valer eclipsarse, y lo hicieron argumentando y aportando las más diversas evidencias, muchas veces compradas a testigos o inventadas de manera más o menos oportuna. Con todo, el 95 % de la población fue declarada *Mitläufer,* esto es, simpatizante sin vínculos especiales.

Una vez estudiados los cuestionarios y diligenciados los sujetos, la clasificación quedaba resumida en cinco categorías: *Hauptschuldige,* principales culpables; *Belastete,* culpables; *Minderbelastete,* culpables de menor importancia, y *Mitläufer,* personas con una actitud más o menos pasiva, pero que por causa de su insensibilidad se habían producido hechos que se consideraban crímenes de Estado o contra la humanidad. Y, por último, *Entlastete,* inocentes exonerados[230].

Además, y en un acto de deferencia considerable, los aliados quisieron que fueran tribunales alemanes quienes juzgaran y, en su caso, absolvieran o condenaran a los imputados. El problema era que, debido a la connivencia del estamento judicial con el nacionalsocialismo, los aliados tuvieron que echar mano de jueces muchas veces jubilados que, de este modo, volvían a prestar sus servicios. Eran, en esos casos, personas que habían sufrido los estragos de la dictadura y de la guerra, y posteriormente de la ocupación, y que estaban al límite de sus posibilidades, en parte por el miedo pasado y también, y en gran medida, por lo avanzado de la edad.

Miles de personas fueron detenidas: casi trescientos mil individuos estaban arrestados en septiembre y recluidos en campos de internamiento a la espera de juicio. La ingente tarea no fue metodológicamente difícil, dado el celo que el partido nazi había puesto en llevar un exhaustivo registro de sus miembros, que cayó íntegramente en poder de los aliados. En Mannheim, por ejemplo, el 29 de marzo, los nazis huyeron ante el avance de la 44.ª División del VII Ejército, dejando en perfecto orden el archivo con los datos de todos

230 Schwartz, *ibidem*, pág. 18.

los integrantes del partido: fichas, historial y asuntos en los que habían intervenido, junto con certificados raciales (necesarios desde la entrada en vigor de las leyes de Núremberg de 1935), fotografías y pasquines propagandísticos u otros elementos divulgativos.

* * *

Pronto se iniciaron extensos programas de desnazificación en todas las poblaciones alemanas (*Entnazifizierung*), que de una u otra manera afectaron a buena parte de los ocho millones de afiliados que tenía el partido en mayo del 45 y, en la medida que las escuelas empezaron a funcionar, se extendió a los niños, pero también entre los adultos que debían ser rehabilitados, buscando eliminar prejuicios raciales, demoliendo el culto a Hitler y pretendiendo, al menos en la zona no ocupada por la URSS, que adquieran conciencia de ciudadanos libres con acercamientos paulatinos a la democracia representativa y al mundo liberal.

La preferencia por difundir estas enseñanzas en las escuelas fue debido a que los aliados enseguida constataron que los nazis más extremos eran los más jóvenes, cuya experiencia fuera de la dictadura era nula.

Hecho el diagnóstico, se impuso de inmediato el tratamiento: había que reeducar y explicar a una población sin la menor competencia política que el gobierno no puede sustituir al Estado, que los símbolos partidistas no pueden ser los mismos que los de la nación, que una bandera nacional jamás puede ser la enseña de un partido y que la política no consiste en la paulatina apropiación del derecho a gobernar de una parte del espectro político con exclusión, apartamiento y muchas veces eliminación del resto. También se incidió en la idea de que un gobierno no puede mantener como fundamento de su proyecto la corrección de la historia y menos la modificación social, destruyendo vidas y propiedades.

Se explicaron los males de la demagogia y se amplió el margen de la convivencia, haciéndose hincapié en el error de la dictadura y la tiranía y, a través suyo, del engaño en que Alemania había vivido desde febrero de 1933.

El ensalzamiento a través de la propaganda del Estado del militarismo era visto como una anomalía que debía ser correctamente encauzada, dado el inicuo componente que podía llevar asociado, tal como la amenaza, la provocación y, por supuesto, la violencia. Estos asuntos fueron considerados verdades axiomáticas, sin cauce alguno para el expansionismo de la coacción, la imposición o la intimación.

También hubo muchas sesiones dedicadas a tratar de erradicar el antisemitismo y los síntomas que denotaran influjo racista. En aquellas conferencias se tuvo muy en cuenta que los alemanes estaban convencidos, gracias al derroche de propaganda por parte del nacionalsocialismo, que el antisemitismo tenía motivos científicos y era perfectamente defendible desde una óptica racional, asunto que lo investía de un enorme prestigio.

El tema fundamental, lógicamente, fueron los derechos humanos y la explicación precisa de la falsedad de una ciencia inexistente basada en prejuicios raciales: no existía una raza judía, sino una religión judía, y sus seguidores no eran mejores ni peores que el resto de los alemanes, sino personas con convicciones religiosas diversas. A ello colaboró una intensa campaña de publicaciones que facilitó la tarea, informando a los alumnos de los sucesos acaecidos durante la dictadura nazi, pero hubo que esperar hasta finales de siglo para que *Ich bin ein Stern*[231] de Inge Auerbacher, fuera libro de lectura en las escuelas alemanas.

Otro aspecto interesante fue el tratamiento que recibió el nacionalismo en la Alemania derrotada. El *volk*, el pueblo tal como lo presentaban los nacionalsocialistas, no podía de ninguna manera admitirse, con lo que se pasó a proclamar un patriotismo ciudadano fundamentado en el cumplimiento de la ley junto a los valores de la libertad y la igualdad, sin exaltaciones identificadoras ni fogosidades primitivas.

El separatismo, basado en la disrupción constitucional y que pudo tener alguna resonancia en Baviera, fue erradicado con la nueva Ley

231 La edición española se tituló *Yo soy una estrella* y fue publicada por Lóguez Ediciones, Salamanca, 1993.

Fundamental de la República Federal de Alemania promulgada en 1949, que reconoce el origen de su potestad en todo el pueblo alemán para libremente expresar su voluntad a través de las urnas. De ese modo, se impedía cualquier ambición secesionista.

Por otra parte, en el artículo 9.2 se habla de la prohibición de actividades contrarias a la constitución y en el 31 se declara que el derecho federal deroga el derecho de los Länder, con lo que no ha lugar a *referenda* ni a propuestas segregacionistas. Por si fuera poco, el artículo 79.3 especifica que no será autorizada ninguna permuta que afecte a la organización de los Länder que, según el artículo 71, tienen la facultad de legislar siempre bajo autorización de las leyes federales.

A partir de tales medidas, el proceso de desnazificación se dio por concluido en la República Federal hacia 1950 y en Renania del Norte-Westfalia, el 5 de febrero de 1952. Con todo, junto al desarrollo económico vino el sentimiento democrático.

A pesar de esto, en 1965 apareció el *Libro Pardo: Criminales de guerra y nazis en Alemania Occidental: Estado, Economía, Administración, Ejército, Justicia, Ciencia*[232], donde se daba cuenta de la estancia de más de mil ochocientos antiguos miembros del partido nazi en instituciones de la República Federal. Obviamente, el listado no era completo, pero provocó tal estado de alarma que dos años después fue prohibido.

---

232 *Braunbuch: Kriegs und Naziverbrecher in der Bundesrepublik: Staat, Wirtschaft, Armee, Verwaltung, Justiz, Wissenschaft*, Staatsverlag der Deutschen Demokratischen Republik, Berlín, 1965.

# PATTON, GOBERNADOR MILITAR DE BAVIERA

Tras el cese de los combates en Europa, el general George Patton solicitó el traslado al Pacífico para continuar la guerra. Marshall, del que dependía la transferencia, afirmó que mientras no se hubiera consolidado una zona firme para un hipotético desembarco no lo autorizaría, respuesta que sonaba en aquellos momentos a simple y llana negativa.

Y, ¿por qué? La objeción parece evidente: emplazar juntos, si bien en diferentes zonas de combate, a Patton y a Douglas MacArthur —desde mayo de 1945 hasta 1950, jefe supremo para la invasión y ocupación de Japón, a pesar de sus discrepancias con el presidente Truman—, simplemente habría supuesto buscar el casi inmediato enfrentamiento entre dos impetuosas personalidades o, por el contrario, y a lo mejor incluso resultaba peor, la alianza de dos caracteres unidos por un anticomunismo visceral que, de aquella manera, eran perfectamente capaces de provocar un desembarco en China y una guerra contra los comunistas chinos, como pasó unos años después, tras la ofensiva de MacArthur en Corea, pudiendo desembocar en una tercera guerra mundial[233].

Dada la negativa del general Marshall, en mayo, Patton empezó una serie de viajes que lo llevaron a París y Londres. En ambas capitales fue recibido como el libertador de Europa, aceptando toda clase de condecoraciones y agradecimientos. A primeros de junio, aterrizó en Massachussets y reunió a miles de personas en el *Hatch Memorial Shell,* recientemente inaugurado como sede de la *Boston Pops Orchestra,* donde habló a las multitudes. El discurso tuvo algún momento polémico por cierta afirmación no muy clara acerca de los soldados que mueren en batalla. Posteriormente, en 1951, en la *Charles River Esplanade* de Boston fue levantada una estatua en bronce ejecutada por el escultor James Earle Fraser como recuerdo de la efeméride. En la efigie, Patton aparece con casco, las dos pistolas y prismáticos. El monumento, de factura muy naturalista, tiene una réplica que se erigió en West Point el año 2009.

En su gira americana, George Patton también visitó el *Memorial Coliseum* de Los Ángeles, donde se reunieron cien mil personas y, finalmente y a modo de colofón, acudió a Washington antes de emprender viaje de regreso a Europa y hacerse cargo del gobierno militar de la Baviera ocupada.

Como podemos entender, Patton se movía por todos aquellos escenarios con absoluta comodidad, terciando discursos para públi-

233 El 25 de junio de 1950, soldados norcoreanos apoyados por China cruzaron el paralelo 38 y entraron en Seúl. Únicamente Pusan quedó en manos de las fuerzas de la ONU, compuestas en aquel momento por el VIII Ejército norteamericano y unidades surcoreanas. MacArthur proyectó un desembarco en Incheon, al oeste de Seúl, tras las líneas enemigas, debilitando de ese modo el cerco. La consecuencia fue la huida de las tropas norcoreanas hacia el paralelo 38, donde se establecieron a finales de noviembre. Unos meses después, treinta divisiones chinas empujaron a las tropas de MacArthur hacia el sur, con lo que el general propuso frenarlos con el empleo de bombas atómicas. Dada la negativa de Truman, MacArthur escribió al senado norteamericano urgiendo la necesidad de taponar la ofensiva comunista. Hecha pública la carta, Truman lo destituyó el 11 de abril de 1951, poniendo en su lugar al general Ridgway, veterano de la guerra en Europa y que en junio de 1945 había sido enviado al Pacífico, justo en la plaza que deseaba Patton.

cos que lo aclamaban y que desde luego esperaba ver y sentir al verdadero soldado que había vencido en Europa.

El general era más que consciente de semejantes demandas y no iba a dejar pasar la oportunidad, por eso exteriorizaba sus pensamientos sin las barreras que la guerra, y sobre todo Eisenhower, le había impuesto desde Sicilia. Aquellas confidencias, hechas a miles de oyentes, contenían siempre unos gramos de exceso, por ejemplo, tal como hemos dicho, la cita a los soldados caídos, pero Patton conseguía salir airoso. Se trataba de no defraudar jamás al público que, enardecido, consideraba a un general en activo como una excelsa estrella de cine y, desde luego, Patton nunca desilusionaba.

* * *

El proceso de desnazificación, tal como hemos visto, produjo, principalmente en Baviera y en Múnich en concreto, raíz histórica del nacionalsocialismo, muy tensas relaciones[234]. No es extraño por tanto que, tras las disposiciones que arriba hemos visto, tantas veces insuficientes, Patton tuviera notables dificultades para integrar un gobierno civil. Se trataba, desde el inicio, según expuso Lucius Clay, gobernador general del sector norteamericano en Alemania, de ir transfiriendo las responsabilidades políticas al estamento civil germano en la medida que se consolidaba la ocupación y avanzaba la desnazificación, y en octubre del 45 ya empezaron a cederse algunas funciones gubernamentales.

Para facilitar una tarea que a todas luces sobrepasaba las aptitudes del general, con la prensa norteamericana atenta a desentrañar lo que pasaba en Alemania, Eisenhower y Clay decidieron asignar a Patton un coronel de la reserva que había tenido funciones municipales en Nueva York y que, supuestamente, podría sopesar la elección de cargos para el gobierno civil.

234 Earl. F. Ziemke, *The U.S. Army in the occupation of Germany, 1944-1946*, Center of Military History, United States Army, Washington, 2003.

Se trataba de Charles Keegan, pero este carecía de los necesarios conocimientos acerca de lo que sucedía en aquellos momentos en Baviera para adoptar las adecuadas disposiciones. Aparecía, en momento y coyuntura tan delicada, una especie de adanismo norteamericano, una mirada diluida acerca de la gravedad de lo ocurrido, que propiciaba grados importantes de tolerancia buscando el apaciguamiento a toda costa y, principalmente, que los inmensos gastos que había producido la guerra fueran siendo absorbidos por una Alemania —por un sector de Alemania, desde luego— que debía empezar cuanto antes a liquidar el periodo nacionalsocialista para encauzar el camino de las democracias occidentales. Precisamente por ello, el coronel Keegan pareció ser el hombre providencial que podría asesorar a Patton, pero había muchos flancos que las autoridades militares no valoraron en aquellos días, por ejemplo, que Keegan estaba vinculado al partido demócrata, con lo que su punto de vista y sus decisiones no iban a pasar desapercibidas para la prensa más izquierdista, como así ocurrió.

Nombrar a Keegan era, con toda seguridad, una medida insuficiente y seguramente muy mejorable, y desde luego hubiera sido mucho más que pertinente, habida cuenta de lo ocurrido con anterioridad, no dejar a Patton frente a los micrófonos, incluso restringiendo sus apariciones y sus discursos, que venían siendo censurados o al menos corregidos por Eisenhower desde tiempo atrás, pero en ese momento George Patton era una estrella, todo el mundo quería que el hombre que había demostrado su habilidad en el campo de batalla hiciera una alocución o una rueda de prensa, y más si daba titulares.

A través del asesoramiento de Keegan y, seguramente ante el obstáculo de encontrar cuadros dirigentes con un pasado no manchado por el nazismo, el general nombró a Fritz Schäffer de la CSU (Unión Socialcristiana), partido fundado a propósito en aquel periodo que se reclamaba heredero del centro político vigente durante la república de Weimar y que se definía por un marcado conservadurismo de raíz cristiana.

Schäffer fue designado ministro presidente de Baviera y este, a su vez, nombró otros cargos. Uno de ellos recayó en un antiguo oficial de Estado Mayor que había actuado en Polonia, Francia e Italia, dos despachos se otorgaron a sujetos con el *Fragebogen* falsificado y otro nombraba a Otto Gessler, que había sido ministro de la Reichswehr y de Interior durante un largo periodo en Weimar, estando vinculado al rearme clandestino llevado a cabo en aquel tiempo y habiendo colaborado firmemente con el general Hans von Seeckt a la hora de tramar el engaño a los aliados occidentales, facilitando la deslocalización de dependencias militares alemanas y el armazón de ejercicios militares conjuntos en connivencia[235] con el Ejército Rojo en los confines del territorio soviético.

El caso paradójico, y por el que Patton y Keegan pudieron creer en la idoneidad de ambos, fue que tanto Gessler como Schäffer habían sufrido la represión nazi, el primero en el campo de concentración de Ravensbrück y el segundo en Dachau. Tales circunstancias daban en aquellos momentos una pátina de antinazismo, desde luego, pero no parecía suficiente y el ideario de los personajes todavía resultaba sospechoso. Al fin y al cabo, Schäffer había definido a los nazis, si bien años antes de la llegada al poder de estos, como «salvadores de la patria» y Gessler estaba manchado por sus anteriores actividades clandestinas en el ministerio de Guerra.

Los nombres de los candidatos llegaron a oídos del *New Republic* de Nueva York, cuyo pensamiento político tampoco quedaba precisamente oculto, publicando el 18 de junio un editorial titulado *Germany: East & West* en el que se leía:

> Mientras los rusos están abordando directamente el problema del rejuvenecimiento de la democracia en Alemania mediante el fomento de las fuerzas democráticas antifascistas, la política estadounidense, bajo la etiqueta de *apolítica*, está desalentando la

235 Para un conocimiento completo de estos hechos, reiteramos la lectura de *La invención de Vulcano*, opus cit.

democracia al dar poder a los políticos bávaros más desacreditados y reaccionarios[236].

En el mismo número, Philipp Loewenfeld firmaba un artículo titulado *Bavarian scandal* abundando en el asunto y asegurando que se estaban viendo confirmados

> (…) los peores temores de aquellos que esperaban el uso estadounidense de fuerzas clericales reaccionarias en la administración del país enemigo derrotado[237].

Y el periodista neoyorquino no iba desencaminado porque nombrar a Fritz Schäffer suponía integrar en el futuro gobierno del *land* determinadas influencias políticas de un cariz conservador que llamaba la atención. Loewenfeld presentaba una trama en la que aparecía el Vaticano, cuyo contacto era el cardenal Michael von Faulhaber[238] y el príncipe Ruperto de Wittelsbach, heredero de Baviera que, después de un largo exilio en Roma, había sido enviado a Dachau, coincidiendo con Schäffer. De esa forma, el periodista del *New Republic*, pretendía descubrir una conspiración entre el gobierno nombrado por los militares norteamericanos y la extrema derecha a través del ministro presidente, el Vaticano y el príncipe Ruperto que, presumiblemente, se iban a confabular para la aniquilación de cualquier organización de izquierda pretendiendo erigir un sindicalismo católico que a Loewenfeld le parecía la peor de las iniquidades.

A raíz de estas informaciones, el general Clay nombró una junta que inició una pormenorizada investigación. El informe llegó en agosto y mencionaba la imposibilidad de encontrar personal suficientemente limpio de vínculos nazis como para ocupar cargos públicos de relevancia, aduciendo que la desnazificación no era un

236 *New Republic*, 18 de junio de 1945, Nueva York.

237 Philipp Loewenfeld, *Idem quote.*

238 El cardenal Faulhaber mantuvo siempre una justa distancia con el nazismo, a pesar de tener que cumplir con algunas obligaciones diplomáticas. En 1951 ordenó al que llegaría a ser Benedicto XVI, Joseph Ratzinger.

asunto que se pudiera hacer sin investigar detalladamente a los candidatos. Vistas las cosas, Clay ordenó extinguir el cargo que ocupaba Keegan el 4 de septiembre de 1945.

Después, y ahí se abre la otra brecha que sugeríamos más arriba, en visita a una escuela, Patton dijo a los niños que ellos serían los oficiales y las enfermeras de la próxima guerra, comentario que causó el arrebato de los padres y animó a los periodistas a lanzar una nueva campaña contra el general. ¿Estaba queriendo decir a unos muchachos de primera enseñanza que en una generación los alemanes volverían a padecer otra guerra? Y si así era, ¿de qué guerra hablaba y contra quién? ¿No suponía aquello una alusión no tan velada a un próximo conflicto con la URSS? Obviamente, semejantes insinuaciones llenaron las rotativas de EE. UU.

En otro momento, Patton, cuyas locuciones eran oídas con la atención del que está seguro de hallar algún suculento titular, declaró que tanto el *New York Times* como otros medios estaban intentando hacer efectivo el comunismo mediante procesos de eliminación de los hombres de negocios alemanes no judíos, despidiéndolos de sus empleos y negándoles cualquier posibilidad profesional. Después, ya lanzado, continuó asegurando que la trifulca que aparecía en la prensa en su contra no era otra cosa que el expediente que empleaban los judíos y los comunistas para destruir Alemania.

Tales quejas, sin embargo y a pesar del estruendo, no eran descabelladas, ya que en aquellos momentos había planes perfectamente determinados para desmantelar por completo cualquier asomo de industria en Alemania, reduciéndola a una suerte de región agrícola, y hasta se planteaba sin mayores escrúpulos la posibilidad de diezmar a la población eliminando a los hombres menores de cuarenta años.

En efecto, así como al final se impuso un mecanismo de reconstrucción europea a base de créditos para renovar la industria y afianzar mecanismos comerciales en aras de la prosperidad europea, y alemana en particular, el plan Marshall (administrativamente denominado, *European Recovery Program, ERP*) debido al ya secretario de Estado, y antiguo general, George Marshall, constituiría un error de bulto no recordar que antes existieron otros planes diametralmente opuestos. Y, por supuesto, tampoco hay que olvidar que en gran medida, el humanitarismo de Marshall hacia la población alemana no descansaba únicamente en una cuestión de indulgencia o de mera compasión, sino que pretendía eliminar la tentación comunista y alejarla del horizonte europeo.

No obstante, como decimos, en aquella inmediata posguerra también se barajaron procedimientos que iban en la dirección contraria, esto es, desproveer a Alemania de cualquier posibilidad de desarrollo industrial trasladando sus fábricas (todo lo que fuera recuperable después de los bombardeos) a otros puntos de Europa donde habían sido destruidas.

Dada la enorme capacidad alemana anterior a la guerra y durante buena parte de la dictadura nazi, la medida suponía despojar de raíz a la mayor economía europea de su potencial productivo y empujar a millones de ciudadanos al hambre y a buscar soluciones en el ámbito soviético.

Herbert Hoover, presidente de EE. UU en el año 1933, concluyó que aquella propuesta daría lugar a la muerte de veinticinco millones de personas, con lo que la aplicación del programa, como decimos, hubiera alentado directamente a la población superviviente a abrazar el comunismo. Tal plan era obra del secretario del Tesoro estadounidense Henry Morgenthau que, todo hay que decirlo, explicando de algún modo el porqué de la animadversión de Patton, profesaba la religión mosaica.

Esta situación y tales proyectos son el esclarecimiento de la frase de Patton en la que aparecen judíos y comunistas como elementos complementarios y cuya determinación no parece ser otra que la devastación de la sociedad germana. Por otra parte, también explica las palabras de Patton en las que se pronuncia con aborrecimiento acerca de la cobardía de Eisenhower al no enfrentarse a las «demandas judías», habiendo entregado el ejército norteamericano a los *niños de Morgenthau*, o sea, a funcionarios del Tesoro a las órdenes de su secretario que ejecutaba con exigencia la directiva *JCS 1067*[239], en la que se ordenaba acentuar la destrucción de la economía alemana sin la menor sombra de atención a la ciudadanía.

Con todo, véase que la primera parte del *ERP* (plan Marshall) no empezó a aplicarse hasta la primavera de 1946 —cuatro meses después del fallecimiento del general Patton—, cuando la *JCS 1067* fue sustituida en julio de 1947 por la *JCS 1779*, permitiendo levantar las restricciones sobre la economía alemana hasta un cincuenta por ciento de su capacidad anterior a la guerra, lo que indicaba que la otra mitad debía ser eliminada de forma sistemática. Era un cambio de perspectiva importantísimo, pues abogaba por una Alemania estable y productiva incluida en una Europa democrática ordenada y próspera[240].

* * *

Cambiando de asunto y, por otra parte, en aquellos momentos Patton, ya sin tasa ni control, pontificaba sin descanso contra la URSS utilizando argumentos raciales y acusando a los rusos de ser los descendientes envilecidos de Gengis Khan, a la vez que enaltecía a los alemanes por haber sido los primeros en enfrentarse a los soviéticos. Todo aquello se aguantaba sobre una idea que parecía terrorífica, la ambición nada oculta del general Patton de emprender otra guerra, ahora contra los comunistas, utilizando los restos de la Wehrmacht como puntas de lanza.

Tal cuestión, siempre discutida por los analistas y plagada de interpretaciones según el parecer de estos, fue confirmada a través de escuchas realizadas por micrófonos ocultos emplazados en las dependencias utilizadas por el general y mediante la instalación

239 *Directive to Commander-in-Chief of United States Forces of Occupation Regarding the Military Government of Germany* de abril de 1945. Entre otras cosas, fue la orden que prohibía las relaciones entre soldados norteamericanos y población alemana: *«Fraternization» between the American occupation forces and Germans was prohibited.* The Story in Documents. United States Department of State, Germany, U. S. Government Printing Office, Washington, 1950, pp. 22-28.

240 Directiva *JCS 1779*.

de repetidores telefónicos que pudieron demostrar su verosimilitud, cerrando de ese modo el terreno de las conjeturas. Para ello se designó a un agente de la OSS (*Office of Strategic Services*, precedente de la CIA), Duncan Lee, como encargado de llevar a cabo las escuchas y de tomar nota de las reuniones de Patton con sus colaboradores.

La OSS había sido creada por Roosevelt en 1941, poniendo al frente al general William Donovan, un veterano de la Gran Guerra que, entre otras misiones, se encargó de aprovisionar a los partisanos de Tito en su lucha contra los alemanes, llevando a cabo un extraño juego en el que favorecía a los comunistas con toneladas de material de guerra, desde carros *Sherman* hasta ametralladoras y minas.

En consecuencia, las confidencias del general Patton en contra de los soviéticos y aquel cuestionamiento de la política norteamericana en la Alemania ocupada hicieron que Donovan y, seguramente el mismo Eisenhower, Marshall y el presidente Truman, decidieran poner punto final a la cada vez más peligrosa deriva que la proverbial locuacidad de Patton iba sembrando.

Por otra parte, en aquellas fechas, 1945, Harry Truman había leído un informe realizado por el representante estadounidense en la Comisión Intergubernamental sobre Refugiados, Earl G. Harrison, abogado y profesor de derecho de la Universidad de Pensilvania, en el que se hacía hincapié en las horrorosas condiciones en las que seguían viviendo los exprisioneros judíos en los campos alemanes. El informe era demoledor, con anotaciones como la que sigue:

> Uno se pregunta si el pueblo alemán, al ver esto, no está suponiendo que seguimos o al menos toleramos la política nazi[241].

---

241 Original: *One wonders if the German people, seeing this, are not assuming that we are following or at least tolerating Nazi policy.* Véase Earl G. Harrison, *Harrison Report, 1945.* Mission to Europe to inquire into the conditions and needs of those among the displaced persons in the liberated countries of Western Europe and in the SHAEF area of Germany-with particular reference to the Jewish refugees-who may possibly be stateless or non-repatriable, US Government, Eisenhower

Tal informe fue clave para el fortalecimiento del éxodo a la Palestina británica, una y otra vez dificultada por las condiciones reinantes en la zona.

En medio del vendaval, el 17 de setiembre, el general Dwight Eisenhower —alertado por la mala conciencia que se despertó en el presidente Truman tras la lectura de la exposición firmada por Harrison— se presentó en Múnich para realizar una visita de inspección a los campos donde todavía se alojaban muchos antiguos prisioneros judíos, ya que no habían podido ser expedidos a otros lugares, pues las ciudades estaban en ruinas. Obviamente, ya no existía el estatus de prisionero y los supervivientes podían salir o entrar a su antojo, aunque las condiciones exteriores no aconsejaban abandonar los recintos. Sin embargo, pudo observar que algunos exmiembros de las SS seguían en su puesto, guardando las dependencias de los campos, si bien con otros modales.

Eisenhower no pudo menos que reprender con severidad a Patton: tal situación caía dentro de su jurisdicción y era responsable. A pesar de todo, no obtuvo la respuesta que esperaba, pues el general guardaba un sedimento antisemita que, ni en circunstancias tan negligentes era capaz de vencer. Además, y cuestionado por el asunto Schäffer, no rectificó, asegurando que el gobierno militar lograría mejores resultados si aprovechaba para asuntos administrativos a más gente, aunque pudiera haber estado integrada en las filas del partido nazi.

Por otra parte, en aquellos días, el general Patton, juntamente con lo referido, empezó a dar alarmantes señales de insubordinación, llegando a desdeñar de forma abierta las órdenes de Eisenhower respecto de la entrega de víveres a los supervivientes de los campos de concentración, labor que conllevaba la previa requisa del ejército estadounidense de propiedades alemanas civiles en correspondencia con la *JCS 1067.*

---

Archives, 1945.

Asimismo, se desató el Patton más brutal, cuyas opiniones respecto de los judíos realmente costaba entender e incluso separar del ideario nazi, cuestionando hasta su humanidad. Según el *New York Times,* Patton había dejado escrito:

> La gente cree que la persona desplazada es un ser humano, pero no lo es, y esto se aplica particularmente a los judíos, que son inferiores a los animales.

Aunque es imposible ni siquiera intentar descifrar tal aseveración, se trataba del comandante que había visitado los campos y había visto los desechos en que se habían convertido los prisioneros judíos. ¿Era, por tanto, una absoluta falta de sensibilidad? ¿De misericordia? ¿Una mínima solidaridad con los que se habían visto despojados de todo? Por supuesto, y también la constatación del estado al que el nazismo había llevado a las personas.

Y todo se reavivó todavía más a finales de aquel mes, el día 22, cuando después de una conferencia, la prensa recogió unas palabras de Patton, tergiversándolas notoriamente y asegurando que el general había dicho que el proceso de desnazificación en Alemania era inviable y absurdo, pues

> El tema nazi es como una pelea electoral entre demócratas y republicanos[242].

Dieron la noticia el *New York Herald Tribune* y el *New York Times,* pero Patton no había apuntado exactamente aquello. Dio una respuesta[243] más o menos larga a la pregunta de un periodista que, por su parte, resumió lo escuchado en una frase que echaría todavía más barro a la figura de Patton. Otra vez, el malentendido tomaba

242 Walter M. Hudson, *The U.S. military government and democratic reform and denazification in Bavaria, 1945-47,* Fort Leavenworth, Kansas, 2001. Tesis doctoral. Las palabras exactas, por más que resumidas, fueron: *This Nazi thing. It's just like a Democratic-Republican election fight.*

243 D'Este, *opus cit.,* pág. 811.

cuerpo en la vida del general y convertía un comentario quizá insignificante en una tormenta política. Una más, e iban muchas.

Mantener a Patton al frente del gobierno militar en Baviera era conllevar una situación que podía estallar en cualquier momento, fuera por los nombramientos, por declaraciones más o menos imprecisas o por perturbadoras actitudes de desobediencia que cuestionaban la política norteamericana en Alemania y proveían a la prensa de titulares explosivos.

Las circunstancias de la inmediata posguerra no permitían sostener aquel peligroso foco de inestabilidad que los rotativos recogían y divulgaban entre el público americano y, por supuesto, internacional. Había que atajarlo e interrumpir el flujo, en definitiva, la reputación política estadounidense se estaba viendo cuestionada y eso era inadmisible.

George Patton saluda a la multitud que lo recibió en Los Ángeles. NARA

Patton en Boston. NARA

Patton recibe, el 27 de julio de 1945, la Orden del León Blanco y la Cruz Militar de Primera Clase de manos del presidente Benes de Checoslovaquia. NARA

# LA DESTITUCIÓN

El general Eisenhower, que en tales fechas ya estaba más que cansado de cubrir a Patton y puesto que no existían objetivos militares que cumplir, se vio con las manos libres y optó por tomar la decisión que llevaba aplazando mucho tiempo, destituyéndolo el 2 de octubre de 1945 y transfiriéndolo a la comandancia del XV Ejército, eso sí, con la aquiescencia del general Clay.

En definitiva, existía un frente interno al que Eisenhower concedía una importancia notable. Se trataba de la periferia de la guerra, desde luego, no de batallas ni de bombardeos, sino de la modulación de la opinión pública, y aquel rostro de la retaguardia debía protegerse con mimo. Vender la guerra y, posteriormente, pregonar la postguerra era una cuestión de información de la que el general Eisenhower no podía prescindir y, tampoco, menospreciar. Semejante atención a los medios era, de alguna manera, una muestra de sintonía democrática, por muy duro que en algunos momentos pudiera resultar.

La destitución de Patton trajo, en su lugar, a Lucian Truscott, general de tres estrellas desde septiembre de 1944 y anteriormente bajo las órdenes de Patton, que ya había sido advertido por Eisenhower en Frankfurt de la probable permuta.

Truscott ocupó el 7 de octubre, tras una ceremonia bastante austera en Bad Tölz, a 50 km al sur de Múnich y donde estaba situado el cuartel general, el cargo de gobernador militar de Baviera y comandante del III Ejército de Estados Unidos.

Según contó después a su nieto[244], aquel fue el día más triste de su vida. Truscott era un veterano que había luchado en África y en Sicilia, desembarcando en Anzio con el VI Cuerpo, combatiendo en Montecassino y llegando hasta la liberación de Roma. Después llevó a cabo otro desembarco en Marsella, tomando miles de prisioneros y derrotando a un ejército alemán completo, enlazando con las fuerzas que procedían del oeste, tras el Día D. Más tarde, al mando del V Ejército estadounidense, derrotó a Kesselring en las estribaciones de los Alpes e hizo medio millón de prisioneros. Por tanto, guardaba una hoja de servicios impecable y era hombre de plena confianza para el jefe del SHAEF.

Al día siguiente, lunes 8 de octubre, *Los Angeles Times* publicaba la noticia en primera plana con el epígrafe siguiente:

> Patton Leaves His Beloved 3rd Army Tearfully[245].

A partir de ese momento, y con Truscott al frente, el proceso de desnazificación se hizo mucho más completo, implicándose el propio comandante activamente en favor de los judíos y cambiando de manera radical sus circunstancias vitales en Baviera.

En realidad, Lucian Truscott, que había soportado misiones de combate sin apenas descanso durante mucho tiempo, sabía atenerse a los detalles, por ejemplo, mandó que la imprenta y las resmas de papel restantes de la edición del *Mein Kampf* que se había impreso en Bad Tölz fueran utilizadas para imprimir un *Talmud* destinado a los judíos sobrevivientes de los campos de concentración[246]. Era un pequeño detalle que, de alguna manera, daba a entender que las circunstancias eran otras y que, desde aquel momento, iban a cambiar todavía más.

---

244 Lucian K. Truscott, *Command Missions: A Personal Story*, Presidio Press / Penguin, Toronto, 1990.

245 Patton deja su amado III Ejército entre lágrimas.

246 Lucian K. Truscott, *idem cit.*

Junto a la permuta en la comandancia militar de Baviera, el plano político estadounidense no dejó olvidadas las críticas de la prensa y a primeros de octubre —en los días que se produjo la destitución de Patton y en gran medida como confirmación de la necesidad del relevo—, Robert Murphy, representante del Departamento de Estado y por encargo del general Clay, realizó una visita de inspección para averiguar qué había de cierto en la supuesta negligencia de la desnazificación.

Tal examen[247] coincidió con la substitución de Patton, con lo que Murphy pudo escribir su informe atendiendo aquella coyuntura y dejando aclarado que Schäffer nunca había pertenecido al partido nazi, si bien el *New York Times*, el *Chicago Daily News* y el *New York Herald Tribune* presentaban el hecho como información perfectamente contrastada. Con todo, Murphy, que hilaba muy fino, se inclinó por recomendar el cese del ministro-presidente bávaro acallando suspicacias, cosa que el general Truscott supo hacer con manifiesta determinación.

De hecho, la sustitución de Patton y el trueque por el general Truscott se llevó a cabo dentro del más estricto reglamento, pues desde octubre del 44 —momento en que su foto ocupó la portada de *Life*—, Truscott oficiaba de comandante del XV Ejército que, dada su reciente creación, era una organización destinada a resolver asuntos burocráticos y a recopilar informes que pudieran servir como valiosa información destinada al estudio posterior de la guerra.

El mando de Truscott en Baviera y en el III Ejército fue breve, desde octubre del 45 hasta la primavera de 1946. Posteriormente, y a medida que la ocupación se afianzaba, el general Lucien Truscott fue designado, ya de vuelta a EEUU, a la Military Education Board on Education System for Officers of the Army, esto es, la previa

---

247 Robert Murphy. *Relaciones exteriores de los Estados Unidos. Documentos Diplomáticos*, 1945, Comisión Asesora Europea, Austria, Alemania, Volumen III. 740.00119 Control (Alemania). 680. Berlín, 3 de octubre de 1945. Posteriormente, Robert Murphy publicó un libro titulado *Diplomat among Warriors*, Doubleday, Nueva York, 1964, en el que explica detalladamente el caso y lo que aconteció en el gobierno militar del general Truscott.

selección de candidatos que más tarde se integrarían en la instrucción para los futuros oficiales del ejército americano destinado a impulsar el oficio de la guerra y afirmar el perfeccionamiento del liderazgo, tanto en circunstancias de conflicto como en las responsabilidades surgidas tras el fin de los combates, e incluía desde formación en asuntos de seguridad como administrativos, de inteligencia o temas industriales.

A finales de 1948 y durante un año, Truscott actuó como director en Fort Monroe, Virginia, de la Junta Asesora para Operaciones Anfibias. Posteriormente, se integró como jefe de la CIA en Frankfurt por indicación de Walter Bedell-Smith y después por Allen Dulles, que en 1953 obtuvo autorización del ya presidente Eisenhower. Cuando se retiró del ejército en el 54, le fue concedida la cuarta estrella, pero se mantuvo hasta 1958 como asesor de la agencia. El general Truscott falleció en 1965 y fue enterrado en Arlington. Había sido condecorado con la *Purple Heart Medal.*

# MORIR CON LA ÚLTIMA BALA

El duque de Berwick, James Fitz-James Stuart, hijo natural de Jacobo II de Inglaterra, falleció decapitado por el proyectil de un cañón francés mientras revistaba las trincheras que cercaban Philippsbourg. Fuego amigo, diríamos hoy, porque el duque se batía bajo bandera francesa y como mariscal de Luis XIV contra los austriacos en uno de los frentes derivados de la guerra de sucesión polaca. Su acérrimo enemigo, el príncipe Eugenio de Saboya, contra el que jamás pudo combatir directamente, se enteró al cabo de escasos días.

> Es la única vez en mi vida que he sentido envidia, envidia de la muerte gloriosa de Berwick. Ha tenido una muerte de soldado —exclamó—, como yo la quisiera para mí.

Sin embargo, Eugenio, el más grande general de las tropas imperiales, que había nacido francés y fue despreciado dadas sus supuestas escasas actitudes militares por el propio Luis XIV, murió algo después debido a una pulmonía, solo y postrado en la cama. Sin gloria, sin pólvora y sin honor. Triste fin para un hombre que deseaba morir como un soldado y que había contestado, cuando le preguntaron si no se casaría, «yo amo la guerra»[248].

---

248 Para ampliar esta historia, remito a mi ensayo *Iconografía del príncipe Eugenio de*

El general George Patton también había dicho que deseaba morir con la última bala de la guerra. Un fin glorioso para una vida de soldado, pero tampoco lo consiguió.

Reducido a la comandancia de un ejército de papel, esa es la metáfora habitual, dado que su función estribaba en redactar documentos acerca de las operaciones militares norteamericanas durante la guerra, quien había vencido a los alemanes utilizando sus propios métodos de combate se paseaba entre los escombros de Mannheim alejado del mando efectivo de tropa, pues la ciudad había sido pulverizada por trescientos bombarderos *Lancaster* y *Halifax* durante la noche del 5 al 6 de setiembre de 1943, descargando dos mil bombas convencionales, trescientas cincuenta mil incendiarias y cinco mil de fósforo[249], además de ciento cincuenta ataques aéreos focalizados en otros momentos.

Las circunstancias habían establecido sus preeminencias y para Eisenhower era imposible seguir sosteniendo a un hombre cuyas declaraciones llenaban los periódicos y daban una pésima reputación al ejército de Estados Unidos.

Todo lo bueno debe llegar a su fin —dijo Patton en la ceremonia de traspaso— y lo mejor que me ha pasado jamás ha sido el honor y el privilegio de mandar el III Ejército.

Tal como hemos dicho, la permuta que se produjo con el general Truscott tuvo lugar en Bad Nauheim, cerca de Frankfurt, lejos por tanto de Baviera y de los recuerdos que pudieran seguirse. Y sí, en efecto, el XV Ejército de Estados Unidos no era más que una plana con algunos soldados destinados a compendiar informes acerca de la guerra recién terminada y extraer enseñanzas tácticas. Se trataba, desde luego, de un trabajo importante, pero inasumible para un carácter como el de Patton.

Sin embargo y dada su querencia por la historia, Eisenhower había tenido la delicadeza de enviar allí al que siempre había sido su amigo, alejándolo de ese modo de inclinaciones torcidas y de proble-

---

*Saboya*, ArtyHum, Revista Digital de Arte y Humanidades, n. 59, Vigo, 2019.

249 Schwarz, *opus cit.*, pág. 24.

mas ingobernables. Además, junto a la comandancia del XV, George Patton también asumió la presidencia de la Junta General del Teatro Europeo.

Era, de hecho, un ascenso, por más que privó al general del poder que había ostentado en Baviera, aunque en noviembre tuvo que reemplazar a Eisenhower como comandante general de las fuerzas norteamericanas en Europa, pues este pasó a ser jefe del Estado Mayor.

Poco feliz con su nuevo destino, Patton, hombre de intensa actividad desde siempre, aprovechando la situación geográfica de su nuevo emplazamiento, buscó distracciones que pudieran remediar sus inquietudes. Uno de esos entretenimientos fue viajar, a veces en mera visita cultural, a Rennes o a la catedral de Chartres, y a otros municipios como invitado de personalidades del mundo de la alta política que querían reunirse con el prestigioso estratega.

Por eso, el 28 de noviembre y en visita protocolaria, como representante de Eisenhower, vía Copenhague y en un tren especial, marchó a Estocolmo. Patton había cenado la noche anterior, la del 27, con el delegado norteamericano en Dinamarca, dado que la legación, todavía no embajada, había cerrado la sede durante la ocupación y había vuelto a abrir en junio de 1945.

En Copenhague se reunió con el rey Gustav V y una selecta comisión de participantes en los Juegos de 1912, donde un joven George Patton había competido y que ahora, con casi sesenta años, repetía con el revólver, rivalizando frente a otros tiradores a los que venció sin especial dificultad.

Existe una filmación de aquel acontecimiento en la que se puede observar un hecho sorprendente: mientras, para afinar la puntería, los demás participantes cierran el ojo contrario a la mano que empuña el revólver, Patton dispara muy rápido, con mucha destreza, apoyando la mano izquierda en la cadera y con ambos ojos perfectamente abiertos.

Durante la visita, el general también asistió al Estadio Olímpico, donde tuvo lugar un ejercicio de patinaje y un encuentro de hockey como homenaje al vencedor de la guerra. En la recepción, gastando un tono afable y hasta desenfadado, dijo muchas cosas contra los soviéticos y tales ideas, entre atrevidas y expeditivas, bien pudieran haber acentuado la atención de ciertos grupos políticos norteamericanos.

Ha de recordarse que donde iba Patton llegaba la prensa, que difundía cualquiera de sus intervenciones, por más que fueran privadas y muchas veces ocasionales. Por ejemplo, en Estocolmo estaban presentes los reporteros del *Harrisburg Telegraph* de Pennsylvania, que dieron la noticia el mismo día 28, habiendo hecho un completo seguimiento del general. Se trataba de perseguir la noticia allí donde con seguridad se iba a producir, con lo que organizar un viaje con la certeza de obtener suculentas informaciones parecía forzoso.

Sin embargo, los comentarios que Patton hizo en el Estadio Olímpico, en gran medida meras bromas y sarcasmos con algún punto de acidez, no dejaron indiferentes a los oyentes. En efecto, aquellos mismos grupos, pese a la manifiesta oposición de Patton a contender en la arena política —confesión que había hecho en Luxemburgo[250] el 13 de marzo de aquel 1945 al periodista Henry J. Taylor, corresponsal de la agencia de noticias *Scripps-Howard*—, hallaron en el general al candidato perfecto para construir un relato victimista y llevarlo a la vía política. Pensaban que la destitución había sido, según su punto de vista —que posteriormente enlazaría con el macartismo más furioso—, una simple y alevosa traición contra alguien cuyo cometido bien podría ser el de emprender una guerra contra el comunismo soviético[251].

De aquel modo, el general triunfante que era perseguido por la prensa demócrata y por cierta opinión que lo juzgaba antisemita, asunto que Patton se encargaba de airear con nuevas afirmaciones, pasaba el tiempo en Bad Nauheim escribiendo recuerdos de guerra, compendiando informes de la pasada contienda, viajando y dictando conferencias.

---

250 Farago, *Patton: Ordeal...*, opus cit., pág. 716.

251 Tal se deduce de lo publicado por el *New York Times* el 22 de diciembre de 1945 a modo de esquela mortuoria y que empieza: *No era un hombre de paz / He was not a man of peace.*

* * *

A partir de este momento los biógrafos norteamericanos, Ladislas Farago[252] y Carlo d'Este[253], introducen una serie de sorprendentes cavilaciones que no dejan de tener su punto imaginativo.

Veamos, Farago propuso, en un trabajo de 1981, un agente infiltrado por los restos de las SS que se acerca a Patton y lo convence de la necesidad de iniciar una guerra contra los rusos. Gracias a sus encantos personales y a una cierta camaradería que se establece entre el que había sido campeón olímpico y el general victorioso, aunque destituido, ambos pasean a caballo, cazan y pescan en abierta confianza.

Atendiendo a que Patton ordenó poner a resguardo los mil quinientos equinos de la Escuela Española de Viena, Patton queda fascinado por la destreza que su nuevo amigo muestra con los caballos. Y el inspirado agente, entre paseo y galopada, acaba de persuadirlo de la maldad intrínseca de los soviéticos, asunto que el propio general ya venía exponiendo a todo aquel que quería oírlo.

Para combatir semejante calamidad —recordemos que Patton había señalado el componente asiático y mongol de los rusos—, el agente incide en la posibilidad de utilizar unidades alemanas vencidas, pero no destruidas, que están siendo desmovilizadas o que se hallan recluidas en campos militares por los aliados. Dada la evaluación que el mismo Patton ha ido haciendo de la capacidad combativa de esas unidades derrotadas a lo largo de la guerra, el general puede intuir con alto grado de certeza y verosimilitud el resultado de la propuesta. Por si fuera poco, en aquel tiempo, Patton no dejaba de explicar un parecer semejante en innumerables foros.

Pues bien, ¿quién fue ese agente? Farago propone al barón Konrad Freiherr von Wangenheim[254], medalla de oro en los Juegos

252 Ladislas Farago en 1981, *The Last Days of Patton*, McGraw Hill Company, Nueva York, pág. 133.

253 D'Este, *opus cit.*, 764.

254 Farago volvió a publicar en 2005 otra biografía de Patton, esta vez completa, en la que no aparece ya mención alguna a Wangenheim. *Patton: Ordeal and Triumph*,

de Berlín de 1936 por su actuación en las pruebas de equitación, miembro del NSDAP y supuesto excoronel de las SS. Crece de ese modo una aparatosa leyenda en la que miembros de las SS logran acercarse al general Patton y colocarle un consejero que lo va convenciendo de la necesidad de intervenir en la URSS aprovechando las fuerzas alemanas derrotadas que, por supuesto, pueden volver a activarse, ahora bajo sus órdenes.

El papel de guía, preceptor o supervisor que desarrolla Wangenheim queda de esta forma perfectamente definido. Incluso más, pudiera no ser tan absurdo pensar que, si Patton había sido depuesto, sabidas sus declaraciones antisemitas y sus comentarios a favor de los alemanes, la relación y la tutoría de Wangenheim quizá no venían de aquellos días en Mannheim, sino incluso de más atrás.

Tal teoría coincide con el momento en que Patton se muestra más vivamente contrario a lo ordenado por Eisenhower y también concuerda con su cascada de declaraciones respecto de la vigilancia en los campos, empezando a cobrar sentido la idea de un general no alemán que vence a los alemanes pero que emplea sus mismas tácticas y que, gracias a la intervención de un miembro destacado del espectro nazi va trocando su ideario, cuya presencia en Mannheim no es casual y responde y obedece consignas del *Sicherheitsdienst*, el servicio de seguridad de las SS que actúa clandestinamente desde mayo del 45.

Semejante complot recuerda al Alcibíades del siglo V antes de Cristo presentado por Plutarco y Jenofonte, incluso al Alcibíades que dialoga con Sócrates en el *Banquete* de Platón y, más modernamente, al *Coriolano* de Shakespeare, por supuesto, pero falla en un detalle principal: es completamente falso.

Los pormenores anteriores a la guerra acerca del barón Konrad Freiherr von Wangenheim son conocidos con exactitud. Campeón olímpico en 1936 y después *Rittmeister* (aproximadamente, capitán

---

Westholme Publishing, Nueva York, 2005. De todos modos, la tesis inicial de Farago sobrevivió en Harold E. Wilson, Jr., *A Legend in his Own Mind: The Olympic Experience of General George S. Patton*, Jr. OLYMPIKA: The International Journal of Olympic Studies, Volume VI - 1997, pp. 99-114.

de escuadrón) en el 8.º Kavallerie-Regiment, radicado en Silesia, que posteriormente asimiló dos pelotones de artillería anticarro y una batería. Dos años después, el regimiento fue integrado en el VIII Cuerpo.

Sin embargo, desde ese instante empiezan los deslices importantes: en julio de 1944, el barón Wangenheim fue capturado por los soviéticos, siendo ingresado en un campo de prisioneros de guerra durante muchos años. En 1953, mientras esperaba un regreso a Alemania que no llegaba, el barón se suicidó en el presidio de Stalingrado.

A favor de Ladislas Farago hay que decir, lo hemos anticipado ya, que en la segunda biografía que escribió acerca del general Patton veinticuatro años después ya no hay rastro de tal mención. Queda, como indiscutible testimonio, el guion, lastrado desde ese momento, que firmó en 1986 para *Last Days of Patton,* film que dirigió Delbert Mann, tal como veremos en próximo capitulo.

Por su parte, Carlo D'Este, tal como advertimos en la introducción, insiste en el tema, que anticipa al principio de su libro: está convencido que las múltiples caídas del caballo, así como un accidente automovilístico acaecido en Hawái (que al parecer le dejó un hematoma subdural de consideración), junto con la dislexia, convierten a Patton en un chiflado antes de la Navidad de 1945. Siguiendo tales conjeturas y atendiendo a los planes de Winston Churchill tras la preparación de la operación *Impensable,* el primer ministro británico acaso también padecería de un mal similar.

En efecto, para D'Este, Patton había perdido el juicio, estaba noqueado, igual que un boxeador que ha recibido demasiados golpes[255], y quiere aliarse con los alemanes para combatir a los rusos en una tercera guerra mundial, dando muestras de un marcado antisemitismo y habiendo sido cesado del mando militar. Por otra parte, parece ser que puede aspirar a una candidatura presidencial empujado por grupos de extrema derecha y amparado por Henry Ford, el magnate de la industria automovilística cuyas ideas antisemitas

255 D'Este, *opus cit.*, pág. 756.

también eran conocidas. Presentado de ese modo, todo junto forma un cóctel explosivo.

No obstante, hay una nota aparecida en el *Saturday Evening Post* del 23 de junio de 1945 en la que Patton afirma categóricamente:

> A lot of damned fools say I have political ambitions. What are they talking about? I have no kind of political ambition at all. No, take that back, maybe I'd like to be mayor of Junction City, Kansas[256].

En medio de análogo escenario, ambos autores, D'Este y Farago, y a veces empleando distintos argumentos pero que, sin embargo, sostienen perfectamente la agregación, explican la campaña de prensa que en aquellos momentos se desató contra Patton: periodistas que se enfrentan abiertamente al general, falsificaciones notorias que pasan por ciertas (como que los soldados de Sicilia eran judíos), distorsiones de sus palabras que la prensa recoge en grandes titulares y, al mismo tiempo, una catarata de explosivas declaraciones que dan la imagen de un hombre que se satisface con el efecto adverso que generan.

Por otro lado, Bill O 'Reilly y Martin Dugard publicaron en 2014 *Killing Patton: The Strange Death of World War II's Most Audacious General*[257]. Con el tono inquietante, pero bien trabajado, de unos periodistas televisivos, tenía un precedente cuarenta años antes en *Kill Patton!* [258]. En su momento, el libro supuso un auténtico torbellino, pues defendía la tesis del puro y simple asesinato. Según aquella versión, Patton se había convertido en una grave complicación en la posguerra y era incontrolable. La única manera de resolver

256 Traducción del autor: «Un montón de malditos idiotas dicen que tengo ambiciones políticas. ¿De qué están hablando? No tengo ninguna clase de ambición política. No, cambio lo dicho, tal vez me gustaría ser alcalde de Junction City, Kansas». En aquel momento, Junction City era una población con diez o quince mil habitantes.

257 Bill O 'Reilly y Martin Dugard, *Killing Patton: The Strange Death of World War II's Most Audacious General*, Henry Holt, Nueva York, 2014.

258 Charles Whiting, *Kill Patton!*, Ballantine, New York, 1974, donde una vez más aparecen agentes nazis infiltrados y disfrazados de soldados norteamericanos que atentan contra Patton.

el problema, y problema que podía traer gravísimas consecuencias, era cortar de raíz el asunto.

El libro de O'Reilly y Dugard coincidió con la segunda edición de la obra de Robert Wilcox, *Target Patton: The Plot to Assassinate General George S. Patton*[259]. Wilcox, tras una investigación escrupulosa en la que invirtió muchos años, redactó sus averiguaciones como una historia de espionaje orquestada desde las más altas esferas políticas y militares estadounidenses. Tal relato conduce inevitablemente a un miembro de la OSS[260], Douglas Bazata, que recibe una siniestra orden del general Donovan —al que hemos visto más arriba auspiciando a los guerrilleros de Tito—, en connivencia con el NKVD (recordemos que se trataba de la agencia de seguridad del estado soviético), para eliminar a Patton.

El libro de Wilcox tuvo enorme acogida, dado que introducía una muy seria duda, si bien con evidente color sensacionalista, en un asunto aparentemente cerrado, nada menos que la muerte de Patton por orden del Estado Mayor norteamericano. Además, extendía las sospechas a un misterioso acuerdo con los soviéticos, presentando extraordinarias complicidades que sin duda partirían de decisiones maquinadas en tenebrosos círculos.

Así, de acuerdo con los soviéticos, alguien, posiblemente el aludido Bazata y por orden de Donovan, utilizando munición no perforante —una bala de goma podríamos pensar, pero, cuidado, ese tipo de munición se empezó a utilizar en 1970— que, disparada a baja velocidad, debería impactar en algún punto sensible del general provocándole la muerte pero, y eso era fundamental, sin dar lugar a excesiva aparatosidad y sin dejar pruebas que permitieran construir posteriormente cualquier intriga respecto del atentado, cosa más que improbable tratándose de un proyectil, y menos algo no perfo-

---

259 Robert K. Wilcox, *opus cit.*, ya había sido publicado en 2008, pero ahora veía una nueva edición a cargo de Regnery Publishing Inc, Washington, 2014.

260 *Operations Support Systems*, la inteligencia de Estados Unidos durante la Segunda Guerra Mundial.

rante, pues debería haber restos en el lugar del suceso, fuera en un despacho o en el coche, entre los asientos o en el suelo del vehículo.

A continuación, habría que montar un complejo entramado de casualidades que despistaran las investigaciones y pusieran énfasis en aspectos meramente circunstanciales y fortuitos.

En el texto citado abunda, cómo no, el tono conspiratorio, el complot y la conjura. Con todo, es cierto que en la muerte de Patton hubo algún elemento extraño, como el hecho de que finalmente no se le hiciera autopsia, asunto que oportunamente O'Reilly cita nada más empezar la obra, pues es la columna que sustenta su tesis.

Sin embargo, la objeción que resalta Farago al negar la posibilidad del asesinato es indiscutible. Durante el último viaje, y como en seguida veremos, Patton cambió varias veces de asiento en el vehículo que lo trasportaba, argumento que impide la premeditación, cancelando de ese modo las posibilidades de un tirador emboscado que busque su objetivo en una determinada posición.

Semejantes reparos son respetables, desde luego, pero inasumibles si se atiende a que el general Patton sufrió tres extraños accidentes desde abril de 1945 hasta diciembre, momento en que se produjo el óbito. Quizá el más grave, y que a punto estuvo de acabar con su vida, ocurrió en ese mismo mes de abril, cuando el avión que lo trasladaba a su cuartel en Bad Nauheim fue atacado por un *Spitfire* gobernado por un oficial polaco que lo confundió con un caza alemán, ametrallándolo sin contemplaciones, aunque el piloto de Patton consiguió aterrizar y evitar la catástrofe. Unos días después, una carreta tirada por bueyes provocó un choque con el *jeep* del general de forma harto extraña y, en octubre, un camión colisionó con su vehículo. Fueron, al parecer, percances contingentes propios de las circunstancias, por más que, vistos desde la perspectiva que da el fallecimiento de Patton en diciembre, cobran un extraño interés.

* * *

Pero vayamos a la secuencia del viaje del 9 de diciembre de 1945. Lo primero que sorprende es que el general Patton, a escasos meses de la rendición del III Reich, se paseara por Alemania sin escolta y sin más compañía que su jefe de Estado Mayor y dos sargentos, uno en funciones de chófer y el otro en un coche auxiliar.

Aun admitiendo que tal gesto podría tenerse como una de las ventoleras de soberbia del general, no parece muy lucida la actuación de su cuerpo de seguridad, que permite semejante desplazamiento a quien por todas partes se tiene como vencedor de los ejércitos germanos. Al fin y al cabo, un objetivo de primera categoría para cualquier nazi más o menos camuflado y sediento de venganza.

Pues bien, ese día, como decimos, Patton salió de caza acompañado por su jefe de Estado Mayor, el general de Caballería Hobart Gay, al que conocía desde el desembarco en Casablanca, donde fue comandante del I Cuerpo Blindado. Gay había acompañado a Patton durante la invasión de Sicilia y en la campaña de las Ardenas, asumiendo la jefatura de Estado Mayor del XV Ejército cuando Patton fue allí asimilado.

El conductor era un sargento veterano con el que el general guardaba bastante confianza llamado Horace Woodring, *Woody*, un muchacho de Kentucky que lo adoraba y al que había advertido varias veces, si bien de forma muy poco severa, acerca de su afición a congraciarse con las chicas alemanas. En cierta ocasión, Patton le dijo que debería haber sido ascendido en vez de ser castigado por haber conquistado a una muchacha especialmente atractiva.

A *Woody*, que gastaba con el general algunas notables familiaridades, le encantaba conducir rápido y más si era el *Cadillac* de 1938, una limusina modelo 75, con el banderín encarnado y las cuatro estrellas. No era extraño ver pasar el automóvil con Patton riendo la travesura del conductor al haber clavado el pie en el freno ante un control de la Policía Militar o brincando sobre los raíles de un paso a nivel.

De hecho, Patton le había dicho a *Woody* si quería ser su chófer particular una vez el general, como era su intención, dejara el ejército al jubilarse, propuesta que el sargento había aceptado. Por otra parte, en el ambiente que rodeaba a Patton, la informalidad y las trastadas de *Woody* podían verse como una especie de bálsamo que lo aliviaba hasta cierto punto de la hostilidad y las presiones recibidas, de la pérdida del mando y del tedio de ir contrastando cada día informes de batallas conclusas, ordenando papeles y solicitando informes.

Antes de incorporarse a la autopista de Frankfurt a Mannheim, pues la intención era ir a cazar a Espira (Speyer), unos 25 kilómetros al sur, Patton dio orden a *Woody* de dirigirse primeramente a Saalburg, donde quería visitar la soberbia fortificación romana que durante siglos señaló el *limes* imperial, esto es, el término con Germania por el noreste, a escasos cincuenta kilómetros del Rin, cuya finalidad era, además, apuntalar el desarrollo de nacientes ciudades fronterizas y apoyarlas militarmente.

De ese modo, Patton y Gay se detuvieron para admirar el *castrum* de Saalburg, enclave donde estuvo aposentada la Legio XXII, y que presenta una *porta praetoria* protegida por dos altivas torres que dan acceso a la muralla almenada, precedida por un doble foso que, tanto en 1945 como en la actualidad, ya no es demasiado profundo. Ambos generales descendieron del automóvil y atravesaron la nieve, charlando seguramente acerca de tácticas militares antiguas y comentando las características del lugar.

Una vez de vuelta, Patton se sentó junto a *Woody* para secarse las botas mojadas con la calefacción del *Cadillac*. En todo el trayecto les seguía un *jeep* que conducía el otro sargento, Joe Spruce. En ese vehículo viajaban las escopetas y el perro de caza, así como la munición y algunos adminículos propios de la ocasión.

Posteriormente, volvieron a la autopista, si bien antes se detuvieron en un puesto de control de la Policía Militar, instante que Patton aprovechó para cambiar otra vez de asiento y hacer pasar al perro a su automóvil, dado que se estaba helando. En ese momento, Patton iba sentado en el asiento trasero derecho, al lado del general Gay y, entre ellos y el conductor se interponía una pantalla de cristal corredera que protegía las conversaciones de los pasajeros.

Al llegar a un paso a nivel en las cercanías de Mannheim, el *jeep* conducido por Spruce atravesó, pero el *Cadillac* tuvo que detenerse. Lejos, estacionados en el asfalto y en dirección contraria, había dos camiones estadounidenses de intendencia. Una vez superado el cruce del ferrocarril, *Woody* siguió avanzando con alguna velocidad para alcanzar a Spruce, pero a la altura de los camiones, el que marchaba en cabeza giró de pronto a su izquierda sin advertir la maniobra ni con intermitente, mediante la mano o haciendo señal luminosa alguna.

El *Cadillac* no pudo evitar el golpe y aplastó el guardabarros delantero contra el camión, lanzando a los tres hombres hacia adelante y golpeándose el general Patton contra el cristal separador. *Woody*, que se volvió de inmediato a ver la situación de los pasajeros, observó que Patton sangraba profusamente y se había desplomado encima de Gay, que pedía ayuda al sargento a fin de poder salir de debajo del general, ya que este no podía moverse.

En tal circunstancia, *Woody* acertó a detener una ambulancia militar que pasaba casualmente, rogando que atendiera a los generales. Tras una primera valoración, el sargento médico Leroy Ogden ordenó que llevaran inmediatamente a Patton a la *Nachrichten Kaserne*, el hospital del VIII Ejército en Heidelberg, donde ingresó una hora después.

Un destacamento de la Policía Militar se presentó rápidamente en el lugar del accidente e inició el interrogatorio a ambos conductores. Después, los tenientes Arlis Vanlandingham y Smith de la 818.ª Compañía de la Policía Militar acudieron al hospital para entrevistar al general Patton y preguntarle acerca de las circunstancias del choque, poniendo en marcha la investigación que debía esclarecer el suceso.

Por orden del general no hubo denuncia ni cargos contra los conductores. Patton explicó congruentemente los detalles del accidente y desligó a los sargentos de cualquier falta, ordenando a continuación que la Policía Militar no instruyera ninguna investigación: no había culpas y, por tanto, nada que elucidar.

Según contó *Woody*, el conductor del camión, un tal Robert Thompson, no fue consciente de sus actos. Las pesquisas acabaron allí: se trató de un accidente y los conductores, aunque reprendidos por haber descuidado la labor, nunca fueron molestados. Tan solo *Woody* interpuso una queja contra el atestado de la Policía Militar: jamás se habría distraído conduciendo con dos generales detrás suyo.

Es interesante saber que el 9 de noviembre de 2003, Douglas Martin, periodista del *New York Times,* daba la noticia del fallecimiento de *Woody,* sargento Woodring, explicando que el resultado de una investigación abierta por el ejército norteamericano determinó que tanto el conductor del camión, el suboficial Robert L. Thompson, como el del *Cadillac, Woody,* habían cometido un desgraciado descuido, pero nada más. No hubo sanciones. *Woody* también explicó que en el puesto de la Policía Militar, Patton, que se había dado la vuelta, vio al perro temblando en el *jeep* conducido por Spruce, y exclamó:

> —*Woody* mete ese perro dentro del auto, que tiene frío.

El sargento salió y fue a buscar al perro, y el general se sentó en la parte trasera para permitir que el perro tuviera algo de calor. Por fin, Horace L. Woodring dijo al periodista:

> —Ese simple acto de bondad hacia un animal acabó con la vida de un héroe nacional.

En el artículo, Martin explicaba que Patton, una vez instalado en la habitación, rogó a *Woody* que acudiera a buscar a su esposa al aeropuerto para llevarla al hospital y que el propio Eisenhower le dijo personalmente que no tenía ninguna responsabilidad en el accidente del general.

* * *

En el hospital de Heidelberg, Patton fue atendido por el coronel médico Lawrence Ball y el teniente coronel Paul Hill, jefe de cirugía, a los que una llamada previa había avisado de la llegada del general. A estos se unieron el general Kenner, oficial médico, y el doctor Hugh Cairns, profesor de neurocirugía en Oxford. El diagnóstico, tras el examen radiológico, fue:

> Fractura simple de la tercera vértebra cervical C-3 y dislocación posterior de C-4 y C-5 con parálisis total por debajo de la zona de fractura. Estado crítico, pronóstico reservado[261].

No hay, por tanto, la menor mención a impacto producido por bala no perforante ni nada similar, que es la versión de Wilcox (sostenida por Bazata), aunque tampoco se plasma en el comunicado la causa de las lesiones. Sin embargo, en el parte que firmaron los médicos tras el fallecimiento, sí que aparece una frase interesante:

> La causa probable de la muerte fue una embolia pulmonar.

Pero tampoco hay un desarrollo etiológico que sostenga cómo se llegó a la embolia pulmonar ni tampoco un recorrido estructurado de las diferentes fases por las que debió pasar el paciente. Queda, por tanto, un cierto paréntesis en la diagnosis del general Patton suficientemente ambiguo como para que quepan las más atrevidas elucidaciones.

* * *

Conducida por *Woody* desde el aeropuerto, Beatrice, la esposa de Patton, llegó al hospital de Heidelberg a primera hora de la tarde del 11 de diciembre. En aquel momento el general se encontraba estable, con buen pulso, respiración natural y sin fiebre.

Mientras lo acompañaba, Beatrice leyó en voz alta los *Souvenirs du duc de Vicence* del general Armand de Caulaincourt, ministro de Exteriores durante *Los Cien Días*, es decir, tras la restauración napoleónica y antes de Waterloo. Era el tipo de lectura que siempre había gustado a Patton, las memorias de un gran soldado y, en aquellas

261 Richard Rovit, Arlene Stolper Simon y William Couldwell, *Patton: death of a soldier*, Journal of Neurosurgery, Volume 108, february, 2008. El diagnóstico completo que aparece publicado en este trabajo dice: *General George S. Patton Jr. died as the result of quadriplegia sustained in a car crash in Germany in 1945. Hisx-ray films revealed a fractured C-3 vertebra and a posterior dislocation of C-4 on C-5. The likely cause of death was a pulmonary embolus.* (DOI: 10.3171/JNS/2008/108/2/0402)

circunstancias, volvió a ser el niño que escuchaba absorto las palabras de un ser querido.

El talante del general variaba según pasaban las horas. En algún momento, dijo a los médicos:

> —Si no hay ninguna duda en sus malditas cabezas de que voy a estar paralizado para el resto de mi vida, eliminemos toda esa mierda y déjenme morir tranquilo.

Para añadir después, más sereno:

> —Tranquilícense, caballeros, ahora no estoy en condiciones de ser terrorífico.

También recibió visita del capellán castrense y, resignado, oró junto al sacerdote:

> —Dejemos que comience. Supongo que lo necesito.

Ambos rezaron algunas preces y, al acabar, Patton le agradeció el servicio.

El día 13, los neurólogos propusieron trasladarlo a un hospital en Beverley (Massachussets), a pesar de que la evolución del paciente no era muy optimista, pues la recuperación de una tetraplejía como aquella era más que improbable.

Sin embargo, a partir del mediodía del 19, Patton empezó a dar muestras de serios problemas respiratorios, sufriendo al día siguiente una primera embolia en el pulmón derecho. Todavía mantuvo cierta regularidad y se recuperó ligeramente, incluso el 20 parecía que podía ir remitiendo. Al día siguiente estuvo un rato consciente y tras charlar con Beatrice y los doctores, se quedó dormido. Según parece, las últimas palabras que dirigió a su esposa fueron:

> It's too dark, I mean too late[262].

---

262 T. del a.: «Está muy oscuro, creo que es demasiado tarde».

Extraña frase, desde luego, procedente de *Blood of the Shark*, la novela que Beatrice había escrito en Hawái años atrás al tratar la muerte de uno de los personajes de la trama y que había publicado en Honolulú en 1936, tal como hemos dicho[263].

Hacia media tarde el general Patton falleció de un ataque cardíaco producido por una segunda embolia, esta vez en el pulmón izquierdo.

Beatrice Patton cumplió la postrera consigna del general, que deseaba ser enterrado junto a sus soldados en Europa, por eso escogió el cementerio de Hamm, en Luxemburgo, donde estaban sepultados los hombres caídos del III Ejército. Era el 21 de diciembre de 1945.

Unos días después, el general Gay fue elevado a comandante del XV Ejército, pasando a la 1.ª División Blindada en febrero. El 31 de enero de 1946, el cuartel de Bad Nauheim y su ejército de papel fue desactivado.

* * *

Tras la muerte de Patton, y por expresa orden del general, no hubo investigación de las circunstancias del accidente, simplemente valió el atestado hecho por la Policía Militar el día de los hechos. Tampoco se procedió a hacer autopsia por voluntad de Beatrice Patton, que posiblemente seguía las instrucciones de su marido, y el informe que escribió el especialista que lo atendió en los últimos momentos quedó clasificado, y lo sigue estando hoy en día.

Cuando aquel mismo 21 de diciembre, el coronel Glen Spurling, acreditado neurocirujano, le propuso iniciar los preparativos para la

263 En 2005, medio siglo después de su fallecimiento en 1952, se publicaron las memorias ya citadas de Beatrice, escritas por su hija Ruth Ellen, tituladas *The Button Box...*, con prólogo de Carlo D'Este para la edición de 2011 impresa por la University of Missouri, donde se cuentan pormenores de la vida del matrimonio entre ambas guerras y en los diferentes destinos donde estuvieron.
Stefanie Van Steelandt presentó *Lady of the Army: The Life of Mrs. George S. Patton*, Minnegate Press, 2023, una interesante biografía de Beatrice Ayer en la que la autora asegura, a modo de resumen, que la esposa fue «la mujer que formó al hombre, fortaleció al soldado y creó la leyenda».

autopsia, Beatrice se negó, manifestando su conformidad con lo que se había hecho para ayudar a su marido y admitiendo, de ese modo, que había fallecido de una embolia pulmonar provocada por el accidente.

También estaba satisfecha con el informe del ejército en el que se afirmaba que no había habido ninguna culpa, pero años después —Beatrice no vivió para saber los detalles que narramos a continuación— se indignó cuando la gente empezó a decir que habían asesinado al general[264].

Lógicamente, con tal guion, no tardó en levantarse un alarmante rumor: Patton había sido asesinado por sus declaraciones a favor de unir los ejércitos aliados con las vencidas fuerzas alemanas para combatir a los soviéticos. Ya hemos señalado que muchas veces, tras la victoria, el Patton más desbocado había dicho que el enemigo derrotado era un enemigo equivocado.

A partir de ahí, surgió un vendaval de teorías conspiratorias que parecían no tener fin. Incluso más, las especulaciones se mezclan con las afirmaciones de Douglas Bazata[265], judío libanés y agente de la OSS que en diversas ocasiones afirmó sin cortapisas que el general Donovan, en complicidad con los soviéticos, le pagó para que asesinara a Patton, tal como hemos escrito más atrás.

En la reunión tenida en el hotel Hilton de Washington el 25 de setiembre de 1979 y ante una audiencia de quinientas personas, Bazata aseguró que fue él quien, tras recibir diez mil dólares del jefe de la OSS, Donovan, organizó el accidente y, como Patton no murió instantáneamente, alguien lo mató con una inyección en el hospital de Heidelberg.

Según contaba Bazata, en el momento del choque, Patton recibió el impacto de un proyectil blando, algo así como una bala no metálica: bala de goma, decíamos arriba, aunque también exponíamos la imposibilidad de semejante circunstancia, por más que cuando Bazata habló en el Hilton ya era viable. Con todo, ¿no se le escaparía el crucial asunto de las fechas? ¿No suena este cúmulo de

264 Stefanie Van Steelandt, *Beatrice Ayer Patton's Greatest Irritation*, 2023.

265 Esta historia apareció en The Spotlight, Vol. V, núm. 42, 15-X-1979, pág. 16-18, con el título *I Was Paid to Kill Patton*.

casualidades y añagazas a un excepcional montaje? Según el agente de la OSS, aquella bala causó a Patton la herida de la cabeza y le rompió la vértebra, pero el golpe contra el cristal disimuló la lesión. Ahora bien, ¿no hubo al menos una sencilla inspección ocular de la Policía Militar o de otro estamento, incluso del conductor, en el que apareciera el improbable proyectil?

Siguiendo lo dicho por Bazata, después, mientras se recuperaba en el hospital, agentes del NKVD disfrazados de enfermeros pudieron suministrarle una inyección de cianuro capaz de producirle una embolia seguida de fallo cardíaco. La fórmula del cianuro era de procedencia checoslovaca y, administrándola en dosis controladas, suficiente como para matar a una persona en un determinado lapso más o menos deliberado. Esta es la tesis en la que posteriormente abundó Wilcox, tal y como hemos referido. Dado que no hubo autopsia, que habría aclarado definitivamente los hechos, no existe verificación de semejante trama, pero tampoco evidencia que la impugne.

Tales especulaciones, algunas con escasa fuerza de convicción, fueron tomando cuerpo. Por ejemplo, en 1974, Frederick Nolan publicó *The Algonquin Project*[266], donde se daba pie a cierto tráfico de indagaciones en torno a la muerte de una personalidad militar norteamericana importante, pero sin citar nombres. Ahora bien, era un texto de ficción cuyas indicaciones solo indirectamente podían hacer entender que se trataba del general Patton, aunque sin especificación concluyente.

Por otra parte, eran los días en los que triunfaba la narrativa de espionaje, con autores como Frederick Forsyth, cuyas obras más importantes serían *Chacal*, *Los perros de la guerra* u *Odessa*. En medio de tales productos apareció la obra de Nolan, que no había investigado los hechos, sino que se valía de una reflexión más o menos arriesgada para montar su novela. Y, aunque es cierto que no hay comparación posible, en aquellos momentos también se publicaron

266 Frederick Nolan, *The Algonquin Project*, Morrow, Nueva York, 1974.

libros sin asomo de frivolidad, como el primero de Farago, del que ya dimos cuenta. A modo de cierre de un círculo cuyo perímetro es casi inabarcable, también apareció la obra de Wilcox, ya citada.

Hay que advertir que pocos años antes de la aparición de *The Algonquin Project*, Franklin Schaffner había obtenido ocho *oscars* con la película *Patton* (1970), magistralmente interpretada por George C. Scott que, pese al excelente trabajo, dejaba claramente sin cerrar la vida del general. Veremos en capítulo posterior algunos detalles importantes de la cinta y de una significativa segunda parte debida a Delbert Mann en 1986, y con George C. Scott otra vez en el papel del general, titulada *Last Days of Patton*, de la que daremos cumplida cuenta.

Hasta la fecha, los biógrafos más calificados eluden posicionamientos definitivos respecto de la muerte del general Patton. Cabe la especulación, incluso es posible andar por la raya que señala el límite del trazo, pero un paso más allá es improbable, de modo que un tema que pudiera ser capital ha quedado velado, y posiblemente quedará así para siempre, por la falta de pruebas, sin autopsia confirmatoria, con un sencillo atestado de la Policía Militar y el informe de un neurocirujano que no ayuda a establecer etiología alguna. Acaso la prueba más evidente de la fuerza de tales circunstancias, tal como decimos, sean los momentos finales de la película de Franklin Schaffner, como veremos más adelante.

No obstante, años después, la hija, Ruth Ellen, tras haber atendido a muchos periodistas que la importunaban con posibilidades cada vez más enmarañadas, aludió al destino y a algo que había de suceder. En cierta carta, escrita tras la desaparición de su madre, anotó:

> Todo lo que puedo decir es, ¿por qué no pueden dejarlo solo con su gloria? Se ganó su salario, merece dormir en paz. *Dulce et decorum est pro patria mori*[267].

Todos los miembros de la familia Patton fueron acordes en su respuesta: el general Patton no fue asesinado.

267 T. del a.: Es dulce y justo morir por la patria. Vid. Stefanie Van Steelandt, *opus. cit.*

Estado del coche en que viajaba el general Patton. US Army

# EL FUNERAL

El martes 8 de mayo de 1945, *El Norte de Castilla* traía en portada la rendición incondicional de Alemania a través de un mensaje radiado del canciller y ministro de exteriores Schwerin von Krosigk desde Flensburg, donde permanecía el supuesto Gobierno del III Reich bajo mando del almirante Karl Dönitz, jefe de Estado, en cuyos hombros descansaba por disposición testamentaria de Hitler.

Aquella parodia no iba a durar más allá de unos días, hasta la detención de todo el gabinete por orden aliada, pero sirvió para informar a la Alemania que permanecía oculta bajo los escombros de los bombardeos que la guerra había acabado y que las fuerzas que todavía resistían debían rendirse. El diario vallisoletano no se abstenía de mencionar en el editorial que la catástrofe había pasado de largo por España gracias al mérito de Franco y a su política de neutralidad.

En la foto que presentaba aparecían el mariscal Montgomery y el general Patton, las dos puntas del ariete que, según el periódico, habían contribuido singularmente a la derrota del Reich. Dos formas diferentes de concebir la guerra: lento pero tenaz el primero y rápido y con marchas relámpago el segundo. Poco se decía del frente del este, únicamente la presencia en la ceremonia de la firma del mariscal Zhukov, y menos del Ejército Rojo.

Faltaban unos meses para que el 24 de diciembre de aquel año, otro diario, esta vez exactamente desde las antípodas del planeta, el *Evening Star* de Dunedin, en Nueva Zelanda, comunicara a sus lectores el entierro del Patton en el cementerio militar de Hamm, en Luxemburgo.

En efecto, los restos del general Patton fueron depositados en la magna necrópolis en Hamm, a escasos kilómetros de la capital, semejante a los cementerios destinados a los soldados caídos en las dos guerras mundiales que se reparten por Francia, Bélgica y Alemania.

De aquel modo, Patton volvía a un territorio que un año antes había servido al III Ejército para iniciar la ofensiva en las Ardenas y donde yacían miles de soldados[268] que allí cayeron, y ese fue precisamente el razonamiento que se hicieron tanto los mandos militares norteamericanos como la viuda, Beatrice Patton. De alguna forma y de aquella manera, Patton regresaba entre los soldados con los que cruzó Francia y enfrentó al enemigo. Era, quizá, una manera simbólica de devolver la potestad al general y postergar para siempre las órdenes de Eisenhower.

El domingo, 23 de diciembre, tuvo lugar el funeral en la Christuskirche de Heidelberg, templo episcopal donde la viuda estuvo acompañada por su hermano, Charles Fanning Ayer. Dos capellanes castrenses oficiaron la ceremonia. Eisenhower, por voluntad de Patton, no asistió.

Después, abriendo la marcha, varios blindados *M8 Greyhound*, a paso lento, desfilaron por las calles abarrotadas de público y sobre un semioruga *M3* abierto y con la bandera estadounidense, el féretro del general hizo un breve paseo, seguido por una representación de la oficialía y el generalato aliado mientras sonaban los diecisiete cañonazos de saludo, siendo escoltado por un destacamento del 15.ª de Caballería, donde Patton estuvo destinado en 1910.

268 Unas cinco mil tumbas que se hallan muy cerca del cementerio alemán en Sandweile, donde reposan más de diez mil soldados germanos.

Cuando el féretro estuvo instalado en el tren que lo llevaría a Luxemburgo y una vez empezó el viaje, el ferrocarril tuvo que interrumpir siete veces el trayecto en deferencia a las muchas formaciones que lo homenajeaban, compañías de honor y batallones que presentaban armas bajo una lluvia persistente y que querían rendir el último adiós al victorioso general. Aquel itinerario de menos de 400 km duró trece horas, en los que en cada parada, Beatrice Patton dirigió unas palabras a los congregados.

Los seis kilómetros que separaban la estación del cementerio estuvieron repletos de gente que guardaba un respetuoso silencio, en tanto veía pasar los vehículos americanos y franceses y el semioruga que llevaba el cuerpo del general, junto con los automóviles negros con dignatarios de once países. Cientos de soldados del III Ejército formaron en la carretera desde la entrada del cementerio hasta la tumba.

Luego, en el camposanto, en las primeras horas de la mañana y con la presencia de varios generales estadounidenses, Gay y Truscott, la comitiva estuvo compuesta por representantes militares franceses, a cuya cabeza figuraba De Gaulle, británicos, soviéticos, belgas, holandeses, yugoslavos, checos y la presencia del príncipe Félix de Luxemburgo, gran duque heredero, y el obispo Philippe, junto a una representación del Gobierno luxemburgués y de la judicatura. Una guardia de honor del III Ejército, junto a tropas francesas, belgas y luxemburguesas, bajo los sones de la *One Ruffle and Flourishes*, la *Marcha de los generales* interpretada por la banda, y las salvas de ordenanza, presentó armas.

Finalmente, y tras una ceremonia que duró escasa media hora, el sargento William G. Meeks, ordenanza de Patton desde 1942, hizo entrega a Beatrice de la bandera que había cubierto el ataúd, mientras un pelotón de doce soldados se dispuso a saludar con tres series de salvas al tiempo que sonaban a la corneta las tristes notas de *Taps*, quizás la pieza funeral más conocida y enfática del repertorio militar estadounidense.

Beatrice Patton, compungida, siguió en todo momento la ceremonia del brazo del general Geoffrey Keyes, jefe del VII Ejército. El capellán castrense solemnizó el acto con unas breves palabras y la viuda depositó un pomo de rosas sobre la tumba.

Entre los muchos telegramas que se recibieron en aquellos días, del presidente Truman y la Asamblea francesa, destaca el de Clement R. Attlee, líder de los laboristas británicos que había ganado las elecciones de julio de 1945, y que decía:

> Estoy profundamente apenado al enterarme de la trágica muerte de su esposo. Por favor acepte mi más sincero pésame en su dolor.

El general Eisenhower, rodeado por la multitud y bajo supervisión de la Policía Militar, visitó la tumba de Patton el 28 de septiembre de 1946. Se descubrió ante la cruz, una más entre los millares de Hamm, pero sin la menor distinción[269] —nombre completo, grado, nacimiento y fecha del óbito— salvo las cuatro estrellas (que posteriormente desaparecieron), colocó un ramo de flores, dijo algunas palabras y marchó a los actos que en su honor se celebraron aquel día en la capital.

---

269 Posteriormente, y tras la conformidad de la viuda, la tumba de Patton fue cambiada de lugar, colocándose a la cabeza de las tropas, de alguna manera para evitar que los visitantes mancillaran los demás enterramientos.

Beatrice Patton (1886-1953) (centro izquierda) sale de la Iglesia de Cristo del brazo de su hermano. NARA

Traslado del féretro de Patton por soldados norteamericanos (111-SC-223850). NARA

# CARTAS Y DISCURSOS DE PATTON A LAS TROPAS

Cuando en febrero de 1943, las bisoñas tropas estadounidenses estaban siendo palmariamente derrotadas por el Afrikakorps, Patton fue designado por Eisenhower para sustituir al general Fredendall. Ante la pobre imagen que transmitían, el nuevo comandante escribió una carta que debía ser leída por los oficiales en las compañías. Buscaba, de ese modo, estimular a unos soldados desalentados en cuyo contingente se contaban ya más de cinco mil bajas, entre fallecidos y capturados.

Era una tesitura deprimente, sabiendo que crecía el desprestigio de los estadounidenses y eso daba una enorme pujanza al enemigo. Por tal motivo, Patton se esforzó en escribir un texto prudente, pero a la vez sugestivo y con coraje, utilizando el brío del comandante que explica los motivos de la presencia de miles de hombres en las arenas de África y también las razones por las que combatían a los alemanes, qué suponía aquella guerra y por qué la hacían, dando cabida a la invocación divina y haciendo una certera llamada a la libertad, a los valores más sobrios y al modelo social que defendían. Decía así:

> Todos hemos combatido en una batalla. Pero debido a circunstancias que escapan al control de cualquiera, hasta ahora hemos

luchado por separado. En nuestra próxima batalla, por primera vez en este continente, tendremos muchos miles de estadounidenses fusionados en un solo comando. En la unión radica la fuerza.

Nuestro deber es sencillo, debemos derrotar por completo al enemigo. Afortunadamente para nuestra fama como soldados, el enemigo es digno de nosotros. El alemán es un veterano entrenado en la guerra, confiado, valiente y despiadado. Nosotros somos valientes, estamos mejor equipados, mejor alimentados y en lugar de su pálido Wotan, tenemos al Dios de nuestros padres, temido desde la antigüedad. La justicia de nuestra causa y no la grandeza de nuestra raza nos da seguridad, pero no somos despiadados, no somos feroces, no somos agresivos, y ahí reside nuestra flaqueza. Hijos de un pueblo libre y privilegiado que ha vivido espléndidamente, no tenemos la disposición combativa de esas bestias oprimidas, nuestros enemigos, que deben luchar o morirse de hambre. Nuestra valentía es perniciosa. Hablamos de sacrificio, de la gloria de morir para que exista la libertad y por supuesto que estamos dispuestos a morir, pero eso no es suficiente. Debemos estar ansiosos por matar, para infligir al maldito enemigo heridas, muerte y destrucción. Si morimos matando, muy bien, pero si luchamos lo suficientemente duro, de forma suficientemente cruel, mataremos y viviremos. Vivos para volver con nuestra familia y nuestra novia como héroes conquistadores, «hombres de Marte». La reputación de nuestro ejército, el futuro de nuestra raza, tu propia gloria está en tus manos. Sé que serás digno[270].

Valgan unos comentarios mínimos. En principio, Patton reconoce la situación en que se encuentran las tropas norteamericanas e intenta enderezar la situación, certificando el cambio de táctica. Rápidamente contrapone la tradición germánica de Wotan —y se refiere a Odín claro, el dios primordial de la mitología nórdica—, con el Dios cristiano. Utiliza un giro argumental en el que presenta la versión piadosa de la lucha, una especie de cruzada mística contra

270 Esta carta está reproducida en Michael Keane, *Patton: blood, guts and prayer*, Brilliance Corp, Nueva York, 2012, págs. 171 y ss. La traducción corre de nuestra cuenta.

el paganismo para, de pronto, arengar a los soldados a no ser tibios en el combate. Después va más allá, si además de vencer, sobreviven, tendrán el triunfo de regresar a sus vidas cotidianas, pero con los laureles del vencedor.

Merece la pena ver que cuando ya va cerrando el escrito, cambia el tratamiento del destinatario, yendo a la segunda persona. Esa distancia corta es la que le permite personalizar el texto y, al menos como intención, dotarlo de entusiasmo.

Pero hay otro detalle que no debe pasar desapercibido, y es la mención que hace justo antes de la variación de receptor: «hombres de Marte». ¿Sabían aquellos soldados, que iban a pelear en las arenas de Túnez, por qué los llamaba así? ¿Tenían alguna referencia a Marte, el dios romano de la guerra? ¿O la acotación pasó desapercibida para los que en pocas horas se estarían jugando la vida?

Probablemente así fue, se trataba de otra de las piruetas del general, un leve destello de las a veces fecundas digresiones histórico-literarias de Patton. Aquellos soldados que se tenían que plantar ante los blindados del Afrikakorps poco sabían de Aníbal y sus elefantes, ni de las guerras púnicas y, quizá, tampoco les sonaba Escipión y las legiones, y poco o nada la batalla de Zama, acaso la misma a la que Patton se refería cuando introdujo la llamada al dios antiguo de la guerra, Marte, padre de Rómulo y Remo, los gemelos que gracias al empeño de Rea Silvia, la madre, consiguieron vencer las dificultades y ser recibidos por la loba Luperca, que los amamantó hasta el momento decisivo.

Por lo tanto, Rómulo y Remo tenían madre consagrada. Y no, no nos referimos a Luperca, la loba Capitolina. Su madre era sacerdotisa de Alba Longa, Rea Silvia que, como vestal, no podía tener relaciones íntimas, pero quedó embarazada del dios Marte, según la mitología romana. La doncella consiguió ocultar su embarazo y, una vez nacidos Rómulo y Remo, los colocó en una cesta que dejó en las aguas del Tíber, arrumbando hasta vararse en una orilla cercana a la colina de la todavía inexistente Roma. Allí los encontró la loba, que llevó a los gemelos a su cueva y los crio como sus hijos.

Poco probable que con aquella cita, hombres de Marte, hijos del dios de la guerra, Patton consiguiera la adhesión de los soldados, pero entraba en esas digresiones pseudoeruditas del general cuyo cometido no era otro que ensalzar incisos, divagaciones o acotaciones de color espiritual frente a unas tropas seguramente indocumentadas y, en aquellos momentos, necesitadas de apoyo también psicológico, incluso ante la subjetividad de un emisor cuyas palabras rayaban lo incomprensible pero aportaban un marco anímico fundamental.

* * *

Pero la arenga más conocida del general Patton fue la del 5 de junio de 1944, unos días antes del desembarco en Normandía. Patton se dirigía a las diferentes unidades del III Ejército e ignoraba presumiblemente la fecha en que se iba a llevar a cabo el asalto al Muro del Atlántico donde, como ya sabemos, no participó.

En efecto, desde febrero, con los soldados norteamericanos diseminados en diferentes lugares de la Gran Bretaña, Patton acudió a las unidades, reunió las tropas y disertó ante los combatientes para motivarlos en aquellos días previos a la acción. En consecuencia, repitió muchas veces el mismo modelo discursivo, pero como hablaba sin notas, directamente, con un micrófono en la mano o sobre el atril, hubo también momentos de improvisación.

En este punto conviene hacer una reflexión respecto al público, o sea, los soldados que, sentados, oían al general. Seguramente ninguno esperaba, al menos ese es el sentido que se desprende de los testimonios de algunos protagonistas, una sobria disertación con tintes políticos y camuflada de afectuosas intenciones en la que acaso cupiera algún tímido destello épico.

Muy al contrario, la audiencia confiaba escuchar una auténtica alocución de Patton, figura en aquellos momentos ya legendaria, terror del enemigo desde África y Sicilia, y más a medida que se iba enardeciendo y en tanto se encontraba en un medio absolutamente favorable, sin trabas ni estorbos y con un público entregado que iba a dar cabida a cualquier contenido, por explosivo que pudiera resultar.

De hecho, a aquellas peroratas se presentaban los soldados americanos en masa y perfectamente uniformados, pero también acudían otros muchos de contingentes británicos o canadienses. Nadie, si podía, quería perderse semejante espectáculo.

Mientras la unidad de servicios preparaba el escenario, probaba el micrófono y se disponía la música, algún oficial solía dirigirse a los reunidos:

> Cuando llegue el general, la banda tocará y todos ustedes se cuadrarán.

La expectación subía. Y sí, pronto aparecía el *Cadillac* negro con el banderín encarnado y las estrellas. En esos momentos, los soldados se levantaban y se ponían firmes, manteniendo un profundo silencio en tanto sonaban los compases marciales. Impecablemente acicalado, con el casco, las botas de montar y sus revólveres, llegaba el general, que pasaba ante la guardia de honor observando detalles. Un moderador, generalmente oficial de alta graduación, presentaba al orador:

> Estamos aquí para escuchar las palabras de un gran hombre. Un hombre que los guiará a todos ustedes ante el enemigo con heroísmo, habilidad y previsión. Un hombre que se ha probado muchas veces a sí mismo entre disparos y bombas[271].

Entonces, George Patton, con paso lento pero decidido, se dirigía al micrófono. Los soldados, de pie, guardaban silencio. El general inspeccionaba la tropa con el rostro velado y ordenaba sentarse. Semejante predisposición, conocida con exactitud por el propio Patton, admitía tácitamente argumentos y guiones sumarios. Lo contrario hubiera sido inaceptable.

271 Charles M. Province, *The Unknown Patton*, Hippocrene Books, 1983.

¿Estamos diciendo que los soldados incitaban la facundia del Patton más áspero y grosero, del más soez? Quizás. El general ya había dicho que sin tacos no se podía mandar un ejército, pues los coloquialismos allanaban la comunicación y eliminaban las barreras entre la tropa y el mando:

> Cuando quiero que mis hombres recuerden algo importante, para que realmente se les quede, se lo doy doblemente sucio. Puede que no suene bien para un grupo de viejecitas en una fiesta de té por la tarde, pero ayuda a mis soldados a recordar. No puedes dirigir un ejército sin malas palabras y tiene que ser una *blasfemia* elocuente. Un ejército sin *blasfemias* no podría salir de una bolsa de papel empapada de meadas. En cuanto a los tipos de comentarios que hago, a veces simplemente, por Dios, me dejo llevar por mi propia elocuencia.

La versión inglesa dice:

> When I want my men to remember something important, to really make it stick, I give it to them double dirty. It may not sound nice to some bunch of little old ladies at an afternoon tea party, but it helps my soldiers to remember. You can't run an army without profanity; and it has to be eloquent profanity. An army without profanity couldn't fight its way out of a piss-soaked paper bag. As for the types of comments I make, sometimes I just, By God, get carried away with my own eloquence[272].

Permítasenos un inciso, a pesar de que ya lo hemos expuesto al principio. El concepto de blasfemia alude directamente a una ofensa contra Dios, y eso no ocurre nunca en los discursos ni en las intervenciones de Patton. Lo que sí aparece, y con profusión, es la palabra malsonante, el taco y la invectiva. Otro problema es la traducción que la palabra inglesa *profanity* permite, habitualmente entendida en español como blasfemia, pero con un elenco de sinónimos que

---

272 Province, *opus cit.*

van desde reniego a indecencia, pasando por otros varios. En consecuencia, y en el más estricto sentido académico, Patton no usaba blasfemias.

Por otra parte, la informalidad del general californiano generaba confianza, distensión y familiaridad, y el uso de lenguaje cuartelero, vulgar y muchas veces zafio, sin finuras y plagado de palabras toscas, estaba destinado a incidir directamente en la cognición de la audiencia que, de ese modo, podía pensar que Patton era uno de los suyos, una especie de sargento chusquero con estrellas que sin escrúpulos ni melindres aludía directamente a las emociones[273] y a la sensibilidad de los soldados, y no un alto general atrapado entre obligaciones y cautelas que se guardaba de herir delicadezas y buscara quedar bien. Como dirá muchos años después Tim O'Brien en *Las cosas que llevaban los hombres que lucharon,*

> Empleaban un vocabulario duro para no parecer blandos... No era crueldad, solo sentido escénico. Eran actores[274].

Sin embargo, el día 31 de mayo, frente a la 6ª División Blindada, con voz estridente, aguda y a veces punzante, introdujo un elemento que electrizó a los oyentes y que la prensa reprodujo como preámbulo de todos los discursos posteriores de Patton a los soldados:

> Ningún hijo de puta ganó jamás una guerra muriendo por su patria. La ganó haciendo que otro estúpido hijo de puta muriera por la suya.

Eso fue al principio, a modo de exordio para romper el hielo y llamar de paso la atención argumentando exactamente lo que

273 Félix Miguel Giménez Dionisio, *Comunicación y liderazgo: Un análisis de los discursos del general Patton durante la Segunda Guerra Mundial,* Centro Universitario de la Defensa. Academia General Militar, Zaragoza, 2017.

274 Tim O'Brien, *Las cosas que llevaban los hombres que lucharon,* Anagrama, Barcelona, 2011, pág. 22. Se trata de una excepcional novela en absoluto convencional situada en la guerra de Vietnam y protagonizada por un pelotón de soldados norteamericanos.

todos los presentes tenían en la cabeza. Con ello, Patton se ganó a la audiencia, una audiencia a la que, sin embargo, iba a pedir el supremo sacrificio de entregar sus vidas.

Resulta asombroso, como ya hemos apuntado más arriba, que hasta el día de hoy la reproducción de los discursos e, incluso, de ciertas declaraciones de Patton sean presentadas convenientemente edulcoradas y privadas del auténtico lenguaje que el general empleaba. Da la impresión de que los estudiosos quisieran redondear y pulir a un personaje que no acaban de entender, que se les escapa de las manos o que los supera.

Por ejemplo, la cláusula *hijo de puta,* habitual en el uso lingüístico de Patton en múltiples momentos, pues se halla en su vocabulario desde siempre, está permanentemente sustituida por el galicismo *bastardo,* cuyo significado en absoluto implica lo anterior y lejanamente puede asimilarse, no apareciendo en ningún momento en el DRAE y sí en algunas versiones inglesas.

Por supuesto que en la arenga a la 6ª Blindada, Patton no iba a usar eufemismos ni iba a ponerse melancólico pensando que acaso pudiera herir la suspicacia de unos soldados que en pocos días u horas se jugarían la vida. Más, incluso, cuando se refiere a sí mismo, es el primero en titularse *hijo de puta,* tal y como se verá al final del discurso.

Obviamente no se refiere en ningún momento al significado explícito o denotativo de la proposición, sino a un modo de comunicación cuartelero, el lenguaje de soldado, directo, claro y sin ambages, y familiar, una especie de código entre combatientes. Patton tenía la idea de que lo soez era capaz de enardecer a los soldados, por eso utilizaba un código que rompía las reglas y, lógicamente, empezaba por el lenguaje. De hecho, toda arenga supone el último acto político antes del abandono de la política y su sustitución por la guerra, y es que aquéllos no eran momentos para insinuaciones, alusiones o velos, y sí para entusiasmar, atizar y vivificar a unos soldados cuya existencia estaba desde ese instante en el alero.

Por lo tanto, salvo la particularidad del introito, tenemos que los diferentes discursos del general Patton —seguramente no estamos hablando de más de cinco piezas de oratoria militar— responden a un mismo esquema y, en su gran mayoría, nos han llegado gracias a la reconstrucción hecha por los propios soldados.

Se trata de las palabras del hombre terrible que pretende conferir a sus soldados el carácter aterrador que él mismo proyecta. «Yo os conduciré al infierno y os sacaré de allí»[275], les dice antes de la ofensiva. Es el jefe, el general que se arroga, que encarna propiedades sobrenaturales, pues del infierno únicamente ha salido Jesucristo.

El discurso a la 6ª División Blindada del III Ejército es una extraordinaria arenga donde los elementos retóricos habituales están premeditadamente ausentes. Sin embargo, surge otro tipo de retórica, no cabe duda, ¿cuál? La propia de un soldado que habla a las tropas utilizando un lenguaje obsceno, soldadesco. Se trata, por tanto, de un asunto de registro lingüístico. Y los soldados la aceptan porque coloca a Patton a su misma altura. Incluso más, puede que estén esperando ciertas expresiones, ciertas fórmulas y ciertos enunciados.

Como dijo en alguna ocasión el coronel Charles Russell Codman, asistente de Patton desde la campaña de África, el general usaba un lenguaje festivo que frecuentemente contenía numerosas gemas[276]. Esas gemas, esas joyas, eran propias de quien conocía a la tropa y pretendía acercarse, situarse y hablarle como lo haría un colega, un compañero o cualquier otro soldado. Y en esas palabras en absoluto tenían cabida los viejos axiomas en los que la muerte de los soldados formaba parte del prurito patriótico que enorgullecía a los ejércitos y a las naciones que los sostenían.

En otras palabras, el general Patton era el héroe americano, el héroe que no había tenido EE. UU. desde los tiempos de la guerra de Secesión, el hombre que se presentaba como un *cowboy* con casco de acero y uniforme, que encarnaba las virtudes populares, justo lo entendible y fácil, y que no hubiera podido actuar de otro modo. Patton no desencantaba, no dejaba frío a nadie, era un torrente incapaz de contenerse, ya fuera en una sala de banderas, en una reunión

275 D'Este, *opus cit.*, pág. 605.

276 Charles Russell Codman, *Drive*, Lucknow Books, 2016. Principalmente, se refiere a Patton en los capítulos finales.

con generales, ante los fotógrafos y los micrófonos de la prensa o lanzando arengas a sus soldados.

Y aunque no se trataba de morir por el propio país, tal como dijo, en ocasiones sí se moría por el afán de lograr la gloria de un general, como pasó en Palermo y luego en las Ardenas. Después vendrá la pregunta máxima, ¿por qué Patton hacía semejantes discursos, por qué se paseaba por los campamentos, a la vista de todos los soldados y subido a un camión con altavoces? Pues porque estaba convencido de que sus palabras entusiasmaban a la tropa y la hacían más combativa, estimulando su afán de lucha y su resolución bélica[277]. Patton incluso llegaba a fustigar a su perro *Willie* para convertirlo —con escaso éxito, la verdad—, en un agresivo y feroz can. Y es que la guerra, el combate y la lucha eran la espina dorsal de su carácter, siendo incapaz de concebir un mundo sin pelea y, en consecuencia, sin riesgo físico.

Hay más, en Patton cualquier cosa que no fuera batalla era frivolidad, por eso no hacía un discurso políticamente correcto y por eso era poeta tan débil, tan chato o tan ligero, en el sentido de que no pretendía dar una visión trascendente de la guerra, y no lo hacía porque tamaño presupuesto aparecía como algo inasequible para su talento poético, y sorprende porque Patton escribió versos (o *seudoversos*, claro) toda su vida sin conseguir salir nunca de los tópicos más usados y sin llegar jamás a un adjetivo exacto, a una mirada exclusiva o a una estrofa ocurrente.

* * *

Arenga del 31 de mayo de 1944, dirigida a la 6.ª División Blindada:

> Sentaos.
>
> Quiero que recordéis que ningún hijo de puta ganó jamás una guerra muriendo por su patria. La ganó haciendo que otros estúpidos hijos de puta murieran por la suya.

277 D'Este, *opus cit.*, pág. 580.

> Muchachos, todas esas historias de que Estados Unidos no quiere combatir, que quiere quedarse al margen de la guerra, son un montón de mierda. A los americanos por tradición nos encanta combatir, todo verdadero americano ama el acicate de la lucha. Cuando erais niños admirabais a los campeones de canicas, al corredor más veloz, a los ases del fútbol, a los boxeadores más recios. Los americanos aman al ganador y no toleran al perdedor. Todo americano juega siempre para ganar, yo no apostaría el pellejo por alguien que, perdiendo, se riera. Por eso los americanos nunca hemos perdido ni perderemos una guerra, porque la sola idea de perder nos da náuseas. Una batalla es el torneo más trascendente en el que un hombre puede participar. Saca todo lo bueno de su interior y purga lo malo.

Pausa y silencio, mientras la mirada de Patton recorría las filas de soldados sentados[278].

> No todos vosotros moriréis. Solo el dos por ciento de los que estáis hoy aquí morirá en un gran combate. No se debe temer a la muerte. Con el tiempo, la muerte le llega a todo hombre. Y todo hombre siente temor ante su primera batalla. Si dice que no, es un maldito mentiroso. El verdadero héroe es quien lucha aun cuando tiene miedo. Hay quienes superan su miedo en un minuto, otros en una hora y algunos en días. Pero el hombre de verdad jamás dejará que el miedo le gane a su honor, a su sentido del deber a la patria y a su hombría.

Patton se detuvo, escrutó la tropa y continuó:

> Toda vuestra maldita carrera en el ejército, vosotros muchachos habéis estado echado pestes contra lo que llamáis la puta instrucción. Pero eso, como todo lo demás en este ejército, tiene un propósito bien definido: garantizar obediencia instantánea a las órdenes y generar un estado de alerta. Ese estado de alerta debe ser

278 Las apostillas que presentamos proceden hasta cierta medida de las notas que Charles M. Province intercaló en la arenga y que responden a su experiencia.

inculcado en cada soldado. No doy dos centavos por el hombre que no está siempre atento. La puta instrucción os ha vuelto a todos veteranos. Ahora estáis listos. Un hombre no puede bajar la guardia un segundo si pretende seguir respirando al minuto siguiente. Porque si lo hace, algún hijo de puta alemán se le escurrirá por la espalda y le meterá un saco de mierda por la cabeza. Hay cuatrocientas lápidas blancas y bonitas en Sicilia (...)

Aquí Patton bramaba en el micrófono con gestos elocuentes y enfervorizando a los oyentes.

(...) todas por culpa de uno solo que se quedó dormido en su puesto, pero son lápidas alemanas, porque nosotros dimos con el hijo de puta antes que su oficial.

Un ejército es un equipo, vive come, duerme y lucha como un equipo. Todo ese asunto de la heroicidad individual es un montón de mierda. Los biliosos hijos de puta que escribieron eso para el *Saturday Evening Post* saben tanto sobre el combate real como de follar. Y tenemos el mejor equipo, la mejor comida y pertrechos, el mejor espíritu y los mejores hombres del mundo. ¡Dios! Compadezco a los pobres hijos de puta que nos tengan que hacer frente.

Los soldados reían. Aquél era Patton, el genuino, tal como lo habían imaginado. No desilusionaba. Era auténtico.

No creáis que los héroes son como los de los libros de aventuras. Todos y cada uno de vosotros desempeñáis una tarea vital en el ejército. Jamás desistáis. Jamás penséis «mi sitio no es importante». ¿Qué pasaría si un conductor de camión decidiera de súbito que le asusta el zumbido de las balas, se pusiera amarillo y se arrojara de cabeza al arcén? El hijo de puta cobarde podría decirse a sí mismo: «¡Al diablo! No echarán uno de menos, ¡somos miles!» Pero ¿qué ocurriría si todos pensaran así? ¿Dónde cojones estaríamos ahora? No, maldita sea, un americano jamás piensa así.

Y con el rostro alzado y una mueca de satisfacción, continuó:

> Cada hombre cumple su deber, sirve al todo. Los de suministros son necesarios para pertrechar las armas y la maquinaria de guerra para seguir adelante. Los de intendencia son necesarios para traernos la comida y la ropa porque a donde vamos no hay ni siquiera una mierda que robar. Hasta el último hombre de las cocinas tiene un deber que cumplir, incluso el que calienta nuestra agua para prevenirnos de la diarrea. Todos y cada uno de los hombres debe pensar, no solo en sí mismo, sino también en el compañero que lucha a su lado. No hay lugar para cobardes en el ejército. Los mataremos como moscas. Si no, volverán a casa y procrearán más cobardes. Los valientes procrearán valientes. Matemos a todos los cobardes y tendremos una nación de valientes.

Los soldados ovacionaron aquellas palabras y gritaron repitiendo lo escuchado. Corrían muchas versiones de las frases de Patton por las compañías que se iban convirtiendo en una especie de manual de campaña, con adaptaciones para todos los gustos. Cuando una vez más se hizo el silencio, Patton empezó a hablar con voz queda, que fue elevando a medida que transcurría la historia.

> Uno de los hombres más valientes que conocí en la campaña de África estaba subido a un poste de telégrafo en medio de fuego cruzado, camino de Túnez. Me paré y le pregunté qué coño estaba haciendo allí arriba, bajo aquel fuego. Me respondió: reparando el cable, señor. ¿No es un poco peligroso hacerlo en este momento?, le dije. Sí, señor, pero el puto cable necesita ser reparado. Luego le pregunté: esos aviones bombardeando la carretera, ¿no te distraen? Y me respondió: no, señor, pero usted sí. Ése era un verdadero soldado. Un hombre de verdad. Un hombre que consagró todo a su deber, sin importarle lo aparentemente insignificante que pudiera ser su labor.

Los soldados aplaudían, galvanizados por la historia.

> Deberíais haber visto los camiones en la ruta a Gabes. Aquellos chóferes magníficos. Días y noches conduciendo por las malditas carreteras, sin parar ni desviarse, con proyectiles estallando a su alrededor. Muchos condujeron cuarenta horas seguidas. Lo logra-

ron a base de buenos cojones americanos. Y no eran soldados de combate. Pero eran soldados trabajando con una labor que cumplir. Sin su trabajo en equipo, ciertamente hubiéramos perdido la batalla. Todos los eslabones de la cadena tiraron a un tiempo y ésta se hizo irrompible.

Patton se detuvo, respiró hondo y echó una mirada retadora a los soldados.

> Por supuesto que todos queremos volver a casa. Queremos acabar con esta guerra. Pero no se puede ganar una guerra sentados. La forma más rápida de acabar esta guerra es ir a por los hijos de puta que la empezaron y barrerlos del mapa. Cuanto antes lo hagamos, más pronto volveremos. El camino más corto a casa pasa por Berlín y Tokio. Así que no os detengáis. Y cuando llegue a Berlín, yo personalmente mataré a ese hijo de puta de Hitler igual que mataría a una serpiente.

Aplausos.

> Cuando un soldado se pasa todo el día en una trinchera, tarde o temprano un alemán lo hallará y lo ensartará. Al diablo con esa idea. Mis hombres no cavan trincheras. Las trincheras solo retrasan la ofensiva. ¡Moveos! Os quiero avanzando. Y tampoco deis tiempo al enemigo para cavar las suyas. Vamos a ganar esta guerra, pero solo la ganaremos luchando y mostrándole a los alemanes que tenemos más cojones de los que ellos tienen y tendrán. No solo vamos a dispararles, ¡nuestra intención es arrancarles las entrañas y usarlas después para engrasar las ruedas de nuestros tanques, vamos a matar a esos malditos teutones baratos!

Muchos soldados se levantaron para aplaudir mientras chillaban al general.

> Algunos de vosotros estáis dudando si tendréis miedo bajo el fuego. Eso no debe preocuparos, estoy convencido de que todos cumpliréis con vuestro deber. La guerra es un asunto sangriento y mortal. Vertéis vuestra sangre o vertéis la suya. Desgarradles el

vientre, disparadles en las entrañas. Cuando los proyectiles estallen a vuestro alrededor y al limpiaros la suciedad de la cara os deis cuenta de que no es suciedad, sino la sangre y las tripas del que hasta hace un momento era vuestro mejor amigo, entonces sabréis qué hacer.

No quiero recibir ningún mensaje que diga: «Estamos sosteniendo nuestra posición». Nosotros no sostenemos una mierda. Que la sostengan los alemanes. Nosotros avanzamos constantemente y no estamos interesados en sostener nada salvo al enemigo por las pelotas. Lo agarraremos por las bolas y le patearemos el culo sin respiro. Nuestro plan de operaciones es avanzar y seguir avanzando sin importar si tenemos que pasar a través o por debajo del enemigo. Perforaremos su posición como la mierda pasa por el agujero de una lata.

Muchos aplausos en un clima de euforia.

No faltarán las quejas de los que digan que estamos exigiendo demasiado a los nuestros. ¡Me importan un carajo esas quejas!

Otra vez ovaciones enfervorizadas.

Una onza[279] de sudor salvará cuatro litros de sangre. Mientras más duro empujemos, más alemanes mataremos. Mientras más alemanes matemos, menor número de los nuestros morirán. Más avance significa menos bajas. Quiero que todos recordéis esto.

Aclamación cerrada. Patton se separa del micrófono y escruta a los soldados, mantiene las manos sobre las pistolas y muestra un gesto temible. Luego, lentamente, vuelve al atril y prosigue.

Mis hombres no se rinden. No quiero oír de nadie bajo mi mando capturado a menos que sea por estar herido. Incluso si está herido, todavía puede seguir peleando. La clase de hombre que quiero bajo mi mando es como la del teniente de Libia, que con una

279 Onza es una parte en la que se divide la libra.

> Luger apuntada contra el pecho, se arrancó el casco, apartó el arma hacia un lado de un manotazo y le reventó la cabeza con el casco al Kraut[280]. Luego se arrojó a por el arma y mató a otro alemán, y el tipo llevaba todo el tiempo una bala clavada en el pulmón. ¡Ahí tenéis un hombre de verdad!

Aplausos y gritos. Después, un Patton más calmado, siguió:

> Recordad muchachos que vosotros no sabéis que yo estoy aquí. No haréis ni una sola mención de esto en vuestras cartas. Se supone que el mundo no debe saber qué cojones me pasó. Se supone incluso que yo no debo estar en Inglaterra al mando de este ejército. Haced que los primeros hijos de puta en enterarse sean los putos alemanes. Un día quiero que se caigan de culo y digan «¡Ah, son el maldito III Ejército y ese hijo de puta de Patton va con ellos!». Queremos desatar el infierno allí, limpiar el disparate y proseguir cuanto antes a por esos japos que mean púrpura[281], antes que los malditos marines se lleven todo el mérito.

Aplausos, con muchos soldados de pie alentando al general. Después, cuando Patton levantó las manos para pedir silencio, prosiguió:

> Hay algo magnífico que vosotros, muchachos, podréis decir una vez haya acabado la guerra y estéis de vuelta en casa. Podréis estar agradecidos que, dentro de veinte años, cuando os halléis sentados al calor de la lumbre con vuestro nieto en la rodilla y os pregunte qué hicisteis en la Segunda Guerra Mundial, no tendréis que toser, cambiarlo de rodilla y decirle, «Bueno, tu abuelito quitaba mierda en Luisiana». No señor, lo podréis mirar fijo a los ojos y decirle: «Hijo, tu abuelito marchó con el gran III Ejército y con un maldito hijo de puta llamado George Patton».

280 Insulto para un soldado alemán.

281 Patton hace referencia a la violeta de Genciana, una sustancia con la que los japoneses proveían a sus tropas para evitar las enfermedades venéreas y cuya administración teñía la orina de color morado.

Bien, ahora, hijos de perra, ya sabéis cómo pienso. Estaré muy orgulloso de dirigiros en esta lucha, muchachos, siempre y en todo lugar.

Esto es todo.

* * *

Arenga del 5 de junio de 1944, cinco después de la anterior. Ya hemos dicho que Patton no usaba registros ni anotación alguna, con lo que debemos pensar que se basaba únicamente en el recuerdo de la precedente. Omitimos aquí, a riesgo de presentar un discurso homogéneo y sin nervio, las apostillas que antes hemos añadido, pues consideramos que el lector ya debe estar familiarizado con el ritmo y el tenor de las arengas del general Patton.

¡Muchachos!, esas historias que algunos medios están difundiendo por ahí sobre que América quiere mantenerse al margen de esta guerra, que no quiere luchar, son un montón de mierda. A los americanos tradicionalmente les ha encantado luchar. Todo verdadero americano ama el rugir de la batalla. Los americanos aman a los ganadores. Los americanos no tolerarán perdedores. Los americanos desprecian a los cobardes. Los americanos luchan para ganar. Ésa es la razón por la que los americanos nunca han perdido y nunca perderán una guerra.

No todos vosotros vais a morir. Solo el dos por ciento de los que estáis hoy aquí morirá en combate. No se debe temer a la muerte. Con el tiempo, la muerte le llega a todo hombre. Y todo hombre está asustado en su primera batalla. Si dice que no lo está, es un maldito mentiroso. Algunos hombres son cobardes, pero luchan igual que los hombres valientes y se les retorcerán las tripas al ver a otros hombres luchar, hombres que están igual de asustados que ellos. Recordad que el enemigo está tan asustado como vosotros, y probablemente incluso más. No son superhombres. El verdadero héroe es el hombre que lucha incluso cuando está asustado. Algunos logran superar su miedo inmediatamente una vez bajo el fuego, a otros les lleva una hora, algunos necesitarán días, pero un verdadero hombre nunca permitirá que su miedo a la muerte se anteponga a su honor, a su sentido del deber para con su país y para con la humanidad.

Durante todo vuestro tiempo de servicio en el ejército, vosotros, muchachos, habéis echado pestes de lo que llamáis la estúpida instrucción. Eso, como todo lo demás en este ejército, tiene un propósito bien definido. Ese propósito es el estado de alerta. Este estado de alerta debe ser inculcado en cada soldado. Un hombre debe permanecer en alerta todo el tiempo si piensa seguir vivo. Si no estáis alerta, en algún momento un alemán hijo de una puta cabrona se acercará sigiloso por detrás y os matará. Hay cuatrocientas tumbas cuidadosamente marcadas en algún lugar de Sicilia, y todo porque un hombre se durmió estando de servicio. Pero las tumbas son alemanas, porque sorprendimos al hijo de puta que se durmió.

Un ejército es un equipo. Vive, duerme, come y lucha como un equipo. Todo este asunto de la heroicidad individual es un montón de mierda. Los biliosos hijoputas que escriben ese tipo de cosas para el *Saturday Evening Post* no saben más del verdadero combate bajo el silbido de las balas que lo que saben de follar. Tenemos la mejor comida, el mejor equipo, el mejor espíritu, y los mejores hombres del mundo. Por eso, Dios lo sabe, siento pena por esos pobres hijos de perra contra los que vamos a luchar.

Mis hombres no se rinden, y no quiero oír que ningún soldado bajo mi mando ha sido capturado si no es porque lo han herido. Incluso si os hieren, todavía podéis seguir luchando. La clase de hombre que quiero bajo mi mando es la del teniente de Libia que, teniendo una *Luger* apuntada al pecho, se quitó el casco, desvió el arma hacia un lado con una mano y le reventó la cabeza con el casco a un Kraut. Luego se arrojó a por el arma y mató a otro alemán antes de que supieran lo que estaba pasando. Y, durante todo este tiempo, aquel hombre tenía una bala en el pulmón. ¡Se trataba de un hombre de los de verdad!

Todos y cada uno de los hombres de este ejército juega un papel vital. Cada hombre es un eslabón vital de una gran cadena. ¿Qué pasaría si un conductor de camión decidiera de súbito que no le gusta el silbido de los proyectiles, se pusiera amarillo y se arrojara de cabeza al arcén? Ese cobarde hijoputa pensaría, «Demonios, no me echarán de menos, solo soy un hombre entre miles». Pero ¿qué pasaría si cada hombre pensara de la misma manera? ¿Dónde cojones estaríamos ahora? ¿Qué sería de nuestro país, nuestros seres queridos, nuestros hogares o incluso el mundo?

No, maldita sea, los americanos no piensan así. Cada hombre cumple con su deber, sirve al todo. Los de suministros son necesarios para proporcionar las armas y la maquinaria de guerra necesaria para seguir adelante. Los de intendencia son necesarios para traernos la comida y la ropa porque a donde vamos no hay siquiera una mierda que robar. Hasta el último hombre de las cocinas tiene un deber que cumplir, incluso el que calienta nuestra agua para prevenirnos de la diarrea. Todos y cada uno de los hombres debe pensar, no solo en sí mismo, sino también en el compañero que lucha a su lado.

Uno de los hombres más valientes que nunca haya visto fue un tipo subido a lo alto de un poste telegráfico en mitad de un furioso tiroteo en Túnez. Me detuve y le pregunté qué coño estaba haciendo allí arriba con la que estaba cayendo. Me respondió: «arreglando el cable, señor». Le pregunté, «¿no crees que es poco seguro ahora mismo?». Me respondió: «Si, señor, pero el puto cable debe ser reparado». Le pregunté: «¿no te asustan esos aviones ametrallando la carretera?», y me contestó: «No, señor, pero usted sí».

Era un hombre de verdad. Un verdadero soldado. Era un hombre que lo consagró todo a su deber, sin importar lo aparentemente insignificante que pudiera parecer, sin importar si se la estaba jugando. Y deberíais haber visto a aquellos camiones camino de Túnez. Eran conductores magníficos. De día y de noche rodaban por las malditas carreteras, sin parar jamás, sin desviarse nunca de su curso, con proyectiles estallando a su alrededor todo el tiempo. Salieron esas viejas agallas americanas. Muchos de esos hombres condujeron durante cuarenta horas seguidas. Esos hombres no eran personal de combate, pero eran soldados con una misión que cumplir. Lo hicieron y, de una manera endemoniada, lo consiguieron. Eran parte de un equipo. Sin trabajo en equipo, sin ellos, hubiéramos perdido la batalla. Todos los eslabones de la cadena tiraron a un tiempo y se hizo irrompible.

Recordad muchachos, vosotros no sabéis que yo estoy aquí. No se debe hacer ninguna mención de ello en ninguna carta. Se supone que el mundo no debe saber qué demonios me pasó. Se supone que yo no estoy al mando de este ejército. Incluso se supone que yo no debo estar aquí, en Inglaterra. Haced que los primeros hijos de puta en enterarse sean los malditos alemanes. Queremos desatar el infierno allí, mientras más rápido limpiemos este desaguisado, más rápido podremos hacer una pequeña excursión contra esos japos que mean morado para aniquilar también sus nidos. Antes de que los malditos marines se lleven todo el mérito.

Por supuesto que queremos volver a casa. Queremos terminar esta guerra. La manera más rápida para hacerlo es ir a por los hijos de puta que la empezaron. Mientras más rápido sean borrados del mapa, más pronto volveremos a casa. El camino más corto a casa pasa por Berlín y Tokio. Y cuando lleguemos a Berlín, yo personalmente dispararé a ese burócrata hijo de perra de Hitler. ¡Igual que dispararía a una serpiente!

Cuando un hombre se encuentra en el cráter de un proyectil, si se queda allí todo el día, un alemán acabará encontrándolo tarde o temprano. Al diablo con esa idea. Al diablo con hacerlo. Mis hombres no cavan hoyos. No quiero que lo hagan. Lo único que hacen los hoyos es retrasar la ofensiva. Os quiero en movimiento. Y tampoco deis tiempo al enemigo para que cave el suyo. Vamos a ganar esta guerra, pero solo la ganaremos luchando y mostrándole a los alemanes que tenemos más cojones de los que ellos tienen y tendrán.

La guerra es un asunto sangriento y mortal. Tendréis que verter vuestra sangre, o ellos tendrán que verter la suya. Desgarradles el vientre. Dispararles en las entrañas. Cuando los proyectiles estallen a vuestro alrededor y al limpiaros la suciedad de la cara os deis cuenta de que es la sangre y las entrañas del que una vez fue vuestro mejor amigo, entonces sabréis qué hacer.

No quiero recibir ningún mensaje que diga «Estoy manteniendo mi posición». Nosotros no mantenemos una mierda. Que lo hagan los alemanes. Nosotros avanzaremos constantemente y no estaremos interesados en sujetar nada salvo las pelotas del enemigo. Les vamos a retorcer los huevos y a patearles el culo todo el tiempo. Nuestro plan de operaciones básico es avanzar y seguir avanzando sin importarnos si tenemos que pasar sobre, a través o por debajo del enemigo.

> De vez en cuando habrá quejas de que estamos exigiendo mucho de nuestra gente. Me importan una mierda ese tipo de quejas. Creo en la vieja y sana regla de que una onza de sudor salvará un galón de sangre. Mientras más duro empujemos, más alemanes mataremos. Mientras más alemanes matemos, menor número de los nuestros morirá. Avanzar significa menos bajas. Quiero que todos vosotros recordéis esto.
>
> Hay una magnífica cosa que vosotros muchachos podréis decir una vez haya acabado la guerra y estéis otra vez en casa. Podréis estar agradecidos a que dentro de veinte años, cuando estéis sentados al calor de la lumbre con vuestro nieto en la rodilla y os pregunte qué hicisteis en la Segunda Guerra Mundial, no tendréis que toser, cambiarlo de rodilla y decirle, «Bueno, tu abuelito descargaba estiércol en Luisiana». No señor, lo podréis mirar fijo a los ojos y decirle: «Hijo, tu abuelito marchó con el gran III Ejército y con un maldito hijo de puta llamado George Patton».

Apréciense las similitudes de ambos discursos. Patton tomó como modelo el primero de ellos y lo repitió con algunas variaciones, dado que hablaba de memoria. Habría sido del todo incompatible con su modo de obrar presentarse con una alocución escrita, perdiendo lo que el auditorio más deseaba: la espontaneidad, la improvisación y la bravuconada, y la posibilidad de asistir a uno de los espectáculos más festivos de la vida de un soldado en campaña.

Porque eso eran las arengas de Patton: ceremonias organizadas deliberadamente y con evidente propósito ingenioso y ocurrente para la virtual exhibición del general, donde tenía cabida desde la admonición moral a la chusca ostentación de todo un repertorio de licencias bélicas, más o menos aparatosas e infamantes, contra un enemigo al que se trataba de vejar y agraviar con la voluntad de insuflar en el combatiente norteamericano valores castrenses capaces de predisponerlo para la lucha. Seguramente, y por otra parte, ése es el fin de toda arenga, y desde luego, Patton lo cumplía con profusión de medios y evidente despliegue animoso.

* * *

En octubre del 44 se incorporó el primer contingente de tanquistas negros en el III Ejército, el que sería a partir de entonces el 761.º Tank Battalion. Sorprendido por la circunstancia, Patton visitó aquellos hombres el 2 de noviembre en Nancy y, naturalmente, los reunió y les dirigió unas palabras:

> Hombres, vosotros sois los primeros tanquistas negros en luchar en el ejército estadounidense. Nunca me hubiera preocupado por vosotros si no fuerais buenos. No tengo nada más que lo mejor en mi ejército. No me importa de qué color seáis mientras matéis a esos hijos de puta de *kraut*. Todos tienen sus ojos puestos en vosotros y esperan grandes cosas. Por encima de todo, vuestra raza espera el éxito. No los defraudes, y maldita sea, no me defraudes a mí.

Después, acercándose al artillero de un *Sherman*, un muchacho de Nueva York, con su característica voz chillona y para que todos pudieran oírlo, le dijo:

> Mira chico, quiero que le dispares a cada puta cosa que veas: campanarios de iglesias, torres de agua, casas, ancianas, niños, montones de paja, cada puta cosa que veas. ¡Esto es la guerra! ¿Me oyes, muchacho?

La respuesta del soldado fue asentir rápidamente, como no podía ser menos, pero en un aparte y dirigiéndose al comandante del batallón, afirmó:

> *That old man is crazy*[282].

El 761.º de Tanques combatió con denuedo en la batalla de Metz y, a pesar de las circunstancias ocurridas, demostró un arrojo y una intrepidez dignas de elogio, de tal forma que algunos de sus miembros fueron póstumamente recompensados con la *Silver Star*.

---

282 Mike Bennighof, Ph.D. *Black Panthers: The Black Panther Battalion*, Part 1, August 2021. Avalanche Press. En línea. «Este viejo está loco», t. del a.

¿Puede concluirse de lo visto y presentado que Patton, ante los soldados del 761.º, mantenía una actitud racista? Seguramente no. A pesar de unas actitudes sospechosas mantenidas a lo largo de toda la vida, cuando se encuentra en una situación real, de trato directo, Patton dice cosas como ésta:

> Me importa un carajo quién sea el hombre. Puede ser negro o judío, pero si entiende las normas y cumple con su deber, puede hacer cualquier cosa que yo haga. ¡Por Dios! Lo amo. Tienes que estar orgulloso de ellos. Tienes que darles lealtad cuando te dan lealtad[283].

No son actitudes racistas, desde luego, pese a los momentos que se vivían a mediados de la década de los 40 en los EE. UU. Pensemos que la *Marcha* sobre Washington se produjo el 28 de agosto de 1963, día en que Martin Luther King pronunció aquel *I have a dream* frente a los manifestantes y que la Ley de Derechos Civiles fue promulgada en 1964, cuatro años antes de su asesinato. En consecuencia, la igualdad ante la ley y el derecho al voto no llegó hasta veinte años después de las palabras de Patton dirigidas al 761.º de Tanques.

Por otra parte, lo que ocurrió el 2 de noviembre en Nancy no se debe menospreciar porque los soldados negros norteamericanos se quejaban en aquellos momentos del trato dado a los alemanes prisioneros en los campos de EE. UU., por lo general, procedentes del Afrikakorps. Hay que contar que hubo del orden de medio millón de alemanes, italianos y japoneses trasladados a distintos campos estadounidenses.

Uno de aquellos lugares, Crystal City, al sur de Texas, albergaba tanto japoneses como alemanes, y éstos podían trabajar en las diferentes granjas de los alrededores ayudando, por ejemplo, en labores agrícolas, ordeñando vacas o como mecánicos. Se trataba de gente peligrosa, desde luego, pero las manos de los jóvenes norteameri-

283 Stanley P. Hirshson, *opus cit.*, pág. 200.

canos en el frente se tenían que suplir de algún modo, y esa fue la manera que se escogió.

Por tal motivo, en los recorridos a los lugares de trabajo, los prisioneros caminaban por la calle o utilizaban el autobús y, al tratarse de blancos, las personas negras, fueran o no soldados, debían cederles el paso y el asiento, además de otras singularidades propias de la época. O sea, los prisioneros de guerra disfrutaban de privilegios que no tenían los soldados combatientes.

Incluso hubo más, en el llamado P.O. Box 1142, cerca de Washington, un campo de prisioneros destinado a oficiales, soldados y, sobre todo, científicos nazis, con piscina, baloncesto y pistas de tenis, por más que rodeados de micrófonos y alambradas, fueron destinados soldados americanos judíos cuyas familias habían sufrido las atrocidades nazis en Europa. Ya fuera por la facilidad que daba el idioma —hablaban alemán correctamente e incluso compartían algunos elementos comunes, por ejemplo, respecto a la alimentación—, estos soldados debían vigilar a los prisioneros pero siempre con un exquisito comportamiento, igual que sucedía con los soldados negros, que igualmente padecían el desprecio de los militares germanos.

Semejantes anomalías eran moneda común en la época, por eso lo dicho por el general Patton cobra especial relevancia y, aunque suponga un detalle periférico y reducido a circunstancias muy determinadas, pudo contribuir a asentar la igualdad, la paridad y el equilibrio entre los diversos sedimentos del ejército.

# PATTON, POETA

Hemos citado más arriba la afición del general Patton por la poesía. En efecto, escribió versos a lo largo de toda su vida y en las situaciones más comprometidas, por más que se trataba de poesía circunstancial, de poca calidad desde luego, sin el sesgo del poeta que profundiza a través de sus versos en las circunstancias que vive.

El Patton poeta siempre permaneció dentro del marco de los tópicos más comunes, mezclando en ocasiones palabras soeces y expresiones malsonantes. Sin embargo, esa poesía, grosera y carente de sutilezas, acaso sea la expresión del que se acerca con paso desmañado a lo que entiende que está más allá de su propia realidad, un medio rudimentario de trascender lo visto e intentar captarlo, buscando, de ese modo, el alcance y la gravedad de las palabras. Con todo y ser un poeta muy menor, la poesía, sin duda, fue para el general un importante medio de expresión que, junto al diario, las cartas y los discursos, como arengas a los soldados o como alocuciones a otras audiencias, forman un entramado complejo y separan definitivamente al general Patton de otros militares que combatieron en la II Guerra Mundial.

D'Este ve en Patton un carácter romántico que cree en el esfuerzo y en las emociones. Nos parece, desde luego, una apreciación desenfocada: no hay nada de romántico en Patton, salvo quizá esa afición a escribir versos. Su carácter no muestra ningún síntoma conmovedor ni aboga por la belleza ni por la experiencia, no trae en sus escritos más que la mención de hechos militares, lee el Corán y responde con una frialdad propia de quien ha entendido poca cosa, a pesar de ser el elemento religioso un ingrediente importante en su vida, dado que hasta tantea su propia reencarnación, asunto al que se debe prestar poca atención pues no parece sino mera pose para un público que lo adora y que piensa que a través suyo se manifiesta el coraje de los grandes soldados de la antigüedad. Lo veremos inmediatamente en el poema *Through a Glass, Darkly*.

Es cierto, como explica D'Este, que Patton rezó en la catedral de Palermo, aunque también abofeteó a dos soldados en el hospital. Por supuesto que Patton rezó, en África, frente a las tropas, en Palermo y en la capilla de Jean-Pierre Pescatore, en Luxemburgo, en Le Mans y en otros lugares, donde se dirigió a Dios para pedirle ayuda, repartió oraciones entre sus hombres y apremió al páter del III Ejército para que le entregara una oración adecuada que, además, hizo efecto. Sin embargo, igualmente rezaban los alemanes e, incluso, era habitual en muchos discursos hitlerianos la advocación a Dios como protector del III Reich. Otra cosa sería tratar de dilucidar a qué tipo de divinidad se refería el dictador nazi.

No hay un Patton romántico, no aparece por ningún lado. Más bien al contrario, hay un soldado que entiende la guerra como una solución radical a la naturaleza humana, a la condición humana, que ha leído a Clausewitz —que sí vivió en tiempos románticos— y que sabe que aquel aserto, tan repetido, que asimila la guerra, con empleo de métodos diferentes, a la política, además de falso —porque no escribió eso el general prusiano ni con tal significado—, es una necedad de pésimo gusto. La guerra es justamente lo contrario de la política y, por si fuera poco, Patton, como cualquier militar, sabía que cuando la guerra estalla queda un muy precario espacio para la política.

Solo la victoria de uno de los bandos, o sea, la destrucción de la voluntad combativa del contrario, conduce a la claudicación y, con ello, a la reaparición de la política. De ahí que el Patton que muy posteriormente actúe como gobernador militar de Baviera dure tan poco y tenga tantos sobresaltos, justo porque la política no es en absoluto continuación de la guerra, sino exactamente su ámbito inverso.

Hemos visto más arriba *Oh Little town of Houffalize*, el texto contrahecho que Patton adaptó del himno del obispo Brooks, *Oh little town of Bethlehem*, y que guarda cierto interés por que sustituye Belén por Houffalize en los primeros días de enero de 1945, influido por la proximidad de las pasadas Navidades. Ante la magna destrucción de un pueblecito valón de cuyo interés estratégico en la batalla de las Ardenas cabe decir que fue más bien escaso, si bien se trataba de cortar la retirada de los alemanes que salían de Bastogne, el general se estremece y se impresiona.

El hombre que había cruzado Francia, que había mandado infinidad de bombardeos y que había ordenado castigos masivos de la artillería, en su paseo por las ruinas de un pueblo que ha quedado reducido a la nada, ruinas y escombros, junto a cientos de toneladas de chatarra quemada y retorcida, recuerda unos versos de un obispo anglicano y tiembla, emocionado, ante la destrucción. Ese también es el carácter de Patton: la mirada capaz de ver el desastre y permutar el pueblo donde nació Cristo por el pueblo que se muestra a sus pies arrasado e inerme.

* * *

Uno de los temas reiterados por algunos estudiosos y al que le hemos prestado una atención muy parcial se refiere a la supuesta creencia del general Patton en la reencarnación. Se trata, como podrá verse, de un asunto siempre mal entendido y hasta traído por los pelos. Patton, como cristiano que era y muy devoto, no creía en la reencarnación. Lo decíamos más arriba, la reencarnación no fue más que un gesto, un fingimiento afectado para auditorios que podían ver de ese modo en su figura y a través suyo un trasunto del arrebato y la bravura de los soldados de la antigüedad, de aquellos que habían estado en los campos de batalla desde tiempos de los griegos. De alguna manera, una herramienta de Dios escogida para el combate.

Presentamos a continuación el poema que pasa por ser la más depurada confirmación de cuanto venimos diciendo, *Through a Glass Darkly*, cuyo título se corresponde con las palabras de San Pablo en la primera carta a los Corintios, 1:13:12, y que hemos traducido como *A través de un cristal oscuro.* Como siempre que se trata de poesía, la versión que presentamos responde al criterio del intérprete, en este caso, nosotros.

### A TRAVÉS DE UN CRISTAL OSCURO

A través del esfuerzo de las edades,
En medio de la pompa y el trabajo de la guerra,
He luchado y luchado y perecido
Incontables veces sobre esta estrella.

En forma de muchas personas y
Con todas las armaduras del tiempo,
He visto la imagen seductora
De la sublime doncella de la Victoria.

He luchado por un mamut sano,
He luchado por pastos nuevos,
He escuchado los susurros
Cuando el instinto y los rayos crecían.

He conocido el llamado a la batalla
En cada forma cambiante e inmutable,
De la voz del alma a la conciencia,
A la lujuria bestial por la violación.

He pecado y he sufrido.
Jugó al héroe y el bribón
Luchó por el vientre, la vergüenza o el país,
Y para cada uno han encontrado una tumba.

No puedo nombrar mis batallas
Porque las visiones no son claras,
Sin embargo, veo las caras torcidas
Y siento la lanza desgarradora.

Tal vez apuñalé a nuestro Salvador
En su indefenso sagrado costado.
Sin embargo, he implorado en su nombre la bendición
Cuando sucumbí en tiempos posteriores.

En la penumbra de las sombras
Donde peleamos los paganos hirsutos,
Puedo saborear en el pensamiento la sangre vital,
Usamos los dientes antes que la espada.

En una visión posterior más clara
Puedo sentir el sudor cobrizo,
Sentir que las picas se mojan y resbalan
Cuando nuestra Falange Ciro reunió.

Escuchar el traqueteo del arnés
Donde los dardos persas rebotaban templados.
Ver sus carros correr espantados
De la recta lanza del hoplita.

Ver la meta crecer cada vez más,
Alcanzando los muros de Tiro.
Escuchar el estruendo de toneladas de granito,
Oler el fuego del este que no se apaga.

Aún más claramente, como un romano,
Puedo ver a la Legión cerca
A medida que nuestra tercera línea avanzaba
Y el gladius encontraba a nuestros enemigos.

Una vez más siento la angustia
De esa abrasadora llanura sin árboles
Cuando los partos lanzaron rayos de muerte,
Y nuestra disciplina fue en vano.

Recuerdo todo el sufrimiento
De esas flechas en mi cuello.
Sin embargo, apuñalé a un salvaje sonriente
Como sucumbí sobre mi espalda.

Una vez más huelo las chispas de calor
Cuando mi escudo flamenco cedió
Y la lanza me desgarró las entrañas
Como en el campo de Crecy[284] me derrumbé.

En la quietud cegadora y sin viento
Del brillante mar tropical,
Puedo ver las burbujas subiendo
Donde liberamos a los cautivos.

En medio de la espuma de la tempestad
He oído batir los baluartes
Cuando arrojó tiro redondo a quemarropa,
Enviando la destrucción a nuestro enemigo.

He luchado con pistola y alfanje
En la cubierta roja y resbaladiza,
Con todo el infierno en llamas dentro de mí
Y una cuerda alrededor del cuello.

Y aún más tarde como general
He galopado con Murat

284 Batalla de Crecy, 1346.

Cuando nos reíamos de la muerte y los números
Confiando en la estrella del emperador.

Hasta que por fin nuestra estrella se desvaneció
Y gritamos nuestra perdición
Donde el camino hundido de Ohein[285]
Nos encerró en una penumbra temblorosa.

Entonces, pero ahora con los tanques resonando
He marchado sobre el enemigo
Eructando la muerte a veinte pasos
Bajo el espantoso resplandor del firmamento.

Así como a través de un espejo y oscuramente
La larga lucha que veo
Donde combatí de muchas formas,
Muchos nombres, pero siempre yo.

Y no veo en mi ceguera
Los objetos que forjé,
Pero como Dios gobierna sobre nuestras disputas
Fue a través de su voluntad que peleé.

Así que para siempre en el futuro
Lucharé como antes,
Morir para nacer soldado,
Para volver a morir, una vez más.

*Through the Glass Darkly* fue el poema más largo escrito por Patton, donde se presenta a sí mismo como integrante de otros ejércitos en otros momentos de la historia universal. La poesía era para el general un lenitivo ante el desastre y el dolor, de los que era muy

285 Waterloo, 1815.

consciente. Seguramente, esa inspiración provocada por la catástrofe de la guerra presentaba una dimensión distinta, acaso sentimental, un formato desacorde con el arrogante profesional que sin duda era. Algo que ejercía un tipo de consuelo particular ante lo que percibía.

Dividido en estrofas de cuatro versos, que acaso recuerden muy lejanamente los tetrámetros yámbicos, *Through the Glass Darkly* permite ver un pensamiento quizás piadoso, por más que siempre se trata de las palabras de un militar escritas en los campos de batalla del siglo XX.

Por otra parte, tanto el poema presentado como algunas manifestaciones en la misma línea no permiten en modo alguno continuar sosteniendo que Patton creyera de ninguna manera en la reencarnación. Pensamos que la asunción de la guerra como institución presente en todos los tiempos por parte de un militar como el general no es más que un reflejo de sus lecturas, de indudable fertilidad, desde luego, y poco más. No hay regeneración del sujeto, hay, qué duda cabe, exaltación de momentos pasados. No hay individuo renovado, hay soldados antiguos de cuya fogosidad Patton hace un modelo de conducta.

* * *

Veamos ahora otras estrofas espigadas entre lo que podría ser lo mejor, a nuestro juicio, de la producción poética de Patton.

### LA LUNA Y LOS MUERTOS[286]

El rugido de los fusiles languideció,
el odio de los fusiles se calmó,
mientras la luna se elevaba de una nube de humo,
y miraba a los muertos en la colina.

286 No presentamos el poema completo, aunque sí una parte sustancial.

Pálida era su cara de angustia,
Húmedos sus ojos con lágrimas,
Mientras miraba los retorcidos cadáveres
Cercenados en sus primeros años.
Algunos fueron mordidos por la bala,
Algunos fueron besados por el acero,
Algunos fueron aplastados por el cañón,
Pero todos estaban quietos, ¡qué quietos!
(...)

Casi a finales del siglo XX, en 1990, Carmine A. Prioli publicó un compendio de la poesía de Patton titulada *The Poems of General George S. Patton Jr.: Lines of Fire*[287]. Divididos en cuatro partes, México, la I Guerra Mundial, el periodo de entreguerras y la II Guerra Mundial, Prioli explica las circunstancias en las que fueron escritos cada uno de los ochenta y seis poemas sin olvidar comentarios a la mitología y al lenguaje propio de los soldados que utiliza el Patton poeta.

Obviamente y como no se trata de elevar a rango de calidad literaria la producción del general, al menos se congratula de su serenidad al detenerse a escribir unos versos justo en momentos que consideró solemnes, después de una batalla o ante la contemplación del campo donde podían verse tendidos los cuerpos de los combatientes.

Fue un gesto, qué duda cabe, de interés, donde se manifestaba su concepción de la guerra y sus íntimas convicciones, y que permite ver, de ese modo, otra arista del general Patton.

---

287 Carmine A. Prioli, *The Poems of General George S. Patton Jr.: Lines of Fire*, Studies in American Literature, Edwin Mellen Press Ltd., Lewinston, 1990.

# PATTON, ESTRELLA DE CINE

Hasta muchos años después de su desaparición, la familia de Patton mantuvo una notable obstrucción ante la posibilidad de que la figura del general diera pie a un film. Entendían que la prensa no lo trató en vida con la debida consideración y creían, advertidos, que cualquier empresa en manos de Hollywood iba a mostrar arbitrariedades que no estaban dispuestos a consentir.

Tras el fallecimiento de Beatrice Ayer Patton, la esposa, en 1953, el hijo mayor, George Smith Patton IV, general de dos estrellas en 1975 y comandante de la 2.ª División Blindada, la misma que había mandado su padre antes de la marcha a Europa, se avino a las demandas de la industria cinematográfica, dando el beneplácito.

De esa forma, en 1970, con un excepcional elenco y con la asesoría de ilustres historiadores que confeccionaron el guion, se pudo estrenar la que fue primera película biográfica de George Patton. Estamos, por tanto, ante un film que desde el primer momento fue visto con lupa y examinado en todos sus detalles.

No es de extrañar, en consecuencia, que la película esté presentada con un aura bélica muy particular. El protagonista será sin duda el general Patton y lo interpretará un George C. Scott con una caracterización singular, dando una imagen ciertamente cercana, pero lo que quizá importe más es la comunión que se hace con un sistema de creencias perfectamente asumible para el conjunto de los estadounidenses.

Pero, vayamos por partes. El cine bélico, y principalmente una película como *Patton,* dirigida por Franklin Schaffner e interpretada, como ya se ha dicho, por George C. Scott, que obtuvo ocho Oscar[288], responde a un acontecimiento social de primera magnitud, pero también político.

Veamos en qué circunstancias llegó al público, atendiendo a que faltaban cuatro años para aparición del libro de Charles Whiting, *Kill Patton!*[289] y, por lo tanto, y a pesar de los rumores, todavía no se había presentado realmente el dilema en torno al fallecimiento de Patton, incluso entendiendo que Whiting publicó aquel mismo año una primera aproximación biográfica a George Patton que dedicó al general de inteligencia británico Kenneth Strong, integrante del SHAEF y, en consecuencia, compañero de Patton.

Además de tales asuntos bibliográficos, seguramente no muy relevantes para el público medio, por poco exigentes que seamos de inmediato podemos ver que el clamoroso éxito de la película concierta casi prácticamente con la ofensiva del Tet (1968), la operación que desató el ejército de Vietnam del Norte y en la que los comunistas consiguieron doblegar definitivamente la opinión pública de los EE. UU., hasta ese momento acostumbrada a confiar en una propaganda que presentaba la guerra como una senda de victoria en victoria, por más que desde el punto de vista militar aquella acometida resultó un desastre para las filas norvietnamitas.

La celebración del Tet es la fiesta de bienvenida del año nuevo vietnamita que se celebra a principio de la primavera y, justo en tal momento, los estrategas del FLN (Vietcong) decidieron lanzar un inesperado ataque conjunto de más de 80.000 efectivos contra cuarenta ciudades ocupadas por las tropas de Vietnam del Sur y sus

288 George C. Scott, galardonado como mejor actor, se negó a recoger la estatuilla y tampoco asistió a la gala, igual que hizo Marlon Brando en 1973, rechazando el premio por su actuación en *El padrino.*

289 Charles Whiting, *Kill Patton!,* opus cit., 1974.

aliados norteamericanos. Tal ofensiva, en la que participaron cientos de guerrilleros enmascarados de civiles, produjo una ingrata sorpresa a los estadounidenses, pues pensaban que la situación táctica del norte, prácticamente inerte, jamás permitiría una embestida de tal envergadura.

El resultado que, como decimos, fue una absoluta catástrofe humana para los comunistas, precipitó sin embargo el final de la guerra, siendo el momento en el que los norteamericanos perdieron cualquier vestigio de confianza en la victoria y en los mensajes alentadores del presidente Johnson, dando lugar a decenas de manifestaciones callejeras por todo el país y a protestas de miles de estudiantes y de asociaciones pacifistas frente al Pentágono. A eso debe añadirse el crucial papel desempeñado por la prensa y la televisión, cuya capital importancia no es posible olvidar.

La guerra, por fin, derribó a Johnson, pero Nixon mantuvo la presencia norteamericana durante siete largos años con terroríficos bombardeos de los *B-52* con munición inteligente de primera y segunda generación, seguido del minado de los puertos, hasta que finalmente, en abril de 1975, las últimas tropas estadounidenses salieron del país.

Hay, incluso, otro detalle que cobra cierta importancia cuando se trata de presentar la guerra de Vietnam respecto al general Patton. Los carros de combate americanos que combatieron en aquella contienda eran del prototipo *Patton*, esto es, desde el *M47* hasta el *M60*, fabricados por *Chrysler*. Tuvieron buen resultado. Cabría pensar que haber designado los carros con el nombre del general, además de una notable distinción a su memoria, guardaba también un cierto gusto fetichista: parecía poco probable que aquellas poderosas máquinas pudieran sufrir una derrota, sin embargo, y a medida que pasaba el tiempo y la guerra se tornaba cada vez más un combate aéreo, así ocurrió. Las tropas norteamericanas y sus aliados de Vietnam del Sur fueron siendo superadas por los aguerridos soldados comunistas, que se infiltraban en las ciudades o que lanzaban ofensivas donde y cuando los estadounidenses no eran capaces de prever.

La película de Franklin Schaffner se circunscribe en aquellas coordenadas y no es baladí decir que debe verse con arreglo a ellas. Ciertamente y de algún modo, puede funcionar como un revulsivo político o un bálsamo para un espectador que recibía turbadoras noticias de Vietnam. El hecho de aparecer, justo en ese momento, un film sobre la vida y circunstancias de un general vencedor en la II Guerra Mundial no era ni mucho menos un asunto liviano o casual, sino el modo como la industria cinematográfica respondía al vacío provocado por el desastre de la intervención en Vietnam. Hubo, desde luego, otros estrenos, pero ninguno obtuvo la relevancia de *Patton*.

La película posee, de forma general, unas normas que conciertan brillantemente con el tejido discursivo, lo que permite pensar que el relato cinematográfico se ajusta a una determinada realidad porque procura que en todo momento resulte verosímil y, por tanto, creíble. Esto último, y en esencia cuando se trata de referir la vida de alguien más o menos conocido, significa que el espectador ha de percibir al personaje, y discernir quiere decir hacerlo factible, no aleatorio y ni mucho menos imposible. O sea, entre una acción y otra ha de haber una relación causal, un elemento de continuidad y una determinada concatenación. Habrá secuencias, pero estarán ordenadas para que el espectador pueda seguir el relato con la debida consecuencia y la correspondiente tensión.

Siguiendo estas pautas, la película de Schaffner consigue crear una apariencia de realidad que al espectador le resulta sostenible. Pero ocurre que la personalidad del general Patton es casi angustiosa, pues a cada momento se espera la irrupción de una frase, de un gesto, de un detalle que lo haga, no ya verosímil, sino incluso más que eso, auténtico.

Es decir, el espectador quizá tenga una noción superficial del personaje, pero son los detalles, como ocurrió en vida del protagonista, los que lo singularizan, los que lo separan y hacen notorio y único, y ello incide de forma clara y congruente en el film.

En consecuencia, la verosimilitud anida en las formas y en la gesticulación, en la presentación, en el atuendo y, por supuesto, en los discursos. Y, no hay que olvidarlo, todo lo dicho depende y gravita sobre la formidable actuación de George C. Scott, que firma sin duda la mejor actuación de su vida.

*Patton*, como película, revela, si cabía alguna duda, la idiosincrasia del protagonista, basada en los testimonios del historiador Ladislas Farago y en las memorias del general Bradley, dado que por razones familiares a los productores no les fue posible acceder a la documentación particular de George Patton. Por ese motivo se separa muy poco de lo escrito, recurriendo muchas veces a las anécdotas más acrisoladas y evitando otras, las menos refinadas, y sorteando, desde luego, y ahí cabe un elemento sustancial, la polémica muerte del general. La escena que cierra la película es especialmente significativa, Patton paseando a su perro *Willie* por una campiña y dejando que el final del personaje, donde podría haber algún elemento polémico, se diluya sin más continuidad.

Es, qué duda cabe, una conclusión dulce, sin motivos de discusión y sin posicionamientos, un desenlace abierto, en el que no entra el litigio y donde parece surgir una especie de renuncia a conocer las auténticas circunstancias que condujeron a la muerte del personaje. En definitiva, una argucia cinematográfica que pretende excluir el escándalo y la controversia y que procura contentar a un espectador poco escrupuloso, dejándolo más o menos convencido de que el final de Patton fue algo meramente accidental, sin opciones a la discordia, y quizá también una cabal resignación a presentar la auténtica conclusión de la historia.

Hemos dicho que además responde a un objetivo político, pero cuidado, nada de ello debe suponer, si pretendemos llegar a un público mayoritario y obtener éxito, cualquier clase de revelación escabrosa, como, insistimos, habría sido el asunto del fallecimiento, ni tampoco, más allá de algún detalle humorístico, las pésimas relaciones con los aliados soviéticos o con el mariscal Montgomery.

En definitiva, una película blanda, asequible y fácil. Es decir, el público debe salir de la sala agradeciendo lo visto y no especulando acerca de lo entendido ni ocupándose en revolver biografías. Como consecuencia, el film de Scott se inclina por lo emotivo, y no por la trascendencia de los hechos respecto de la Guerra Fría o por la innegable posibilidad de una tercera guerra mundial en 1945, continuación de la ya concluida.

En virtud de lo dicho, de las emociones, el imaginario del espectador se ve reflejado en una especie de identificación nacional: Patton era genuinamente norteamericano y su carácter, a pesar de encarnar condiciones muy sureñas, impregna el talante de los espectadores.

Se trata, por tanto, de un canto a la voluntad personal que se identifica fácilmente con el talante nacional, presentando mucho de preeminencia y hasta de hegemonía en un afán de imagen funcional hacia el espectador, cuya emocionalidad queda perfectamente recogida y cuyo fin no es otro que la delegación de un emblema o de un atributo, un marchamo caracterológico, que suscite los afectos del público que, en definitiva, harán que la película sea compartida y culmine sus posibilidades comerciales. En este punto conviene no olvidar que, en definitiva, se trata de un producto para el gran público y no una exploración académica circunscrita a unos pocos investigadores.

Pero, y en la misma línea, tampoco debe desatenderse la tentativa de representación de un grupo político que se manifiesta a través del personaje tratado, porque ahí radica el carácter identitario: uno de los nuestros, todos somos un poco Patton, y otros efectos psicológicos cuya admisibilidad es, a todas luces, manifiestamente falsa.

A través de la obra de Franklin Schaffner y George C. Scott, el combate contra el mal palmario, el nazismo, y el triunfo de la voluntad de un hombre, George Patton, se hace extensivo a una nación, la estadounidense, poniendo un marco heroico a su figura, dejándolo a unos centímetros de la mejor épica y elevándolo a la altura del héroe mítico en cuyas sinuosidades vitales caben errores y aciertos, pero donde finalmente prevalece como modelo irremplazable.

La película pretende convertir a un general del siglo XX en un acrisolado héroe de la antigüedad, de la misma o parecida naturaleza que los grandes campeones solo conocidos a través de la literatura clásica, convenientemente adaptado a las circunstancias de la guerra moderna. Todo coincide y está perfectamente definido, el héroe norteamericano combate el mal absoluto y, finalmente, lo vence. Ahora bien, y ya lo decíamos más arriba, velando ostensible y voluntariamente el final del protagonista que, sin duda, supondría poner una notable distancia respecto a tan ejemplar trayectoria y, por supuesto, una agria apostilla.

El carácter de Patton es, en la película, pura afabilidad, capaz de hacer bromas y llenar de risas cualquier escenario ante la severidad soviética, rivalizando con Zhukov hasta en el momento de apurar bastantes copas de güisqui y vodka.

Menos vanidoso es con Montgomery, cuya trayectoria profesional fue en todo momento un escollo imposible de superar para Patton, llegándole a hurtar la gloria en África y dejando para la historia el episodio de El Alamein como símbolo de la tenacidad británica. Posteriormente, la campaña de Sicilia fue, en resumidas cuentas, una carrera entre ambos generales en la que, esta vez, ganó Patton. En definitiva, se trataba de un aliado diferente, Montgomery no era comunista, incluso más, seguramente era más anticomunista que Patton, lo que no es poco, y cuando Scott dirige la película, la Guerra Fría está en plena vigencia, pese a que ya han pasado los momentos decisivos en torno a 1961.

No obstante, y figura entre los puntos negros de la biografía de Patton, aparece el episodio de las bofetadas a los soldados del hospital en Sicilia, que en la película es tratado de forma completamente tangencial, después de que el general se haya detenido un buen rato junto a otro soldado con graves heridas y le imponga una medalla, rece junto a él y le dedique una palabras al oído. Es muy probable que ante semejante escena, cuando Patton encuentra al soldado sentado y lloriqueando, sin más problemas que sus nervios, cualquier espectador se indigne: cómo se puede comparar la relevancia de las heridas de uno con las desdichas del otro y, naturalmente, blanquee el comportamiento del general, poniéndose de su lado.

La escena, y aquellos hechos, que fueron motivo de una cascada de decisiones muy seria y estuvo a punto de suponer la destitución de Patton, es presentada como una fórmula de conducta indiscutible, al fin y al cabo, se trataba de no admitir la cobardía dentro del ejército en un momento culminante, según expresó el mismo Patton, y ahí radican otra vez los valores nacionales, los soldados norteamericanos no pueden ser cobardes o pusilánimes porque encarnan las virtudes autóctonas.

Pero Patton no guarda rencor, es una psicología llana, sin matices, representante del espíritu militar estadounidense y su error, qué más decir, es simplemente atribuible a la tensión del momento. Por eso no empaña la biografía heroica del general, dejando en un segundo plano tal capítulo y atendiendo a lo demás, el estatuto de valores patrio y su sacrificio en pro de una causa noble, la libertad.

Probablemente, la película de Scott hubiera gustado mucho a George S. Patton, elevado en celuloide al puesto que siempre quiso para sí, la gloria inmarcesible de un extraordinario general netamente norteamericano.

* * *

En 1978, John Hough dirigió *Brass Target*, traducida para el público español como *Objetivo: Patton*, película en la que intervenían Sophia Loren y George Kennedy en el papel de Patton. A pesar del reparto, el film presentaba una trama obscura y ciertamente enredada donde varios altos oficiales americanos planeaban asesinar al general Patton para apropiarse del cargamento de oro procedente de los desvalijamientos perpetrados por los nazis y que permanecía depositado en Frankfurt. A fin de que su acto quedara impune, simularían que el general falleció en un accidente de tráfico fortuito en los días finales de 1945.

Atendiendo al guion, la acción parece situarse poco después del descubrimiento de la mina en Merkers, sin embargo, la trama da cobijo a otros elementos biográficos de Patton, como su actitud en los inmediatos tiempos de posguerra e incluso las actividades que protagonizó durante el gobierno militar en Baviera. Obviamente, tales retazos no son más que una abstrusa mezcla de momentos que no guardaron contigüidad y que se desarrollaron en tiempos diferentes y en escenarios también distintos, pero que sirven para enlazar un argumento más o menos eficaz con el fin de presentar un thriller destinado a mantener al público sentado durante las tres horas de exhibición.

Un ferrocarril, supuestamente protegido por soldados americanos del III Ejército y que lleva un cargamento de 250 millones de dólares en lingotes de oro, procedentes del emplazamiento en Frankfurt de los fondos del Reichsbank, es desvalijado durante su recorrido. Patton, dado que tal asunto cae en su jurisdicción, resuelve iniciar una investigación a fin de aclarar las circunstancias. Los autores del robo, en consecuencia, deciden liquidar a Patton, pero deben hacerlo simulando un accidente y sin levantar sospechas, y es ahí donde entra el asunto del accidente de tráfico.

La endeblez del guion, sostenido por *The Algonquin Project*, que publicó Frederick Nolan en 1974, carga la película hasta el extremo de comprometerla y convertirla parcialmente en tediosa, pese a las actuaciones de Loren y John Cassavetes. Por otra parte, el descomunal George C. Scott, que interpretaba a Patton en la película de 1970 dirigida por Franklin Schaffner, ganadora de tantos premios, nada tuvo que ver con la actuación de George Kennedy.

En definitiva, un film seguramente excusable, cuyo recorrido histórico se presenta débil y que aprovecha muy poco, yuxtaponiendo momentos diferentes de la vida de Patton, los claroscuros del general californiano.

* * *

Unos años después, en 1986, Delbert Mann presentó otra vez a George C. Scott en el papel de Patton en la película *Last Days of Patton*. Habían pasado casi veinte años desde el arrollador éxito del film de Schaffner y ahora, lejos ya de las circunstancias bélicas de entonces, Ladislas Farago volvía a trazar un guion para explicar lo que en la cinta premiada por Hollywood había quedado pendiente: el final del general Patton.

La imponente figura de George C. Scott abre la narración. Acompañado de su esposa y ante un público entregado, ambos descienden unas escaleras en lo que se supone es un noble edificio de Boston, donde Patton explica a la prensa su nombramiento en Baviera y el deseo de ir a Asia a luchar contra los japoneses, asunto que como sabemos le fue denegado. Aquella negativa jamás le pareció una censura aceptable, con lo que es difícil de creer que al explicarlo a la prensa se mostrara ufano y hasta risueño.

Tras el arranque, la película se centra otra vez en el Patton en campaña, y lo hace llegando a Baviera en julio de 1945 y convocando a los soldados alrededor del *jeep* en el que, de pie y a viva voz, rompe los más elementales protocolos militares.

En ese momento, lanza un discurso a las tropas que anuncia una especie de guerra perpetua contra la tiranía, cada generación tendrá que enfrentarse a los déspotas que su momento genere. El primer error serio viene en el momento en que Scott, metido de lleno en el papel de Patton, atribuye erróneamente a George Washington el *si vis pacem, para bellum*, que el auténtico Patton jamás habría confundido, pues sabía de sobras que se trataba de unas palabras de Flavio Vegecio o al, menos, de César.

Posteriormente, tras una reunión con notables alemanes, empiezan ya las circunstancias del gobierno en Baviera: hay que atender a la población y se producen problemas porque no quedan funcionarios sin mancha nazi, a pesar de que algunos han sido acusados sin pruebas decisivas, según comentario de Patton. De inmediato surge Schäffer, quien realmente ocupó la jefatura del Gobierno bávaro. Un Patton muy seguro de sí mismo, que decide y da esperanzas, asegura que independientemente de anteriores filiaciones, si cumplen bien conservarán el puesto.

No obstante, después aparece un Patton agobiado por las cuestiones organizativas, un general en un despacho al que le llueven demandas acerca de ferrocarriles, encauzamiento de agua, hospitales, transportes y un largo etcétera.

La llegada de un sujeto que cabalga amistosamente e incluso practica esgrima con Patton afirma la presencia del barón Konrad Freiherr von Wangenheim. Hay que pensar que el film es cinco años posterior al primer trabajo biográfico de Farago y que, por si fuera poco, tenía el mismo título que la película. Conviene repetir que el personaje es completamente ficticio y, en consecuencia y tratándose de un biopic (*biographical picture,* según el Oxford Dictionary), una adherencia procedente de las primeras investigaciones de Farago que desapareció en sus trabajos posteriores.

Justo en esa escena es el momento en que el general expone claramente la posibilidad de unir americanos y alemanes contra los rusos. Después, Eisenhower trata con Patton en su despacho, donde el jefe supremo deja bien claro que no pasará relajaciones ni desvíos en su política antinazi, recriminándole incluso la amistad con Wangenheim.

Hay otro momento memorable: al inicio de la película, Patton se detiene en un campo de prisioneros alemanes donde los soldados campan a sus anchas sin la menor disciplina, el general advierte al comandante y éste, en la segunda visita, que no pasa de ser mera rutina, percibe que el alemán ha cumplido la advertencia que le dio, presentando un grupo perfectamente uniformado que se mantiene firme mientras el general Patton saluda y da orden al conductor de seguir el trayecto.

Se suceden ruedas de prensa en las que los periodistas acusan a Patton de revelaciones favorables a los nazis, con comparaciones que, si bien no coinciden con el hecho histórico, al menos presentan analogías aceptables. En posterior entrevista con Eisenhower, éste lo releva del III Ejército y del gobierno de Baviera y lo traslada a Bad Nauheim, al mando del XV, donde su trabajo consistirá en papeleo lejos de las tropas.

La excelente actuación de George C. Scott se manifiesta aquí con el rostro congestionado, la sorpresa en los ojos y casi a punto de lagrimeo, gestos que dan verosimilitud al personaje, apartándolo de la plana endeblez de los caracteres cerrados. La posterior despedida del III Ejército se produce en el patio de armas del cuartel, mientras suena el himno nacional americano y una pequeña delegación de Infantería presenta armas, en tanto el general destituido abandona el recinto y dirige una sonrisa artificiosa cuando mira a su perro *Willy* en el *jeep* que lo traslada.

Por fin, el asunto del accidente se resuelve presentando a Patton en el asiento delantero y al general Hobart R. Gay detrás, cosa que no se corresponde con los hechos tal como relató el propio Patton y que no queda explicada en las imágenes pues, tras el golpe, Patton aparece tumbado en el asiento con Gay, que lo atiende, quejándose por una herida que lo imposibilita a un teniente de la PM que acude de inmediato. El conductor del camión y sus acompañantes parecen estar borrachos y no hay la menor señal del conductor del *Cadillac,* el sargento Horace L. Woodring *Woody,* que tanta importancia tuvo.

La escenas siguientes suceden en el hospital de Heidelberg, que va a ocupar buena parte de la película, poniendo unos apesadumbrados tintes que acaso impidan al espectador que pueda seguirla sin el desconsuelo y la melancolía propios de aquellos instantes.

Acude un páter a visitar al general, resultando una circunstancia breve y sin brío, contrariamente a como se podría haber esperado. La prensa se agolpa en el vestíbulo del hospital, pidiendo información, situación que acelera la prohibición de entrada en el recinto a los periodistas por órdenes de la comandancia. Se suceden las escenas donde Patton recibe visitas médicas que certifican su estado. Tras unas reflexiones en el lecho bastantes menores sobre la muerte, acontecen escenas de la infancia de Patton donde su padre, posiblemente, lo alecciona acerca de un desenlace glorioso mandando tropas por su país.

Llega la señora Beatrice Patton al hospital. Se trata de una mujer sufriente pero de un entereza notable que pide a los facultativos ante todo sinceridad, mientras tanto, aprovecha para leer al general relatos acerca de Napoleón, Wellington y otros militares, por más que deja entrever que su marido, si el mundo lo vuelve a necesitar, regresará otra vez como soldado. Parece un guiño a la presunción del renacimiento, de la reencarnación, que salvo porque transcurre en un ambiente tétrico, no pasa de ser una idea extravagante.

En un determinado momento, Patton se encara con uno de los médicos militares afirmando que está seguro de que habrá guerra contra los soviéticos en menos de cinco años y que, dadas las circunstancias, debe estar de pie y activo. «¿Para qué quiero vivir si no puedo luchar?», dice.

Se celebra una rueda de prensa a cargo de la plana médica con presencia de los medios y las preguntas que dirigen los convocados son ridículas. Más adelante, el general Gay va a saludar a Patton y le lee una misiva de Eisenhower, que resulta enternecedora, pero sin la energía que sin duda tuvo.

Se plantea la opción del traslado a Boston, pero se presenta la embolia. Finalmente, el general Patton pronuncia en presencia de Beatrice unas palabras: «es de noche, muy tarde». Gay acude a buscar a Beatrice, que lo acompaña al comedor de oficiales para cenar, mientras tanto, un coro de niños alemanes pasa cantando *Noche de paz* y Patton, solo en la cama, rememora una escena familiar y fallece tras decir: «papá».

Se trata, en definitiva, de una rememoración con final feliz, pese a lo dramático de la situación, donde no hay sitio para convulsiones ni especulación alguna, asesinatos ni nada similar. Un film emotivo que se cierra con el general Patton escuchando a chiquillos germanos entonar un villancico mientras plácidamente entrega la vida.

# EPÍLOGO

Exactamente dos meses después del accidente que produjo la muerte del general Patton, Stalin denunció el 9 de febrero de 1946, en el teatro Bolshói, la culpabilidad de las potencias occidentales en la guerra al asegurar que ésta había sido consecuencia del crecimiento de las fuerzas capitalistas.

A escasos días del fin de la guerra, no se acordó de los aliados, pero tampoco de los generales, ni de los soldados, no habló de la URSS y no citó a los caídos. Ante las cuatro mil personas que abarrotaban el teatro —militantes del partido, comandantes del Ejército Rojo y funcionarios—, expuso que la guerra contra el III Reich había sido el inevitable resultado de las presiones del modelo capitalista, dado que éste siempre prospera a través de crisis y guerras[290].

El principio que se derivaba de esta afirmación estaba claro: los países capitalistas, todos y cada uno, sin atender a sus regímenes políticos, eran culpables de haber desencadenado la II Guerra Mundial y, únicamente la URSS quedaba, simple y llanamente, absuelta. Alemania, por su lado, no era más que una parte de esa culpabilidad, no un actor principal.

290 Stalin, *Speeches Delivered at Meetings of Voters of the Stalin Electoral District*, Pamphlet Collection, Foreign Languages Publishing House, Moscú, 1950, págs. 19 y ss.

En consecuencia, existía una evidente complicidad en la agresión fascista que el capitalismo escondía en sus oscuros mecanismos de supervivencia. Obviamente, Stalin, poco dado a complejidades teóricas, no se detenía a explicar la sorprendente naturaleza del fascismo, en cuyos intersticios operaba, al menos a nivel teórico, el socialismo, no es vano el NSDAP fue en origen un partido de raíz socialista, tal como lo había definido Spengler, al igual que el fascismo de corte italiano, cuyo arranque también fue socialista.

Con todo, tal deformación de los hechos, habitual en ciertos regímenes totalitarios, guardaba la semilla de la Guerra Fría y separaba los países del mundo en dos bloques irreconciliables: capitalistas y socialistas.

Las ideas que Stalin promulgó en el Bolshói en febrero del 46 fueron reproducidas sin apenas alteración hasta épocas muy cercanas al derrumbe de la URSS. De hecho, son las que aparecen en 1958 en Grigori Abramovich Deborin[291] (con sus múltiples reediciones) y en 1980 en Vasili Riabov[292]. Según estos autores y a través de sus conclusiones, la URSS fue el baluarte de la paz, la democracia y el socialismo, y Estados Unidos, Francia y la Gran Bretaña los promotores de la guerra.

Por su parte, menos de un mes después de aquel discurso, Churchill pronunció, el 5 de marzo, en el Westminster College en Fulton, Missouri, la famosa alocución en la que metaforizaba acerca del telón de acero que había caído sobre la Europa oriental, haciendo referencia al comunismo soviético.

> Desde Stettin, en el Báltico, a Trieste, en el Adriático, ha caído sobre el continente un telón de acero. Tras él se encuentran todas las capitales de los antiguos Estados de Europa central y oriental, todas esas famosas ciudades y sus poblaciones y los países en torno a ellas se encuentran en lo que debo llamar la esfera soviética, y todos están sometidos, de una manera u otra, no solo a la influen-

291 Grigori A. Deborin, *La Segunda Guerra Mundial*, Editorial Progreso, Moscú, 1958.

292 Vasili Riabov, *La gran victoria*, Editorial de la Agencia de Prensa Novosti, Moscú, 1980.

cia soviética, sino a una altísima y, en muchos casos, creciente medida de control por parte de Moscú (...) Por cuanto he visto de nuestros amigos los rusos durante la guerra, estoy convencido de que nada admiran más que la fuerza y nada respetan menos que la debilidad (...) Es preciso que los pueblos de lengua inglesa se unan con urgencia para impedir a los rusos toda tentativa de codicia o aventura.

Una semana más tarde, el 13, Stalin contestaba:

> Churchill está tomando ahora el camino de los belicistas, y en esto no está solo. Tiene amigos no solo en Gran Bretaña, sino también en Estados Unidos, puntualización que debe ser hecha con respecto a Churchill y sus amigos, pues tiene un impresionante parecido a Hitler y sus leales... Churchill parece haber desencadenado una guerra con su teoría sobre la raza, afirmando que solo las naciones de habla inglesa son naciones superiores y que ellas están llamadas a decidir los destinos del mundo entero.
>
> No sé si como calumnia, descortesía y falta de tacto, él y sus amigos van a lograr organizar una nueva campaña armada contra la Europa oriental tras la Segunda Guerra Mundial, pero si lo consiguen —cosa poco agradable, porque millones de personas velan por la paz—, podemos afirmar con entera confianza que serán aplastados como lo fueron hace veintisiete años[293].

Sin embargo, de ningún modo debe olvidarse el discurso de Harry S. Truman en la Conferencia de San Francisco del 26 de junio de 1945, con motivo de la firma de la Carta de las Naciones Unidas, esto es, el acta fundacional, su Constitución. Mucho más conciliador que el líder británico, Truman abogó por la convivencia pacífica, una vez habían sido derrotados los enemigos principales, la Alemania nazi y el Japón. A partir de ese momento, decía el presidente norteamericano, «el deber de las naciones es asumir las responsabilidades de dirigir la marcha de todos hacia un mundo

293 Se refería a la ayuda occidental a las fuerzas que se oponían al bolchevismo durante la Guerra Civil rusa.

de paz, pues la fuerza y el poderío deben emplearse no para hacer la guerra, sino para mantener el mundo en paz y libre del temor a la guerra». Con la firma de aquella Carta, «el mundo empezará a esforzarse para que llegue el momento en que se permita que todos los seres humanos sean dignos de vivir decentemente como gente libre»[294]. Truman daba por sentado que el compromiso que adquirían las naciones firmantes, entre las que se encontraba la URSS como signatario original, trazaba una configuración pacífica que se erigía sobre muy sólidos principios.

Con todo, tan felices perspectivas no se cumplieron o, admitiendo la labor de la ONU como lugar efectivo de encuentro entre posiciones enfrentadas, la guerra que pudo haber estallado otra vez en Europa se mantuvo en estado más o menos latente, si bien ha de atenderse a la terrible proliferación de enfrentamientos en el sudeste asiático y en África, asunto no menor que se extendió hasta épocas muy posteriores.

De cualquier modo y, como decimos, pese a las sosegadas palabras del presidente Truman, había comenzado la Guerra Fría. Todo ello, con la reserva necesaria, pero también con la inevitable perspectiva, nos permite entender un poco más la posición de Patton en los últimos días de su existencia, sabiendo que había sido puntualmente informado de los sucesos acaecidos en Polonia: la matanza de oficiales en Katyn, la purga de soldados polacos en campos de prisioneros de Rusia y cuyos supervivientes formarían posteriormente el ejército del general Anderson (con una actuación en los últimos momentos de la batalla por Montecassino de epopeya) y la pausa en el Vístula ante la destrucción que la Wehrmacht estaba llevando a cabo en Varsovia contra el Armia Kraiova, asunto que el Ejército Rojo aprovechó posteriormente para subyugar a los polacos. A ello se debe añadir el conocimiento de Patton respecto de las supuestas

294 La documentación que recoge tanto la Carta de las Naciones Unidas como las palabras de Truman el 26 de junio de 1945 están en línea y no ofrecen dificultad en ser consultadas.

virtudes del comunismo soviético, a su escasa afición a proteger las libertades y otros asuntos que sin duda sabría de primera mano.

En aquellos instantes, Patton había tocado un punto en extremo caliente: vencido el nazismo, el régimen estalinista se erigía como enemigo. Un pronóstico que, y jamás se podrá saber con certidumbre suficiente, resultó muy peligroso.

Estatua del general Patton en la Academia de West Point, obra del escultor James Earle Fraser.

# ÍNDICE ONOMÁSTICO

## A



## B

## C



## D



## E



## F

## G



## H



## I

## J



## K



## L



## M

## N



## O



## P



## R



## S

## T



## V



## W

## Z

# BIBLIOGRAFÍA

Albright, R. W., *Focus on infinity: A life of Phillips Brooks*, Macmillan, Nueva York, 1961.

Alcalde Cardoza, J., *La cooperación interamericana durante la Segunda Guerra Mundial y la integración económica continental*, Pontificia Universidad Católica del Perú, Agenda Internacional, Vol. 4, núm. 8, 1997.

Alonso Baquer, M., *Franco y sus generales*, Taurus, Madrid, 2005.

Ambrose, S. E., *Eisenhower: Soldier and President.* Simon & Schuster, New York, 2007.

Anders, W., *Sin capítulo final*, Ediciones Urano, Barcelona, 2008.

Archibald, D., Smith, A., Adams S., y Chawla, M., *Military, Training Lands Historic Context Training. Village, Mock Sites and Large Scale Operations Areas Military*, Construction Engineering Research Laboratory (CERL). U.S. Army Engineer Research and Development Center, marzo, 2010.

Astor, G., *Terrible Terry Allen: Combat General of World War II - The Life of an American Soldier*, Presidio Press / Penguin Random House, Toronto, Canadá, 2003.

Atkinson, R., *An Army at Dawn. The war in North Africa, 1942-1943*, St. Martin's Press, New York, 2002.

— *Trilogía de la liberación*, Crítica, Barcelona, 2004.

Auerbacher, I., *Yo soy una estrella*, Lóguez Ediciones, Salamanca, 1993.

Axelrod, A., *Patton: A Biography*, Palgrave Macmillan, New York. 2006.

Ayuso García, A., *Cuando la Legión española apresó a una unidad de paracaidistas norteamericanos*, El Debate, 8 de junio de 2023.

Balck, H., *Order in chaos*, University of Kentucky, 2015.

Barnhart, B. V., *Great Escape: An Analysis of Allied Actions Leading to the Axis Evacuation of Sicily in World War II*, University of Missouri-Rolla, Rolla, Missouri, 1988.

Beevor, A., *La Segunda Guerra Mundial*, Pasado y Presente, Barcelona, 2012.

Bergström, C., *Ardenas, la batalla*, Pasado y Presente, Barcelona, 2015.

Bertonha, J. F., *Patton o herói polémico da segunda guerra*, Contexto, Sao Paulo, 2011.

Biddiscombe, P., *Werwolf: The History of the National Socialist Guerrilla Movement, 1944-1946*, University of Toronto, Canada, 1998.

Bland L. I. y Ritenour Stevens, S., *The Papers of George Catlett Marshall*, Lexington, The George C. Marshall Foundation, 1981.

Blumenson, M., *Patton: the man behind the legend*, William Morrow & Co, Nueva York, 1985.

Bradley, O., *A General's Life*, Touchstone, Chicago, 1984.

Bradsher G., *Nazi Gold: The Merkers Mine Tresaure*, Quarterly of the National Archives and Records Administration, Maryland, 1999, vol. 31, n. 1.

*Braunbuch: Kriegs und Naziverbrecher in der Bundesrepublik: Staat, Wirtschaft, Armee, Verwaltung, Justiz, Wissenschaft, Staatsverlag der Deutschen Demokratischen Republik*, Berlín, 1965.

Calvo González-Regueral, F., *Las cuatro vidas de J. F. C. Fuller, un heterodoxo en el ejército de su Majestad Británica*, Revista de Historia Militar, 2013, n. 114.

Codman, Ch. R., *Drive*, Lucknow Books, 2016.

Colley, D. P., *On the Road to Victory: The Red Ball Express*, Historynet, 2022.

Churchill, W., *Triumph and Tragedy*, vol. 6, Houghton Mifflin, Boston, EEUU, 1953.

D'Este, C., *Patton: a genius for war*, Harpercollins. Nueva York,1995.

Deuve, J., *Histoire secrète des stratagèmes de la Seconde Guerre mondiale*, Nouveau Monde, París, 2008.

Deborin, G. A., *La Segunda Guerra Mundial*, Editorial Progreso, Moscú, 1958.

Dietbert, A., *Gespräche mit einem Pferdemann: Dr. Rudolf Lessing*, Ferdesport-Verlag, Bremen,1995.

East, W. B., *A Historical Review and Analysis of Army Physical Readiness Training*, Combat Studies Institute Press, US Army Combined Arms Center, Fort Leavenworth, Kansas, 2013.

Eisenhower, J. D., *Ike's Son Remembers George S. Patton Jr.*, American Heritage, vol. 62, 2012.

Emerson, W. R., *Operation Pointblank: A Tale of Bombers and Fighters*, USAFA Harmon Memorial Lecture, 1962.

Farago, L., *The Last Days of Patton*, McGraw Hill Company, Nueva York, 1981.

— *Patton: Ordeal and Triumph*, Westholme Publishing, Nueva York, 2005.

Feller B., y Wolfgang Feller W., *Die Adolf-Hitler-Schulen: Pädagogische Provinz versus Ideologische Zuchtanstalt*, Juventa, Weinheim / München, 2001.

Fitzgerald, M., *¿Did field marshal Bernard Montgomery (Montgomery of Alamein) have asperger's syndrome?* Indian Journal of Psychiatry, n.º 42, 2000.

Fox D. M., *Patton's Vanguard: The United States Army Fourth Armored Division*, McFarland & Company, Jefferson, 2007.

French, S. L., *Ganar la ventaja. Cómo las fuerzas de información únicas y el enfoque competitivo de información de Patton permitieron el éxito a nivel operacional en agosto de 1944*, Military Review, 2022.

Fry, H., *Walls Have Ears: The Greatest Intelligence Operation of World War II,* Yale University Press, Londres, 2019.

Fuller, J. F. C., *Tanks in the Great War, 1914-1918,* E. P. Dutton, New York, 1920.

Giménez Dionisio, F. M., *Comunicación y liderazgo: un análisis de los discursos del general Patton durante la Segunda Guerra Mundial,* Centro Universitario de la Defensa. Academia General Militar, Zaragoza, 2017.

Glass, Ch., *Desertores. Una historia silenciada de la Segunda Guerra Mundial,* Ariel, Barcelona, 2014.

Grenkevich, L. D., *The soviet Partisan Movement (1941-1944),* Routledge, Nueva York, 2013.

Handel, M. I., *Strategic and Operational Deception in the Second World War,* Frank Cass & Co. Ld., Oxon, 1987.

Harrison, E. G., *Harrison Report, 1945. Mission to Europe to inquire into the conditions and needs of those among the displaced persons in the liberated countries of Western Europe and in the SHAEF area of Germany-with particular reference to the Jewish refugees-who may possibly be stateless or non-repatriable,* US Government, Eisenhower Archives, 1945.

Hastings, M., *Armagedón,* Crítica, Barcelona, 2016.

Herrera, C., *Francisco Villa ante la historia,* Costa Amic Editores, S.A., México D.F., 1939, ed. de 1989.

Hirshon, S. P., *General Patton: A Soldiers Life, HarperCollins,* Nueva York, 2002.

Howe, G. F., *Northwest Africa: Seizing the Initiative in the West,* Center of Military History, United Stales Army, Washington, D. C., 1993.

Howell, E. M., *The Soviet Partisan Movement, 1941-1944,* Verdun Press, 2014.

Hudson, W. H., *The U.S. military government and democratic reform and denazification in Bavaria, 1945-47,* Fort Leavenworth, Kansas, 2001.

Jaggar, T. A., *My Experiments with Volcanoes,* Hawaiian Volcano Research Association, Honolulú. 1956.

Jeansonne, G., Haney F. C., y Luhrssen D., *George S. Patton: A Life Shaped by Dyslexia,* Warfare History Network, Virginia, USA, 2021-2020.

Keane, M., *Patton: Blood, guts and prayer,* Brilliance Corp, Nueva York, 2012.

Keep, R., *The System of Instruction at West Point: Can it be Employed in our Colleges,* The New Englander, XXVIII (CVI), 1869.

Kemp, A., *The unknown battle,* Metz, 1944, Stein and Day, New York, 1980.

Kingseed, C. C., *Patton's Hawaiian Ordeal: Even a Legend Can Learn from His Mistakes,* Association of the Unitet States Army, Monday, April 20, 2015.

Liddell Hart, B. H., *The Rommel Papers,* Harcourt, Brace and Company, New York, 1953.

Lovelace, A. G. *The Image of a General: The Wartime Relationship between General George S. Patton Jr. and the American Media.* Journalism History, vol. 40, no. 2, 2014.

Mabire, J., *La Division Charlemagne,* Librairie Artheme Fayard, Paris, 1974.

MacArthur, D., *Reminiscences: General of the Army,* McGraw Hill, New York, 1964.

Macintyre, B., *El hombre que nunca existió,* Crítica, Barcelona, 2016.

Mahncke, A., *For Kaiser and Hitler,* Tattered Flag, Haverford, Pennsylvania, 2011.

Malaparte, C., *Kaputt,* Casella, Nápoles, 1944.

Marín, F. A., *Engaños de guerra,* Inédita, Barcelona, 2004.

Marshall, G., *Papers of George Catlett Marshall,* Volume 4: *Aggressive and Determined Leadership,* The Johns Hopkins University Press, 1943.

Mckay, S., *Dresde: 1945. Fuego y oscuridad,* Taurus, Barcelona, 2020.

Medina Seminario, M. E. y Vásquez Arana, C. A., *Los crímenes de Lesa Humanidad y su juzgamiento,* Lex, Revista de la Facultad de Derecho y Ciencia Política, Vol. 9, Núm. 8, 2011, Universidad Alas Peruanas, Lima, Perú.

Messe, G., *La mia armata in Tunisia. Come finì la guerra in Africa,* Rizzoli, Milán, 1946.

Meyer, M. C., *Villa, Sommerfeld, Columbus y los alemanes,* El Colegio de México, Historia Mexicana, vol. 28, No. 4, 1979.

Mikolsevek, J., *Patton in WWI,* WarfareHistoryNetwork, June 2016.

Mitcham S. W., y Von Stauffenberg, F., *The Battle of Sicily: How the Allies Lost Their Chance for Total Victory,* Orion Books, New York, 1991.

Morris, N. J., *Beatrice Patton's Hawai'i,* The Hawaiian Journal of History, vol. 39, 2005.

Muñoz Lorente, A., *Walter Model. El león de la defensa,* HRM Ediciones, Zaragoza, 2023.

Murphy, R., *Relaciones exteriores de los Estados Unidos. Documentos Diplomáticos,* 1945, Comisión Asesora Europea, Austria, Alemania, Volumen III. 740.00119 Control (Alemania). 680. Berlín, 3 de octubre de 1945.

— *Diplomat among Warriors,* Doubleday, Nueva York, 1964.

Nenninger, T. K., *The development of American Armor, 1917-1940,* University of Wisconsin, 1968.

Nieto Navia, B., *La propaganda Disney en la Segunda Guerra Mundial. Un análisis desde el orientalismo y la conceptualización de Jun Tosaka,* Asiadémica, núm. 13, marzo de 2019.

Nolan F., *The Algonquin Project,* Morrow, Nueva York, 1974.

O'Brien, T., *Las cosas que llevaban los hombres que lucharon,* Anagrama, Barcelona, 2011.

Patton Totten, R. E., *The Button Box: A Daughter's Loving Memoir of Mrs. George S. Patton*, University of Missouri Press, 2005.

Patton, G. S., *Military essays and articles*, The George S. Patton, Jr. Historical Society, San Diego, California, 2002.

— *War As I Knew It*, Houghton Mifflin, Boston, 1995.

— *La guerra como la conocí*, Platea, Málaga, 2016.

Plachý, J., *Pilsen en la línea de demarcación*, Radio Prague International, emisión radiofónica del 05/05/2015.

Pogue, F., *United States Army in World War II: European Theater of Operations: The Supreme Command.* Office of the Chief of Military History, Department of the Army, Washington, 1954.

Prioli, C. A., *The Poems of General George S. Patton Jr.: Lines of Fire*, Studies in American Literature, Edwin Mellen Press Ltd., Lewinston, 1990.

Province, Ch. M., *The Unknown Patton*, Hippocrene Books, 1983.

Riabov, V., *La gran victoria*, Editorial de la Agencia de Prensa Novosti, Moscú, 1980.

Ryan M.P., y Hall J. W., *La enseñanza de la historia militar en la academia militar de Estados Unidos*, Ministerio de Defensa, Madrid, 2007.

Robinson, S., *Panzer Commander Hermann Balck. Germany's Master Tactician*, Exisle Publishing, Australia, 2019.

Romero, A., *The MFAA in World War II*, Texas Woman ́s University, Volume 9, primavera del 2015.

Rovit R., et alter, *Patton: Death of a soldier*, Journal of Neurosurgery, Volume 108, february, 2008.

Saunders, F. S., *La CIA y la guerra fría cultural*, Debate, Barcelona, 2012.

Schwartz, G., *Los amnésicos*, Tusquets, Barcelona, 2019.

Serrano Valls, L., *Del Llano Amarillo a Puigcerdá*, Punto Rojo Libros, Sevilla, 2019.

Skorzeny, O., *Vive peligrosamente*, Círculo de Lectores, Barcelona, 1971.

Stalin, *Speeches Delivered at Meetings of Voters of the Stalin Electoral District*, Pamphlet Collection, Foreign Languages Publishing House, Moscú, 1950.

Talty, S., *Garbo, el espía*, Destino, Barcelona, 2013.

Taylor, F., *Dresde*, Ariel, Barcelona, 2004.

*The Story in Documents. United States Department of State, Germany, 1947-1949.* U. S. Government Printing Office, Washington, 1950.

Thompson, R. D., *U.S. Army Olympic Equestrian Competitions 1912-1948*, Schiffer Publishing Ltd., Pennsylvania, 2008.

Timmerman, J. M., *Command and Initiative in North Africa: Patton vs. Fredendall, and the battle of Kasserine pass*, East Carolina University, 2016.

Toguchi, R. M., *The evolution of United States Army river crossing doctrine and equipment, 1918-1945,* Duke University, Durham, Carolina del Norte, 1994.

Toland, J., *Gli ultimo cento giorni, declino e caduta del terzo Reich,* Res Gestae, Milano, 2023.

Truscott IV, L. K., *Command Missions: A Personal Story,* Presidio Press, 1990.

Tuchman, B. W., *El telegrama Zimmermann,* RBA, Barcelona, 2010.

Van Steelandt, S., *Lady of the Army: The Life of Mrs. George S. Patton,* Minnegate Press, 2023.

— *Beatrice Ayer Patton's Greatest Irritation,* 2023.

Vázquez García, J., *Patton, el último guerrero,* AF Editores de Historia Militar, Valladolid, 2005.

Von Senger, F., *Weder Angst noch Hoffnung / Neither Fear nor Hope: The Wartime Memoirs of The German Defender of Cassino,* Presidio Press, Penguin, Toronto, Canadá, 1989.

Walker, J., *Operación Impensable,* Crítica. Barcelona, 2015.

Whiting, Ch., *Kill Patton!,* Ballantine, New York, 1974.

Wilcox, R. K., *Target Patton: The Plot to Assassinate General George S. Patton,* Regnery Publishing Inc., Washington, 2014.

Wiley, B. I. y Govan, W. P., *History of the second army,* Army Ground Forces Studies, Washington, 1946.

Wilson, H. E. Jr., *A Legend in His Own Mind: The Olympic Experience of General George S. Patton,* Jr. OLYMPIKA. The International Journal of Olympic Studies, Volume VI, 1997.

Yockelson, M., *Las fuerzas armadas de los Estados Unidos y la Expedición Punitiva mexicana,* National Archives, Washington, vol.29, n. 3 y 4, 1997.

Zaloga, S. J., *George S. Patton, leadership, strategy, conflict,* Osprey Publishing, Oxford, 2010.

Ziemke, E. F., *The U.S. Army in the occupation of Germany, 1944-1946,* Center of Military History, United States Army, Washington, 2003.